社会治理丛书　丛书主编：但彦铮

解读警察文化

（原书第二版）

［美］约翰·P.克兰克　著　　但彦铮　冯静　杨小虎　季云起　译

杨小虎　校译

知识产权出版社

全国百佳图书出版单位

图书在版编目（CIP）数据

解读警察文化：原书第二版/（美）约翰·P. 克兰克（John P. Crank）著；但彦铮
等译. —北京：知识产权出版社，2017.11
（社会治理丛书. 第一辑）
ISBN 978 - 7 - 5130 - 5374 - 7

Ⅰ.①解… Ⅱ.①约… ②但… Ⅲ.①警察学—文化学 Ⅳ.①D035.3

中国版本图书馆 CIP 数据核字（2017）第 329854 号

Understanding Police Culture, Second Edition/by John P. Crank/ISBN：9781583605455

责任编辑：崔开丽　　　　　　　　　　　责任校对：王　岩
装帧设计：陶建胜　　　　　　　　　　　责任印制：刘译文

解读警察文化（原书第二版）

[美] 约翰·P. 克兰克　著
但彦铮　冯静　杨小虎　季云起　译
杨小虎　校译

出版发行：知识产权出版社 有限责任公司	网　　址：http：//www.ipph.cn
社　　址：北京市海淀区气象路 50 号院	邮　　编：100081
责编电话：010 - 82000860 转 8377	责编邮箱：cui_kaili@ sina. com
发行电话：010 - 82000860 转 8101/8102	发行传真：010 - 82000893/82005070/82000270
印　　刷：三河市国英印务有限公司	经　　销：各大网上书店、新华书店及相关专业书店
开　　本：720mm×1000mm　1/16	印　　张：32
版　　次：2017 年 11 月第 1 版	印　　次：2017 年 11 月第 1 次印刷
字　　数：430 千字	定　　价：88.00 元

ISBN 978-7-5130-5374-7
版权登记号：01-2016-6812

安全治理与秩序的法律之维
——安全治理与社会秩序维护研究系列丛书总序

法律与秩序，是人类社会两个永恒的主题。

20 世纪 70 年代以来，世界范围内确立的犯罪控制领域的所谓制度与思想模式，在进入 21 世纪初期之时，正面临着前所未有的挑战与巨大的变革压力。犯罪控制的制度与思想是由包括警察、法院、监狱等一系列国家机构所支配的，而所有这些国家机构从现代性来临时，就在安全与秩序的生产过程中占据了中枢地位。[1] 在任何时代和任何国家，有关犯罪及其防治的话题与主题往往不可避免地被卷入重大的社会与政治变革运动之中。尤其是自治理论在国内外兴起以后，有关犯罪、安全、风险与治理的理论及政策话题，不仅成为各国犯罪学、警察学（公安学）、社会控制、公共安全治理以及公共政策等相关学科理论研究者们关注的话题，更是各国政府在制定有关社会治理与安全治理方面的政策和法律时所重点关注的事物。有关犯罪治理、安全产品供给的话题，还涉及国家形象与能力（如"成功国家"与"失败国家"）的变化、公众对刑事司法的信任、对和谐稳定的社会秩序的期盼以及维护社会秩序、构建安全责任共担制、和谐社会的有序参与等传统和非传统社会秩序维

---

① 参见［英］麦克·马圭尔、罗德·摩根、罗伯特·赖纳等著：《牛津犯罪学指南》（第四版），刘仁文、李瑞生等译，中国人民公安大学出版社 2012 年版，第 61～74 页。

护机制及其现代化重构问题。

当前，我国处于全面建设小康社会的关键时期和深化改革开放、加快转变经济发展方式的攻坚时期，"综观国际国内大势，我国发展仍处于可以大有作为的重要战略机遇期。我们要准确判断重要战略机遇期内涵和条件的变化，全面把握机遇，沉着应对挑战，赢得主动，赢得优势，赢得未来，确保到二〇二〇年实现全面建成小康社会宏伟目标"。①如何有效地维护我国 21 世纪头二十年战略机遇期的社会稳定，成为当下政策制定者和学者们关注的重要话题。

平安是国家繁荣昌盛、人民幸福安康的前提。建设"法治中国"和"平安中国"是在中国共产党第十八次全国代表大会后，中共中央总书记、中央军委主席、国家主席习近平最早提出的实现"两个一百年"奋斗目标、实现中华民族伟大复兴的"中国梦"的重要战略举措。建设平安中国，事关中国特色社会主义事业发展全局，中国特色社会主义事业需要在一个和谐稳定的社会环境中稳步推进。深入推进社会治理创新是建设平安中国的基本途径，对推进国家治理体系和治理能力现代化具有重要意义。促进安全和维护社会秩序需要成本，保障安全和维护社会秩序的手段措施和方式方法需要明确的道义上的正当性。不受限制地企图满足对更多安全的渴望，会对公民自由与一般社会生活造成严重的否定性的影响。②要处理好改革发展与稳定和秩序的关系，就必须坚持法治观、制度观和治理观。维护社会秩序和实施安全治理，不仅需要正确的理论指导，还需要科学合理的制度设计以及充分且多样化的实践，才能验证指导实践的理论及其制度设计是否符合实际需要。因此，需要理论与实践有机结合，全社会共同参与，坚持"古为今用、洋为中用"的理念，兼收并蓄，立足国情和当前实际并放眼未来，充分发挥法治的引领和保障作用，积极进行理论创新、制度创新和实践创新，为全面建成小康社会创造安全稳定的社会环境。

---

① 胡锦涛：《坚定不移沿着中国特色社会主义道路前进为全面建成小康社会而奋斗——在中国共产党第十八次全国代表大会上的报告》。

② ［英］麦克·马圭尔、罗德·摩根、罗伯特·赖纳等著：《牛津犯罪学指南》（第四版），刘仁文、李瑞生等译，中国人民公安大学出版社 2012 年版，第 653 页。

安全和平安是人们在满足基本生存和生理需要以后最基本的需求，安全治理及其社会秩序维护是人类社会的恒定主题，任何社会任何时候都有正常的社会秩序和安全需求。随着治理理论的兴起，国内各个学科也开始关注如何运用治理理论拓展自己的研究领域。本研究团队长期从事公安（警察）学、犯罪学和社会治安问题的研究，追踪研究国外安全治理理论的发展与各国开展安全治理实践的最新动态，特别关注自美国"9·11"事件以来，世界各国在警察权和反恐立法及其实践方面的最新成果，试图将国外犯罪控制、警察科学、安全治理、刑事司法等方面的研究成果予以相应借鉴与吸纳，并结合中国的国情和实际，开展以问题为导向的实证研究，为公安学的理论体系和知识体系建构，为维护21世纪初期国家战略机遇期社会秩序稳定和平安中国建设提供理论支撑。

随着21世纪全球化的不断发展，国家在组织和提供公民安全保障方面的方法和途径发生了巨大的变化，引发了人们关于安全对美好社会的作用以及由什么样的机构提供安全最合适等重大规范性问题的关注，也提出了如何界定安全和公共安全产品供应等具有挑战意义的理论性问题。国家治理（State Governance）是自有阶级社会以来最重要的政治现象之一，其本质在于通过其属性及职能的发挥，协调和缓解社会冲突与矛盾，以维持特定的秩序。关于治理的概念，让－皮埃尔·戈丹认为，"治理"（Governance）这个词本身就是问题之源。有多种角度的解释，但"如果说治理是一种权力，那它表现为一种柔性且有节制的权力"；而且认为，"治理这个词从13世纪起就在法国阶段性地流行过。其最初的意思在很长时间内都是可以和'统治、政府'（一直沿用至今）以及'指导、指引'画等号的"。最新的研究成果显示，"在17世纪和18世纪，治理是关于王权和议会权力平衡的讨论所涉及的重要内容之一，而在那个时代，王权在实现过程中开始依靠一些新的原则，而从这些新的原则中，诞生了公民权利和市民社会理念"。[①] 这一理念一直延续至21

---

① ［法］让－皮埃尔·戈丹：《何谓治理》，钟震宇译，社会科学文献出版社2010年版，第4页。

世纪，并有了新的现代内涵。治理是指对警察政策的形成与方向的宪法性、机构性安排。①

20世纪90年代末以来，国内学术界逐渐开展了治理理论和实践的研究。随着研究的深化发展，西方治理理论与中国本土治理理论的错位现象逐步凸显，国家发展和治理的实践表明，治理理论只有在本土化的基础上才能实现理想的重塑。从运行意义上，"社会治理"实际是指"治理社会"。或者换言之，所谓"社会治理"，就是特定的治理主体对于社会实施的管理。在制度层面，国家治理、政府治理和社会治理的目标都指向于在坚持中国特色社会主义根本和基本制度的前提下，破除一切不适应生产力发展要求的体制机制，创新释放生产力和社会活力的体制机制，以完善和发展中国特色社会主义制度。② 面对21世纪全球化背景下社会转型的大趋势，必须探索出符合本国国情的社会秩序维护与安全治理的基本理论、制度和实践路径。

"安全治理与社会秩序维护研究系列丛书"正是遵循这样一种基本的逻辑，进行知识谱系和理论体系的建构与实践验证：借鉴其他学科发展的历史经验，首先进行中西古今比较，以问题为导向对当前我们在维护社会秩序中面临的犯罪问题、安全治理问题和其他社会治理问题开展实证研究，真正形成具有中国特色的社会主义社会秩序维护和安全治理理论。该系列丛书是西南政法大学安全治理与社会秩序维护研究院整合校内外资源，紧紧围绕"深化平安建设，完善立体化社会治安防控体系"这一目标，以警察学（公安学）为支撑，依托法学、政治学和社会

---

① ［英］麦克·马圭尔、罗德·摩根、罗伯特·赖纳等著：《牛津犯罪学指南》（第四版），刘仁文、李瑞生等译，中国人民公安大学出版社2012年版，第651页。

② 王浦劬："国家治理、政府治理和社会治理的基本含义及其相互关系辨析"，载《社会学评论》2014年7月16日，转引自中国社会科学网：http://www.cssn.cn/zzx/wztj_zzx/201407/t20140716_1255453.shtml，2016年12月14日访问。

学等相关学科，围绕"平安中国"进行跨学科研究的成果。①

为了全面、详细和系统地了解安全治理的理论渊源、制度变革及政策实践，本系列丛书包括三大部分：有关国外最新的警察学、社会与犯罪治理、安全治理的译著丛书；我国近代社会治理与安全管理的理论与相关古籍整理的勘校丛书；以问题为导向，对当今社会秩序维护与安全治理问题的实证研究和理论创新著述。

为此，我们与中国社会科学文献出版社合作，陆续推出了"安全治理研究"系列丛书第一批译丛，包括《警察学百科全书》《警察学导论》《古罗马公共秩序维护》《冲突与控制：19 世纪意大利的法律与秩序》《警察：街角政治家》《警察权与政治》《警察权与警务导论》《警察行为方式》《风险社会中的警务》和《可疑文书的科学检验》。今后还将陆续推出《安全治理、警务与地方能力》《使命任务为基础的警务》《警察绩效评估》等经典译著。该系列译丛，主要以警察科学的知识和理论体系的建构为主要内容，因此，既有百科全书这样的巨著，又有西方警察发展历史及其警察学教材，还包括当代警务改革、警察科学理论以及安全治理理论发展方面的最新著作。这些著作的译述，能够帮助我们了解西方警察学术的发展历程及其最新发展。

我们又与知识产权出版社合作，推出了"社会治理丛书"，包括

① 安全治理与社会秩序维护研究院项目，起源于 2009 年 11 月 28 至 29 日，我在中南财经政法大学主办、刑事司法学院承办的"中国刑事司法改革与侦查理论研究学术研讨会"上，做的题为"安全治理理念的兴起与警察学理论转型"的一个简短的报告，认为司法体制改革应该从警务模式和警务观念的转变开始，关键是要配置好国家权力与公民权利保障的关系，并提出转型的具体设想（具体信息参见中南财经政法大学刑事司法学院新闻网，网址为 http：//gaxy. znufe. edu. cn/A/？C - 1 - 272. html，以及物证技术学实景图像库网站，网址为 http：//jyw. znufe. edu. cn/wzjsx/xwzx/200912/t20091202_ 21260. htm）。随后，我便开始着手社会与安全治理方面的"知识谱系"的建构。该科研平台项目自 2010 年开始获得西南政法大学中央财政支持地方高校发展专项资金项目规划的立项，2012 年 7 月 27 日由重庆市财政局以《重庆市财政局关于下达 2012 年中央财政支持地方高校发展专项资金预算的通知》（渝财教〔2012〕154号）文件，正式获得批准，2013 年开始实施。其主要发展目标是为公安学（警察学）的研究和学科建设提供理论支撑、实践经验和国内外有关维护社会秩序及其实施安全治理的"知识谱系"参考。"安全治理与社会秩序维护研究系列丛书"，是该平台项目的系列成果，主要关注国际国内维度的安全治理的理论及其实践，包括与犯罪控制、社会秩序维护、公共安全服务等有关的内容，主要从公安学（警察学）基础理论、犯罪控制与秩序维护视野下的社会秩序维护与安全治理（包括反恐警务）、制度安全与现代国家制度建设、文化安全与文化国家建设等维度，进行理论研究。

《警务发展与当代实践》《警察的政治学分析》《新警察学——国内与国际治理中的警察权》《21世纪的安全与通过环境设计预防犯罪（CPT-ED）理论——国家重要基础设施的设计与犯罪预防》《警察文化》《澳大利亚警政》《警察权、公共政策与宪法权利》《跨国法律秩序与国家变革》《德治：道德规则的社会史》等译著和著作。该系列丛书中的译著，主要关注的是各国运用警察学、犯罪学和相关理论维护社会秩序和实施安全治理活动中的经验做法，兼具理论与实践。同时，该丛书还包括部分以我国当前的社会治理问题为导向，进行专题实证研究的学术著述。

"读史可以明智。""了解和熟悉历史才能把握现在；研究并洞悉现在才能展望未来"。警察在社会与安全治理的过程中，具有十分重要的地位作用。我国的现代警察制度肇始于清末新政时期，在民国时期得到长足发展。一批受过警察学专业训练的学者和实务人士在培养新式警察和进行现代警察制度研究方面发挥了积极作用，特别是以法治视角去观察和思考警政制度，形成了较为优秀的学术成果。这些成果既力图与当时的域外警察研究接轨，呈现出对当时来说较为先进的理念，也致力于结合国情，总结中国式治理经验。为此，我们与法律出版社合作，推出了"民国时期警政研究校勘丛书"。该丛书收录了民国时期警政研究的代表性作品，是一套兼具警政研究学术价值、警察制度史料价值和警政实务现实意义的优秀丛书，丛书作者都是民国时期的专家。其中，有内容全面的《警政全书》，有给当代以学术滋养的《警察学总论》，也有关注特殊地域的《乡村警察的理论与实践》，还有梳理历史的《里甲制度考略》，等等，十几种著作各有鲜明特色。从这些著述中，我们能把握民国警政研究的基本面貌和内核。同时，我们还与知识产权出版社合作推出"中国近代社会基层治理勘校丛书"，透过历史透镜，审视近代中国乡村社会的村治历程、举措及其经验，为我们思考当今新型城镇化背景下的农村社会治理提供历史借鉴。

尽管时代发生了诸多变化，但是，民国时期以及近现代的过往实践和当时学者的思考、研究和建言，仍然具有一定的借鉴意义。有些做法，我们未必赞成，但足以引起思考；有些做法，值得我们借鉴，则更见现实意义；有些做法，已显得不合时宜，但反观其与当时时代的紧密联系，也足以给我们启发。尽管原作者在当时所处的政治立场不同、身份特殊，但他们不乏真知灼见，历史经验告诉我们，不仅要有科学的理论武装，而且还必须立足于为"最大多数人的最大利益"，有正确的实践，才能取得治理的成功。"温故而知新"，我们还可以说"温故而创新"。希望这种"外译"和"温故"的工作足以让我们在当代警政研究和推进警政的高度法治化过程中"知新"，进而做到"创新"。"沉舟侧畔千帆过，病树前头万木春"，我们期盼这些著作的重新勘校，在剔除原作者政治立场之后，读者以现代的眼光审视这段历史中有关社会与安全治理的理论、制度及其实践，能够做到古为今用，开卷有益。

我们深信，在全面推进依法治国、建设中国特色社会主义、实现"两个一百年"奋斗目标、实现中华民族伟大复兴的"中国梦"的历史征程中，通过古今中外有关安全治理和社会秩序维护的理论、制度及其实践的梳理，可以进一步提升我们的理论水平，增强对中国特色社会主义的理论、道路、制度和文化的自信心，牢牢把握推进国家治理体系和治理能力现代化的总要求，主动适应新形势，切实增强理论研究的前瞻性，坚持立足当前与着眼长远相结合，发挥法治的引领和保障作用，积极推动社会治理与平安建设的理念、制度、机制、方法和实践的创新，为全面建成小康社会创造安全稳定的社会环境，提供境内外的理论借鉴与实践经验参考。

最后，本研究主题得以实施，得益于财政部实施的中央财政支持地方高校发展专项资金建设规划项目，感谢支持该项目立项和为该项目获得批准而付出辛勤劳动的所有人员。该系列丛书中的译著得以翻译出版，要感谢西南政法大学外国语学院、重庆大学外国语学院的很多老师和翻译专业研究生的参与，要特别感谢他们的支持与谅解，尽管对青年学者及研究生而言，翻译国外著作可能是一种培育和鞭策，但同时面临着语言、专业及能力等诸多挑战，即便我们用尽了"洪荒之力"，仍有可能存在不足与问题，万望各界专家海涵并指正。对参与该项目的所有同事、学界同仁以及出版社的朋友，以及他们对本系列丛书能够克服重重困难得以顺利出版所给予的支持、鼓励和体谅，表示由衷的感谢！

安全治理与社会秩序维护研究院　但彦铮

2015 年 12 月·山城重庆

前　言

　　本书的写作，源于我长期以来对于警察行为十分感兴趣，并且对于人是什么、人何以为人、人的含义等问题也抱有很强的好奇心。我认为，对于警察行为的理解，需将其置于一个文化创意的过程中，需要一种方法将警察看作参与者，这个过程交织着喜悦与悲伤，交织着自我实现的价值观、强烈的道德感和深刻的意蕴。然而，正是由于警察的文化使得他们如此地与众不同，而且我也认为警察文化的确具有独一无二的特性，这种独特性同时又让他们和我们如此相像。文化是人类的标志，使人类变得不同寻常：我们似乎不得不倾全部之力来创造和维系文化。警察重现文化的能力，这是他们人性的标志，是他们与我们的相似性，而不是差异性。有些警察文化的批评者认为，所谓的"警察亚文化"（police subculture）是阻碍变化与改革的最主要障碍物，必须连根拔除，他们不自觉地提议人们应当去除警察的人性。

　　我一直被现有文献对警察的论述过度简化的趋势所困扰。对警察最常见的描述，人们要么用那些毫不置疑的支持性的陈词滥调来颂扬警察，要么用尖锐而负面的批评来指责警察。这种简单地认为警察非好即坏的评价偏好，掩盖了我们解读警察的能力，以至于无法看清警察作为演员在人类舞台上所扮演的角色，以及他们作为每天都要努力分辨好人坏人的复杂个体的角色。在本书中，我不仅从我已经阅读的文献和对警察的观察角度，探寻警察的内涵意蕴，也通过我自己对人的含义的个人反省和理解来解读警察。尽管本书旨在建立一个中层理论（middle - range theory），但在行文写作的时候，却是本着发现与反思的心态进行理论建构。

　　如果书中有先入为主的偏见（当然一定有很多），这是因为我在美国军队中当了两年低级别的士兵，这种经历使我对于等级结构有着深刻的认识，对那些处于指挥链条底端的冒失鬼糊涂兵们深表同情，同时，从骨子里对上级指挥官表示不信任。这种经历也让我对于生命的不可预知性有一种发自内心出于本能的领会，我认为这极大地有助于我充分理解警察到底意味着什么。退役之后，我曾经当过十年时间的建筑工人，并酗酒成瘾，经常生活在法律的边缘地带，常常体面尽失，毫无自尊可言，看到警察时总是不由自主地焦躁不安，如今我将这些经历都带到了我讲授的刑事司法的课堂上。如果这些经历使我看上去离警察太过遥远，不能准确地描述警察的事情，那么请认真地考虑一下这段观察所得：

> 人们不喜欢警察，他们不喜欢我们。我看到警察时也会立即产生反应，感觉到不舒服——而我自己就是个警察。当我开着警车在街上巡逻时，我一抬头，从后视镜里看到另一辆警察巡逻车跟着我。我就会想，这个混蛋到底想要什么？他跟着我到底想要干什么？（弗莱彻［Fletcher］，1990：1）

现在我已经在大学里工作了很长时间，作为大学事务的老手，在学术政治界这个竞争激烈、相互残杀的世界里练就了一套特殊技能，让我得以生存。我明白官僚主义意味着什么，而且也很擅长这一套东西，尽管我对这些东西并不比我十年前年轻时更在乎。同时，我也理解官僚机构——尽管是必要的，但不可避免地——他们关心的事情与教职员的工作毫不相干。如果说20年前我对于官僚主义的不信任是本能性的和不太专注的，而现在这种不信任则是理性的和清楚明白的。读者会发现本书对警察官僚机构的善言少得可怜，这并不是因为我对他们怀有恶意，而是因为我实在是太了解官僚机构和官僚政治了。

第二版的第一部分与第一版不同。我一直在关注有关警察文化的研究和写作，有关警察文化的大部分著述都十分有趣。尽管这些文献资料中很少在一开头就提出文化的概念，没有确切讨论什么是警察当中存在的文化的概念。因此，与第一版不同，本书第二版在一开始就提出，警察文化的概念根植于一般文化的概念之中。我希望这种综合的一体化的探讨步骤，能够促使人们认识到，从人类学、社会学、政治科学等领域对警察文化进行分析。这种跨学科的文化分析理论和方法有其潜在可用性。随着警察似乎变得越来越具有军事化的倾向，我也在书中添加了一个新的主题，将其称为警察的尚武精神（militarism）。

在本书的写作过程中，我得到了很多人的帮助和支持，在此表示感谢。贝特西·麦克纳尔蒂（Betsy McNulty）博士阅读了初稿，并给手稿提出了宝贵意见，促使我反思本书的概念。多亏贝特西·麦克纳尔蒂博士的逆耳忠言，本书得到了极大的改进。她的英年早逝痛苦地提醒我们人生短暂，应当只争朝夕奋力拼搏。维克托·卡普勒（Victor Kappeler）博士写了详细的书评，使本书大为增色。我一直十分信任罗伯特·兰沃西（Robert Langworthy）博士，他对本书进行了批评性分析，并常常一语中的、切中要害，如今在大学的学术圈中这种能力已经非常少见。对那些我在本书中引用了他们学术观点的学者们（我希望他们不要隐藏自己的观点），谢谢你们让我能够通过你们的视角一窥同侪的高见。

我要特别感谢两个人。谢谢帕蒂（Patti），我心爱的妻子和一生的伴侣，她让我明白了什么是静水深流，大智若愚。最后我要谢谢我的母亲！很遗憾，她在我开始写这本书的时候去世了，感谢你赐予我生命。

约翰·P. 克兰克（John P. Crank）

导　论

在过去的 30 年里，人们对于美国城市警察的行为及生活习惯越来越感兴趣，还有许多专家学者对警察文化进行了深入细致的调查研究，而且这些作品一直都允满创造力。警察文化研究的内行和鉴赏家们十分精通一些概念的运用，诸如：斯科尔尼克（Skolnick）的"象征性攻击"（symbolic assailant）理论，曼宁（Manning）的"不可能的任务"（impossible mandate）理论，尼德霍夫（Niederhoffer）的"犬儒主义"（cynicism），威尔逊（Wilson）的"匠人"（craftsmen）理论，罗伊斯－扬尼（Reuss－Ianni）的"两种警务文化"（two cultures of policing）论以及范·马安伦（Van Maanen）的"亲人邦"（kinsman）和"浑球"（asshole）论。不过，他们的著作对这些概念基本上没有进行过什么整合。在警察研究领域，普遍缺乏动力将富有创造性的组织文化工作融入到更全面的，更具综合性的警察研究工作中去。

当下警察文化研究需要进行整合，这并不完全是麻烦。学者、学生以及感兴趣的读者们必须阅读原著，并不断接触到作者思想的权威和影响力。总结性文献只是述其梗概，简化了那些记录真实世界进程的令人困惑的矛盾问题和复杂思想。在本书中，我试着将原作者的思想精华保留下来，尽可能地以原文的形式陈述他们的观点，并附加完整的概念解释，以澄清其中可能包含的让人迷惑和不解的内容。

在本书中，我试着把他人所写的关于警察文化的思想进行整合，并创造性地组织这些理论。我认为，警察的研究者们一定观察到了这样一种现象，即使在不同的警察机构里也存在文化相似性，即便是那些在地域上差异很大的警察部门里也是如此。本文的写作受到这样一种理念的激发：文化在不同的组织中以相似的方式再现自己，因此，能够对有关警察文化的著述进行系统化的组织整理。

现在我们要做的工作就是对警察文化的概念进行创造性的融合，而不是进行无聊透顶、令人头脑发麻的总结。因此，我根据现有的研究提出了自己的观点。警察工作，就像写作一样，是一门技艺，是一种艺术性而不是科学性的杰作。我试着以不同的心境、角度、见解和不同方式来思考已经被思考过的问题。我将各种主题和相关的思想联系起来，以系统化的方式来思考那些曾被研究过的文化。这项工作是用默顿（Mertonian）① 式的规范来创建中间层次理论的一种努力与尝试，将以创造性的方式、连贯地组织和呈现有关警察文化的作品。

文化视野下的警察工作

在本书中，我既会展现警察工作中高大伟岸而又激动人心的一面，但不会盲目地沉醉于这崇高的一面，同时，也会在论述中展现和揭示警察工作中较为阴暗的一面，与许多充斥着阴暗的学术著作不同，它们更像是光与影之间的重叠。而这，我认为，才是文化。

本书提出的一个核心观点是，警察的行为只有透过文化视角的审视才具有意义。但是，什么是文化视野呢？我想用一串比喻来说明这点，文化就像是：马眼罩、眼睛和心灵。我的解释如下：

有时候文化以眼罩的形式呈现在我们面前，就像戴在马身上以防止其被影响的眼罩。根据这一比喻，警察的工作让他们呈现出疲惫不堪的生活状态以及对公众的不满。如果警官们脱离警察的业务去干其他的工作，那么警察文化就会失去对他们的影响。根据这一说法，文化是一套

---

① 默顿规范（Mertonian），是美国社会科学家罗伯特·K. 默顿（Robert K. Merton，1910—2003年）于1942年在《社会科学》（*The Sociology of Science*）一书的后续研究成果《科学社会学：理论研究和经验调查》论文集中，提出了现代科学精神应当遵循的四大制度性规范，在该论文集的"科学与民主"一文中首次系统论述了具有范式意义的科学活动的规范性结构：普遍主义（universalism）、公有性（communism）、无私利性（disinterestedness）和有组织的怀疑主义（organized skepticism）。在这些原则的基础上，详细说明了"默顿范式的内核"——科学规范结构的强有力的并置关系以及制度化的独特奖励制度。——译者注

为了防止行为偏离既定文化准则的行为规范。

在这个社区警察的时代，将文化视为一种具有马眼罩功能的事物也是改革者逻辑的本质。不妨想想，当代警察改革者们所倡导的策略——步行巡逻，就是通过改变警官们所看到的东西来改变警察对公众的态度，让他们进行巡逻，与真正喜欢他们的公众接触。然而，我认为这种文化变革的想法是有局限的。警察们并没有思想上或者认知上的"眼罩"迫使他们从特殊的角度来看这个世界。这个"马眼罩"的类比并没有抓住警察事务的本质。在警察事务中，一方面，人类强烈的情感要受到文化价值的束缚；另一方面，又需要激发积极的行为和主动的思考并使之具有节制。换言之，文化就是一个认知的过程，文化的功用并不仅仅是限制性的，它同时还具有创造性和适应性。

退一步来看这个类比，眼睛看到的并不是文化。眼睛只是一个机械性的工具，我们的视野被它组织起来，也受限于它。我们同时也操作它以便看到特定的主题。它只是加工信息，但并不思考。根据这个类比，我们认为，如果警察拥有更好的信息和智慧，或者拥有更精确的记录，他们的工作就会做得更好。从改革者的角度来说，如果警察能获得更多的教育，尤其是关于少数族群的教育，那么他们就能更好地理解城市少数群体的困境。

然而，以眼睛作为文化的比喻，会将警察工作理解为机械化的工作。它不能够表达出警察工作灵活性的一面。对某些具有理性（或非理性）思想的人来说，文化并不仅仅是信息处理器。文化中充斥着价值、信仰、仪式、习惯，充满了指导行动的历史性内容和常识。文化确实对信息进行处理，但同时其以负载着价值观和和道德倾向的方式对信息进行着自我确认。

我以为，回归分析必须是完全彻底的。文化是思想着的大脑，它从外界获得信息，并且以预先设定的信息采取行动，尽管这些行动本身并不是完全可以预测的。文化是如何践行我们的道德和社会认同（social identities）①的方式——它承载着与我们所见所行紧密相联的价值观，存在于组织我们所见所想的世界的分类范畴之中。文化存在于我们对世界所做的隐含假设之中，存在于我们所使用并且认为理所当然如此的隐喻的隐含意义之中，它隐藏于我们行为的背后。文化就存在于我们之中，它不是外在之物，并不是从社会行为中分享和具体化的一种事物。对于文化，人们以为它简单平常（正如格尔茨[Geertz]曾中肯地指出的那样），我们的传统铸造知识，我们的隐喻被视为事物本身。它是一种对我们传统融合的自我肯定——将过去的世界和现今的世界合为一体，我们正是这样看待我们所生存的周遭世界，并据此行动。我们分享彼此的思想，正因如此，文化才得以存在。我们以一种自我实现的方式将共享思想付诸实践，文化得以巩固。

文化涵盖了许多智力和情感领域。警察组织结构、政策、行为、逮捕模式、腐败、教育、培训实践、对待嫌疑犯和公众的态度、巡逻的形式以及警察工作的其他所有领域——所有的事情——通过文化这一棱镜都能够得以见证和实践。警察工作的所有领域对警察来说都有某种意义。所有曾想要改变任何组织的改革者和主管们都知道，这些意义会在情感和价值上紧密联系，很难将它们解析分离和单独改变。

---

① 社会认同理论（social identities），是由塔杰夫（H. Tajfel）和特纳（JC. Turner）于1979年提出的一种社会心理学观点。根据该理论，社会认同是一个人把他自己定义为某种社会类型（social category）的成员，并且把这种类型的典型特征归于他自己的自我心理表现与过程。这个理论强调，人是社会的人，人们必然要在构成社会的林林总总群体中选择一个或多个群体表明自己的成员资格，这样他才会在社会生活中获得社会支持感，感觉到具有安全性。一个人在定位自己成员资格的时候，首先会想到将自己归为哪一类群体。社会认同奠基于三个基本假设之上：第一，个体为增强他们在社会中的自尊，会为树立一种积极的自我概念而努力奋斗；第二，社会群体或分类以及他们的成员资格都与积极或消极的价值含义密切相连；第三，一个人对所归属群体的评估，决定于他依据的相应价值属性和特征而进行的社会比较中的各种参照群体。从这些假设可以形成三个理论原则：一是个体努力获取和维持积极的社会认同；二是积极的社会认同在很大程度上是建立在内群体和一些相关外群体的有利比较之上；三是当社会认同表现为不满意的时候，个体或者将尽力离开他们存在于其中的群体并且加入另外具有更积极价值的群体，或者努力使他们的群体呈现出比别的群体更为积极的差别倾向。社会认同理论包括三个核心概念：分类（categorization），认同或认同感（identification）和比较（comparison），因此有时也被称为CIC理论。——译者注

　　对于在那些在街头一道工作的警察来说，在他们看来，文化能够使各种各样的警察活动以不同的方式联系在一起，尽管这种联系不够规则和有条不紊，但是能够使那些身处不同情境的警察通情达理。组织化的传统对于办事来说是惯例，它们具有常识的价值，并不会轻易地改变或者发生毫无意义的改变。这就是为什么内部人士提到，改变警察的各种尝试——无论是有关巡逻的传统模式，还是让警官们谈论腐败的同行，甚至是改变他们所佩带的武器类型——都必须首先要赢得警官们发自内心的认同。在警察改革的倡导者认识到文化的重要性之前，他们仍然会像过去100年里的改革者们一样，对产生真正持久变化的改革努力所受到的深刻局限，感到无比的惊讶（克兰克，1997）。

本书内容梗概

　　本书分为两个部分。第一部分介绍了警察文化的理论以及本书的一些基础性概念。这部分内容经过了广泛的改写和扩展，由此我才能够从警察文化的宽泛主题的文献资料中提炼并阐释其主旨。很少有著作从文化概念的角度阐述警察文化。关于警察文化的文章通常将文化的内容作为已知信息，然后就只是对警察文化进行独特定位。正因为如此，警察研究中关于其文化概念及其发展的研究成效甚微，大多数仅仅是改革者们对警察实践做法的评价中的一点粉饰性注释而已。

　　第一部分有三个目的，它们有着内在联系。第①章提出了文化的定义，即广义上的文化，这一章强调了文化分析的中心问题，即观察者和被观察者的关系，比如冲突的作用、机构和结构的对比，构成文化的多种元素以及立场问题。第②章从不同角度论述了警察文化，包括三种不同的角度：机构制度的角度、相互作用因素的角度（当地文化或多或少的与当地机构相关联）、同时代的群体对警察文化的观点，这些观点考虑到了个人组织中多种文化的存在。近来陈（Chan，1996，1997，2001），鲍莱恩（Paoline，2001）、迈尔斯（Myers）及沃登（Worden）（2000）的作品引起了大家对文化和警察的激烈讨论。他们就多种文化的存在进行争论，其间他们的作品都被提及。第③章进一步分析了本文的观点——文化通过各种主题来评估，体现在日常的警务工作中，这包含了文化活动的多个领域，这些活动将倾向元素、行为和社会结构相结合。

那么，什么才是警察的日常工作呢？警官以日常化的、可观察的、可识别的方式与其他群体打交道，这使得警察文化得以研究。这些群体包括公民、流浪者、法庭、警察机关和媒体，他们是警察文化的主要驱动力。警察在这些群体中开展工作——我将这些群体称为"制度环境"（institutional environment）（克兰克和兰沃西［Langworthy］，1992），警察文化在很大程度上是关于理解警察是如何应对和影响这些群体的。罪犯、行政机关和公民与警察有着实质性的接触，这为研究警察的社会认同感提供了文化基础。第一部分在最后讨论了与警察有着常规性接触的各种群体以及他们是如何促成警察文化的形成和发展的。

本书的第二部分介绍了警察文化的特有主题，共分为五编。第一编为强制性领地控制（coercive territorial control）。简单地说，在警察看来，他们的大多数工作就是合法地使用强制力对个人或群体进行控制，尤其是对一个具体的划定区域进行管制，这片区域也被喻为是他们所谓的"警管区"（beat），用更浪漫的说法叫作"街区"。另一个主题是强迫或威压，它指的不是简单地使用武力，而是通过威胁、说谎、诱骗和逮捕的方式来控制或引导他们在工作中所接触的人。强制性领地管制并不是一个单独的主题，而是警察工作的日常程序中出现的一些相关联的主题的串接。所有的这些主题为警察文化元素提供了独特的视角，许多警察研究者将这些元素视为研究基础。

作为警察知识的一个有机组成部分，强制性领地控制是一大堆的日常故事、常识性的趣闻轶事、隐喻和训练策略，这些内容为警察提供了实用性和常识性知识，帮助警察在警管区内解决各种问题。强制性领地控制构成了斯威德勒（Swidler）所说的"文化工具包"（a cultural tool kit）的中心要素，即警察们用于管控辖区的一套技能。在工作中使用命令语气，侵占公民的私人空间，对管区树立的权威意识和正义感，所有这些都是警官们在日常工作中运用的工作技能。

第二编的主题是关于不可预知（unknown）的事情。我把"不可预知"作为一个名词而不是形容词来使用。对警察来说，这些不可预知的事情是可以感知的，真实存在的：在警察的日常工作中，他们常常会遇到一些不可预知的、超出他们控制范围的情况。这些不可预知的情况往往是警察工作的核心：处理犯罪案件，维持公共秩序，维持交通秩序或者是处理公民利益受损的事宜。事件的发展是不可预知的：琐碎的事情可能展示出诙谐的色彩，或者无法预料地升级为失控的局面。因此，在警察文化中出现了一种悖论，即常识性观念是从未知事件中得出，而不是从已知中得出。

为了处理不可预知的事件，警察开拓出了多种策略、计划和常识。这些不可预知的事件因此成为共享知识的基础，也就是全面地思考警察文化的一种方法。以下四个主题：（1）猜疑，（2）危险及其预测，（3）不可预知性和情境的不确定性，以及（4）相互作用的湍流涡漩和边界控制，每一个主题都从不同的角度展现了这些不可预测的因素是如何塑造警察文化的。

本书的第三编是关于团结的一系列主题。这些主题将警察与其他群体分离开来，并让他们有种职业的独特感。这些主题的中心特点是和团结联系在一起的情感寄托和强烈的忠诚感。警察在与公民交涉中带有的道德感，他们非同寻常的常识，对特殊种族群体产生的一种务实的、职业天性使然的敌对感，其对工作的热情和他们每个个体——通过现代轮班制到单人巡逻车的变化——都强化了警察团结。

在这一部分，我通过对科泽（Coser）著作的观念进行归纳总结，并用以描述警察与其他群体之间的关系是如何强化警察内部团结的。在谈到社会矛盾的作用时，科泽（Coser）认为与其他群体的冲突能促进团结的产生。延伸到警察中来，我认为就是警察与其他群体的矛盾极大地促进了警察的团结。对警察文化或者每个警察个体的威胁，都加强了警察文化并将警察们紧密团结在一起。现在和过去的改革被认为是对警官权力的威胁，它不但没有减弱反而是强化了警察文化对警官们的影响。

本书的第四编重点论述了松散耦合（loosely coupling）。松散耦合这一术语源自制度理论（迈耶［Meyer］和罗恩［Rowan］，1997），是用来形容那些没有将成员的日常工作和目标紧密联系起来的组织。在松散耦合下，管理者主要对付那些有影响力的人和组织，而低级别的人员则主要处理组织内的犯罪治理事宜。例如，警察局局长可能会建立原则性的、严酷的审查制度以安抚那些害怕警察乱用职权的社区群体。在日常警察事务的处理过程中如果发生权力滥用行为，街头警察则相应地使用一些非正式的方法以使这些内部审查失效（克里斯托弗［Christopher］，1991）。因此，松散耦合允许警察的工作不受外部监察。

换种说法，当警察们意识到机构目标和政策会阻碍和削弱警察的工作能力时，松散耦合会从中减少联合战线活动。就像团结产生于外部冲突，松散耦合的特点是，阻力反而使其产生力量——管理机构越是想要控制一线警察们的行为，社会越是努力给警官的个体行为施加控制，松散耦合的作用就越大。因此，本书中讲到的团结和松散耦合，都说明了逆境能够巩固和保护文化——确实，逆境刺激了团结和松散耦合的产生和发展。正是这些文化策略使改革引起了文化反冲，并且最终使改革发生了偏离或者没有发生预期的变化。

最后一编重点论述了警察文化中的"死亡"。在警察文化的所有内容中，当一名警官因公殉职以后，没有一个要素像警察死亡事件那样能够产生如此深远的影响，也没有一个像警察死亡事件那样，很少得到人们的理解。这一部分提供了对这一感人话题的深度探索。

尽管死亡和葬礼是警察文化中的重要主题，我并没有把它们看做是单纯的文化主题，而是看做重要的警察仪式。克利福德·格尔茨（Clifford Geertz，1973，1983）和维克多·特纳（Victor Turner，1969，1974）关于人类学的著作特别提到了许多关于仪式活动的观点。这些文献让我们重新发现了在大多数描述警察文化的著作中都被忽略了的一点——文化是怎样连接成员的情感的，以及警官殉职意味着什么。

第25章的题目为"文化腐蚀剂"（The Culture Eater），写了死亡对警察文化的影响。死亡驳斥了许多关于文化的错误观念。警察的死亡使一些警察文化的重要信条瞬间崩塌，比如，训练完成了，警察就安全了，警察的关注点都是正确的，警察能了解未知之事，掌控无法预测之事，管辖人际关系复杂的区域，他们的常识会保护他们。最后一章记述了在警察殉职之后，充满象征意义和部门传统的葬礼，是如何将一个部门团结起来的。考虑到其本身的象征意义以及与其他机构对比，葬礼重申了警察的重要性。

在本书中，有一主题没有进行单独讨论。用学术语言来说就是元主题。这一主题即，警察已经成为人民想要他们成为的样子。他们扮演了保护我们免受生活不公的角色。他们的行为深刻地反映出我们的期待。就像布莱克（Black）曾一针见血地提到的那样，他们的道德反射出了我们的道德，他们专业或是粗暴的行为来自于我们的诉求。

这一元主题像是鼓声，一直回响在本书中的其他主题中。一些鼓声像雷声一样响亮，一些则需要你侧耳倾听。但它一直都在，你要做的是仔细倾听。

约翰·P. 克兰克（John P. Crank）

目　录

第一部分　警察文化的基本原理

第二部分　解读警察文化的主题

第一编　强制性领地控制

第二编　未知事物的主题

第一部分

警察文化的基本原理

开场白

这些字以大写黑体写在一件 T 恤的正面，穿在一个肌肉强健的退休警员的身上。我看到他的时候，他面带微笑，正悠闲地向便利店的后面走去。当时正值拉斯维加斯的六月下旬，夏天的风有些热。他的手伸进冷藏柜，抓出一罐 Gatorade 运动饮料。

眉毛上挂着大滴的汗珠，而我的大脑中却翻滚着这样一个问题——警察到底意味着什么？

——约翰·P. 克兰克（John P. Crank）

文化与知识

文化这个话题涉及面极其广。文化研究的核心是关于何为人的研究。文化涉及的很多东西构成了典型的人。文化体现在方方面面，比如，我们培养伦理道德观念的能力，描述以及执行各种基本社会制度（婚姻、教会、政府、经济制度等）的方式，划分敌人或朋友的行为，做到公平正义的能力，对公民身份的认同。

这是一本关于警察文化的书。在公众看来，警察文化往往代表着逐步灌输的组织变革努力的敌意性影响，本书则打破了这一刻板印象。来看一则 2000 年的 CNN 新闻，这条新闻中，调查委员会公布了关于洛杉矶警察局腐败现象的调查报告，人们对此发表各自的看法。

> 由警察联合会委托进行的一项研究表明，这次腐败丑闻应该归咎于洛杉矶警察局的警察文化……"调查委员会的报告没能认识到洛杉矶警察局问题的核心是文化问题"，报告撰写者说，"除非改变文化，否则警察局的任何改革都毫无意义"。

不仅仅是媒体认为警察"文化"具有那些隐性的、令人不快的警察特征，在学术著述中这种观点也广泛存在。通常警察文化被描述为"暴力文化""猜忌怀疑""大男子主义"，"种族偏见""信任缺失""被害妄想症"（沙纳罕［Shanahan］，2002）。正如陈（Chan）（1996）所指出的那样，文化这个术语包括了一系列普遍存在于警察中的消极价值观和行为。沃丁顿（Waddington）（1999：293）认为这个观点有一定的局

13

限性：

> 在使用（文化）这个词时，使警察处于一种潜在的受责难的境
> 地：人们能轻易地将刑事司法系统中的不公正全部归咎于警察。

沃丁顿（1999）提醒说，这项研究的主要目的不是去弄明白警察到底在做什么、想什么，而是让警察做出改变，进行改革。他引用赖纳（Reinder）（1985：85）的话指出，我们想要警察改变是出自对警察偏离正当法律程序的担忧。沃丁顿总结说，关于警察文化的著述都是从文化观察者的视角来描述警察文化中存在的问题，却没有从参与者视角出发。结果就是我们对于观察者的观点所知颇多，对于被观察者却知之甚少。在所有的文化研究中，观察者与被观察者的相互作用是一个十分关键，却又难以解决的难题，尤其是要描述流行于大众媒体和学术媒体中的警察文化就难上加难。

在有关警察文化的文献中，很少有任何关于文化的定义或概念。警察文化起源于独一无二的警察组织体系，而广义的文化要么没有提及这一特性，要么被理所当然地认为就是某个意思。我们需要一个文化的定义，能够起到桥梁作用，将有关一般文化的文献与警察文化联结进来，这样才能使有关警察文化的描述变得有意义和言之有理。

文化的一个核心观点是，有关文化的认识和理解无好坏之分，但却是社会生活中一个重要的组织原则。人类文化描述出人类的一个重要特征，即我们有能力为自己的生活赋予意义。警察也具有这个特征，所以文化使警察和我们相似而非相异。

本章和第二章涉及的是框架性问题。我会重申文化以及警察文化中的核心问题，提供一些思考这些问题的背景或框架。设框架不是为了找到答案，而是为讨论文化打下基础。我回顾了警务及刑法领域内外的现有研究，以思考本章所提出的问题。这两个章节偏理论，意在重申广义上的文化，并对有关警察文化的现有研究进行思考。

框架如下。第一章，什么是文化？构成文化知识的因素有哪些？第二章，文化研究的核心应是什么？谈到了警察文化中的制度性因素、互动理论观（互动理论观关注的是当地文化的突现特征）以及一些认为组织内具有多元文化的理论。第三章用主题分析的方法粗略勾勒出警察文

14

化各因素之间的相互影响。本书提出 20 个主题，综合起来就能够厘清研究警察文化的具体含义。

第二个目的，也即第二部分的主要内容，是对警察文化各主题进行详尽的解释。本书第二部分的核心目的就是阐明文化是如何产生巨大影响的，以及多方面的相互作用是如何给警察的工作赋予意义的。通过在第二部分呈现出各个文化主题，我希望告诉读者警察工作对于其参与者来说具有怎样的意义。有些主题似乎是负面的，而另一些则是正面的。但是，把文化主题界定为负面和正面的行为本身是种道德判断，读者应时刻记住这种判断反映出的是他们自己的而非警官的文化倾向。我们是通过认识和理解其中差异获得有关文化的知识的，而不是通过排他性道德观，这种道德观对某些文化特征贴上对或错的标签。

1.1　什么是文化？

工作性定义（working definition）：我将在本节里提出一个工作性的文化定义，紧接着会展开讨论与此定义相关的文化的多个方面。这部分内容偏理论，我希望读者能够耐心阅读。本节讨论的内容为本书第二部分有关警察文化的主题提供了理论框架。

下面我将提出一个工作性的文化定义，此定义转引自霍尔（Hal）和奈茨（Neitz）（1993：45），以及萨克曼（Sackmann，1993），我在他们的定义中增加了"行为因素"，以此区分文化工具和文化的社会要素：

文化是集体意义构建（collective sense‑making）①。意义构建包

---

① 意义建构（Sense‑Making），是一解释沟通、信息与意义之间关系的概念性工具。该理论认为信息研究应由来源强调转向使用者强调的方向，这种转向，视信息寻求与使用为一种沟通头践模式。该理论由美国立俄亥州立大学的传播学教授布伦达·德尔文（Brenda Dervin）于 1972 年提出的以使用者为中心的意义建构理论（Sense‑Making Theory），认为知识是主观、由个人建构而成，而信息寻求是种主观建构的活动，在线检索的过程是一连串互动、解决问题的过程，由于互动的本质、检索问题而产生多样的情境，形成不同的意义建构过程。意义建构理论是一种强调以历时性过程为导向的研究方法，提供倾听使用者的方法，了解使用者如何解读他们目前所处情境、之前的经验及未来可能面临的情境，及使用者在所处情境中如何建构意义（construct sense）及制造意义（make meaning）。意义建构方法论主要应用于传播、图书信息等研究领域。该方法论还运用于各种信息场域的研究，以及与建构主义、批判研究、文化研究、女性主义、后现代论、共产主义（Communitarian）等观点并用。——译者注

含思想形成要素、行为要素、物质要素、社会结构要素以及新兴要素，主要内容如下：

（1）思想，知识（所有对正确、错误，或者无法证实的信念）以及做事的方法；（2）行为、符号和仪式；（3）人类制造的器具，包括媒体；（4）社会和组织结构，以及（5）社会行为的产物，包括社会冲突。这些产物在人际间和社会间的交往中浮现出来，也可能在前四个因素的进一步构建中为其所用。

这个定义行之有效的原因如下：

（1）它认识到思维方式是警察文化研究的一部分。这是文化的构想部分，即通过思考问题、组织信息来使日常工作有条理。曼宁（1989：360）曾经从一个组织的历史、传统来描述警察文化的这一要素："被其成员视为理应如此的，无形却强有力的束缚因素……"

该文化要素也包括道德准则。例如，维护公共秩序和执行法律是两种截然不同的行为，这要求警察对公共秩序的构成有规范的判断（威尔逊［Wilson］，1968），该判断通常又与判断是否有罪和原告的态度有关（布莱克［Black］，1980）。通过做出此种判断，警察与当地社区和公共秩序的共有概念产生紧密联系。此例中，颇具影响力的构想——什么是公共秩序——将警察与不同团体联系起来，并且为决定是否执行提供基础。

（2）它认识到文化具有行为属性。曼宁（1989：360）在其文化定义中将这部分描述为"在特定场合适用的规范、规定、行为准则"。例如，范·马安伦（Van Maanen）（1973）提到的新兵训练应遵守的准则。训练新兵营时，如果一个人犯错则集体受罚，还有一系列压力训练，使新兵认为他们只能相信其他新兵同伴，而不能相信上级军官。此例中，训练中的这种准则导致在新兵在训练结束后一直到执行任务的很长一段时间里，他们对高级军官一直有一种不信任感。

行为并不是思想的必然结果，而是与思想同时存在、有时又独立于思想的。一个人有特定的行为方式以及以特定的方式去思考自己的行为都是因为这符合某种文化准则。从这一角度看，文化是思想与行为的集合。握手是种行为，同时也表达了特定的思想：通过握手，我们互相介绍，表达彼此的亲切友好之情。

曼宁指出，"文化联系着所见、所做和所信。"但这三个要素并非毫无冲突地联系在一起。我们必须对行为要素加以识别和区分，因为任何一种行为在警察文化研究中都可能存在截然不同的含义。例如，沃丁顿（1999）提出，警察对工作的态度常常与他们在实际工作中的行为并不一致。他提出了"食堂文化"这一说法，里面讲到，警察的态度在他们谈论工作的时候体现出来，然而其中往往存在着种族歧视，而且关于警察态度的研究也认为警察是种族主义者。然而，对警察职业行为的调查却显示几乎没有发现警察有种族主义。

沃丁顿总结说"食堂文化"能够部分为警察辩护，合理解释了警察在面对社会和法律对其行为的规范时所持有的世界观。沃丁顿的研究有更深层的含义：如果只研究警察态度（态度研究）或警察职业行为（警察和公民打交道时的警察行为），那么这种研究是有局限性的，而且极有可能误导大众。

（3）它认识到文化具有物质属性，即文化包含工具制造和信息加工。根据文化的这一属性，意义构建是对世界"残酷事实"的响应。然后，工具自身会呈现出一种社会活力，并独立于实际的工具制造属性。"枪"是体现这种属性的其中一个例子。"枪"在现实中能帮助应对"残酷事实"，即枪可以保护自己不受危险分子的伤害，也可以养家糊口。但是，长久以来"枪"被赋予了文化价值，并且充满了特定的文化意义。在美国许多地区的政治领域中，"枪"代表爱国主义，也代表能够保护自己不受中央政府威胁。

平面媒体也具有这种特征。许多人每天从平面媒体及其机构组织中获取周围信息。很多人发现，平面媒体对其谈论的社会时事具有深远影响。在1970年马歇尔·麦克卢汉（Marshall Mcluhan）提出"媒介即信息"，之后这一说法广为流传，也是在说物质文化和社会文化相互之间高度渗透。同样，那些以警察为主题的电视剧尽

16

管是对警察活动的高度加工改良，也传达了在公众眼中警察事务的内容。尽管警察行为研究者一再强调，大部分警察工作不是这种抓捕行动，而是例行公事，公众看到的还是"气喘吁吁地你追我赶"。

（4）它认识到文化具有社会结构属性。也就是说文化体现在与物质和组织相关的事物上（法恩［Fine］和克莱因曼［Kleinman］，1979：7）。它包括警察局的结构、辖区范围边界线的具体位置以及警察的组织特征（例如执行任务的策略、目标、训练方法、职业分化模式等）。正如霍尔（Hall）和奈茨（Neitz）（1993：11）认为的，"结构"并不总是独立于'文化'而存在。的确，文化为集体的结构提供了特定基础，就此而言，我们可以将这些结构称为'文化结构'。警察的职业行为，比如随机的预防性巡逻，和警服一样，都是这种文化结构的组成部分。这一属性在陈（Chan）（1997）关于现有警察文化理论的评论中有提到，他认为警察执行任务的社会结构背景具有重要意义。

（5）它认识到文化具有逐渐显现的属性。该属性有四个重要方面。

第一，社会行为——即人们的决定——能够促使新的文化观和文化组成。警察局的抓捕行动就是某种社会行为的结果，并且会对被逮捕者的生活产生巨大影响。刑满出狱的重罪犯很有可能会对警察进行报复，这种可能性使得警察对"警察安全"更加注重，增加了相关训练。这一点与陈（Chan）（1997）的观点不谋而合，他认为警察并不是被动的文化接受者，而是积极的文化创造者。

第二，"逐渐显现"表明文化构建是种创造性活动。文化具有高度重复性（例如，蓝色牛仔裤有各种样式），人们在现有文化要素中不断挑选，再以不同方式将挑选出的文化要素重组。这与象征性的互动主义观点一致，它强调"在文化要素产生、激活的过程中面对面互动的重要性"（法恩和克莱因曼，1979：8）。例如，缪尔（Muir）（1978）在对警察做事风格进行探讨时，对警察使用权力而产生的常见难题进行了艺术性改编。

第三，社会群体间的新关系会促进新的文化要素的产生。文官制度是 19 世纪 80 年代末的一个联邦项目，在 20 世纪初期引入警察组织中，这对警察的人员编制体系产生广泛影响。当地警员的职位受限，管理层的创新能力也极其受限，他们无法让创造性和老练的人任职中高层职务（盖约特［Guyot］，1986）。在 20 世纪 70 年代，由于学术界、警察、联邦拨款资助组织之间的相互渗透，警察研究领域掀起了一场革命，从根本上改变了警察执行公务的方式。（克兰克和兰沃西，1993）。

　　第四，与其他群体的矛盾也会促使新的文化要素的产生。参与某一特定群体的生活——找到自己的身份认同和价值——通常意味着抛弃自己在其他群体中的身份认同感。道格拉斯（Douglas）（1986：1）说道，"合作和团结同时也意味着放弃和不信任"。政治科学普遍认为，某一特定群体认同感的形成是不同文化接触的结果（埃勒［Eller］，1999）。文化认同感形成的核心是矛盾，而传统观念认为文化隔离和文化团结才是核心。该定义驳斥了文化产生于稳定的社会环境的观点。历史上是否存在过完全隔离的和完全团结的团体还有待商榷，而且它与当代高度互动和高度流动的世界格格不入。这一文化要素表明文化是一种持续的、现代的、逐渐显现的过程，而冲突是其必不可少的组成部分。

1.2　文化与知识的本质

文化包罗万象。文化最初的含义也比较广泛，一些边界分明、相互隔绝、牢固稳定的社会实体也被称作文化，这些文化包含某个地区人们的生活方式。例如，雷德菲尔德（Redfield）（1939）将文化定义为拥有共识、自己生产并消费产品的一群人。克拉克洪（Kluckhohn）（引自格尔茨，1979：45）提出了 11 种文化定义，例如"人们的生活方式"，"人们的思考方式、情感和信仰"，"适应外部环境、协调与他人关系的一套技巧"。在早期人类学研究中文化占据了很大一部分，以至于被认为是人类学研究领域中的"根本隐喻"（root metaphor）（格尔茨，1973）。

　　文化研究产生于人种学中对"原始"社会或是非西方社会的研究

18

（霍尔和奈茨，1993）。早期关于文化的概念是那些研究遥远地域（如非洲）原住民的人种学家提出的，他们认为文化是一种界限分明的民族生活方式或是部落生活方式。因此，许多文化理论都将这种"民族"文化或是"传统"文化与西方社会的现代文化进行比较（利瓦伊·施特劳斯[Levi－Strauss]，1966）。

人们对文化的许多基础概念进行了重新定义。现在，我们不再把人类文化看做是隔绝、自治的社会实体。阿帕杜莱（Appadurai）（1988）认为，文化的概念可能产生于殖民者发现非洲土著村庄的时候。文化成为他们遇见当地村庄的同义词，村庄被叫作文化，有一种观点认为当地村民的独特之处在于其传统习俗或自治方式，这更说明了当地人与欧洲人接触之少。

乌尔夫（Wolfe，1982）指出，人类学家的研究显示，许多非欧洲文化并不是隔绝的，而是与其他非欧洲群体存在复杂的联系。他认为，在与其他群体交际时，一个群体努力构建自己的认同感以与其他群体作出区分，这样就形成了文化认同。埃勒（1999）在其关于国际民族冲突的研究中指出，民族认同感也存在相似的形成过程，在当代，这一过程也屡见不鲜。

早期的文化观察者注重的是"本土化"，他们太过关注地方文化以至于开始表现出地方文化的某些标志象征，并且没能做到用独立的文化视角去看待。但是，独立的"西方"视角在近些年也面临着质疑。主要有两方面的质疑。一方面，很多观察者认为西方世界观的某些方面有先入为主的偏见，例如，英国在非洲殖民时，给那些自治的土著部落划定了边界线。另一方面，有观点认为不存在独立的文化视角。还有观点认为，我们可以以某种方式站在文化之外，用一种非文化立场来研究文化，如今该观点被许多人看作是一个独特视角，启迪着客观社会科学。

1.3 文化观察：一项思想实验

我将要进行一项思想实验，以此来阐明文化的三个核心问题：文化自治，观察者的客观性，文化所处的地方。想象一下这个场景：一个年轻的人种学家正走在某个不知名国家的密林里，突然她看到一个村庄。她发现那里的人衣着古怪，有些人的脸上甚至画着奇怪的图案。他们有时跳舞，也能说话，似乎在用各种方式交流着，但她不知道他们到底在说什么。他们也好像从来没有看见过像她这样的人。她产生了好奇心，想去了解这些人，想弄明白他们在说些什么、想些什么，为什么会做出某些行为。老天！她可以写一篇关于这群人的博士论文！这些人对这位人种学家的白皮肤也感到奇怪，因此她可能认为这是一个隔绝的、自治的群体。相应的，她可能猜测，由于缺乏与外部文明的接触，他们作为村庄成员的认同感，即文化认同感具有地方性或传统性。她搬进村庄，和村民们在一起生活了一年。在此期间，她对这些人进行集体意义构建的行为模式进行记录。她观察记录他们的物质文化生产，社会层级，面部纹饰及各种仪式的重要含义。她初步学会了最基本的语言技巧。这一年结束时，她写了一篇关于这次奇遇的文章。

文化自治（cultural autonomy）。首先来看一下文化自治。文化自治，意指某群体是一个稳定独立的社会实体，正如她所观察的群体，她强调村庄之间的交际行为，包括贸易，宗教，战争、探亲、甚至奴役。可以说，村际行为是通过各个村庄间的文化差异形成的。也就是说，在某种程度上，群体间的行为是不同群体文化的产物。然而，现在的人种学家想要知道的是群体间行为是如何促进文化认同的产生的。村民认同感的产生并不是因为与其他"文明"相隔绝，而是因为被镶嵌在某个文明中而产生的。

20

被埃勒（1999）称作"民族认同感"的文化在某些方面可能有助于保护他们的群体认同感。由此看来，地方性或传统性文化可能不是现代集体社会的前身——恰恰相反，可能是其结果。这对研究现代美国文化具有重要意义。我们在思考群体文化时，也许不应从他们产生于传统民族文化的角度出发，而应认识到文化可能产生于集体社会群体之间的交际和冲突。从这个意义来说，地方文化产生于现代社会。

同样，我们可以看到，她的兴趣源自文化差异。她感兴趣的是那些与她所认同的文化不相符的事物。这些事物可能是建筑物，例如他们建造房屋的方式，也可能是他们在脸上涂抹纹饰的行为。人种学家的职业身份决定了她与这些人的不同。的确，这些村民之所以脸上画满图案、举止奇特，很有可能是因为她的存在。这有可能是他们对一位不请自来的客人表达尊敬的问候方式。

客观性和观察者依赖（objectivity and observer dependency）。这引起第二个问题：观察者能够客观吗？我们的人类学者耗时数年来描写村民，他们交往的模式，家庭生活和结构，习俗、符号、仪式以及其他和他们的文化身份相联系的一切。她的描写主要的关注点在于一般的文化，而这种对文化的观察是按照她自己的世界观来进行的。这一点至关重要。因为读者永远无法确定，她是按照那个群族自己的理解来描述他们呢？还是按照自己与群族的交往来描述他们呢？也就是说，描述内容本身具有"观察者依赖"的特性。

为了弄明白观察者依赖（observer dependence）的含义，我们需要先探讨另一个概念——制度性事实。制度性事实（*Institutional facts*）是指人与人间由于行为而产生的各种关系：正如瑟尔（Searle，1998）所指出的那样，"人类进行交谈、拥有财产、婚嫁、组成政府以及从事一些其他行为。"制度性事实总是依赖于观察者。也就是说，如果没有人对这些事实进行思考，这些事实就将不复存在。制度性事实和石头这类东西不同，一块石头不管有没有人看着，总是可以一直存在，直至时间尽头其粒子结构毁坏殆尽。如果人类明天就消失，诸如财产、婚姻、司法这类的制度性事实也会一起消失。

瑟尔（1998）指出，我们能够对制度性事实加以辨认是因为制度性事实具有功能形式，例如"该行为（两人在教堂里面对牧师）的功能在于实现某一目的（结婚），或是一张彩色的布料（旗子）的功能是（代表一个国家）"。换言之，行为所具有的功能创造出制度性事实。这些功能可被称为意义、价值、信息，或是消息，它们是我们给予制度性事实社会身份的依据。

试举一例来解释制度性事实这一概念。在警察这个领域，我们会说该行为（驾驶带有警察标志的车辆）具有功能（随机预防性巡逻）。因此，可以将随机预防性巡逻称作制度性事实。接下来，我们也可以说该制度性事实（随机预防性巡逻）具有功能（威慑）。因此，上述驾驶警车的行为具有一个扩展含义。首先，该行为意指随机预防性巡逻（*random preventive patrol*）；其次，也意味着震慑潜在的犯罪人（*deterring potential criminals*）。这样一来，制度性事实也可用来创造出另一个制度性事实。这就是制度性事实的"重复性功能"（iterative function），使人类能够利用简单的"建筑材料"（building blocks）来建设复杂的规范制度和道德体系。

对人类文化的观察者来说，正是由于制度性事实存在"观察者依赖性"，使其难于处理。制度性事实的功能，即我们对行为赋予的含义，完全根植于观察者本身的观念。所以当我看到某一行为发生，我赋予该行为的含义完全取决于我自己的看法。

瑟尔提醒我们，最基本的制度性事实是语言。① 他认为，语言构成了制度性事实的整个世界。当我们目睹任何与制度性事实相关的事情发生时，我们不仅仅是简单地用语言描述这件事情，还会用语言为这件事赋予含义。在制度性事实范畴内，语言不是"展现"（represent）外部世界，而是"创造"（create）外部世界。

例如，如果我不知道"旗帜"这个词，我无法体会"旗帜"这个概念。旗帜这个物品本身也将不具有意义。如果我看到有人在烧一面旗，我很有可能只注意到"燃烧"这个纯粹的事实。如果火离我太近，我可能会跑开。如果没有"旗帜"这个词汇赋予其含义，那么"一面旗在燃烧"对我来说毫无意义。但是，一旦我知道一个含有"旗"的词语，我就会利用它的功能产生意义，例如"爱国"。此外，我可以认为"烧旗帜"是"不爱国"或"言论自由的表现"。此例中，语言为我体会"旗帜"这一概念创造了可能。若将其放在制度性事实范畴里，"旗帜"具有含义，可以让我产生观念。语言并不是将我与制度性事实相联系，而是从我所观察到的事物中创造出制度性事实。这意味着，上述人种学家在观察她所感兴趣的文化时，她不是在简单地"记录"（recording）。她的文化倾向性为她观察的事物赋予了含义。"文化"（culture）之所以存

---

① 我认为语言是最基本的制度，因为任何其他制度如货币、政府、私有地产、婚姻和各类游戏等，都需要语言，或者至少是类似语言的符号系统，作为其存在的先决条件，而语言的存在不需要以这些制度作为前提（瑟尔［Searle］，1998：153）。

在，是因为她在观察。

我换一种方式来解释，这可能有时会让读者觉得不太舒服。当我将"旗帜燃烧"看作"言论自由的表现"时，我赋予了这一行为价值或者功能。该价值之所以存在，是因为我有可提供价值的语言。语言先于价值产生，并构成价值。也就是说，价值和语言有关。

很多人不愿意承认他们的价值观是具有关联性的。他们认为他们的的价值观是比他们所使用的词语更重要的东西，甚至是不受时间限制的永恒主题。很多人的价值观根植于道德传统或是宗教经文中。我认为价值观具有关联性，但这并不表示价值观与"无限"有关，而是与人类的文化史有关，文化史范围广泛，但并非无限。莱考夫（Lakoff）和约翰逊（Johnson）（1999）指出，尽管语言或文化不同，人类的概念体系却趋于普遍。社会环境和物理环境中体现出人类的神经性适应过程，而该过程让人类拥有相似的神经系统。我们在上述环境中发现自我，但是我们极易受到突发性历史事件的影响。这限制了人类在适应过程中寻求纯粹、不受控制的关联性的能力。威尔逊（Wilson，1993）表达过类似的观点，他说道，有些道德伦理传统似乎极易在不同文化里重复出现。虽然如此，我们的价值观仍是根植于某一文化框架内，这些价值观从文化惯例而非永恒的真理中获得意义。

其结果是，当我们年轻的人种学家开始她的乡村田野调查时，她发现了村民各种行为的意义完全由她自己的语言构成。她的社会宇宙观——即整个不断变化的社会蜡球——由她自己的语言预先架构而成。她所观察到的意义或是功能——即制度性事实——是由她自己的文化所创造出来的。没有什么比语言及其表现功能、意义和价值的方式更为基础和根本，明白这一点很重要。直到村民们的语言优先于她自己的语言在她头脑中组织形成思想，她才能够真正理解村民的文化观念。这是观察者依赖中的核心问题。我们不可能用一种外部性的、价值中立的或是独立的视角去审视另一种文化，因为这种方式行不通。某些神经性适应过程中存在的内在相似性赋予了人们学习的能力，但是文化知识是预先给定的，并非当即不可获得。

她将自己的经历写成一部叙事性研究著述，完成了她的人种学研究。叙事性研究记录使文化变得真实可见。这就意味着，如果没有对他们作为文化现象的各种行为的书面描述，就难以称之为文化。文化本身就是对行为混合物进行表述的一个词语，是西方社会科学的产物。总而言之，文化就是一种制度性事实。文化特征之所以存在，正是因为她被人们记录了下来。从这一点中我们发现，有关制度性事实、观察者和被观察者的社会身份认同等问题，完全缠绕交织在一起。

叙事就是对"有关问题进行恰当调查"（霍尔，1999）的一个简单故事。叙事是一种记录文件，为叙述记录中描述了她所观察到的连续的对话，社会环境、物理环境的主要特征，处于该环境中的人，这些人对 23 周围环境中一切事物的认知，也可能包括该研究成果即将产生的更广泛的影响。简单来说，一份叙述就是一个书面的人种学故事，但这份叙述还没有充分反映出人种学家的世界与她所观察世界之间的差别，它本身就是一个存在体，一种观念，其具有的意义在于使读者了解到人种学家对世界的认知观念。[①]

文化定位（the location of culture）。这位人种学家已经对其观察的文化建立起了一个形象，她用笔将其记录下来，汇总成为她博士论文的简述，最终在答辩委员会上为自己的理论答辩。委员会中有一位老教授，是个老古董，向她发问："这么说你观察到你的目标群体和其他群体之间存在互动。那么，这种互动来自哪里？他们怎么知道如何做出回应？文化是来自该群体本身，还是其他群体？你能指着什么东西告诉我们说，这就是文化的来源吗？"

这个问题很好。她认识到这是个陷阱，仔细思考了几分钟后，拿出钱包里的驾照，指着自己的照片说："这就是文化。"

她指的是自己，文化存在于她自身。这倒的确是个足够充分的文化来源。从中我们得出结论，文化存在于我们的头脑中。离开作为载体的人，文化就不复存在。文化并非什么奇奇怪怪的东西，也不是存在于我们之外的高深莫测的事物。我们面对文化时，面对的就是人，所以文化

---

① 在语言之中，一个文本自身也拥有生命，因此，解读文本的过程才能够激起读者的兴趣。解读文本的任务就是发现用"正确的语言去理解文本"（约翰逊，2000）。

必然存在于我们的头脑中，而不是什么其他地方。

认识到文化存在于我们的头脑中有助于我们注意到一个抽象的观点，即人类不是"文化傻瓜"（cultural dopes）。文化不是强加之物，而是我们自身携带的东西，帮助我们理解社会环境，包括社会结构和物质成分。了解之后我们做出行动。谈论文化，就是谈论人类如何行为，如何发现行动、认知、和创造活动中的意义。

陈（Chan，1977）认识到在描述警察行为时，人类行为对于文化的产生具有中心地位。图1.1来自于她对于文化的讨论。

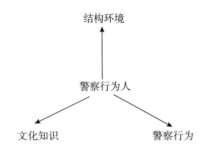

图1.1 该模型呈现了警察行为产生过程中的互动。陈（Chan，1997：74）
《多元文化社会中的警察行为》（*Policing in a Multicultural Society*）

24

在上面的模型中，警察行为人是"文化知识和制度性行为产生和复制的积极参与者"（陈，1977：73）。在模型中，认为"广泛的结构环境产生人类赖以学习、借以行为的文化知识"这一观点被陈所摒弃。相反，正是由于人类，才促成了结构环境、文化知识和行为的协调存在。该模型的核心特征是，人居于中心，而文化存在于个体的表达。巴克（Barker）指出，人们能够意识到他们在创造社会环境中所起的积极角色：

> 警官能够自觉意识到他们作为积极参与者在创造和认识社会环境中所起的作用。他们明白，为了履行职责，他们必须忠于自己对现实的理解。他们相信现实的秩序对社会继续良性发展不可或缺。遵守警察们对世界现实的理解与认知，让这份面临特殊风险、不确定性与危险性极高的工作能够顺利完成（巴克，1999：21）。

文化及警察文化（culture and police culture）。这个思想实验及讨论对警察文化研究具有以下几点启发。

文化与观察者依赖性（culture and observer‐dependency）。警察文化不是独立存在的客观事物（参见迪克里斯蒂娜［DiCristina］，1995）。警察文化不会独立于观察者而存在。当学者研究警察文化时，他们的价值观和文化倾向性与所观察的警察群体中任何一员的观念都完全交织在一起。通过写出警察文化的内容，学者将其进行真实再现。观察者的价值观无法与研究对象相分离，在研究者使用"文化"一词来描绘一个警察群体时，这些价值观就已经存在。研究者研究的往往是她与被观察者之间的互动，这种研究不是、也不可能是客观的。

语言（language）。语言对于理解任何群体的生活都很关键。通过学习语言，我们"引用文本"，也就是说，我们了解到研究对象个体间的相似性和差异性。因此，警察文化的学习者应该认识到语言至关重要的作用。范·马安伦（1978）在他的文章《蠢蛋》（The Asshole）中提及语言的中心地位，此文中他研究了"蠢蛋"（asshole）一词对警察而言所具有的各种意义。

文化、群体互动及冲突（culture, intergroup interactions, and conflict）。提及警察文化，并不是说我们所感兴趣的警察亚人群具有一定程度的自治性，自治性是指警察群体中成员身份只由他们传统上的群体内的隶属关系来决定，或是这种身份不受其他群体的影响。文化身份可能由不同群体间互动而激发出来。借用法恩和克莱因曼（1979）①的话来说，文化不是"同质、静止、封闭的"。认识到这点，互动模式对于警察文化的形成不可或缺。

文化身份与冲突紧密相连。也就是说不能认为社会是静止封闭的。面对文化时，我们要和诸如团结性、身份之类的概念打交道。本书的核心观念是由 Coser（1968）建立的理论，即冲突在群体身

25

① 引自霍尔（Hall）和奈茨（Neitz）（1993：231）。法恩（Fine）和克莱因曼（Kleinman）描述的其实是亚文化的概念，但是他们的概念同样适用于理解文化。

份、群体边界和群体团结性的形成过程中居于中心地位。因此，文化的规范要求我们去认识发现与我们所感兴趣的群体相冲突的其他群体。

冲突的形式很多，小到怨恨争吵，大到暴力流血。在警察所涉及的领域内，我们观察到与法庭、管理、罪犯、麻烦制造者相关的各种冲突。警察和这些人之间的冲突为很大一部分文化身份的形成提供了基础。

文化在我们大脑中（culture is in our heads）。这点提醒我们，研究文化就是研究人。理解组织文化，从某种程度来说，就是要理解该文化中的人。

关于警察身份从何而来，存在社会性和倾向性两种观点，关于这两点的讨论与"文化存在于大脑之中"这一认知密切相关。社会性观点支持者认为，警察深受其头几年执行公务时所在警察局的影响。范·马安伦（1973）在其关于警察社会性的著名论文中提出，警察早期的社会化过程中共有四个阶段：先期接触、接纳、亲历、质变。这四个阶段总共历时四年左右，代表新人最易受组织影响的时期。

倾向性观点支持者认为，新人的大部分价值观念在最初被招聘时就已形成。克兰克和卡尔德罗（Caldero，1999）就认为，新人观念中的大部分在被招聘之初就已形成。之后他们在价值观念方面的改变是微小的，几乎不会受到组织经历的影响。因为警察局会在新人身上寻找特殊的品行类型，所以尽管为了对组织进行调整，警察局聘用了更多的少数族裔、女性，但这并没有对组织文化产生实质性影响。

"文化存在于大脑之中"的意思是，当新人被录用时，他们带来了一整套文化行为、价值观和倾向性。组织可能具有社会性影响，但是解读其影响则要借助于新人头脑中已有的世界观，就像人种学家用自己的世界观来解读她所观察和体验的村庄文化。

文化会进行自我复制。警察组织中负责招聘的经理会倾向于录用与自己相像的人，即拥有相似世界观的人。这样一来，组织的影响就变得微乎其微：通过组织中的经历，组织成员复制自己已有的文化世界观。从社会性观点来看，如果想获得更广泛的经历，就必须与新人先前的世界观发生抵触。而筛选过程却是为了保证新人适合从事警察工作——这恰巧是相反的结果。

26

解读文化：以自己的语言达到引人入胜的目的（understanding：engaging the text on its own terms）。从文化本身来理解文化，具备这种能力才能产生理解。人种学家"与村民谈话"，参与村民的生活，进而了解他们，她的这种能力与其经历和知识相关。用伽达默尔（Gadamer）的术语来说，人种学家寻求的是用"自己的语言达到引人入胜"的目的。此例中，文化就是这个文本。这种思考方式承认警察文化是时间和地点的产物，而理解警察文化就要求理解警察自身所体现的内在意义和外部化的意义。这也需要读者把自己当成作者——也就是说，试图获得与作者亲身经验相同的意义。

在这个思想实验中，人种学家在村子中生活的时间越长，她对这些人了解得也就越多，同时她也加深了自己对于文化的理解，即加深了自己对于人类制度性事实的认识。她对人类的认识更丰富，也更睿智。[①] 她可能具有了更敏锐的洞察力，帮助她更好地了解自己所属的群体。通过学习调查对象的语言，或是扩展自己的语言来了解研究对象，她的语言观念会得到扩展。

这提醒我们，对于警察文化感兴趣的研究者应从警察本身出发来进行研究，即研究警察的书面文化、口头文化，象征性、社会性和物质性文化。正如研究任一被研究者贴以文化标签的群体一样，如能将警察研究扩大到一定程度，就可以认为研究者是从警察本身出发来进行研究。

从警察文化研究中学习的能力与我们从警察本身出发进行研究

---

① 这并不是说她变得更友好、更值得信赖，或是变得不可信、愤世嫉俗。此处的文化知识的发展不应解读为一段"引人注目"（hand‐holding）的经历，而是一种艰苦历程，甚至有时极度痛苦的文化冲击，这种文化冲击往往伴随着实践性知识的迅速增加。从做人的角度来看，这只是意味着她变得更加具有"人味"。

的能力息息相关。就像人种学家做的那样，我们永远无法做到"客观地"研究警察文化，而只能主观地研究我们自己与警察的互动。克拉斯卡（Kraska，1996）在他对几位下班的警察就警察军事化行动进行的提问也表达了这一观点。研究警察文化，其实就是研究我们自己。

27

警察文化研究中的几个问题

我们应如何架构"警察文化"（police culture）的框架？架构框架，就是确认价值观来源、社会结构和其他构成组织性"文化"的因素。在有关警察文化的文献中，有三种常见的框架形式。第一种形式是互动主义者，他们将文化和文化的出现置于警官在当地环境与他人面对面互动的过程中。该观点认为，警察是一种"地方文化"（local culture），他们的世界观和倾向性产生于工作背景和职业环境。第二种形式从亚文化角度来审视警察组织。这种观点认为警察组织的价值观和文化倾向性从外界输入，并以制度性视角来定位常见的亚文化因素。根据制度性视角，我大量地观察了各种组织、国家的形式以及他们对当地结构、活动者所持价值观的影响。第三种形式可见于当代众多论文中，即认为警察组织中存在多元文化。本书不会轻易地分门别类，而是会对每一个作者的观点都予以考虑。

2.1 "文化"与"亚文化"一般性区别的局限性

"文化"和"亚文化"这两个术语在描述某个警察亚群体以及他们在工作中思考、行动的方式时通常可以交替使用。但是，到底使用哪个词，对于我们如何看待警察工作以及警察们的道德价值观有着重要影
29

响。通常来说，文化可定义为"全国各地警察共有的职业信仰和价值观"（龙伯格［Roberg］、克兰克和凯肯德尔［Kuykendall］，2000：265）。而亚文化则是"从更广阔的社会层面进入警察生活中的那些特定的价值观"（龙伯格、克兰克和凯肯德尔，2000：265）。

以上对于文化和亚文化的区分对于具有改革精神的专业人士来说具有现实意义，因为这种区分让我们既可以看到警察如何从更广的社会层面引入价值观（亚文化），又可以看到警察新人是如何融入和接受普遍流行的对警察工作的看法的（文化）。如果问题出在文化上，可以通过改变组织或是其正式、非正式的社交过程来解决问题。如果问题出在亚文化上，则可通过改变招用新人的惯常做法来解决问题。

但是这种区分文化、亚文化的方法还是具有局限性。首先，这种区分没有考虑到文化和亚文化之间的复杂关系。例如，美国各大城市的警察局具有相似的级别模式、职位区分和巡逻惯例（克兰克和兰沃西，1991），也就是说这些组织中的所有亚群体可以用相似的物质文化来进行描述。同样，将警察当作文化来研究，尤其是着重文化主题和文化态度的研究，常常注意不到亚文化模式之间的细微差别（参见法恩和克莱因曼，1979：7）。例如克里斯滕森（Christensen）和克兰克（Crank，2001）指出，警察往往表现出的普遍的主题模式与本书所指出的模式较为类似。但是，通过进一步研究，就会发现有细微差别。结论如下：

> 一个不属于警察群体的人拜访两个位于不同司法管辖区的警察组织时，会发现相像的主题概念……但是，我们的研究同样显示，得出两者相同的结论有些操之过急，忽视了警察在看待自己工作方面微小却重要的不同之处（克里斯滕森和克兰克，2001：94）。

换句话说，相似的警察"主题"（themes）可能隐藏着在意义方面的重要不同。

其次，如果我们仅仅研究与大都市警察组织有关的思想组成部分，如价值观、信仰和伦理道德，我们可能会发现有些因素似乎存在于所有警察局中，这说明警察领域中存在一种普遍"文化"，而其他因素则具有地方特点，表明存在亚文化差别。例如，曾有研究显示警察们的态度大多是保守的、以秩序为中心的。但是，对于招聘少数族裔警察的态度，在警察局的不同群体中差别极大。换言之，由于我们关注的要素不同，思想因素可同时具有文化和亚文化的特性。

第三，所有这些都因观察者的倾向性而复杂化。一个观察者可能因为观察到某些行为、价值观，或是组织因素方面的相似模式，而认为这些警察都非常相似；而另一个观察者可能观察的是那些具有差异性的模式，因而认为警察之间存在惊人的不同。回想上文中我们提到，研究文化并没一个客观的方法，研究者在某种程度上总是在研究其自身与所研究文化之间的互动。例如，一个研究者若观察警察们换班，就会认为各处的警察都很相似——他们一般都是三班倒，第一班通常是在上午 9 点、10 点到下午 2 点、3 点左右，第二班通常从下午 2 点、3 点到晚上，第三班则从晚上到第二天早上。关于换班各地通常没有太大不同，并且和各地的社会动态相适应。另一个观察者可能会研究同样的换班，并发现明显不同：换班并不是都在同一时间，有些地方实行分段班，有些地方实行重叠班，而有些警察局一班是 12 个小时。确实，第二个观察者会得出结论，每一班工作都表现出不同警察局的特点，并且都与当地公众相适应。换言之，共同的文化因素存在于观察者眼中，正如共同的文化因素来自于制度本身。

第四，亚文化的观点让人不禁要问一个问题：作为亚文化的警察文化属于哪一个更大范围的文化呢？我们是否应当用地域来界定文化，用国家边界或是政治意义上的联盟来作为界定的边界线吗？部分文化主题似乎有一定的国界范围（沃丁顿［Waddington］，1999）。也许语言是共同的文化身份的关键：文化是人们达成共识的钥匙。这个观点说明，从广义来看，文化由使用同一种语言的人组成。能否认为以拉丁文为渊源的各种语言共享某种相同的文化因素？又能否认为法语和西班牙语是以拉丁语为祖先的亚文化？

关于这点，读者可能会举手问，文化是不是就是一大堆五颜六色的轮子、凸轮、大头针、杠杆、闹铃、蜂鸣器和口哨？它们同时往四面八方乱跑？它们都有某种不知名的动力，且全都产生了大量运动和刺激，但却一团乱麻、什么也看不出来？

本书作者认为，在各个层面都不同程度地存在着文化（它的确是一大堆叮叮当当乱七八糟的小玩意儿），并流向四面八方——从个人到社会，再从社会到个人。我们都镶嵌在文化中——正如格尔茨（Geertz，1973：5）经常引用的一段文献所表达的那样："信奉马克斯·韦伯（Max Weber），人类就像动物一样，困在自己编织的意义之网中，我认为文化就是那张网……"我们思考国家大事，早上一边喝咖啡看着大量信息，一边在网上浏览《纽约时报》。我们在想谁会去打仗，社评上又会说些什么。客人来之前，我们要打扫卫生，因为今晚要和朋友打桥牌。从起居行为到政治担忧，看到国会领导人老奸巨猾抑或是愚蠢之极，无不担心，所有这一切都表明我们深深嵌在社会结构当中。这些都在文化框架内运行，它们对制度性事件作出回应，共同积极创造出当下的文化生活，并在不同的文化环境中、不同层面上互动。

人们的生活同时镶嵌在各个文化框架中。而框架与他们是一体的，文化体现在人们身上，体现在他们的创造性、审美或是误解上，而误解又可以创造出新的文化知识。他们对不同框架的参与，表明大众社会中文化生活极其复杂。下面将对每一个框架进行讨论。

2.2 警察与地方文化

根据互动理论的观点，地方文化产生于具体实在的社会互动，并向其他群体辐射，其辐射的形式取决于该群体成员与其他群体成员之间的社会互动。当文化传播到我们这里时，我们不会简单、盲目地接受。互动理论关注的重点是文化自然产生的特性。

人类始终处于一个不断与他人互动的过程，而互动方式是实际性、常识性的，这种互动方式使互动产生了意义。根据这个观点，我们每天都在对他人以及各种事件作出行为并进行互动，在这个过程中我们创造出意义。这些意义也就是常识，或是每个人用来解决日常问题的方法（格尔茨，1973）。这些意义具有情感性，会对将来的行为产生重要影响。

文化观察者发明出一堆各种各样、丰富多彩的专有词汇来描述互动过程："共有典型化"（*shared typifications*）（伯杰［Berger］和卢克曼

[Luckmann]，1966），"常识性知识"（*common - sense knowledge*）（格尔茨，1973），"比喻性行为"（*figurative action*）（希林［Shearing］和埃里克森［Ericson］，1991），"文献解读"（*documentary interpretation*）（葛芬柯［Garfinkle］，1967），"工具箱"（*a tool - kit*）（斯韦德尔［Swidle］，1986），"人文系数"（*humanistic coefficient*）（兹纳尼茨基［Znaniecki］，1936）等。这些表述有一个共同主题。通过将实际技能运用到日常生活中碰到的具体问题和常见活动，我们得到作为知识的文化。这部分知识包括能够以自我确定，并通过确定再现文化的方式进行互动的信息、价值观和行为。

关于如何行为、如何看待工作的知识直接来自于真实世界中所有成员共有的经历。透过文化的镜片来看，日常活动变得富有意义，聚集起各种价值观，让人们通过日常的语言来进行理解（希林和埃里克森，1991；格尔茨，1973）。这样构建出的世界就是我们日常生活中的世界，对其进行描述的文化词汇简单务实。

解决问题并不是个人的单独行为，而是实际生活中大众的共同行为（伯杰和卢克曼，1966）。许多问题都很相似，可以作为一种类型的问题来一起看待和讨论；用现象学的词汇来说，这叫典型化（typification）。这些实事求是的典型化行为或具有相似认知经历的领域是构成文化的基石。所有这些加在一起就成了一个关于事物如何运转的"常识"（common knowledge）仓库（伍思诺［Wuthnow］等人，1984：47）。

例如，斯科尔尼克（Skolnick）提出"象征性攻击"（symbolic assailant），即那些服饰和行为暗示此人可能会惹麻烦因此需要对其进行盘问搜身的人。训练官会告诉新手要想发现潜在的危险应该注意什么，警官们也会互相谈论他们是如何将某人视作危险分子的，其特征可能是某种纹身，标志某个帮派的衣服之类的。因此，暗示可能存在潜在麻烦和危险的典型化特征就在警察工作的具体行为中产生了，并被所有警察认可（即共享典型化），成为当地警察文化中的一部分。

此时，这种典型化被看作承载常识性价值观的共同知识。共同知识是用来实现每日活动的"文化工具包"（cultural tool - kit）的一部分（斯威德勒，1986：275）。斯威德勒（Swidler）说，文化工具包是由

"行为与价值观"（action and value）来描述，"组织在一起是为了充分利用文化胜任性"。共同知识根植于共同的日常经历，是一种看待世界的方式，也是一种将信息组织成典型化例子的方式，而形成的典型化例子让行为人能利用这种胜任性来了解事情应如何进行。在警察文化的例子中，文化上共享的意义表明警察如何看待他们的工作环境，随着时间的推移，也能显示警察如何看待他们的生活。

看看下面这个例子是如何解决问题、如何复制文化的。在一个乡村社区，当地村民大都认为有一处房子是毒品交易所，很多人对此感到气愤不安。最近当地新派来一个警长，村民跑去和他商量，最后组成了一个非正式的组织，来一起思考如何解决毒品问题。一天有一个人拿着一个袋子朝那所房子走去，那些关注着这所房子的人认为这个人的袋子里装的似乎就是毒品。其中两个居民跑上去和他对峙，不久警长也赶到了。随即爆发了一场打斗，最终房子里住的人被逮捕。这次事件成为当地警察局和该社区文化的一部分，这场打斗最后成了一个制度性事实：打斗可以被看作"功能"或是"价值"，即是"在对付坏人"。

对同一事件是否存在其他文化解读呢？当然，还有许多。例如，某个人会想不明白为什么那个警官和她的一些朋友会在那个人的家里对他们进行人身攻击。或是他们会认为毒品仅仅与个人行为有关，并站在道德角度质疑政府是否有权干预公民生活。还有可能他们会认为，如果毒品是危险的，只有吸毒者的家人才有权进行干预，这根本不关政府的事。而与警察打斗的被逮捕人的家人会认为，没有什么比保护家人更重要的事，而她的责任就是杀死那个袭击自己家人的警察。人种学家会认为，这一整个事件是一个仪式行为，其目的是向他人宣告社区领导者的权力，并降低次要成员的地位。

随着时代的改变，警察开始采用社区治安的某些原理。这场打斗成为一项制度性事实：这个例子说明了社区治安中的具体行为，有时也被称作"积极的秩序维护"（aggressive order maintenance），乡村社区警察认为他们是在维护社区治安。此例中该制度性事实产生于一个已经充满了制度性事实的背景（如警官、商品买卖、抢劫、房子等），又因职业背景的环境发生改变而成为新的制度性事实。

该事件有一个特点，即它的不可预测性。警官可能会被杀死，或是他可能没有决定参与打斗，而是带来更多警官。换句话说，警官和社区成员是在了解一系列制度性事实后作出应对决策的。这件事的背景和结果变成了当地文化的一部分。不可预测性有很多种表现形式，是警察文化的一个中心元素（曼宁［Manning］，1997）。

这件事对于研究当地警察文化也会产生影响。因为某一特定文化总是在变化，关于它的研究都必然是不完整的。该文化不可能被理解透彻，因为没有一个完成的，或是完整的文化实体可供我们理解。对于文化的参与者和观察者来说，理解文化是一个不断解读的过程，永远不是完整的，永远在变化、适应新的历史环境。

事件重新确认并再现文化。毒品是有害物质，违法者贩卖有害的毒品，警察粗暴对待他们也就是一件理所当然的事情。为了保护社区的安宁，上述所有的行为都是必需的。这样一来，证明最初合理化的文化倾向和行为，则会导致实施证实这种观点的进一步的行为。文化在一个具体背景中得以再现。文化的中心原则已经确立——在这个真实的例子中，文化就是一个自我实现的循环。

34

地方文化的审美学（the aesthetics of local culture）。关于这点，我将讨论一种看待文化过程的思考方式，我认为这种方式对于理解警察文化的实际操作性特征会尤其有用。该方式由威利斯（Willis, 1990）提出来，用来描述英国青年中的共同文化。青年文化围绕着威利斯所称的"草根美学"（grounded aesthetics）组织起来。草根美学与典型化类似，都是描述意义和常识是如何从日常经历中产生的。正如斯威德勒（1986）的"工具包"（tool‐kit），威利斯的草根美学理论表明个人艺术存在于文化复制的过程之中。威利斯草根美学观点的重要性在于说明了文化是如何通过日常活动得到合理的解释，也说明了媒体和商业广告在毫不相关的群体间传播文化要素的力量有多大。因此这个视角让我们得以看到，警察文化虽然建立在当地的个人行为之上，但却可以通过媒体的影响而广泛传播，从而对一般概念中的"警务文化"（culture of policing）产生影响。

威利斯（Willis）发现，共同文化体现在年轻人相互模仿流行的衣着打扮、说话方式和其他具体的行为上。他将年轻人挑选各种文化产品的方式描述为"符号和行为被赋予意义、被挑选、再挑选、强调、重组的创造性过程……"（威利斯，1990：24）。一个人用来表达自我的衣着、行为、词汇和各种物品，以及所有这些对年轻人所代表的意义，都成为这个人的"草根美学"。他认为，一个人若是身着当时流行的服饰，说着流行语，留着最潮流的发型，这个人是从年轻人可以接触到的共同文化中选择出某种特定方式来进行自我表达。用斯威德勒的话来说，他们发展出一种时尚"胜任力"（competency），即将文化产品和价值组合起来构成别具一格的文化现象。"草根"（grounded）一词表明年轻人用来表示自己身份的符号和行为产生自具体的、日常生活中的事情。选择"美学"（aesthetic）一词是为了强调创造过程，此过程中某些特定行为得到年轻人的重视——年轻人从一群共同的文化产品中创造性地选择出来，以诠释在他们个人看来强烈又让自己自在的文化身份。

威利斯描述过对于英国青年有意义的事物，他捕捉观察到的形象是流行文化中共享的激动人心、充满乐趣的那一部分文化。例如，英国电视上经常看到的，或是其他媒体中经常听到的流行音乐团体，更有可能被复制成文化，而服饰、发型和流行语也是如此。流行文化充斥着各种小报、电视广播节目，这些媒体将共同的文化产品向年轻人传播。因此文化产品得以广为流传，成为英国青年用于身份诠释的独特又强烈的文化出处。因此文化立即变得富于美感、需要人亲身经历、并根植于广泛共享的经历。

年轻人互相分享他们的审美观念，并通过媒体对共同文化产品的传播而产生了青年文化。审美观念可以并且经常被大众媒体操控。商场里贩卖某些歌手的唱片，艺人穿特定品牌的鞋，因此，文化也是通过广告宣传获得的战利品。因此商业媒体为文化的传播创造了更多机会，并使得那些无法进行面对面接触的人可以获得这些文化。因为审美观念通过媒体传播，威利斯关于文化的看法具有后现代主义的特点（他自己在书中对此强烈否认），因为他认为文化传播过程中个体之间的互动没有那么重要，地理上相互隔绝的群体之间的文化（在媒体的帮助下）会呈现相似的形态。因此，每个个体的"合理美学"在范围上都可传播至全世界，远远超出产生这些审美观念的某个社区或邻里的范围。

合理美学的观点对于我们理解警察治安文化具有很大帮助。从合理美学的角度思考警察，我们可以重点关注具体事件、着装风格、巡逻形式、说话方式、武器型号、庆祝和哀悼的仪式；简而言之，就是那些他们选择用来面对不同围观者的行为。我们同样可以想想警察们讲的那些故事，那些不断被讲述、成为某个警察局的警察文化的一部分的故事，思考一下它们对于警察工作的意义和对它们进行解读时的艺术手法。

我们也可以将警察们小心谨慎的作风看作巧妙机警地应对突发状况的方式，这种应对方式是警官们在决定该如何行动以及何时行动时从各种文化"胜任力"中选择出来的一种能力。文化"胜任力"是指那些产生了众所周知的、期望值中的结果的行为或是语言交流。这样看来，小心谨慎是选择的艺术，是从不同的可选择的行为、个人偏好的胜任力中选择而来。

合理审美的观念中固有的技巧性表明，警察文化的成员并不是没脑子的白痴，他们不是简单地对来自周围环境的强力（包括犯罪控制体制、法庭，或是犯罪团伙组织）做出回应。警察选择他们喜欢的适应模式。"审美"一词表明警察适应观众的过程中存在情感因素，也就是说他们能够选择某一种胜任力来取悦观众的、让观众感觉良好，或是在合适的时候惹怒观众。

地方文化的传播（the transmission of local culture）。如果文化是当地群体中互动的产物，为什么有这么多的警察局有如此多的相似之处。为了解释这个问题，我们需要建立一个模型，当地文化因素借由这个模型接触到更广泛的观众。法恩（Fine）和克莱因曼（Kleinman，1979）总结出四种文化因素传播到其他群体的方式：

多群体成员性身份特性（multiple group membership）是信息传播的最基本模式。例如，很多警察同时也是某些俱乐部的成员，可能会时不时地在会议上做些展示。

弱联结性（weak ties）。日常生活中与他人保持的友情或是非正式的联系，是一种有助于信息传播的较弱的纽带。一个大学教授可能会邀请一位警长来参加烤肉聚会，一起讨论那些已经成为正式警官或者刚刚加入警队伍的学生。

36

组织结构性角色〔structural roles〕会将人们置于不同群体。例如，警察局里的中层管理者可能出席志愿者组织或是当地社区。而一线指挥官则可能会出席区域性的警察工会组织的活动。

媒体传播〔media diffusion〕可以迅速将信息扩散至一大群观众。记录警察被杀的真实录影片段可以迅速在公众当中传播对于警察安全的担忧。

范·马安伦（Van Maanen）和巴利（Barley）用维恩图解法（Venn diagrams）（一种用于显示元素集合重叠区域的图示）展示出亚文化的互相交叉重叠现象。群体所共有的文化特征越多，群体之间互相交叉重叠的区域越大。"因此，组织文化被认为是亚文化所携带的影子似的实体，也被定义为亚文化解读系统的一个交叉点。"① 通过评估审视隶属不同组织的成员之间交叉重叠的那一部分价值观，就可以衡量组织内共同文化或偏离共同文化的程度。

媒体传播的过程也为不同组织提供了一个共同的核心文化符号。放映有关警察行动中面临的各种危险情况以及警察被杀害的培训视频，有利于在警察中形成一个共同认可的、非常强烈的对危险的认知方式。那些推销各种产品的杂志描述了各种警察在危险时刻可以使用的武器以及可供选择的防卫手段——包括用铅作内衬的手套、警棍、单手武器、枪支、刀子以及诸如此类的工具——并让他们能够根据个人喜好和警察技能来选择这些武器。在《警察》这类电视节目中，媒体跟随警察行动，希望能拍摄到日常巡逻工作当中惊险刺激的时刻。这样的节目为展开关于什么是好的警察行为（或是愚蠢的警察行为）的思考提供了一个平台（一位警察对我说他是这样看待《警察》节目的）。简而言之，警察文化中的很多因素都可以通过平面媒体和电视媒体获得，从而让全国观众都可以看到每一个地区的警察局，并提供了一大堆可以轻易获取、传播极为广泛的警察文化素材。警察也可以通过这些影视资料来强化他们严格执法的自我形象（卡普勒〔Kappeler〕，布隆伯格〔Blumberg〕和波特〔Potter〕，1993）。

37

---

① 参见鲍莱恩（Paoline），2001：11.

2.3 制度环境中的警察亚文化

警察文化的某些因素——思想观念因素、行为因素、物质因素和社会结构因素——这些因素的存在超越了单个警察局的层面。这些因素存在于跨部门的各类组织之中。许多存在于跨部门的因素——似乎是所有警察局的特征。就跨部门组织而言，是一个"通过相似的服务、产品或功能所确认的领域"（斯科特［Scott］和迈耶［Meyer］，1992：137）。部门的边界主要是依据功能而非地理位置来划分的。其他因素，例如许多警察在个人责任方面所秉持的坚定信念，似乎来自于范围更广的社会，其界限可能是基于民族国家的领土边界，并在特定的警察既有政治倾向中得到强化。这些层面是制度性的，而组织制度理论是有关地方组织在他们所处的制度背景下如何适应组织期望和价值观的规定。本节中将个体的警察组织看作存在于整个制度性环境中的成员而已，而且这些环境承载了由各个组织所共享或已经整合到了制度性结构和行为当中的文化要素。

文化相似性的要素（elements of cultural similarity）。正如沃丁顿（Waddington）所指出那样，在某些文化相要素中已经显现出了警察的相似性：

> 我认为，的确存在一个警察亚文化，在各个不同的司法管辖区内有关警察的范围极为宽泛的话题中，都能发现其核心因素。美国的各个司法管辖区和执法机构内部的下属组织中，存在很多重要的文化因素，而警察亚文化的核心因素几乎都是一样的。这些因素在英国（包括苏格兰和北爱尔兰）的各个不同的司法管辖区中，同样是普遍存在的现象……（沃丁顿，1999：295－296）。

通过引证大量的文献资料，[①] 沃丁顿指出，在加拿大、澳大利亚、

---

① 为了比较这种相似性，沃丁顿（1999）引用了下列国家的学者们的研究成果：加拿大的埃里克森（Ericson），1982；英国的布鲁尔（Brewer），1990；澳大利亚的陈（Chan），1996；怀特（White）和阿尔德（Alder），1994；欧洲大陆的庞奇，1979；印度的贝利（Bayley），1969。

印度的警察文化中，也可以找到相似的现象。有些常见因素甚至是在各个国家中都可以发现："庞奇（Punch，1979）对内陆城市阿姆斯特丹的警察活动的描述，同样适用于英国、美国或是澳大利亚的城市"（沃丁顿，1999：296）。沃丁顿认为，这些相似性是由权利主义者和警察工作的强制性特征所致，体现在民主社会中对权利行用所施加的正当程序的束缚之中。任何读过陈（1997）对新南威尔士州的改革和文化分析研究的人，都会惊讶地发现新南威尔士州与美国极为相似，尽管地理上讲美国恰好与之相对。

警察社会结构的某些特征广泛存在。曼宁（1989：362）指出，警察是一个具有"典型的组织特征和职业特征的组织：招收对象广泛，组织呈金字塔形，扁平型等级结构，各组织间流动性小，组织内部纵向流动有限，横向流动频繁，典型的正式或非正式分工，工作责任/承诺的基本原则等"。对于警察来说这种组织结构十分普遍，不能仅用文化从个人向社会传播的过程来解释。

警察文化的某些因素在全国上下甚至全世界都存在，这说明这些因素已经制度化：这些文化因素被人们广泛接受，我们遵照这些因素做事是因为相信这样做是正确的。例如，思考一下婚姻制度。在美国，有共同生活愿望的成年人之间为延续家庭，所采用的最常见的制度形式就是婚姻。很多人非常看重婚姻的各种仪式，而且很反感那些非异性恋的伴侣，也反感那些没有正式进行婚姻宣誓而生活在一起、没有结婚就生育孩子的人。违反这些普遍存在的价值观会付出巨大而残酷的代价：非婚生子被叫作"杂种"（bastards），未履行婚姻程序的夫妇是"生活在罪恶中"（living in sin），同性恋情侣是"怪胎"（queers）。这个例子虽然简单，却揭示了价值观是如何影响人们对某些特定行为是合法还是有罪的价值判断，人们总是难以背德行事。

社会控制也是一种制度，通过每天的日常行为得到非正式的实现，主要通过阻止某些行为。正式的实现是通过颁布法令，来惩罚某些行为或是要求人们做某些事。警察是社会控制制度的一部分，负责发现并逮捕违反法令的违法者。某些非正式情况下，他们也会将法律作为威胁手段以实现某些合理的行为，而非自动援引正式的法令。警察有时不会完

38

全执行法令，这一点被广泛引用（例如，威尔逊，1968）。作为社会控制制度的一部分，警察承载着大量价值观、倾向性和行为，所有这些的影响力大大超过了某个特定警察组织的影响。

关于警察组织如何践行普遍认可的价值观的例子与"个人责任"（personal responsibility）这种价值观有关。我们的社会有一个根深蒂固的价值观，即个人应有自由意志，并且人们普遍认为人在做事前会打自己的小算盘——他们会做让自己高兴的事，避免那些让自己痛苦的事。这种强大的价值观在美国的刑事司法体系中表现为威慑力，即一种看待民众的方式，包括某些政策和惩罚策略，旨在增加与错误行为相联的某种形式的痛苦。人们普遍认为，痛苦的增加，不论是以何种象征形式，都会降低某种特定类型行为发生的可能性。警察工作的组织也是同样以具有威慑力的策略为中心建立起来，以增加痛苦的可能性。例如在社区街道上，警官们坐在巡逻车里巡逻，搜寻着潜在的犯罪分子。

随机预防性巡逻（random preventive patrol）、911 快速应急电话系统是高度制度化的犯罪控制形式。当代警察巡逻制度的建立者，奥古斯特·沃尔默（August Vollmer）认为，随机预防性巡逻可以终结美国的犯罪行为。他在 20 世纪 20 年代所倡导并建立的巡逻形式，即随机预防性巡逻，在当今美国警察组织中占主导地位。911 快速应急警察系统对寻求警察帮助的特定类型的呼叫电话迅速做出反应，以此施加威慑力。警察会将寻求帮助的呼叫电话、"呼叫中"（in progress）的电话看作当务之急，希望能及时制止犯罪者从而防止犯罪行为的实际发生。

911 系统和预防性随机巡逻反映出人们对于"社会如何审视人性"的看法，而不是关于"有效的警察工作"的理性分析。两者都立足于"威慑力"（deterrence）这一概念之上，通过增加被捕的可能性来增加犯罪行为的违法成本。他们低下的工作效率表明，人们对于人性所持的普遍态度是错的，而这并不是本书讨论的范围。重点在于组织，尤其是警察组织，是文化因素（包括行为、思维方式和其他组织工作环境时采取的倾向性策略）的强大携带者。

当地警察局的组织结构当中接纳了大量文化的制度性因素，这是如何实现的？"新制度性"（new institutional）研究关注的是制度环境和组织之间的关系（迪马桥［DiMaggio］，1991）。本书中有一个主题旨在研

39

究制度性信息传播到单个组织的过程。斯科特（Scott，1991）对制度与当地组织产生联系的不同方式进行了全面分析。他针对性地对组织结构因素如何传播到当地环境（我之前将其定义为物质文化）进行了研究。我们可以直接将他的观点扩展到文化的其他因素，如下：

组织结构和行为的强加性（imposition of organizational structure and behavior）。斯科特（1991）指出，某些环境的影响非常强大，可以将该环境下被认为合适的行为强加到人们身上。此例中，强加性也就是外力强迫：文化因素可以被外力强加到某个组织上，即使这个组织会有所抵抗。例如，在司法系统中，我们可以看到通过法院决议，要求聘用少数族裔或是女性，这就是强加组织结构的体现。有过腐败现象的警察局有时也需要接受同意判决令。同意判决令是联邦法院发出的要求对程序进行调整的决议。随之而来的是价值观定位，警察组织的雇员组成应反映出当地社区的人口构成，或者滥用人权的情况较少。

组织结构和行为的授权性（the authorization of organizational structure and behavior）。这是广泛的社会规范或多领域准则被明确并践行的过程。警察组织各种道德规范的不断发展、形成，就是认可各种规范准则的表现。与诸如此类规范准则相关的价值观通过警察的行为得以体现。各个警察组织中的授权行为是另一种认可准则的表现。

组织结构和行为的诱导性（the inducement of organizational structure and behavior）。有时周围环境无法强迫人们发生变化，但是该环境中有足够充足的资源敦促人们对结构做出改变，这就是敦促性。克兰克和兰沃西（1996）探讨了美国司法机关如何以通过政府拨款项目向警察局拨款为条件，要求警察局试验或采用某些类型的组织结构，尤其是那些与社区治安有关的组织结构，以此敦促警察局对组织结构做出变革。

组织结构、行为和知识的获得性（the acquisition of organizational structure，behavior，and knowledge）。这是指特定组织对某些组织因素做出的有意的选择。现在颇为流行的 COMSTAT（compare statistics 的字母缩写，即比较统计学）项目收效迅速，这就是获得性的表现。管理者们想要获得 COMSTAT 项目，因为他们觉得可以通过该项目能更有效地打击犯罪。

组织结构、行为和知识的铭记性（the imprinting of organizational structure, behavior, and knowledge）。新的组织结构在成立之初便具有某些特征，而这些特征很有可能会在将来一直保持，这个过程就是铭记性的体现。内战结束后，警察的早期形态就非常类似于军事武装组织的结构，很大程度上是因为这些警官大部分都是内战时的参战人员。这种形式会自发延续一段时间，即使其局限性非常明显（盖约特［Guyot］，1979）。

环境结构、行为和知识的融合性（the incorporation of environmental structure, behavior and knowledge）。融合性是指组织倾向于在内部显现周围环境中结构的复杂性。这不是一个强制性过程，而是反映出"一系列适应性过程，……包括共同决策、专门应对战略性偶发事件的界定性角色的演变……"（1979：179）。该过程强调"意外发生的后续事件、依赖历史的偶发性决定因素和内部制度残余……"，简单来讲，就是组织倾向于充满与其所处环境相同的制度性事实。这些组织中存在着各种的垃圾、混乱的逻辑和复杂的伦理道德，而这些事物使其存在的背景典型化。

如果我们将这个观点放在实际背景下考虑还是非常有道理的。想象一下下面的场景。一名面试负责人正在考虑是否要招收一个新人。面试这个新人的有 6 名面试官，包括一名地方检察官、一名警察法律顾问、一名工会代表和一名大学教授。面试的内容包括警察相关的问题、该新人对法律的理解和当地警察程序。

41

某个人会给她突然制造干扰，目的是惊吓她、给她造成压力，意思就是"你必须做个决定，你会怎么做？"她的反应会反映出她对面试问题的知识储备和筛选有价值的决策并采取行动的能力。

她的知识储备由各种"制度性事实"（institutional facts）构成（包括有关轻罪和重罪的法律、如何应对国内骚乱、社区各个种族的构成、如何驱散人群等），她的行动决定总是在这些相冲突的制度性事实中取得平衡。如果她表现出对各种相关（并且经常相冲突）的制度性事实有较深入和广泛的理解，那么面试官会感到印象深刻。毕竟他要招的就是能够预见到各种突发情况的人。

如果她足够聪明，知道如何做一名好警察，她就会顺着组织向上升职，不管是在街道社区出勤还是在管理层参与行政管理，她可以将服务于组织的知识运用到工作中来。因此，组织变成她和与她相似（或是与面试官相似）的人所希望看到的样子。这意味着，通过像她这样的人（如指挥官），组织变成了一面反映复杂的制度性环境的镜子。

如果面试官录用了她，其实录用的是一个了解当地制度性环境的人。面试官想聘用的不只是一个有知识的人，还是一个带有一系列文化倾向性的人，她对于体制、家庭事件等问题的看法都会表现出文化倾向性。她也会带来一系列文化胜任力，远远超出其工作的范围。因此，招聘过程中总是会发生不可预见的突发事件并产生意想不到的结果。这样一来，组织会带有与社会相同的不可预测因素。当地警察文化在招聘过程中被再现。并通过警察工作和对社区生活的参与，携带这些文化因素的制度也会得到再现和保存。

组织结构的绕道现象（the bypassing of organizational structure）。迈耶（Meyer）、斯科特（Scott）和迪尔（Deal）（1992）指出，美国各个学校的纪律性和一致性，产生于组织当中人们所共有的信条。在这种情况下，共有的概念对单个参与者的信仰、行为会产生直接影响。该观点见解颇为深刻。组织中的基本观念和价值观是组织存在的基础，使得组织中的成员能够正常相处，开展日常工作。这些基本观念和价值观都来源于周围环境，且在很大程度上不受组织的影响。

克兰克和卡尔德诺（Caldero）（2000）对警察道德观念的看法，代表了这种认为文化是从组织传播到个人的观点。他们认为，经常被聘用为警察的人都是那些全力以赴实现犯罪控制目标的人，这些目标包括"抓住坏人"或是"让人们在这个世界生活得更安全"。他们把这种目标定位称作"高尚事业"（noble cause）。他们认为，这种高尚事业是警察出身的群体的道德特征，是束缚，也是承诺，是所有警察共有的信仰。"高尚事业"这一价值观激励警察作出行动，并能合理说明他们的各种行为，使他们的工作有目的可寻，独立于（有时违背）正式的组织政策和目标。

制度化的行动：社区警务运动（institutionalization in action：the

community policing movement）。里蒂（Ritti）和马斯特洛夫斯基（Mastrofski）（2002）提供了一个制度性视角，来解释美国警察机构实施社区警务战略的方式。"社区警务"（community policing）一词最早出现于 20 世纪 70 年代。最初有几个警察机构用"社区警务"一词来表达对"改革的"或"专业的"警察维持治安的模式的不满。腐败、不断增多的犯罪、对犯罪的恐惧和对警察效率低下的看法，都削弱了警务改革的传统合法性，而这些传统合法性已经在整个 20 世纪的美国警务战略中占据了主导地位（克兰克，1996）。

里蒂和马斯特洛夫斯基将社区警务运动划分为两个不同的时期。第一个时期明显存在社区警务的理念和对其的合理解释。倡导们宣扬社区警务在应对各种已知的组织问题和市政问题，尤其是在处理少数族裔有关问题时的优越性。

社区警务的第二个时期是从 1989 年开始一直持续到现在。作者认为，在这个时期，人们逐渐认为合法的社区警务是理所当然的。警察机构感兴趣的不是如何对社区警务行动进行合理解释，而是要解决实施过程中多面临的实际问题。通过这个模式，作者提供了一个关于社区警务因素在美国如何传播的理论，概括如下：

（1）在社区警务中，对某些问题持续增长的不满很可能与警察与少数族裔之间的关系有关，同时，人们普遍认为暴力犯罪还在增多。现有的解决方式是不够的，因而产生了一种新的思考问题的方式，被称之为与警务相关的新"思想意识"（ideology）。

（2）有关如何解决问题的共识日渐增多。要求警察更多地融入他们所工作的社区之中，已经成为一种社区共识。"社区警务"一词已经成为一个解决市政问题、组织问题和道德伦理问题的伞形概念，而上述问题仍然沿袭以前的警务模式——即所谓的职业警察模式，似乎对解决目前面临的问题无济于事。

（3）"组织特征最符合上述问题时应尽早采用社区警务模式"（2002：26）。这个时期少数大型部门开始正式采用社区警务。在这个过程中，不断地对社区警务进行评估和测量。这是"明确的思想意识"（explicit ideology），将警察行为与所期望的目的联系起来。 43

（4）当思想观念变得理所当然，当与结构有关的解决方式成为合适组织的特点之后再采取社区警务（2002：926）。警察机构开始更倾向于将社区警务策略作为应对各种与毒品、公共秩序、犯罪等有关问题的方法。

斯威德勒（Swidler, 1986）提出了一个叫"行动中的文化"（culture in action）的概念，有助于深刻理解上述采用社区警务策略的过程。她指出，在社会转型期，"思想观念，即直白、明确、极具条理性的意义系统……为行动建立了新风格和新策略。"她指出，现存的文化模式"轻轻松松就被抛弃了"（jettisoned with apparent ease）。这与里蒂和马斯特洛夫斯基的观点一致，即"社区警务在制度化过程中遇到抗拒的情况少之又少。"

在上述里蒂和马斯特洛夫斯基（2002）描述的案例中，思想观念模型的出现源于某个"激烈的竞技场"（contested arena），使得改革的或职业的警务模式与美国都市生活中广泛存在的趋势之间的摩擦日益增多。在这些经历变化的时期，文化直接对行为产生影响。也就是说改革者在努力将警察的做事方式与社区警务的合理性联系起来。

在稳定时期，出现了某种传统习惯，理性行为变得理所当然。不再需要明确的思想观念去解释行为的合理性。里蒂和马斯特洛夫斯基通过研究报纸和杂志上的文章发现，在第二个时期，大部分对于社区警务的解释都消失了，社区警务本质上的正确性或是合法性不再受到质疑。相反，警察部门开始着手研究用于开展社区警务的各种策略。在这一时期，文化不再直接组织行为，相反，行为变成了一个文化"工具箱"（tool‐kit），其中包括各种典礼、组织结构、进行警察工作的常见方法、公认的专业人士、仪式和行为，这提供了一整套策略，或是被称作"感受性"（sensibility）的东西，社区警务从中产生。从该视角看来，社区警务可能会进入一个其合法性受到相对较少质疑的时期。里蒂和马斯特洛夫斯基的数据显示，在所调查的主流报纸新闻中，关于社区警务的文章越来越少。社区警务变得理所当然。我们无法预言这个合法时期会持续多久，尽管有些作者认为该时期相对来说比较短暂（克兰克，1995）。

44

2.4 组织背景中的警察和多元亚文化

前文讨论的大部分内容，都是将警察文化或是警察亚文化作为警察组织的组成部分来研究的。这种文化概念没有充分认识到职业差别和角色差别的影响。人们置身于组织的壁龛之中。从事类似职业工作、面对类似问题的人代表了一个亚文化，这种亚文化可能具有某种文化生产性（culture generating）（范·马安伦和贝利，1994）。正因为如此，一个组织内可能会有任意数目的亚文化。范·马安伦对组织亚文化提出了如下的定义：

> 一个组织中某一部分的成员之间定期互动，将自己看作组织内部一个与众不同的群体，共同面临一整套问题，这一整套问题通常认为是群体所共有的，他们依据集体共识行事，而这种集体共识只属于这个群体（范·马安伦和贝利，1984：38）。

根据代表亚文化的亚群体内部"语言、规范、时间地标和对组织任务看法"的发展程度的不同，亚文化传播扩散。文化的产生由"差别意识"（consciousness of difference）体现，在"差别意识"中亚文化群体认为他们能最好地控制自己从事的工作。经理通过外力强行抑制亚文化身份的扩张时，就会产生一种补偿的向心力。（范·马安伦和贝利，1984：40）。

多位作者都指出了警察组织中亚文化的存在。例如，罗伊斯－扬尼（Reuss－Ianni）（1983）观察到有两种警察亚文化的存在。她给其中一种贴上"传统"（traditional）文化的标签。这个传统亚文化由指挥警察队伍的主管官员承载，其意义体现在部门传统之中。该亚文化的成员经常讨论"过去的好日子"（good old days），那时警察可以在执行任务时不受现在施行的限制措施的束缚。[①] 该传统文化与"管理"（management）文化相反，管理文化由警察组织中的中层管理人员组成。该文化包含警察职业所特有的专业性精神，与管理者的命令特权和控制特权有关，也和部门行为的惯例化有关。

---

① 曼宁（1997：133）在其对于英国警察部门的研究中，发现同样存在"线性"文化的传统价值取向。

曼宁在他的很多著作中研究了警察局内部的文化差异或是文化分割现象。在他关于英国警察的研究中，曼宁指出，存在一个双层的文化分割模式，且与罗伊斯－扬尼提出的模型很相似。高级警官（职位高于中士）认可理性官僚制度，而警察们在社会中是围绕个人主义和传统警察工作原则组织起来的。各个部分之间的关系常常冲突，而这些关系又是通过强制实施规范原则得以实现的。在其他著作中，曼宁（1989）将高级警官这一群体又划分为中层管理者和指挥官两部分。

上述罗伊斯－扬尼和范·马安伦对警察文化进行的进一步分割，是警察文化根据职业进行划分的结果。也就是说，他们代表着单个组织中某一部分警察文化所具有的特点，但是分割模式又具有警察职业总体上的特点，所以任何警察组织都存在这种分割模式（鲍莱恩，2001）。

萨克曼恩（sackmann）：突现的认知模式（emergent patterns of cognition）。 萨克曼恩提出了一个不同的文化差异性（cultural differentiation）的概念（1992）。他不是从亚群体身份的角度来描述差异的，而是从文化知识组织的角度来看的。他将文化定义为"集体意义构建"（collective sense－making）。意义构建活动是指"个体利用认知结构和构造方法来理解周围情境并解读他们认知的活动"（萨克曼恩，1992：141）。集体意义构建就是我们共有的对周围世界的认知方式。当某个组织内的一群人拥有普遍相同的认知时，集体意义建构就会产生。普遍共有的认知经过累积变成知识文化。认知通过四种"认知方法"（cognitive devices）来构建：

字典性知识（dictionary knowledge）。 由人们普遍共有的标签、描述和定义组成，即情境是"什么"，其具体内容有哪些。"就其本身而论，语义学或信号物就是一种获得性步骤；是在某种特定的社会情境中逐步获得的"。

指导性知识（directory knowledge）。 指的是普遍共有的惯常性行为。指导性知识描绘出事件"如何"进展，以及事件之间的因果关系。

诀窍性知识（recipe knowledge）。 指具体说明如何修复、提高某些策略的指示，说明什么是必须做的，什么是建议做的，包括如何生存下来、如何获得成功，并且与"标准规范关系密切"（closely related to norms）。诀窍性知识通常指的是一系列直接的因果关系链条。

公理性知识（axiomatic knowledge）。指解释事件本体论或因果关系的各种原因。公理性知识与事件为什么发生有关，通常指的是事件的内在起因，也可能包括对事物理所当然的假设。（萨克曼恩，1992：142）

萨克曼恩利用一种分析主题内容的方法来鉴定文化主题，她将文化主题定义为体现在不同情境、不同事件中的同等含义。她对许多人进行采访，并了解了受访者们普遍共有的对文化主题的概念认知。为了证实这些发现的合理性她又进行了额外的主题分析研究。通过这种分析主题内容的方法，萨克曼恩指出在四种知识性文化中存在九种亚文化。

在四种文化性知识中，文化参与模式并不平均。也就是说，出现哪种亚文化取决于分析的是哪种文化性知识。萨克曼恩还发现，不同文化性知识中相似功能领域的相同特征要多于同一文化性知识中不同功能领域的相同特征。即同一组织内部功能不同的亚文化领域间的差异比不同组织中功能相似的亚文化领域间的差异要大得多。用鲍莱恩（2001）的话来说，文化是包含于组织之中的一个概念，但不具有职业性。这与上述曼宁和罗伊斯－扬尼的结论相一致，警察亚文化常常形成于执行岗位和管理层，而这种亚文化差异在各个机构中存在相似性。

陈：澳大利亚警察的文化和改革。陈（1997：3）将萨克曼恩的研究拓展到了警察组织。陈认为，现有的警察文化定义没有将组织内部差异和不同司法管辖区之间的差异考虑在内，于是用文化性知识四分法来研究新南威尔士州的警察组织。陈使用基于总体概况的数据，研究了组织内的文化性知识是如何受到社区警务改革项目影响的。由于人们对于警察－原住民关系的担忧，警察部门提出了一个涉及范围极广的改革方案。改革包括给表现优异的警察升职、职能区域化、重新安排训练和教育以及发展等一系列的社区警务项目。陈利用萨克曼恩的分类法概念化了警察应对改革的表现。概念化的表现如下：

公理性警察知识（police axiomatic knowledge）。这是传统上警察组织围绕"打击犯罪的战争"而产生的知识。与社区警务有关的理论假设迅速流传开来。"新目标的首要要求是预防犯罪、提供社区居民所需要的服务、让公民参与到警务活动中、最大化地减少腐败的发生。一旦做到这些，假设就会对改革的策略和过程产生指导

46

意义。"(1997：19)。

字典性警察知识（police dictionary knowledge）。人们对社区警务工作的认识仅仅停留在表层，并将其看作公关演练。许多传统定义在人群中流行，种族刻板印象仍然很常见。

指导性警察知识（police directory knowledge）。通常，警察们觉得可以用老方法来执行任务，所以在工作中很难有真正的改变。当通过命令来强制实施某些策略时，指导性知识才会有所改变。

诀窍性警察知识（police recipe knowledge）。因为其他形式的知识并没有发生变化，诀窍性知识——即在特定场合如何做一件事的知识——一般不会发生改变。

陈认为社区警务干预并没有效果。只有公理性知识才会产生实质性变化。她认为改革失败是因为没有意识到"场域"（field）① 的重要性，"场域"一词是布迪厄（Bourdieu）提出来的概念（布迪厄和华康德［Wacquant］，1992）。其定义如下：

> 场域是冲突与竞争的社会空间，在该空间中，参与者努力建立起对特定权力的控制并建立权威，在争斗的过程中，场域本身的结构不断得以修正（陈，1997：71）。

场域的重要性在于提供了警察文化得以运行的社会结构。因为改革的目的在于改变文化而非改革场域，所以改革的效果常常令人失望。改革的失败让陈认为改革应致力于改变警察工作的社会结构环境，使其更为广泛，而非只是改革警察。

新南威尔士州进行的变革旨在改善警察和少数民族裔尤其是原住民之间的关系。但是，原住民在澳大利亚社会中的位置，即场域，大体上

---

① 场域理论（field），场域理论，是社会学的主要理论之一，是关于人类行为的一种概念模式，它起源于19世纪中叶的物理学概念，是由库尔特·考夫卡等人提出来的，主要是指人的每一个行动均被行动所发生的场域所影响，而场域并非单指物理环境而言，也包括他人的行为以及与此相连的许多因素。布迪厄将场域定义为位置间客观关系的一网络或一个形构，这些位置是经过客观限定的。布迪厄的场域概念，不能理解为被一定边界物包围的领地，也不等同于一般的领域，而是在其中有内含力量的、有生气的、有潜力的存在。布迪厄研究了许多场域，如美学场域、法律场域、宗教场域、政治场域、文化场域、教育场域，每个场域都以一个市场为纽带，将场域中象征性商品的生产者和消费者联结起来，例如，艺术这个场域包括画家、艺术品购买商、批评家、博物馆的管理者等。——译者注

不会受到改革的影响。此外，许多针对组织的外部变化并没有真正实施，这使得警察对文化传统现存的使用方式和解读没有发生变化。陈认为，如果不改变场域，任何改革的努力都会令人感到沮丧而且见效甚微。

陈在其2001年发表的论文中将其警察文化视角延伸到了机构的社会化进程（socialization processes）。她认为有关警察文化的理论应当将社会化进程中的变异因素考虑在内，认识到新警察在社会化进程中所起的积极作用，将社会化进程置于警察的社会政治处境中，同时考虑到场域中波及范围极广的社会变化。

关于社会化进程中的变异，陈指出，该进程具有异源性特征：

> 新招募的警察不仅会在训练过程中碰到许多榜样，他们中的大部分人还会认为他们的学习经历会因为当地指挥官的文化和工作量、当地指挥官的人品和风格、监督换班的警官和工作搭档的不同而有所差异（陈，2001：126）。

48

新招募的警察在该过程中扮演了积极角色，他们会考虑自己是在对谁讲话，评估从上级那里得到的信息是否有用。当被问及对警察文化的参与时，新警察们的回答五花八门，这体现出他们适应当地文化动态的不同方式。她还指出，场域本身也在经历深刻广泛的变化。这种变化来自皇家委员会的改革努力，其目的是了解警察组织中的腐败现象。因为这个变化，许多传统的警察逐渐失去了手中的权力，他们失去了在稳定时期本可以拥有的经济"资本"和象征"资本"。这些不断变化的场合创造了一个多元的社会化进程，因为新警察和经验丰富的警察都在努力适应变化的环境。应当指出的是，陈没有对在评估新警察的积极角色中的具体行为进行讨论，而是聚焦了文化的思想意识形态因素。

鲍莱恩：文化和警察类型（culture and Police Types）。鲍莱恩（2001）研究警察文化时采用的是一个截然不同的方法。他利用经验主义的实证研究方法，允许用统计程序的结果来定义文化差异。对"文化"（cultural）和"亚文化"（subcultural）态度的差异，根据态度得分的统计分布图谱来决定。态度得分表明，不同的警察之间存在少许的统计差异，但是从总体上看，仍然存在偏态分布，并将这种现象定名为"文化"态度。"亚文化"态度则是指在不同群体之间存在巨大的差异。

鲍莱恩使用的是聚类分析法（cluster analysis）[①]，这种分析法是一种数据压缩技术（data reduction technique），能够辨识出在特定态度研究中的群体态度，以及这些群体态度是如何形成的。通过分析产生的聚类特征辨识"亚文化"或态度差异化模式的实证基础。当聚类分析技术清楚地辨识出了不同的群集的范围时，与这些群集相关的警察人员就可以将其描述为"亚文化"。

分析结果表明，有七种不同的群集，反映出了亚文化的差异性。对群集的解读可得出以下的文化标签：低调务实者（lay‐lows）、精于事故的老油条（old‐pros）、传统守旧者、反组织的街头警察、"肮脏的哈里式警官"（Dirty Harry enforcers）、秩序维护者以及执法者。[②] 通过这些分类，他发现各个不同的群集之间存在着一定的亚文化差异，群集分析显示不同的群集之间的差异不大，并表现出更多的普通文化的特征。通过对"亚文化群体"或"文化群体"的集中趋向性的细微差异进行研究，能够发现各种不同的"警察文化类型"存在一定的同一性和意义。

这种分析方法的一个有趣之处在于把"亚群态势"（subpopulations）和"亚文化"（subcultures）之间的差异区分出来了。一个警察可能属于多个不同的群体，这取决于她或他符合哪一种群集模式。这是一项颇具成效的研究，因为它使研究者认识到，警察身份本身并不具有亚文化特性，而因为参加不同的亚群体活动中选择性地获得的亚文化因素所形成的复合性的社会实体，这才是形成亚文化的原因。

49

在文化分析模式中，有争议的是用经验方法产生文化认同这种方式。所有对文化身份认同或是亚文化身份认同的解释，都是基于对统计数据差异的评估，这种分析策略与文化分析当中惯用的人种学传统存在明显差异。在某种程度上说，一个聚类分析鉴别基本态度结构的方法，

---

① 聚类分析法（cluster sampling），也称为群集抽样调查法，是指将总体按某种特质分成若干份，每一份成为一个团体，再以随机方式抽取若干团体，然后把这些团体中的全部单位选择作为样本的一种抽样方式。——译者注

② 参见鲍莱恩（2001）关于这些类型的详细讨论。

能否合理地区分出"文化"与"亚文化"因素？鲍莱恩的研究将文化调查引入了司法研究中定量研究的实证主义研究领域，这一做法会不可避免地会引起争议，但对扩大警察文化的研究领域具有非常重要的作用。

2.5 结论：哪一种文化观念是最好的？

在本章中，我介绍了有关警察文化的文献和研究成果，这些文献资料提供了三种研究警察文化的框架。读者可能会问：这三种框架中哪一种最能体现警察文化中的各种因素？遗憾的是，我们没有一个足够合理的原则来判断哪一种文化研究框架优于其他两种。

现在的问题是，没有一个文化视野之外的观点，能够让我们"客观"地衡量这几种文化研究视角，并由此得出结论说：对，就是这个，这种方法最好。我选出的"最好的研究方式"所依据的任何标准，其本身有可能就是一种文化观点。让我选出一个"最好的"研究观点，就是让我抛弃我自己的论证过程——文化是一系列相互连接的制度性事实，而制度性事实又依赖于观察者的态度倾向。

比如说，我可以依据鲍莱恩（2001）的研究，引导并建构一个合理的理由来解释使用推论统计学（inferential statistics）的某些特定技术的合理性，而推论统计方法在社会科学研究中已经得到广泛认可和普遍应用。我也可以选择一种人种学研究技术来建构一个群体身份认同的形象，并通过这种形象来审视自身，正如萨克曼恩（1992）所做的那样。考虑到如何才能得到关于文化沟通最全面的信息，我还可以使用一种符号学策略，即曼宁（1997）曾经使用过的方法。或者，我还可以开拓出一种理论视角（theoretical perspective），这种理论方法能够帮助我理解各种改革努力的有限影响，正如陈（Chan, 1996）在研究中所使用的方法。每一种研究方式都有其合理性，而且都能够获得丰硕的成果。但是，我们无法用一种存在于文化之外的观点来做出那一种方法是最好的选择。评判"哪种最好"总是基于某个特定观点，因此，选择"哪种最好"这种行为本身总是存在于文化之内。

当然，我可以采取某种文化立场，即从一个带有偏见的立场来进行判断。我倾向使用的立场由两部分组成。第一部分是关于使用哪一种研究策略的决定，该决定取决于并起因于研究者或作者的兴趣、技术和意图。研究者可以根据哪一种方法最能合理地陈述其所关心的问题，或是哪种研究视角能够提供评估其文化观点的最优雅的方法，对研究方法或叙述风格做出选择。读者会认为，根据这一逻辑，一部关于警察的好莱坞电影所描绘的警察文化，与遵循严谨科学方法的社会科学研究成果，具有相同的价值。读者的观点也许是正确的。

第二，研究者采用的某种研究模式并不是窥视真相的某扇窗户，相反，仅仅是对真相的另一种解读。文化阐释是对我们所观察到的事物的一种文本解释，文本就是观察到和记录下来的文化。然而，一旦我们将其看作一种解读，我们就含蓄地承认了各种观点的合法性和合理性。沃恩克建议说：

> 文本参考了不同世代解读者的不同经验和问题，而且对同一世代的不同成员也可能有不同的意义。因此，我们绝不可能宣称我们的解读就是永恒真理，相反，面对历史环境的变迁，我们必须始终胸怀坦荡，对我们的关切和出现的问题保持开放态度（沃恩克，1993：130）。

由此我们认识了到沃恩克所说的解释学对话（hermeneutic conversation）。我们的目的不是判断哪一种解读是正确的，而是明白我们能从每一种解读中学到什么。我们努力学习警察文化的"文本"中所蕴含的精髓，但是我们的努力会遇到在第一章中描述的那位人种学家所面临的同样挑战。我们试图通过努力地了解世界来学习，因为这是由有文化兴趣的人所理解的世界。在我们成为更"像人"的过程中，我们获得了更多让人之为人的特定文化特质——我们从周遭世界中发现意义的能力。伴随着这一观念的是这样一种认识，认为我们最终无法形成共识。所谓共识——也就是说，指我们最终可以发展出足够多的知识，一致同意使用某种特定方式来审视文化——这本身就是一种文化立场，可以排除某种与其他人不相兼容的看待文化的方式。沃恩克又对我们建议说，对话的范围是无限的。对话对文化的附加解释总是开放的，并且认识到冲突是文化分析的一个重要组成部分。[①]

　　研究者有义务将情境基于其本身来解读，就像之前提到的人种学家一样。文化研究，不应当仅仅是用另外一种语言来描述的群体研究，而是通过将情境基于其本身——不是将我们自己的文化倾向性强加于该情境——我们才能够学习、适应并反过来对我们来自的重要网络作出贡献。

51

---

① 沃恩克（1993）详细地论述了政治自由主义。她的核心观点对于文化意义的讨论，具有同等的活力。

文化和文化主题

本书旨在探讨警察文化主题。我将这些主题看作构造文化必不可少的"积木砌块"（building blocks），作为一种结构性隐喻，用这种行为方式为警察工作环境中的一些重要领域赋予文化价值。本书的第二部分中将论述各种不同的警察主题。在这一部分中，我将论述关于文化主题的一些初步思考。

文化主题（cultural theme）一词是指各种各样的文化要素以什么样的方式相联结，正如曼宁（1987）所观察到的那样，突出共享的职业活动领域。这些文化主题代表的职业活动的分布具有广泛性，也就是说，在很多警察部门这是一种常见的现象。

文化主题中会融合有很多文化因素。第一，文化主题具有行为性，文化主题主要出现在警察"做日常工作"的行为活动中，从日常工作和普通的警察活动中获得其意义。第二，文化主题是一种对警察行为活动进行思考的方式，一种与活动有关的情感态度。卡普勒（Kappeler）、斯鲁德（Sluder）、阿尔伯特（Alpert）（1994：108）用"动态确认"（dynamic affirmation）一词来描述行为和态度之间的联系。换言之，警察不会把每一项工作都当作全新的、从没见过的事来做，对每一项工作他们都有很多传统的想法和做法。文化主题也不是充满约束性规则，而是具有倾向性，希林（Shearing）和埃里克森（Ericson）（1991）用他们华丽的辞藻，运用适当的习惯和理所当然的假设，提供了一种对待某项特定的具体日常工作的感性思维。第三，文化主题中蕴含着社会结构和组织结构。在巡逻策略中略见一斑，将警管区领地控制的任务分配与地理区域的划分密切联系起来。或者这种文化主题也可能会将警察与其他城市管理者如法庭、媒体的相互关系，以及他们看待警察文化主题的思考方式联系起来。

许多观察者都指出，通过共同的文化主题，警察形成了共享文化。这些观察者包括曼宁（1989，1997）；罗伊斯－扬尼（1983）；希林和埃里克森（1991）；麦克纳尔蒂（McNulty，1994）；贝利及比特纳（Bittner）（1984）；以及其他许多人。共享文化主题——不可预知性（斯科尔尼克，1994），"混蛋"（范·马安伦，1978）；最高管理者（management brass）（扬尼及扬尼，1983）；以及自由法院制度（尼德霍夫［Niederhoffer］，1969），这些词语都被这些人所经常引用，这些词语在有关警察文化的文献资料中似乎无处不在。但是，对于确定文化的界限却几乎没有形成什么共识，就更不用说确定文化主题是什么，以及我们如何区分不同的文化主题了。

以下一些概念是在思考关于文化及其文化主题时，需要注意的一般事项，这些文化及其文化主题与具体的警察文化有关。这些思考因素与文化界限有关，也与我在本书中如何确定警察文化的范围有关。

界限（boundaries）。思考文化时，我们总会想到某个原始形象，例如某个在地理上与其他群体相隔绝的群体，就像亚马逊原始雨林深处的某个印第安原始部落。地理隔绝（geographic remoteness）这一特点并不适用于警察，警察根植于其他群体，并被其他群体所包围。那么，为了弄清楚我们的研究对象到底是谁，我们该如何描述警察文化的界限呢？

界定警察文化的一个核心是层级（rank）。许多学者（格雷戈里［Gregory］，1983；范·马安伦及贝利，1982）都提出，警察组织中包含有多元文化因素。曼宁（1976）认为，警察组织内部的层级制度将警察文化分成了相互叠加的三个层次。他认为，按照文化特性，可以将警察文化区分这以下三个层级：基层一线任务执行警察、中层管理者和高级指挥官。即便存在着某些核心价值观，能够将各个不同层级的警察动员起来，我仍然将当前开展文化要素调查的研究重点放在与指挥链最底端相关的一些文化因子上，即基层一线警察文化（line-officer culture）。基层一线警察文化的受众包括组织管理者或"最高管理者"以及法院、重罪犯与轻罪者和公众与法庭。基层一线执法的警察，在他们的日常工作中会与上述群体产生互动，而从事日常事务工作的警察，同样也有他们对待工作的价值观和情感态度，这些价值观和情感态度与他们日常工作中所隐含的文化主题及其文化范围完全契合，随后我将对此进行详细的讨论。

选择文化主题（the selection of cultural themes）。我有意选择了最有包容性，但也可能是最不具有学科规则的一种方法来解答这个问题，通过辨识和分析讨论这个主题上已经被其他研究者所辨识和讨论过的主题。但是，这个方法的合法性和有效性值得商酌。研究这些主题时使用的文献既包括准科学的调查模型，也包括警察研究者获得的奇闻轶事或者前任警官们撰写的著述（参见范·马安伦，1978，对此问题有专门的论述）。将事实与想象区分开来几乎是不可能（如果有人这样说的话，那也是虚假的，甚至是胡说八道）。因此，人们时常指责我的研究是将警察逸事、研究者的趣谈与其他更为严谨的科学研究成果奇特地混为一体，指责我只是在编故事而非构建有意义的理论。对于此项指控，我自认为言之有理，但这里我还是要简要地陈述我的辩解：警察逸事趣闻从技术上讲也许不具有真实性，但就其意义而言，它能够准确地代表和反映历史真相或是当代现实。虽然如此，这些主题也可能是对体现警察文化特征的情感和价值观的准确反映。文化研究不仅仅是探寻历史真相，也是寻找某些特定群体所感知的、信仰的和践行的意义、价值与传统。在本书中，警察奇闻轶事不仅仅是茶余饭后的闲谈，它们同样是文化历史的承载者。忽视这一部分文献的重要性，就是忽视了文化本身的一个核心部分——也就是文化的口述传统及其行为基础。

主题的包容性（theme inclusiveness）。当我们确定一个文化主题时，能够知道该主题仅仅只代表了某些特定组织的某一种特定文化吗？或者从更具包容性的角度看，能够普遍地体现出大都市警察部门警管区巡官们的文化特征？各个文化主题的差异究竟有多大？本书中，我试图将各种不同的与警察文化相关的文化主题区分开来。然而，这些主题某些显而易见的普及性，来自于知识的学术再生产过程，而不是来自于我们所熟识的不同背景的警察文化，这一点毋庸置疑。我们很难把我们对警察神秘感的认识与反映警察神秘性的学术著作区分开来。我试图通过引证各种各样的材料来说明相关的概念和实例，从而对这个问题做出自己解释。

虽然在本书中描述了大量的警察文化元素，但我仍然怀疑这些因素是否能够全面反映警察文化的客观现实，或者本书后面所讨论的所有主题在所有的警察组织中是否都存在。然而，如果你退后一步看一看本书的主题建构，你就会发现在各种各样的警察文化之间存在着某种相似性，与此同时，差异则会退隐到文化背景的各种细枝末节之中。换句话说，有一种如释重负的感觉，有些主题的重点比其他主题更加突出、更显重要。文化，在这个意义上，只是一个地形地貌学主题。本书为特定的主题提供一个组织架构，创建文化运行地形学（working topography of a culture）的一种方式，这样人们就可以思考单个主题、具体行为方式以及他们与整体的关系。

主题的优先性（thematic dominance）。我的看法是，人们一直过多地关注警察工作中涉及的使用暴力、强制手段、面临的危险威胁和存在的腐败问题，这些都是重量级的主题（克洛克卡斯［klockars］，1991；比特纳，1970；参见卡普勒、斯鲁德和阿尔伯特，1994；斯科尔尼克和法伊夫，1993）。这些主题是极其重要的意识形态之思想重锤（ideological hammers），由于它太过沉重以致难以锤炼出警察文化的多样性和精妙绝伦的灵活性。毋庸置疑，这正是警察文化的突出主题，但它们只是众多主题中的几个少数主题而已，它们的含义已经嵌入到警察文化背景的其他要素之中。

文化独特地表现警察特性的方式，从根本上讲，并不主要存在于警察工作中最明显可见的公共属性中，而是隐藏在职业活动的无数细枝末节中。文化是在平凡世界中传播和扩散的，它使得以何种方式工作成为习惯，使习惯变得有意义。文化，就像天堂和地狱一样，是一种长期持续存在的、以宗教仪式进行颂扬的，并且使人感到敬畏的东西；总之，

55

文化存在于日常生活的每一个具体细节之中。

文化可以被认为是职业活动主题的一种汇流。"汇流"（confluence）一词是一个隐喻，喻意着排空溪流的河水并流入到一个共同的水体。在汇流处，单个的小溪流和河水的特殊贡献不再清晰可辨——水流是所有这些溪流河水的混合体。警察文化也是如此。组织活动的各个方面融合在一起，由共同持有的价值观和共享的思维方式融汇成一个整体。文化不可能由任何一个特定主题给出完全的解释（尽管它有可能通过某个主题表现得清晰可见），相反地，可能通过在特定职业环境中的独特组合给出全部解释。警察文化的纹理结构——其意义整体或其持有的世界观——依赖于这些主题以某种特定的遭遇相互联结在一起、相互作用、相互激励和证明行为有理的方式，以及在经过长期的转换之后，以某种故事的形式由一个警察告诉另一个警察。

主题的交叉重叠性（thematic overlap）。文化主题离散的实体究竟分离到什么程度？在本书中我将试图分析这种分离现象，然而，需提醒读者注意的是，在实际工作中，这些主题看上去更像是不融合的聚集体，毫无章法地堆砌在一起，而不是相互分离、独立存在的不同元素（斯普拉德利［Spradley］和麦柯迪［McCurdy］，1975）。文化逻辑（cultural logic）是一个对包罗万象的流动状态（fluid situations）进行令人惊讶的循环推理的过程：警察－公民间的互动过程进展迅速且不可预测；对危险的预期及其在匆忙的背景下快速做出决策以期解决问题；对潜在威胁作出反应；使用武力以及街头正义；如何行动、如何避免采取相应行动以及逃避相应的责任；以及简单粗暴地面对来自公众、法庭、上级长官的严重不完整且前后矛盾不合逻辑的信息。日常工作中那些匆忙而沉闷的任务被赋予了文化意义和文化价值观、行为的一般性原则和指南，而这些原则和指南适用于每个个体和具体情境。因此，通过对离散的单独个体进行辨识和分析，这些既流动多变又相互高度关联的个体，面对实践中他们所具有的独特文化，我很有可能感到像是雾里看花——就好比是通过描述树木的化学特性来解释什么是树一样，令人晦涩难懂。

本书描述的各主题之间有大量的重叠之处。也就是说某个主题和另外一个主题会有很相似的地方，或是用来解释说明一个主题的某个实例也能很好地说明另外一个主题。这种与最终结果相关联的现象不可避免——文化的各个方面会在外部形式上很相似，或是在情感方面、逻辑方面连贯一致。例如，如果我要谈谈美国年轻人的流行文化，我可能会谈到摇滚、藐视权威。摇滚和藐视权威这两个主题在美国年轻人之间是两股非常强势的文化潮流，甚至在全世界都是这样。这两个主题重合部分非常多，摇滚通常是讲要藐视权威，很多年轻人会听非常吵闹的摇滚乐，以此来表达他们对于权威的藐视。这说明，用"积木砌块"这个比喻不能合理说明文化要素和文化之间的关系，"积木砌块"说明的是，文化主题可以系统规律地连接组合形成文化；看看"生长"这个主题，某个动物机体内所有细胞的结构都很相似，但这些细胞在整个机体中扮演的角色不同，因而细胞结构功能会进行细微的修饰和变化。所有细胞都是由同样的基本物质构成，在所有细胞特征中都表现出根本上的相似性，但是他们对于整体功能运转所发挥的作用并不相同。当然，这就是经典的机能隐喻（classical organic metaphor），并在社会科学中得到广泛使用。我认为"细胞"这个说法能合理说明文化要素和文化之间的关系，也能说明在某种特定文化中这些文化要素是如何被注入各种目的和意义的。

我认为各地的街区巡逻警察会有很多相似的文化要素，因为他们面对的是相似的公众，发挥的是相似的作用。换言之，在大都市工作的警察执行任务的制度环境相似，重要的行为人的期望也是相似的。这里所谓的行为人，我们意思是指警察与之进行互动、期望警察能够在其周围采取合理行动的群体。所谓警察受众，即遍布全美国各个城镇的公众、犯罪人、律师、机动车驾驶员、法院以及警察部门的管理者，他们对警察的期望都极其相似。受众的期许为美国警察组织文化中大量的共有文化要素提供了基础。在下一章，我会讨论警察的主要受众，以及这些受众是如何影响警察文化的定义。

情感和文化主题（emotions and themes）。文化研究不仅仅是干巴巴的练习分析能力，其核心是警察如何表达情感。警察工作不仅仅是一整套指导警察如何开展工作的原则和指南，由组织警察工作的市政管理部门所承载和支撑。从某种意义上讲，警察文化更多的像是一套组织结构、正式的官方政策、应对技巧或是策略方法。所谓"会有更多"（something more）是警察对于自己所做工作的强烈的个人情感。一项关于警察文化的研究若想有意义，必须放眼未来以某种方式超越组织结构中存在久远的陈旧观念，并关注警察对彼此之间以及对其工作的个人情感。

情感的作用对于文化研究有重要意义：情感是我们如何看待美好生活的重要部分。努斯鲍姆（Nussbaum，2001）提醒我们，情感对欣欣向荣丰富多彩的人生起着关键作用。情感是我们的一种"幸福感"（eudaimonia），是我们对于积极人生的看法的一部分，"体现出人们对目标对象的承诺，并将其作为她的计划或目的的一个有机组成部分"（努斯鲍姆，2001：33）。当我们表达情感的时候，以一种能够揭示各种社会建构融合的方式表达出我们的情感，而社会建构又与我们强烈的个人情感表达方式结合在一起，努斯鲍姆将这种个人情感表达方式称作"个体人格的历史叙事"（narrative history of the individual personality）（努斯鲍姆，2001：173）。

在警察队伍中发生的悲伤事件，其情感表达的过程就是这样一种方式。在本书结尾，我会讨论警察中某位同事的死亡，这会引起其他同事的强烈情感，在个人身份认同的社会结构中留下一个缺口。在表达悲伤情感的过程中，我们看到了社会自我的重构，我们失去了这位同事。在警察文化中，成员们聚集在一起，彼此紧密联系，失去某位成员会引起强烈的感情，并通过某种特别的仪式表达出来。这是个人和社会之间连结关系的坍塌——有关个体的文化死亡及其重构：

> 当人们痛失同伴并重新编织生活网时，当人们用来确定目标抱负的想法发生变化时，他们就会彻底变成另外一个人。这就解释了为什么人们要经历大的波折才会发生彻底转变；失去同伴也是失去了一部分自我，自我总是认为忘却会威胁到自身的存在（努斯鲍姆，2001：83）。

如果警察工作是有意义的话，那么本书有关警察文化的研究，就必须挖掘一些构成社会和叙事自身的情感因素。因此，我会竭力捕捉警察工作的不可预测性，充满诱惑的街头生活场景，警察透过迷雾看清事实真相的种种努力，警察管理层的胡说八道，以及啼笑皆非却对警察工作十分奏效的歪理邪说。我也讨论悲伤情感发生的特定场合。在本书的写作中，我也会偶尔一窥警察文化的核心秘密。

主题和观察者（themes and the observer）。在第一章中就已经提出了文化研究的一个核心问题——即任何对于文化的叙事本身就是一种立场，观察者的态度总是与其所观察的文化的"文本对象"啮合在一起。在很大程度上讲，这里所说的文化意象是许许多多观察该文化的作者的态度观念的综合提炼和升华。这里所说的文化意象究竟是"警察文化"本身的形象，或是不同作者关于警察文化的倾向性及隐藏态度（有时却是公开表露出来的态度）的形象？例如，我们是否会因为学者们倾向于不信任警察和犯罪控制政策，因而对警察文化持有一种批判性的态度，进而得到消极负面、不信任的警察形象？我们能否从一个支持警察事业的退休警官那里，获得一种充满好感的文化态度？对警察文化充满好奇心的学生可能会说："我只是想知道到底发生了什么事，我在哪里能够获得对警察文化的诚实可信、公正不偏的看法呢？"

这个问题的答案与一般的文化研究相同。世界上根本不存在这种不偏不倚、公正的或独立的警察文化观。完全没有偏见的人对警察文化不会有丝毫的兴趣，根本不可能进行警察文化研究。而且，我们在警察文化研究中可以采用各种假设——我们现有的关于警察的知识，我们在电视节目中看到的所谓"真实的警察"（reality police），我们与警察、犯罪人和受害者打交道的经验，我们阅读过的有关警察的著述，我们对自由主义和保守主义的政治倾向，警察与我们的朋友的联系和接触，等等。在这些经历中，描写警察的作家们往往很紧张，他们是最不可能有这样观点的人。警察研究人员在这些方面的经历颇为丰富，因此，对警察不可能没有先入之见。要想真正做到用独立、不受外物影响的态度看待警察，唯一可行的办法就是对警察一无所知。

在观察文化对象时，伽达默尔（Gadamer）曾经滔滔不绝地指出，读者不应当把这些文化主题看作"绝对信息"（categorical information）。

58

读者应该尝试从本书作者的写作视角或任何其他文章或者著作的作者角度，综合地全面理解警察。知识来源于观察文化者以自身的方式对文本主题产生的浓厚兴趣。在阅读这些主题时，读者应该问的正确问题是"关于这个特定的主题，作者究竟想要表达出什么意思？"而错误的问题（的确如此，确实存在一些不好的问题）是"作者的观点到底是对的还是错的？"如果贬低或忽视所遇到的一切不同见解、不同信息，读者是不可能获得任何心智上的进步的。由此类推，应该意识到本书提出的主题结构是作者自己的创造，而非警察局中实际存在的"东西"。这是一种系统思考和看待社会生活中那些胡言乱语和忙乱之事的方法；像其他所有文化研究一样，这也是一种由观察者和被观察对象、文化文本对象与研究者形影不离相互融合的集合体。

文化洋葱（**the onioness of culture**）。警察文化就像是一个洋葱。[1]洋葱是个恰当的比喻——它有一个内核，在这个核之外有一层又一层洋葱皮保护层，使之与外界隔离。很多人讨厌这些起保护作用的洋葱皮，没多少人会喜欢。克兰克和卡尔德诺（Caldero）（2001）这样描述洋葱的内核：

> 警察文化的葱芯激励警察，给警察工作赋予了意义。这个葱芯就是指警察思考、感受工作的方法态度，是他们如何庆祝胜利、如何表达哀悼的一种情感和思想；也是他们如何开展工作并使他们的工作变得有意义的一种思考。主要指他们对于崇高事业的一种承诺和义务，以及他们如何将这种对崇高事业的追求和奉献精神融入警察的训练、日常工作以及与其他警察的交流互动中，并激发出蓬勃向上激情昂扬的满腔工作热情（克兰克和卡尔德诺，2001：155）。

警察文化的"葱芯"或者警察的价值观，尤其是他们对于高尚事业的承诺以及他们能够对社会做出贡献的信仰，是从较为广阔的外部社会输入的。该"葱芯"不是警察文化本身的凸显特质，而是来自外部世界，是警务活动所处的制度环境的产物。警察在刚参加工作时对警察事

---

[1] 该隐喻根据克拉克和卡尔德诺（2001）在讨论中的陈述内容改编，而且与他们的观点密切相关。

业曾做出庄严的承诺，这种对崇高事业的庄严承诺来自于他们的家庭以及他们的个人成长背景以及社会背景。研究表明，就广义的"国家组织"和伦理价值而言，在很大程度上，警察从其参加工作伊始便已经形成了他们对这些问题的观念态度，而且这些态度在整个职业生涯中不会发生太大的改变（赵［Zhao］、何［He］及洛夫里奇［Lovrich］，1998；卡尔德诺，1997；卡尔德诺和克兰克，2000）。警察工作使这些文化倾向性得到锤炼，并在日常工作环境中赋予它们实质性意义，在警察部门的历史发展中为众多警察所共享，并通过日积月累而沉淀下来。

洋葱外面的洋葱皮就是地方文化的凸显特性，也就是说"洋葱皮"是来自于警察在每天的工作中积累的经验以及警官们分享彼此经验的过程。这种凸显性特征并不意味着"洋葱皮"文化现象对每个警察部门来说都是独一无二的。警察倾向于在相似的制度环境中执行任务，在这种制度环境中面对相似的职能性问题。也就是说，无论在什么地方，他们都不得不与法庭、律师、嫌疑人和公众打交道。因此，相容性是在跨部门存在的一种显性特征，我们得以将警察概括为不同的文化主题，因为这些主题是在所有部门内不断重现的行为模式和价值模式。但是，克里斯滕森（Christensen）和克兰克（Crank，2001）指出，各部门只是在某个方面相似。显著的地方差异可能会被跨部门广泛解读的文化主题中看似相似之处所掩盖。

警察文化就像"洋葱芯"一样，具有层层防护，这意味着其核心在其层层保护之下与外界隔绝或者其内核在防护层的保护下呈现出嵌入式的成长。警察文化的不同外层各自服务于其文化身份的形成、保护和屏蔽目的。每一个外层都服务于一个特定的目的。

第一层，外皮包裹"洋葱芯"，外皮刺激葱芯，使其产生强劲的生长动力。对警察而言，这一外层是指每个警察分派的巡逻街区，用浪漫一点的话说，可以叫作"街头环境"（street environment）。这是巡逻警察和侦探开展日常工作的场所，也指警察执行任务时所接触的普罗大众和三教九流。人们会以深深的道德感来审视警察在他们的领地——即他们各自分配的警管区里的行为表现。某个警管区出现的所有问题就是警察自身面临的问题。警察的名望和自尊随着他们对警管区的治理情况而起伏跌宕。

他们的警管区内，有嫌疑人、坏蛋和惹是生非的麻烦制造者。在警察看来，刑事罪犯和麻烦制造者之间没太大不同，他们认为麻烦制造者可能是潜在的犯罪人，或是已经实施了犯罪行为，只是还未被警察发现而已。那些"街头混混"就是一个个的麻烦制造者，他们公开地挑衅警察，故意蛮横无理地对待警察，或者不对警察表现出应有的尊重态度。在有些情况下，尤其是在那些按种族划分的社区里，警察可能会根据种族或肤色来确定谁是该社区的混混。

在少数警察眼里，所有的居民都是混蛋，都是潜在的罪犯。这些警察有一种四面受敌的"受围心态"（siege mentality）①。对于他们来说，没有朋友，只有作为兄弟姐妹的警察，整个世界没有欢乐，只有无处不在的危险。对于有"受围心态"的警察来说，警察文化不再是庆祝胜利、身心成长的源泉，而是变成了精神牢笼。

"洋葱芯"之外的第二层保护皮是**"不确定性"**（uncertainty）。曼宁（Manning，1989）发现不确定性在警察文化中占有重要地位。心理和精神层面的不确定性与外部世界的混乱无序、重重风险密切相关。警察对于外部秩序的关注能保护他（她）免受不可预测事件的影响。克兰克（Crank，1998）提出了不确定性的五个方面，他将其称之为**"未知主题"**（themes of the unknown）。

60

发现未知环境中危险的能力叫作怀疑能力。警察不仅要怀疑哪些行为违反法律，还要有特殊的第六感怀疑能力，也就是在最琐碎、微不足道的细节中发现违法行为。这种能力基于直觉而非事实，如果这种能力足够高超的话，可以找到确凿的证据来证明违法行为。第六感怀疑能力

---

① 受围心态（siege mentality），有的译为"围城心态"或者"心理包围"，是指感觉别人总想伤害或击败自己，因而一味想要自卫的一种心理。受围心态是一种受害性（victimization）和防御性（defensiveness）所共有的一种情感体验——该术语起源于真正攻城战（real sieges）的军事防御（military defences）的真实体验。这是一种集体的精神心理状态，一群人认为自己受到其他人的持续不断的攻击、压迫或受到其他人不怀好意的孤立或隔离。虽然这是一种群体现象，但是这个术语既描述了作为整体的某个群体的情绪和思想，同时也描述了构成群体的个体的情绪和思想。其结果是导致出现一个过于担忧受到围困的群体和一个难以控制的防卫性态度。——译者注

是警察工作中的特殊技能，如果某些警察能利用那些看上去最没有嫌疑的证据线索破案，他们就可以在警察组织中占据举足轻重的地位。

警察不仅要面对各种真实发生的危险，而且还要在充满种种不可预测的危险环境中开展工作。各种危险威胁促使绝大多数警察时刻做好准备以应对即将发生的危险，而危险意识会使警察以一种与其他任何组织不像的方式团结起来。情境不确定性（situational uncertainty）是指警察在日常例行工作和警察组织中所面临的模棱两可的事件。所有警察工作本身所固有的不可预测性，凸显了学徒式训练的需要。警察们的常识表现为他们在变幻莫测的环境中克服困难、成功而安全地找到解决办法的能力。正如曼宁（1997）所说，警察工作中有很多偶发事件，开展的警察活动也有不可预测性。频繁转换的各类警务活动狂暴而剧烈，以至于对警察精神和心理产生了某种危险威胁。边界控制（edge control）是警察将混乱控制在重大危险边缘之下的能力，是警察工作的一项核心技能，对于理解警察看待危险的态度很重要。

包围在"洋葱芯"外面的第三层洋葱皮是警察体现出的一种强烈的"团结意识"（solidarity）。他们的这种团结意识，我们称之为"千人一面"（mask of a thousand faces），通常归类为战友情谊，即面对危险时必须团结一致的意识。对真实危险和潜在危险的认识是警察之间的共同纽带。许多警官认为当他们面对众多公共因素的孤立和冲突时，这种想法更进一步增强了他们的团结意识。

团结是警察与外部群体发生冲突的产物（科泽［Coser］，1956）。文化身份认同通常产生于与其他群体间的冲突，意识到这一点，我们就可以把这一层的文化洋葱皮看作警察带着敌视和怨恨的眼光看待其他群体的产物。当警察不断厌烦地抱怨辩护律师以及法学专家时，某些冲突就表现为一种意识形态的观念之争。认真思考一下引自《纽约时报》这段话的含义吧：

> 市议会将枪击案遇难者阿马杜·迪亚洛（Amadou Diallo）的名字添加到布朗克期大街（Bronx Street）之上，这条大街是他遇难的地方。阿马杜·迪亚洛是一名22岁的西非移民，两年前当他伸手拿钱包时，4名警察朝他连开41枪。这些警察辩称说他们以为他是

要掏枪，最后他们面临的所有指控，包括谋杀指控，都被宣告无罪（《纽约时报》，2002）。

在此例中，用被害人的名字重新命名街道名称这一行为，暗示了对开枪警察的强烈谴责。谴责来自市政议会——一个对警察工作负责监管职责的机构。法庭对涉案警察进行了审判，这也体现出了在处理警察的问题时，强大的法律力量被动员起来反对他们的这种行为。这个事例也表明，警察所面对的冲突是直接的、变化多样的和具有较大的影响。

有些冲突是武力层面的，涉及暴力的使用和国家力量的运用，例如警察打击罪犯。事实上，警察训练的一个中心主题就是人身安全，经常教导警察，粗心大意（即未能遵循文化准则）会带来致命危险。在文化认同这一层面，我们看到了冲突是如何组织动员群体身份认同的。

这一层面的文化主题是基层一线执法的警察用以保护自己不受外部监督。这些主题是**松散耦合主题**（loosely coupling themes）——一方面，松散耦合的主题使得基层一线执法警官能够履行他们认为符合组织原则要求的事务——对付犯罪行为；另一方面，松散耦合的主题又使行政管理者能够纳谏制度环境中不同群体的异议。这些主题表现出基层一线执法警察避开监察和管制的各种方法，而这些方法在许多警察组织中普遍存在。当一线执法警察认为某个特定群体妨碍了其履行日常工作职责的能力时，这些文化主题就会浮现出来。法院系统就是这样一个特定的群体。无论什么地方的警察都倾向于认为法律体系对待犯罪的态度过于柔软，一些警察才形成了一整套所谓的"街头正义"（street justice）的技巧和方法，他们运用这样的技巧和方法既能够达到惩罚违法者的目的，又可以避免卷入法院系统。同时，警察还会运用各种策略手段以此绕开正当法律程序对他们行为的约束限制。

基层一线执法警察保护自己免受某些群体的监管，其中一个最重要的群体是他们自己的行政管理者和指挥官，有时这些人被简称为"高层"。警察对他们的部门管理者常常表现出极度的不信任（克兰克和卡尔德诺，1991）。影响力强大的外部群体，例如，市长、新闻媒体，往往会通过警察部门的指挥链将他们的影响转化成部门政策。因此，基层一线执法警察在面对外部群体时所遭受的挫败情绪，往往也会发泄到警察部门自身的高层身上。

在洋葱芯这一层面，我们可以看到宽泛的文化要素被引入到警务活动中，事实上，确实也有这种可能性。从原则上讲，这个"洋葱芯"与文化要素的制度传递极其相似，即第一章所说的"组织结构性绕行"（bypassing of organizational structure）（迈耶、斯科特和迪尔，1992）。在洋葱的外层皮上，我们发现了警察文化的凸显性，即"个体社会化"（individual to society）的特性。也许最重要的是，我们从文化洋葱的各个层面的主题行为影响中，看到了个体及其所处环境之间的相互贯通和渗透，是无所不在的，也是不屈不挠和永无止境的。

62

警察文化及其环境的诠释：
一线警察的互动模式

这一章节的目的是阐明警察文化的边界范围及其受众。如果用"草根美学"（grounded aesthetics）的话语来理解警察文化，那么就有必要对这个很接地气的"根基"（grounding）一词进行解释，也就是他们在日常工作中不期而遇的各种情境以及与他们互动的受众。下面将主要阐述并讨论两个初步意见。首先，当地的警察文化根植于部门的组织结构并受此限制。因此，首先有必要讨论警察的组织结构如何为一线警察提供必要的环境条件，使其成为承载文化的群体。其次，这里研究的文化主题起源于可观察到的警察与其他人员在每一天的日常互动。无论这些人员是罪犯、政府管理人员或者是公民，这些其他人员日复一日地与一线执法警察产生互动，在具体的互动情境下，警察的文化身份认同得以显现。同时，我还将探讨警察与这些不同群体间的常见的日常互动方式。

警察文化根植于组织结构也受制于组织结构。本书采用罗伊斯－扬尼（Reuss－Ianni，1983）以及曼宁（Manning，1989）的文化观点，即在不同的警察组织中文化是有差别的。我主要关注一线执法警察的共同文化。我认为，文化在警察组织中以类似的方式出现，很大程度上是因为一线警察的职业组织——基层警队——本身与所有组织都是相似的。

所有的警察部门，如果达到足够的组织规模，都会以平行方式组织成警察小队（班组）。鲁宾施泰因（Rubinstein，1973：32 - 43）对费城警队组织的分析，可以适用于美国的任何一个城市。费城的基层警察队每周工作六天，并实行三班轮换制。白天的工作通常由上午八点持续到下午四点，同时晚班从下午四点开始并持续到午夜。最后一班被鲁宾施泰因称为"熬时间"（last out），这一班从午夜开始，到第二天早上八点结束。① 这种模式的轮换值班制度，在当今的市政警察组织中已经是无所不在，不同的组织间只有微小的差异。②

63

这种工作时间表，往往会让警队的警员与公众疏离，尤其对于那些在三班轮换工作制下的警员更是如此。这些警员的非警员朋友们可能过着朝八晚五的工作生活，往往不能与他们一起休闲娱乐。他们经常在周末和假期工作，因此往往不能参与警队以外的约会，而这些约会可能会拓宽他们的朋友圈。警员与同部门的大部分其他警员也鲜有联系。他们与同一警队或者班组的警员保持联系，但与同一警察部门的其他警队和班组的警员则联系较少。他们的熟人和朋友圈，不论是点头之交还是亲密朋友，都仅限于他们日常联系的警员。

一般而言，一个警队将警察分为大约 25 人的班组，每个班组都由一名巡官警长指挥。班组小队长听从副队长的指挥。副队长是一线警员可能联系的最高长官。警队按照班次划分，而小队根据执勤地点划分。在鲁宾施泰因（Rubinstein）的研究中，班组又划分为"东区"（east end）和"西区"（west end）两个警管区，这是不按地域警管区划分的一种非正式警力配置方式。每个班组有着自己的列队点名表单，但是这两个班组的成员相互之间比较了解，并在轮班换岗期间和在最后完成一个周期的轮班工作之后，经常进行交流。

---

① 1973 年，当鲁宾施泰因（Rubinstein）撰写他对费城的研究报告时，绝大多数的警察部门都在实施轮流换班制度（rotating shifts），在这种轮流换班制度中，白班的工作人员在几个月后会转到夜间班警队，然后轮流工作，完成一个轮换周期。在当今时代，越来越多的部门放弃了这种轮班工作制度。

② 在 20 世纪 80 年代末期，我对伊利诺伊州的 8 个中等规模的警察部门进行了研究，这些警察部门既有农村地区的又有城镇的。这些地区中警察部门的所有警队都是按照鲁宾施泰因所描述的方式组建而成的。

　　每一个轮班周期的结束阶段都是一个硕果累累的阶段，在这个期间内警员可以重温一天的活动，交流传递有关工作问题的新信息，讲述某个警员的逸闻趣事以及要求某位警官请客吃饭，狠狠地宰他一顿。波格雷宾（Pogrebin）和普尔（Poole）在研究了卡罗拉多州的一个警察局后，注意到了警员间的班末讨论和互动的重要性。在换班时，警员保持良好状态以从"艰苦而紧张的轮班工作中'放松下来'……或者间接地感受一下同事们在轮班过程中遇到的令人兴奋刺激的经历……"。

　　同时这种聚会也为广大警官提供了一个讨论警察部门政策、警务政治观点以及人物个性的机会。在这个时段内，各种传闻开始流传——有的传闻受到抑制，有的传闻才刚开始流出，但是绝大部分传闻都经过了美化（波格雷宾和普尔，1988：188 – 189）。

　　轮班结束的时候，警员交流有了充裕的时间，这为警察文化的出现提供了基础，而这些文化正是从分享的警员值班经历中产生的。

　　由于警员偶尔会被调往其他警察局的新的警队工作，因此整个警界的共同文化才得以产生。不同警队间的人员流动对警察共同文化的传播十分重要，鲁宾施泰因曾这样写道：

　　在有些情况下，某个警员从一个警队调动到另一个警队任职时，会将从前同事获得的经验和知识带给新的同事，这将极大地丰富他们对一同工作的同事的了解。因为，尽管不同警队的警员常常见面、相互问候或闲聊，但很少有人像同一警队同一班组的警员一样彼此有深入的接触和了解（鲁宾施泰因，1973：32）。

　　地方警察文化产生及其传播的基本单位是警队。然而，随着时间的推移，源自警察更衣室里必然发生的闲谈和流言蜚语，以及有关警队的各种信息，开始在不同的警局里传播，这为跨部门的警文化提供了共同基础。

　　文化主题源于警察在各种不同环境下的日常互动。一个警队的警员与他们工作环境中的人经常交流，而这些交流受到特定的部门规则和程序的管束。这里所说的环境，我的意思是指警察在日常工作环境中定期地与特定的人群互动交流。警员在法院出庭作证时与法庭人员交流，有时也在警署与他们交流；在与公众交流方面，主要是在大街上指挥交通或者拦截车辆时与公众进行交流，或者是回应居民的帮助呼叫出警到他们家中时发生交流互动；从与管理层的交流互动来看，上下级之间的交流互动主要发生在办公室，可能是因他们被叫到办公室接受上级领导的批评斥责，或是在暴力事件发生后的犯罪现场，这种情况一般比较少。这样的环境往往在城市各地区以相似的方式复制。此外，在不同的司法行政管辖区，警队的工作和组织方式也是相似的。最后，由于媒体——广播、电视、电影、报纸、教学训练影视片等的影响——这些载体传播了共同的警察价值观和行为理念，极大地促成了警察组织的文化相似性。因此，在美国，警察文化存在着相似性，不因城市的特性、规模和市政府类型的绝对多样化而有巨大的差异。

一线执法警察所面临的工作环境并不是一个单一的封闭环境，相反，他们对面的是一系列的复杂多样的工作环境，在每一种环境中，不同的人员对他们工作的期盼和要求都不尽相同。在任何一特定的司法管辖区内，不同的群体对警察的期盼也可能完全不同，一线执法警察必须以适当的行为方式和态度对待不同的受众，因为他们对警察所扮演角色和承担的职责的看法可能有着巨大的差异（曼宁，1977）。[1] 正是由于身处这些环境以及文化与环境铰接的特定模式，文化主题才变得有意义，由此我们才能够真正理解将警察团结起来的强大凝聚力。[2]

65

---

[1] 曼宁（1977：317）对警察的表象策略（presentational strategies）做了如下的描述："关于警察角色模棱两可的特点，使得绝大多数社区允许和鼓励警察尤其是警察部门的管理人员，对这种公开的歧义作出回应，允许和鼓励他们提出并坚持对警察角色和功能的多重定义。其中具有典型代表意义的是，对他们有关政策及其实践做法的观点，保持一种'私密'或隐蔽的特性，或者秉持一种'公共'或开放和可接受的特性。警察文化的受众以及警察文化的效能也是按照这种方式被碎片化地分割成不同的部分，其指示方向和象征性也因人而异，表现出一定的差异性。警察面向社区中最有影响力的最大多数成员所直接公开表现出来的效能作用，最有可能成为警察组织合法性的重要组成部分"。在这本书中，我认为这种碎片化分割，不仅影响管理者在组织中的角色作用，而且也同样影响到基层一线执法警察的角色作用的发挥，因为其中的一个分割碎片就是警察组织的管理。

[2] 有人提到了刑法作为一个相关的环境，组织必须作出回应。在本研究中，我将在互动语境下使用概念化的环境。由于环境中包含有人的因素。因此，在这四个环境中每一个都涉及刑事或民事法律问题，但法律本身不应被设想为是一个独立于环境而存在的要素。

4.1　街角环境

街角环境（the street environment）是首要的也是最凸显的环境。这是一种警察在警管区巡逻的环境，在这样的环境里，有关警察领地控制、强制力和不确定性等重要的文化主题开始逐渐展开。警员被派往某个特定的警管区，并对这一区域的警察活动负责。在这一环境中，警员的行为综合反映了他们的个人脾性、与其他人遭遇的环境以及对待所遇到的人的态度（布莱克，1980）。在警民互动遭遇过程中，警员在解决市民的各种诉求时所运用的具体解决方法是一门美学艺术，这门艺术由警员通过履行自己的职责表现出来。这种环境可分为以下几种活动类型的环境，这些环境促进并维系了警察文化。

市民求助引发的互动（citizen – invoked interactions）。 市民求助引发的互动是指以下这种情况：某位市民打电话到警察部门报警或者预置的警报器被触发，调度中心指派一辆巡逻车出警到报警处核查发问。这种类型的互动占了警察与公民接触的大部分。这是一种被动的警务模式，并有力地形塑着警察与市民的关系。对于财产犯罪来说，出警的警官除了书写接警报告外，对于其他事情几乎是无能为力。侦破此类案件和查获罪犯的可能性比较低，市民们也知道这一点。在此类犯罪中，警察常常成为市民发泄沮丧和不满情绪的口头倾诉对象，警察对他们在这种情况中的被动角色也深感沮丧，他们受困于处理由犯罪所造成的问题，而实际上却不能对犯罪本身采取什么行动。因此，这种类型的遭遇往往会使市民和警员都很气馁；这种情况的互动往往是敷衍的和仪式性的，仅仅是为了满足制作犯罪报告的记录要求和保险公司的需要（范·马安伦，1973）

在处理暴力犯罪案件中，通常也面临同样令人沮丧的情况。在一些典型的严重犯罪案件中，侦查破案的比例大约在50%，主要依据具体的犯罪类型而定。这类案件更高的结案率与有见证者（受害人）在场有关。同时，令人惊讶的是，这种情况下，犯罪嫌疑人通常在犯罪现场出现过，他们不是受害人的朋友或家人，这也提高了结案率。警察在办理这类案件的过程中，也并不令人非常满意。正如许多警察研究者所注意到的，有些案件涉及在朋友和熟人之间发生的粗暴行为和普通的暴力事件（费尔逊［Felson］，1994）。这类犯罪案件中的警民互动，不仅不会给警员带来完成工作的成就感，反而暴露了普通人际关系中那些丑陋、粗鄙和破坏性的一面。无论是攻击者或者是受害者，往往都具有重复性，他们有可能是警察以前曾经接触过的，对于他们涉嫌的暴力犯罪行为，警察爱莫能助。令人担忧的是，这种类型的遭遇非但不能让人满意，反而会在警察间滋长愤世嫉俗和希望幻灭的情绪（尼德霍夫，1967）。如同处理财产犯罪案件一样，警察在预防暴力犯罪方面，往往也有束手无策之感。

66

不论是对重罪犯罪案件或者是轻微犯罪案件，做出是否干预的决定都属于基层一线执法警察的自由裁量的事项，并且受到明显违反法律以外的其他因素的影响（克拉斯卡［Kraska］，卡普勒，1995；奥康纳［O'Conner］，1993；布莱克，1980）。在这种情况下，警察与市民的互动有时会受到警察权力和公民权利的毒性作用的侵蚀。在这种环境下，故意冒犯或挑战警察权威的合法性就成为司空见惯的常事。警察干预的被动性特征决定警察只能在犯罪发生之后才采取行动。正如威尔逊（Wilson，1968）所指出的那样："因此，警察将试图在一种极度情绪化的环境下尽力做好自己的本职工作，通常情况下这样的环境还充满着敌意甚至还很危险。"在这种环境下，要想正确区分开违法者和受害者的态度是很困难的。因为，有些时候必须快速地作出干预决定，在遵循正当法律程序、犯罪人鉴别和取证等方面犯错误也就在所难免。如果违法犯罪者在现场时，掩盖能够揭露和证实犯罪事实的重要证据正是他们的利益所在，这也使警察工作变得更加复杂。在这样的情境下，警察文化含义的第 层外壳，即强制性领地控制就开始显现出来，并很快就笼罩在任务的模糊性之中。

车辆拦截盘查（traffic stops）。在日常的例行警务工作中，警察经由对车辆实施拦截盘查，与市民发生经常的接触和互动。或许由于车辆拦截盘查在快速推进的警察活动中是如此的平凡，以至于警察的研究者对此鲜有研究。然而，车辆盘查仅仅是警察巡逻任务的一部分。由于在警察部门中确实存在所谓的正式或非正式的罚单配额，他们处于一种半明确授权或者命令的状态——警察部门并没有明确要求警员必须实施一定数量的车辆拦截盘查，但是他们常常得面对警察部门的期望，即开出一定数量的罚单。公众对警察开出罚单的反应并不友好。当一位市民收到警察开出的交通罚单通知并面临罚款处罚时，对警察的拦截盘查行为作出这样的回应："是的，警官先生，你开出罚单的行为绝对是正确的，我的行为确实应该受到处罚，以后我会引以为戒更加小心驾驶的。"即使是在这种少有的情况下，警员也很清楚，市民之所以积极地表现出诚恳的歉意，无非是希望能够得到警察的原谅，不予处罚。

警察与市民的互动受组织的规范。他们与公众的接触是通过组织链接的。作出是否干预的决定属于警官的自由裁量范围，但是与干预相关的问题却是由部门政策所规范的。而且，如果实施干预后涉及采取逮捕措施，随之而来的将会涉及一系列的组织机构的制度运作——准备相关的法律文书、出庭应诉以及其他诸如此类的法律事务。当指挥中心的值班调度员通知某位警官赶赴现场时，相关的信息会被记录下来，同时一系列的问责机制就开始启动。

许多作者认为，尽管当代警务巡逻实践表面上看起来具有自治性和低透明度的特性，但是，警民互动的内容和方式却越来越多地受到警察组织的规制。因此，在很大程度上讲，我这里所说的警察文化——主要是指警察团结与松散耦合，起源于这种奇特的任务模糊性，以及管理者试图控制一线执法警察与公众接触的方式，即通过通信与调度来控制警员任务的输入与输出，从而控制一线警员与市民的互动。

4.2　管理环境

第二种环境是组织管理环境（罗伊斯 - 扬尼，1983）。一线警员会在两个时段出现在警局，分别是在上班前和换班时。波格雷宾和普尔（1988：180）在他们的著述中描述了轮班工作的开始和结束情况，下面简要地介绍一下他们的观点。

出勤点名（roll call）。在工作开始前，警员会到警局在更衣室换上制服。然后他们到简报室接受任务分配，并列队点名。任务情况简报通常持续 15 分钟到 20 分钟，在这期间，换班的警员获得上一班次的活动信息，了解接班时应当关注的重点，同时熟悉新的警务操作政策。同时，交班的警长小队长可能会提醒接班的警员需要注意防范的危险，接班的警长还对上一班的警察在值班的过程中取得的成就予以赞扬，或者提醒需要特定注意的问题。

在出勤时列队点名这一环节中，也可能会对某位警员提出温和的批评。在点名期间，有的警员可能会被选出来执行不太令人愉快的任务，有的警员可能会分配来一位不太好合作的临时搭档，或者被派去接受行政长官的训话，聆听他们的"连篇空话"（参见第 21 章）。在列队出勤点名时，插科打诨、诙谐幽默的话语，为那些受到批评指责的警员提供了一个维持颜面的方式（波格雷宾，普尔，1988）。在列队点名之后和出勤之前，也就是在警察下车到简讯室或者离开简讯室趋向警车的路上，是交接班警官们进行交谈的好时机，相互之间交换信息。正在执勤的警察要交换彼此获得的信息时，往往选择不被管理者监控的秘密地点会面。警官们彼此分享一天中最重要的信息时，往往是在搭乘警车的路上，这个时段究竟超出了上级的视听范围，同时，他们不会选择在警车上交换此类信息，因为在车上交谈的对话内容可能会通过车载无线电通话器传送到调度监控室。

轮班结束期（shift end）。在轮班结束后，警员回到简讯室完成他们的文书工作。小队长会审阅他们的报告并听取他们的汇报。正如波格雷宾和普尔所说，在这一环节上，警员通常会在此耗费更多的时间，以便放松在出勤过程中形成的紧张情绪，交流执勤中发生的趣闻。因此，执勤结束期通常是进行各种形式的交流和讲故事的环境，在这样的环境中地方文化知识得以形成和传播。警员还可能将这种换班时间的交流互动延伸到当地的酒馆或是某个警员的家中，以进一步地交流互动或者讲述执法过程中发生的趣闻轶事——这样的活动被有的研究者称为"神侃聚会"。

小队长监管（sergeant supervision）。在执勤期间，小队长的监管是非正式的，在出发巡逻之前和在巡逻期间都会存在巡官警察的监督。小队长是位于一线警员的命令链上的第一环，并负责监管巡逻中的警员。尽管小队长通常被认为是对警员日常活动影响力最大的人（例如，特洛加诺维兹［Trojanowicz］，1980；鲁宾施泰因，1973），但是有证据显示小队长对一线警员很少实施监管（卡普勒、斯鲁德、阿尔珀特，1994）。艾伦（Allen）和马克思菲尔德（Maxfield）（1983），研究了警员实施逮捕、开具罚单和搜查的行为，发现小队长对警员的实际工作没有实质性影响，仅在少量案件中，监察者对工作质量的强调影响了警员的整体行为。令人惊讶的是，即使是他们意识到他们的工作受到逮捕配额的限制，但是这一看法对逮捕行动鲜有影响。这里的含义很清晰：

> 一线监管人员指导警员行为的影响力非常有限。即使监管人员强调特定的行为绩效标准，或建议他们的执法行为达到特定的绩效水平，受他们监管的一线执法警员对这些提示似乎没有什么积极的响应（马克思菲尔德，1983：82）。

换句话说，小队长本身与警察文化也存在着松散的耦合关系。

内部审查（internal review）。警员通过内部审查程序与组织紧密联系起来。这种审查可能是强制性的，例如，某位警员在执勤时开了枪，或者签发传票对某人进行了传唤，或者某位警员因为某种不当行为或者见证了某种不当行为的发生而受到组织的调查。这是警员最为担忧的一种组织铰联形式（佩雷斯［Perez］，1994）。人们期望这种内部审查能够渗进警察文化并抵制其过度放肆的越轨行为。很不幸的是，内部审查措施通常被基层一线执法警员们视为是管理层"将某位警员晾在一边"（hang officer out to dry）的一种专断手段，而不是揭露违法行为的一种工具。警察制度的改革者们并没有认识到，这种内部审查制度正是松散耦合的源头，对警察文化的发展是一种强有力的刺激。

标准操作程序（standard operating procedure）。使一线警员接受组织管理约束的规则，称为标准操作程序（standard operating procedure，简称为"SOP"），意在指导警官处置特定环境下的警情与警民互动。该项标准作业规范由行政管理部门制定，并且可能反映了州政府和市政府对警察行为的影响。制定标准操作程序是一项工作量浩大的工作，它包含了大量的规则，告诉警员在各种不同情况下哪些是不应该做的事情，哪些是可以做的事情。一种具有代表性的观点是，这些操作程序规则被一个警员调侃为"一个世纪才完成的吊儿郎当的事"（100 years of fuckups）。标准操作程序体现的是组织为寻求协调自身功能的一种规则，但是该程序规则却并没有为警官处理那些最不可能让步的事项——最不可预测的警察与市民互动——提供一个具有创建性的处理程序，而这才正是一线执法警员最为关注的事项。警员本能地意识到，或是在本能没有这么快反应的情况下根据经验意识到，标准操作程序是一个惩罚性工具，通常用于追溯过去的行为责任时使用，并被那些管理者用于进行自我保护以避免犯一些低级错误。对于一线执法警员来说，标准操作程序是对警局连篇累牍的"废话"的一种系统性的正式化。

69

4.3 法庭环境

当一线警员作出实施逮捕的决定时，他们就使警察与司法系统的另一部分联系了起来。警察正式建立链接的第三种环境是法庭。这种链接有几种类型。第一种链接是警察因搜查或者拘捕犯罪嫌疑人的需要而申请搜查证或者逮捕证时与法官或者法庭建立起联系。如果警察怀疑某起犯罪案件已经发生，并且有证据证明它确实存在，除非有可以进行无证搜查的事实的法律基础存在，为了获取相关的信息，他们就必须请求法官签发搜查令。这可能是一个令人沮丧的过程，正如萨顿（Sutton，1991）在接下来的案例中所描述的那样，一位侦查人员重现了他为了得到搜查令所做的努力：

> 接待员：……如果是这样的话，你不是想找任何一个检察官，而只是想获得搜查令。等一等，让我确认一下。
>
> 警员：（我清楚他们在我等待获得搜查证时会做些什么事情）
>
> 一号检察官：不行。他能不能在两点来？
>
> 二号检察官：不行。因为我真的要走，去做这件事。
>
> 接待员：不好意思，我们现在没有检察官能够接待处理你的请求。（萨顿，1991：435 – 436）

很多其他的环境也把警察与法庭联系起来。如果一个警员作出了一个逮捕决定并作为重罪案件起诉，他或者她将必须出席预审听证会。在预审听证会上，警员可能会面对交叉询问和直接询问。对一线警员来说，更让人沮丧的是，这个案件可能会被推迟审理，并且在这个程序和接下来的诉讼程序中，他们还可能会重复出庭应诉许多次。他们的工作和休息时间都可能因法庭的临时决定而被打乱。

在审判前的阶段，辩方有要求证据开示的权利，以获得在今后的庭审审判中所有可能对被告不利的证据。审判本身也可能需要占用宝贵的下班时间。所有的证词都被记录在案，并可作为辩方以后使用的参考资料。警员采取的行动的合法性将会受到警察报告、先期诉讼程序的笔录副本、地方法院检察官提问（D. A. interview）和证据质量的检验（有时警员可能会忘记携带重要的证据）。

警察在法庭上作证的合法性，基于他们行为的合法性，这可能会与他们的街头行为相矛盾。在巡逻的过程中，警官们可能会依靠各种微妙的线索来决定在什么地方和如何干预公民的事务。从本质上讲，警官在法庭上会尽可能清楚地解释其采取警察行为的正当理由，并以此理由来引导他们的行为。同时，警察决定对某个犯罪嫌疑人实施逮捕，可能仅仅是想将这个混蛋绳之以法，而不会精确地估量这种行为所呈现出来的合理理由（范·马安伦，1978）。在巡逻过程中，警员学着用个人所拥有的权威来处理各种局面。在法庭上，警察行为的合法性是一个有关证据质量的问题，以及在法官面前表现出得体的言行举止和警官必须对法官表现出应有的敬意的问题。

尽管有人以高尚的言辞声称，坏人由于慷慨的正当法律程序的保护而经常违反法律，但法院差不多仍然像绝大多数人所期盼的那种方式运作。沃克（1994）注意到，在由警察提交到法庭的案件中，在预审期间有近30%的案件被检察官驳回起诉。警察提起的案件中有30%的案件被检察官拒绝起诉或者驳回，这样的比例并不令人感到惊讶：因为相对于法庭审判的证据标准和裁判标准（超越合理怀疑或有罪的道德确定性），警察实施逮捕证据标准和正当理由（犯罪确实发生且确实由该行为人实施）的要求更低。更低的标准，甚至更低的可以主动干预公民生活事务

70

的要求——合理怀疑理由——可以使警察便利地实施他们的工作，而不受在法庭审判时定罪量刑所要求的超越合理怀疑的证明标准的实质性的严峻考验。

在这些由检察官推进的案件中，大约有95%的案件最终被判定有罪，并处以相应的刑罚处罚。当检察官不推进这些案件时，通常情况下最为显而易见的原因是证据和证人证言存在问题。正当程序问题与法庭的日常活动没有多大关联。例如，某一件谋杀案、抢劫案或强奸案，因为警察违反正当法律程序问题而被检察官驳回起诉或者拒绝提起诉讼的情况是极其罕有的：从统计数据上看，在所有被驳回起诉或者拒绝起诉的案件中，大约不到1%的案子是因为正当程序的原因（沃克，1994：46-47）。那么，对警察来说，他们清楚地知道为什么很重视自己的常识（而且在警务活动中确实有很多常识的运用），他们对自身周围的世界有着具体的和实际的看法，为什么人们如此深深地误解和误读正当程序对他们在法庭上做"坏人"的能力的影响？尤其是当他们在法庭上成为如此积极活跃的参与者时，他们明白这个道理？这个话题会在后面的章节中进行详细的讨论。事实上，法院对正当程序的宽松仁慈的态度，几乎是所有警察信仰的核心，突现了大量的警察文化（卡普勒、布隆伯格［Blumberg］和波特，1993）。

4.4　媒体

第四个互动交流的领域是传媒，新闻媒体界的人士经常与警察打交道。记者是社会控制的媒介，他们的报道既可以对警员产生正面影响，也可以对他们产生负面影响。警察深知这一点，并通过同化拉拢的策略来赢得他们的支持。正如埃里克森（1989）曾经指出的那样：　　71

> ……警察通过与新闻媒体合作，试图将媒体作为警务机构的一部分。他们通过以下方式达到此目的：在警察局办公大楼内为记者提供采访报道的办公空间，将他们纳入警察组织结构、警务训令和工作计划之中，并使他们成为警察组织日常的社会和文化实践工作的一部分（埃里克森，1989：208）。

记者，尤其是"圈内人士"（inner circle），常常带着警察使用的检测设备，由此他们能像警察一样迅速地到达突发的犯罪事件的现场。这些人常常是支持警察的人，并可能与警察一起工作了许多年。他们的价值观就是警察文化的价值观。在犯罪活动的现场，警察会试图控制信息的流露，尽量向友好的记者透露相关的信息，而避免向其他可能也在关注警察行动的记者透露信息。

在可能的情况下，警察会通过圈内人士管控友好信息的披露。对于那些在思想意识形态上非难警察组织的信息，他们会严控这类信息的发布。运用保密和沉默战略，警察可以控制相关信息不流向那些不友好的媒体，同时督促圈内记者在报道和发布信息时的自我审查工作。通过与圈内记者建立起紧密的互动链接关系，警方予求并确保得到媒体的支持。通过这种方式，警察会避免透露太多的负面信息（埃里克森，1989）。

丑闻会使这种圈子破裂。在有些情况下，发生的丑闻事件太过耸人听闻和轰动，以至于这一圈子难以控制相关的信息的流露。警察公共关系部门也不能掩盖这种突如其来的、大规模的、来自被埃里克森（1989）称之为"外围圈"（outer circle）的调查。丑闻的影响是巨大的，使得警察的合法性严重丧失。发生此类事件的时期，正是互动交流不受控制、混乱的价格化、警察与其他群体的正常关系产生紊乱甚或交流中断的时期。警察部门陷入寻求信息的种类人群的包围之中，应接不暇，不同层级和卷入程度不同的警察，在不同场合为警察局开脱的理由自相矛盾，神秘的面纱被大大地掀开，此时，无论是管理人员或者是基层一线执法警员都寻求采取各种策略手段，试图将他们的屁股擦干净。

总的来说，基层一线执法警员与这些群体的关系赋予了文化意义。那些赋予每一种警察文化独特身份认同的价值观、故事、隐喻和意义，都源于警察与这些群体的关系。由于文化根植于基层一线执法警员与这些群体的关系，因而文化具有直觉性和实践性，而这正是经常被文化学者所忽视的特性。警察如何了解这些群体，处理与他们的关系，并把关于这些群体的知识传递给新警员，就是警察文化的全部。

72

第二部分

解读警察文化的主题

第一编　强制性领地控制

第一编讨论的是强制性领域控制。这一编包括三个主题：辖区、强制力的使用和枪支。开篇部分会先对这三个主题作简要回顾。强制性领域控制其实是一种草根美学——说它是根基，是因为它的含义直接来源于警察的日常事务活动，而说它是一种美学，则是因为这种对强制力的行使和对领域的控制是以特定的方式实现的，而这些特定的方式直接反映了警察的行事风格或行为偏好。

最先讨论的是领地的强制性控制，把它放在首位讨论是基于以下原因。首先，很多研究警察的学者将各种形式的强制性视为警察日常工作的核心（参见，比特纳［Bittner］，1970；克洛克卡尔斯［Klockars］，1991）。我并不完全赞同这种观点。我认为这些主题只有放在一定环境或背景下才能被真正理解。但是，由于强制和领域是人们普遍感兴趣的两个话题，同时也是两个重要的主题，因此，它们为警察文化的一般性讨论奠定了基础。为了让大家更好地理解警察文化，我们可以先从回顾主题的普遍性概念入手。

"强制性领地控制"（coercive territorial control）的定义如下："强制"是指当警察在遭遇到某些不服从的人时，希望通过实施强制措施以获得控制权。这里的"强制"是一个广义的概念，它包括使用多种形式的强制力，比如使用致命武器、用造成疼痛的手段迫使犯罪嫌疑人顺从以控制其行为、在犯罪嫌疑人不愿招供的情况下通过说谎来获取信息，或者对那些拒绝认同警方说法的嫌疑人使用暴力。警察制伏犯罪嫌疑人的方式是否合法，这与当时情况的紧急程度有关。从战术上讲，警察也可能会利用其权力的象征性元素作为向对方施压的手段——比如说拿出武器，以威胁对方。 77

当我在这里使用"领地控制"这个词时，我指的是警察工作的自然地理学概念——警管区（beat），或者巡逻辖区，即回应求助请求电话或者响应紧急情况应急处理的行政管辖区，该区域与警察的日常例行工作紧密相关。然而，我更倾向于使用"辖区"（dominion）这个词，而不愿使用"领地"（territory）这个单词，因为这样能够更充分地体现警察与其地理辖区的关系。辖区有精神上的强制意味，它将警察与其管辖的片区紧密地联系在一起（范·马安伦，1978；曼宁，1978）。社会允许警察使用强制措施是为了实现道德律令（moral imperative）（克洛克卡尔斯，1991）。从主观上说，这意味着每一位警察都要做自己必须做的事情，以便在与警管区内居民面对面的接触中维持其辖区的秩序稳定。

枪支被视为警察保护自身免受犯罪分子伤害的核心元素，所以枪支也是这一编中的一个重要话题。强制性领地控制的核心概念是领地控制的有效性。警察接受的训练要求他们通过有效的强制力来解决问题，而他们往往随心所欲地认为可以过度地使用强制力。限制使用强制力对警察来说是不可理解的。在处于劣势时，警察是不会轻易认输的。任何对靶场安全员的权力或警察持武器的可控力有所了解的观察者，都明白这一鲜有人研究的领域在警察文化中的重要性。

强制性领地控制也为我们理解现代执法理念在警务工作中的重要性提供了一个历史基础。认真地思考这一部分所涉及的三个主题——强制力、辖区和枪支——我们就可以理解当代社会对执法的重视程度是如何形塑警察文化的，同时，我们能够从那些尚未被人们认识到但是却具有重大意义的现代警务变革中——军事化的警察身份认同（militarization of cop identity），获得某种启迪（克拉斯卡［Kraska］和卡普勒，1997）。通过将强制力和领地作为文化主题进行研究，我们还可以深入了解当前为了控制警察文化中所谓的"黑暗面"（dark side）而做出的努力中所存在的局限性，这里所说的"黑暗面"往往是指贪污腐败、暗箱操作以及对公众的暴力虐待（卡普勒、斯鲁德和阿尔伯特，1994）。

警察接受的训练包括不同程度的强制力的使用技巧和技能，以及使用"疼痛顺从"（pain compliance）的相关知识，这些技能是衡量警察对攻击行为及已知危险的应对能力的重要标准。随着警察对街头的深入了解，他们逐渐学会了使用更多的强制力以控制局面，并将潜在的抵抗降到最低。最终警察都会掌握一些技巧，包括使用强制力来压制潜在的安全威胁。通过分享各自遇到的问题、解决问题的办法、轶事趣闻、真实案例以及假想情景等，警察们学会了使用强制力。他们相互教授对方该如何应对各种形式的警民纠纷、如何向上级汇报自己做了些什么工作，以及因使用强制力被追究责任时如何在法庭上进行自我辩护。这样，强制力使用的有效性就具有了一种文化价值属性（cultural commodity），成为关于"在什么工作中与谁对抗"的核心信息，在训练营中教官会在讲解警察工作内容时将这些技巧与知识传递给后继的警察。这里的有效性并不能用计算财务支出的方式来客观衡量，而是从常识、当地的价值观以及组织传统的角度来进行主观评价。

以上所有主题有一个共同的主线，那就是它们都有具体的含义、情境性适用以及在控制特定的领地时对强制力运用的考虑。这一编中所有主题的价值和能量都来源于警察在其职业背景下如何协调这些主题之间的关系。总之，这些主题为我们提供了一种道德情感，让我们从这一角度解读警察作为一种职业所固有的打击犯罪行为的责任。同时，我们也了解到了很多与这些主题相关的隐喻、故事和反讽，而这些隐喻、故事和反讽中包含了大量与警务相关的常识。

领地控制观念的道德转型

主题：统治权（Dominion）

统治权：天使场域的秩序。（《韦氏大学词典》，第 11 版，2003）

每个警察的心里都有各自的道德观，虽然其强弱因人而异，但却一直存在。尽管当今社会将统计数据作为聘用警察的标准，但是其底线仍然是道德——如果丧失道德底线，求职者将不会被聘用，有工作的要么辞职，要么被其单位扫地出门。警察文化在很大程度上能够起到作用，这是因为警察这个职业根植于传统小城镇的普遍道德价值观中，而小城镇是美国主流的象征。警察文化并非适合所有人——毕竟凡事都有其独特性。警察文化以其对社会公正的共同认识改变警察，同时也将他们统一起来。尽管分别负责各自的辖区，但他们对正义却有着相同的理解。

警察肩负着打击犯罪的特殊使命。他们独立地开展工作，在一定程度上被赋予了自由裁量权。每当他们决定是否、怎样以及何时干预公民事务时，他们主观上共同认可的道德观就会体现出来。他们在某一地域对于某一行为在道德上享有管辖权，他们就可以像统治者一样名正言顺地使用这些权力，也可以选择放弃。新闻媒体、政策、法院、大学教育工作者或社会大众的干预，都会影响警察对其警管区的治理工作，这些因素促使警察文化的星星之火得以燎原。社会学者认真考虑了警管区工作的各个细节——比如，警察的干预是否以维护秩序或者服务社会为目的，或者是否真的有人实施了违法犯罪行为——其实这些都无关紧要。在他们的领地内，他们就有管控辖区地域内所有事务的职责。管控不到位，或者没有做好治理工作，即被视为失败。

对警察而言，领地并不仅仅是地域上的分配，而是对他们正直品格的奖励，是神圣的礼物，他们负责守护这片领域，与辖区内的坏人和不法分子作斗争。警察服务的警管区是警察自己的地盘，不是管理部门的，也不是其他警察的，更不是新闻媒体或黑社会头目的。而且，对待自己的辖区，警察都极其严肃认真。

我选择使用"辖区"（dominion）而非传统上更为常用的"领地"（territory）来体现与警管区任务分配密切相关的责任的内涵，这两个词的区别在于，后者仅仅是一个地理上的词汇，而前者则在地理的基础上，加入了精神的因素。"领地"一词容易让人误解，让人认为它在地理描述中暗示具体的实际警务活动。这一理解错在它并没有意识到警察将其管理的区域视为一种道德层面上的责任区。而"辖区"一词彰显了警察对普通人活动所负有的神圣职责，而这些活动也体现了警察与其所管辖区域的特殊关系。人们普遍简单地将此种责任称为一种"领地"控制，因此，随后的论述我将围绕此话题展开。

领地是被赋予深远意义的空间（territories are spaces freighted with meaning）。不管从实用性角度还是从"管理文化"的视角来看，人们描述警管区，都要使用一些描述性符号，比如：部署能效、邻域覆盖、反应时间、控制范围、紧急情况反应速度等。以后人们可能还会开发出运筹学技术中的彩色图表，上面显示的内容可用人数、每组人数以及不同任务的关系曲线表示，借此来分析如何将效率最大化。

自世纪之交以来，警察工作的改革者和管理人员一直致力于警察改革和与之相关的科学管理，他们坚信这些努力都将提高警察职业的工作效率。但他们根本就没有抓住重点。因为领地的控制实际上是对人的管理，是对在辖区内居住、工作、娱乐甚至犯罪的人的管理。而领地赋予的是大众的价值观，而非警察个人的价值观。简而言之，领地就是一种责任辖区。

对警察而言，领地有着非常丰富的含义。警察领地这一表达中包含有重要的价值观——奉献和责任——这些价值观超越了空间布局、人口流动等简单的概念。警察不是简单地在辖区内巡逻，为了有效地控制辖区内事务，他们将自己的精力和声誉投入到辖区事务的管控之中。在这个区域内，对警察而言就是一种责任，是国家对他们的信任，也是他们承担维护治安的职责。为弱势的、善良的和辛勤工作的公民提供庇护，让他们免受坏人的欺凌骚扰。

　　领地通常被分为若干个警管区（beat）。巡逻管区是根据地理区域进行划分的，历史上通常按照人们对社区边界、公路及铁路系统、警察分局的分布以及行政管辖区的地理特征等方面的常识划定区域界线。比较大的社区分成若干个部分，每个部分又被分为若干具体的巡逻警管区。警察在划定的管区内巡逻，他们往往开着警车，也可能骑马、步行或者骑自行车巡逻。他们生活在自己的管区内，并对当地的安定秩序全权负责。当值班室接线员接到某一地点的报警电话并通知巡逻警察时，只有该管区的警员才会出动，其他警管区的警员在收到支援请求后才可能赶去提供帮助。最初接到警情电话并作出回应的警察对整个事件负责——电话里呼叫的是他（她），是否请求支援也由他（她）来决定。除非收到邀请，否则其他警员绝不会以官方身份进入另外一位警员的管区。他们偶尔可能会在管区内见到警长，或在发生重大犯罪案件时见到探长。除非有不常见的特殊情况，否则管区只由相关的警员单独负责。

　　随机预防性巡逻增强了领地控制能力（random preventive patrol enbances territorial control）。现代警察巡逻的方法被称为随机预防性巡逻（random preventive patrol），此方法是基于区域性犯罪威慑这一思想提出的巡逻制度。这种随意性的、不可预测的巡逻方式会创造一种"警察无所不在"的观念，这对于在公众场合的犯罪是一个极大的威慑。

　　随机预防性巡逻制度始于 20 世纪初期。奥古斯特·沃尔默（August Vollmer）于 1914 年在加利福尼亚州伯克利实施了汽车巡逻（implement automobile patrol），并于 1921 年在巡逻汽车上添加了无线电通信设备（沃克，1977）。沃尔默认为，汽车巡逻的出现会使美国犯罪行为消失，一方面，犯罪分子时刻都有可能碰到警察，他们无法专心作案，另一方面，他们无法预测警察的行踪，其落入法网的可能性增大。如今，随机预防性巡逻已成为美国高度制度化的警察巡逻模式，在大多数警察机构中其效率毋庸置疑，并在美国警察部门中得到广泛运用。

随机预防性巡逻是一种先发制人的警务工作（random preventive patrol is proactive police work）。一些警察管理人员以及大多数学术研究人员，未能认识到随机预防性巡逻是运作效能的神话，这种巡逻模式之前是没有实际运用的：警员在警区内的巡逻并非随机。在大部分工作时间内，警员的确是在开着警车巡逻，但是他们的巡逻模式是计划好的，而非随机的。[1]"随机预防性巡逻"一词本身就是自相矛盾的，没有实际意义。认为警员的巡逻模式可以"设计"为"随机模式"，或者警员在开车巡逻的过程中不以寻找罪犯、关注犯罪多发区和潜在犯罪人员为目的，这种观点是无稽之谈。

近年来，随机预防性巡逻的名声不好，这很大程度上是因为警察被迫采取低效、被动的工作方法或者叫"案发后"（post–crime）巡逻模式（摩尔、特洛加诺维兹以及坎宁［Kelling］，1988）。我认为随机性是指警方调度员收到公民要求处理某个问题的报警电话时，调度员调动巡逻警车，随后警车对该报警电话作出反应。改革者认为此种做法效率低下，因为警员花费大量时间接收报告；在难以解决的犯罪案件发生后才出现在现场，安抚沮丧的受害人，接收毫无希望的报告。现在，改革的拥护者们主张：要使警察更为积极主动（即让他们总是赶在犯罪行为发生之前采取巡逻措施预防，而不是犯罪发生之后实施巡逻震慑犯罪分子），他们必须设计出不同类型的巡逻策略。[2]这就是典型的"警察先发制人"（police proactivity），即警察要使用这些策略来预测可能的犯罪行

83

---

[1] 格林（Greene）和克洛克卡尔斯（Klockars）（1991：274）认识到了行政管理部门设定中的巡逻形态与警察实际操作之间的差异。他们指出，"……警察部门的官方报告中所记录的警务活动，只能部分地反映出警察在街头的'真实'活动"。他们表示，相比行政规定和上级命令，在决定警察的日常工作内容方面，职业规范具有更大的影响力。

[2] 这是过度简化的主动警务和被动警务。警察的主动行动受犯罪程度的影响，比如，对于轻度犯罪，警察只有在目击的情况下才可以对罪犯实施抓捕。这种类型的遭遇被描述为政府与公民的直接对抗，有很大的自由裁量空间（布莱克，1973）。现实生活中，警察很少目击情节严重的犯罪行为，而且他们决定介入干预和实施抓捕的依据是市民的举报，往往会受到投诉人或者目击者的倾向的影响。我认为，人们把预随机性巡逻与传统的被动型警务之间的关联过度简化，这一简化的关联未能把随机预防性巡逻的实操方法考虑在内。

为并追踪打击罪犯。

而经常被大家忽略的一点是：随机预防性巡逻可以为单独行动的警员提供很多先发制人的机会。警员开车巡逻是有目的的而非完全随机。随机预防性巡逻是一种执行警务的工作方式，它允许警员以自己认为合适的方法管理自己的辖区。从指导思想到具体实施，警员们享有极大的自由。在约定俗成的"文化契约"（cultural stipulation）（即警员们必须控制好自己辖区的秩序）的指导下，警员们可自主决定在什么地方做什么事情。

随机预防性巡逻的警员们要做大量防患于未然的工作。为了监视社会的潜在问题以及追踪特定的人群，他们会驱车在相应区域巡逻。他们会检查妓女拉客的巷子、帮派争夺地盘的角落。他们知道那些混蛋和闹事者都是谁，并且会去搜捕他们。警员们清楚地知道谁马上要出监狱了，对那些在逃犯家属的家庭住址了如指掌，并且要定期对这些地方进行检查。他们会频繁地开车去毒品分销区附近检查，尤其是对那些吸食快克（可卡类毒品）、海洛因的瘾君子们经常出入的房子进行巡查。他们在自己的管区内穿梭，时刻细致地观察周围情况，同时还要检查机动车辆。事实上，警员在其管区内有很多工作要做，而非漫无目的地开车闲逛，期盼用这种方式在无意间吓退那些意图作案的罪犯是不可能的。相反，他们应该是谨慎的观察者，观察着那些危险的人、危险的地方。他们敢于观察和干预，同时他们也深谙迂回之道。当值班指挥官下达命令时，他们会加大力度处理相关的特定问题。在做文书工作时，他们可能会将车停在一些犯罪热点地区，这样，他们让周围人意识到自己存在的同时，也方便监管问题多发的区域。总之，不管你是怎样想的，他们的工作都不是漫无目的或者被动的。

因此，在随机和威慑这两层战略伪装的帮助下，警察的工作具有高度的前瞻性。随机预防性巡逻给警员们提供了很大的自由裁量权。他们利用这一权力搜索并定位其管区内存在的问题。警察们有了巡逻车，也就意味着他们可以方便地深入他们巡逻区内每一个可能发生问题的角落。也就是说，他们不会因为地方太远而难以企及。由此看来，警车确实有助于警察对其辖区进行控制，而随机性也为其提供了大量的时间和

裁量权，这样他们可以在维持管区秩序稳定上获得更多的正义感。随机
预防性巡逻方式赋予警察的高度裁量权为其提供了更多先发制人的
机会。

84

5.1 警察如何利用巡逻时间

在实践中，随机预防性巡逻意味着警察大量的裁量权，他们可以自
己决定是否干预、如何干预以及在什么时候介入市民的私生活。格林
（Greene）和克洛克卡尔斯（Klockars）（1991）写了一篇颇有见解的文
章，专门对警员在巡逻时如何使用自由裁量权的问题进行了研究。他们
首先对特拉华州威尔明顿（Wilmington）警察局（一个拥有244名警员
的中型警察局）进行了调查。接着他们查阅了该警察局的部门行动档案
资料（unit activity files），即警员被分配到威尔明顿指定区域进行巡逻活
动的资料。巡逻的行动代号是"清除"（clear），这一活动是警察工作中
占比最大的一个部分，占据了警察29.3%的时间。这些时间指的是非经
指派巡逻活动的时间[①]。警察正是在此期间才有机会进行预防性的巡逻
活动。他们还会花3%的时间来调查可疑情况或采取预防行动。这些事
情所占用的时间加起来占据了警察将近33%的巡逻时间。

格林和克洛克卡尔斯（1991）研究发现的重要性，体现在两个方
面。第一，他们发现了警察在执法方面花费的时间实际上比我们一般认
为的要多一些（威尔逊，1968；埃克［Eck］和斯佩尔曼［Spelman］，
1987；戈德斯坦［Goldstein］，1987；比特纳，1970）。[②] 一直以来，人
们认为警察主要从事秩序维护和服务工作，而且认为他们在解决执法问
题的实际操作中手段有限且成效不高（威尔逊，1968；戈德斯坦，
1979）。这个代号为"清除"的行动计划是占用时间最多的一个行动。

---

① 剩余的一半时间都花费在与犯罪相关的活动上，其中最大一类就是调查"没有进展"
（not in progress）犯罪案件，也就是已经发生的犯罪活动。

② 多数警察研究者关注的重点领域是警察维护公共秩序的活动，或者是公共服务活动。
然而，格林（Greene）和克洛克卡尔斯（Klockars）（1991）发现，警察从事执法相关活动的时
间占总工作时间的44.9%，秩序维护活动只占16.4%或者更少，服务活动占7.9%。

研究中发现，行动的时间都是由警察自由支配的，这就使得警员们能够对随机预防性巡逻有不同的理解和思考。格林和克洛克卡尔斯（1991）还明确地指出，工作量代表了警员们在巡逻中的价值选择。遗憾的是，他们并没有讨论何为价值选择。对自由时间（前文提到，将近占工作总时长的三分之一）的细致考量代表着警员利用这些自由支配的时间给现存的犯罪问题施加"压力"，巡查犯罪高发区，调查帮派活动，追踪罪犯或闹事者。总之，所有上述这些行动都是为了让警员能够对他们的辖区实施积极管控。

事实上，这些自由时间将汽车巡逻与辖区管控需求融合起来，就像格林和克洛克卡尔斯（1991）所指出的那样，这使得警察有机会进行价值选择。然而，价值选择并不仅限于服务、秩序维护以及执法活动——相较于警察而言，这一点对于学者和管理层更为重要——还在于他们应该出现在什么地方、当他们到达事件现场时应该做什么，以及应该采用何种强制力来维持他们对自己辖区的管控。

领地控制是一门实践性学问（territory is practical knowledge）。鲁宾施泰因（Rubinstein）（1973）在关于领地的启发性讨论中也揭示了警察在巡逻活动中的积极主动性。鲁宾施泰因认为：警察的认知结构，即他们看待自己工作空间的方式，源于他们对领域性（territoriality）的性质和状态的最直观、最实际的考量。要想理解地理因素到底为何如此重要，我们就必须思考区域的地理位置在局外人眼中是什么样子的：街上的路牌被人摘走或者被人翻转方向时，警察就不知道他或她在什么方位。他认为，当考察一个新警员对自己的工作环境的了解程度时，区域地理（district geography）便有了意义。然而，缺少固定的领域参照物会给新警员造成麻烦，因为在接受训练时教官要求他们时刻都要明确自己的方位以便呼叫支援，这样的训练使得他们对未知的东西感到担忧。通过教官的强调以及不断接到的呼叫出警请求，警员们很快便能构建出对街道系统的记忆。

警员们知道他们可以在特殊的公共场合为自己创造私人空间。他们可以在消防中心和医院打个电话、洗把脸或者休息片刻。白天警察往往会在主干道执行任务，因为小路和巷子交通流量小，人们也很少在那里活动。鲁宾施泰因指出，在晚上，后街更需要关注，尤其是十字路口，因为那里往往是事故的现场、交通违章的多发地，有时还是帮派组织划分地盘的分界标志。

最终警员们会对自己任务的分工了然于心。鲁宾施泰因所说的了然于心，具体是指：

> 他了解各个街道的名称和走向，也知道每个路口和各自对应的建筑物。他对于街道的了解程度取决于他在车中能观察到多大范围……他同样也很关注窄街小巷。他仔细检查每一块空地，判断自己能否开车从中穿过。他也细心检查空着的停车场和空地，判断自己能否开车通过（鲁宾施泰因，1973：137）。

对特定建筑的熟悉程度取决于警员们的职责分工。警察定期造访的地方要么是那里的人和睦友善，要么是那里有巡逻日志需要警员签名。警员们知道"所有酒吧、酒馆及私人调酒室的名字、位置以及各自的老板"（鲁宾施泰因，1973：140），因为这些地方往往就是他们的工作环境。这种了解本身能够定义警察的职责范围，具有实际意义。

地理知识同时也是个人的知识。警员对其辖区的了解只能为他本人所用；他们不会与其他警察讨论自己警管区的事，也不会详细过问与其他管区相关的事情。警察们不会和其同事分享这方面的事情，因为这份责任只属于管区的负责人——其他任何人都没有管理该管区的权力。

警员对自己管区内的人和事都了如指掌，即鲁宾施泰因所说的"高度具体化"（highly particularized）的了解。这是对管区的规范化了解，也就是说警员们培养出了一种感觉，他们能够判断什么是正常的，什么是能够接受的，并且知道哪些迹象表示有不正常的情况。他们了解当地人的行为习惯以及管区内的多种交通路线，这让他们成了管区内日常事务的专家。而正是他们对管区里的人以及管区本身的熟知和了解，让其管辖的区域免受各种麻烦的困扰，使一切安定有序。

领地就是人群（territory is people）。领地有一种独特的地理属性，并且这种地理属性为警员对领地区域的了解提供了一个认知框架。领地由人群所占用，同时也定义了警员践行其责任的方式。范·马安伦

86

（Van Maanen）为我们提供了一种理解地理领域与人群领域之间联系的方法。他写道：

> ……警员们通过最常见、渗透性最强的方式去了解辖区情况，他们的足迹几乎遍布管区内的所有街道，哪怕是窄小的巷子和人迹罕至的小径。有了对这一社会阶段的认识，警察就可以据此评估某一情况是好还是坏、安全还是危险、混乱还是安定、常见还是罕见，等等……与这些评估相关联的还有巡逻警员公开行使其职责内权力的时机……巡逻警员的领地观念建立了合理使用空间的规范标准（范·马安伦，1978：226）。

警察所辖自然地理区域与人文地理的区域相重叠，对于自然地理的警管区范围内的人为活动，有一整套规范标准，这些规范标准能够指导警察的行为。当某些行为没有达到规范标准时，当有人违反法律或扰乱公共秩序时，警察就会进行干预。由于这种干预行为是警察个人基于自己对当时情况的主观判断而酌情作出的决定，所以能否在干预过程中成功解决问题是衡量他们自身价值的标尺。警察在任何情况下都会采用必要的强制力手段来控制自己的领地，因此这是衡量他们自尊的主要方法。采取措施限制他们干预的权力会遭到抵制。

警察们把他们的干预权视作一种在任何场合都能发挥作用的绝对权力。与这一理解不同，更倾向于公民自由主义化的警察概念认为，只有发生违法行为时警察才会干预公民事务。当出现违法行为时，警察倾向于将侵权人视为"坏人"（bad guys）。然而，当公共秩序遭到破坏时，无论有无违法行为，警察都会以正义的姿态迅速介入。警察会在不宣告正当法律程序权利的情况下直接给扰乱公共秩序的人贴上"混蛋"（assholes）的标签，而且有可能粗暴地对待他们（克洛克卡尔斯，1986）。①

三年期间，弗莱彻（Fletcher，1990、1991）采访了芝加哥市的125名警察。她把采访成果汇成了警察活动的故事集。她的书中包括街道、暴力犯罪、性犯罪、麻醉毒品、财产犯罪和有组织犯罪等章节，这简直

---

① 在本书后面章节的内容中，我会讨论许多关于"混蛋"（asshole）的含义的界定问题。这一标签十分重要，应该自成一类。

是一部呈现警察在工作中遇到的一系列不可思议的真实故事的"黑色电影"（à la film noir）。下面这个故事向我们展现的是警察行为中很少被提及的一面——那些"混蛋们"自讨苦吃，然后警察名正言顺地对其采取具有攻击性的回应行为。

> 我会尽量站在人的角度与层面上与别人沟通。即使每天我遇到最不堪的混蛋，我也会礼貌相待。比如"早上好，先生"或者"有什么要帮忙的吗？"——或者其他类似的问候的话语。我让他们对我发脾气。因为一旦你对我发脾气、大声辱骂我或者对我不尊重，我就占据了主动性。接下来可就是我说了算了（弗莱彻，1991：283）。

在涉及服务的情境中，警察也可以干预。在秩序差的街区遇到因车胎漏气而抛锚的情况，警察会停车盘问司机。轮胎坏了可能只是一个幌子，警察想借此仔细检查现场情况。当然也不排除警察只是单纯关心抛锚车司机遇到的危险。无论是以上两种情况中的哪一种，警察都可以名正言顺地采取干预行为。

重要的是，很多警察认为他们出面干预并不需要理由。服务、秩序维护和执行法律之间的区别不仅对警察的行政归档工作大有用处，而且对那些在警察工作时没完没了地问东问西，并给警察发放无聊的调查问卷的社会学家很有用。警员们干预是因为他们想干预，毕竟他们是自己辖区的领地主权的控制者。

人员的流动，为其所在领地的地理区域赋予了实在意义，而与此问题相关的则是居住在某些特定区域的人群。比如十字路口很重要，一是因为帮派会把它作为其地盘的分界标志；二是因为这里复杂的交通信号灯以及路况复杂导致交通违规现象和交通事故频发。个别酒吧会格外引人注意，一是因为那里总有人呼叫警察，总有人酒后驾车；二是因为在那儿还可以邂逅心仪的美女。老旧的活动房区是出名的儿童虐待案和配偶虐待案高发区。保障性住房区对警察来说非常棘手，因为对他们来说那是个危险的地方，有些警察会有意避开，而另一些则将其视为不法活动的老巢，彻底搜查。

赫尔曼·戈德斯坦（Herman Goldstein，1979）观察到有一小部分的特殊场所是案件的频发区。他指出警方应该摒弃传统的"被动"警务模式，关注那些犯罪"热点"地区。如今，他的这种方法被称为问题导向型执法。他这一极具开创性的研究也确实不负盛名。然而，在某种程度上，他重新发现了巡逻警察一直在做的事情，尽管他们做得不是那么规范，因为在上级规定的随机巡逻时段，警察实际上是在利用这一大量的自由支配时间私自处理热点区域的治安问题。他的研究为警察领地的行政认定（administrative recognition）盖上了合法的印章，想要警察能够担负起解决问题的使命，必须投入更多资源，这一点具有正当合理性，而此前任何一位警察从未获得过这样的授权。

5.2 赫伯特的空间规范秩序

领地的文化维度通常都被人们所忽视。史提夫·赫伯特（Steve Herbert，1997）写的《洛杉矶巡警民族志研究》（An ethnography of Los Angeles patrol）是填补警察文化中这一重要主题研究的开端。他指出，社会活动通常以空间化形式展开，而警察活动中的社会、文化和空间因素都"紧密地交织在一起"（deeply intertwined）。正因为如此，警察文化的观察者们必须"在关注其社会和文化建设的同时还要注意其棘手的空间性；为了努力维持社会共同建构的公共秩序理念，警察会定义自己管辖的空间并寻求对其的控制"（赫伯特，1997：21）。

赫伯特（Herbert）把他的分析扩展到了能够表征警察领地的使用价值上。他指出，"领地概念的使用"奠基于一系列"规范秩序"（normative orders）的社会建构过程中，它将警察工作的空间性本质和社会文化因素联系了起来（赫伯特，1997：18）。规范秩序提供了"一个制度规则的范围，以及围绕一个中心价值允许实践组织活动的范围"（赫伯特，1997：39）。

警察工作的特点由若干规范秩序构成。赫伯特指出，这些规范秩序都"以一种值得颂扬的价值观（celebrated value）为中心"，并且建构了警察空间的使用。所谓的规范秩序和这些规范秩序中的显赫的价值观，具体表现如下：法律关注的是维护法律法规的权威性和严肃性。官僚统治就是通过指挥链来维持组织内部的秩序。冒险精神或者说男子汉精神是一种对勇气和力量的颂扬。安全的价值在于保护生命。能力是才能的展示和值得尊重的体现。道德是战胜邪恶的善良。这些规范秩序有时会表现为互为冲突的价值系统。赫伯特举了一个警员在其上司的压力下努力工作的例子。一方面，他要在道德和冒险之间选择；另一方面，他又要受到官僚主义的影响。赫伯特的重要贡献在于认识到了文化、价值观和空间之间相互紧密联系的方式以及在警察辖区的社会建构中可能会产生价值冲突。

5.3 罗伊斯－扬尼的领地和警察规则

伊丽莎白·罗伊斯－扬尼（Elizabeth Reuss－Ianni, 1983）对纽约城的警察做过研究，其中有一个关于警察文化维度的实证研究很有启发性。她把领地与责任之间的这种联系描述为一种过程，并将其定义为"辖区内和辖区之间的环境与行为之间的正式与非正式的关系，以及辖区与其他环境之间的关系（罗伊斯－扬尼，1983：10）。在这个多样而又多变的街道环境中，警察通常会在组织等级水平较低的情况下作出必要的决定。[①] 为了满足特殊领地的需求，会使用有组织的小型团队，一般是小队，有时是其他辖区的几个警探或小组。他们的工作职责因领地区域范围而定，但都是根据所辖地理区域的社会和文化情况制定的。

罗伊斯－扬尼认为，警察文化的管理试图为以地方自治、分散决策为特点的传统警务提供行政管理和问责方面的普遍原则。这意味着管理者已经将一系列规则和程序运用在了地方领地责任性的传统管理工作中，以求警员们在其管辖区域中的行为规范和标准化。上级官员努力控制一线警员的活动，但是收效甚微，管区警员认为这种侵略性的管理文化效率低下、专横霸道而且自私自利。对地方领地管辖区的入侵式管理

89

---

① 罗伊斯－扬尼（Reuss－Ianni, 1983：11）指出，"然而，在警察的日常警务工作中，更重要的是应对多变的辖区环境和突发情况，这要求警察必须具有更灵活的头脑，这样才能在较低的层面上作出合适的决定"。

催生了丰富的街道文化。

罗伊斯－扬尼对街道警察文化中的一些基本元素做了界定。在曼宁（1997）提出警察们应遵守的规则应视具体地点而定后，罗伊斯－扬尼提出了几种与领地管控相关的职责：

（1）禁止干涉他人辖区的事务。这条禁令指的是各人对自己的领地区域负责而且必须承担相应后果。

（2）不把工作留到下轮换班巡逻的警察。这一点与实际工作中的紧急情况有关——加足汽油，不要错过任何一次投诉。

（3）坚持完成工作。不要偷懒，也不要妄想别人能帮你。

领地管辖区域与一线警务人员的职责密不可分，而且对警管区责任的共识是一个强大的文化主题，它试图限制上层管理的介入。以下列出的准则也反映出警员们正努力限制上层管理对领地辖区自治的介入：

（1）不要让他们看到你做太多工作。如果做太多，比如开过多罚单或者类似活动，会给自己和同事带来不必要的关注。

（2）了解自己的领导。这意味着你可以根据他们的目的和管理风格来调整自己在巡逻活动中的目的和行动。

（3）不要替管理者做他们自己应该做的事。若同事逃避自己的责任，不要向上级领导打小报告。

（4）不要惹是生非。这也是警察文化中普遍存在的也是无处不在的格言，同时也是这本书中将反复提及的准则之一。在这里，它的意思是"不要挑战制度的权威"（don't mess with the system）。如果你那样做了，上级管理者就会对你以及你同事们的行为格外关注。

（5）不要采取过多的警务行动。如果你采取了过多的警务行动，也就意味着你将要开出许多罚单或者诸如此类的执法行为，将会给你自己以及你的同事带来完全没有必要的关注。

从最低组织层面上来说，这些准则规定了他们的责任，同时也给他们带来了同侪压力，以避免受到管理监督。基层警员要求在自己的领地辖区内有自由裁定的决策权，而管理层试图控制一线警员的行为，两者

90

碰撞的结果是产生了大量的与街头文化紧密相关的秘密。

　　责任和领地区域的融合也对媒体关系产生了影响。下面这则来自克莱因（Klein）的故事表现出了警察对自己管理领地辖区能力的强烈自豪感。这则故事也揭示了当警察对其领地辖区的管控受到负面媒体报道的冲击时，警察所表现出来的义愤之情。

　　　　1961 年，我被分配到中央公园，负责犯罪侦查队的工作。作为一个土生土长的纽约人，从孩童到少年再到成年，每个时期的我都使用过这里几乎所有的娱乐设施。无论是从私人情感上还是从客观地履行职务上看，我都有责任保护在该区域活动的公民，于是我就开始着手了解当地具体情况，并决定找到公园名声不好的原因，改变这一现状。新上任的队长和我一样，满怀热情且坚定地表示要改善这里的情况。接着，我们就开始设计出不同的方案以减少影响下级警察士气和公共安全的不利因素，那时人们担心在公园活动以及使用设施存在安全隐患。一年之内，我们便取得了骄人的成绩。上报的犯罪数量明显降低，恶性案件鲜有发生，并且破获案件的数量也直线上升……

　　　　有一天，我在读在城里最畅销的报纸时，一翻到社论版，我就看到了右上角有张让我震惊不已的图片。这是一张标题为"中心公园——城市之耻"的卡通图片，其底部有克拉伦斯·丹尼尔·巴彻勒（C. D. Bachelor）的签名，当时我认为他是国内最棒的漫画家。画上有两个人坐在草地上，在他们身旁的树上挂着身上标有"强奸""抢劫"和"死亡"字样的蛇。这完全是错误报道。当我冷静下来，理性战胜因受侮而产生的愤怒后，出于对对手的尊敬，我打消了反击的念头（克莱因［Klein］，1968：166 – 168）

这个故事的叙述者之后联系了漫画的作者，这位漫画家建议他写信给报纸的编辑。他照做了，后来他收到了一封手写的道歉信，报纸也刊登了他对此漫画的反对及声明。

　　　　第二天，我的信就出现在了该报的致编者专栏，从那以后报纸上就很少出现贬损"我的"公园的言论了（克莱因，1968：168）。

91

正如这个故事所表明的那样，质疑警察管控其领地辖区的能力，是对其自我价值的最大威胁。

5.4 领地管控权的未来：道德和社区警务

近几年，警察领地的管控职责呈现出了一种新的形态——一种立足于社区的警务概念，即对当地社区和邻里街道秩序的维护，警员们需要体察入微并负有责任。传统意义上，职责与一种可识别的地理背景——警管区密切相关。然而，现代对于警察角色定位的重新思考，模糊了领地管控这一传统概念。这种变化对领地管控权（dominion）和警察文化有深远的影响。

当前，我们正身处于所谓的警务彻底变革时期（哈特曼 [Hartmann]，1988）。通常将这一巨大变革时期称之为"社区警务"（community – based policing），该术语包含了一系列策略性和技术性的理论基础，但寻求的是在最普遍的意义上：（1）扩大警察合法干预的范围从而使警察可以更有效地处理关于社区保护的问题；（2）构建警察和公众之间的桥梁以提高警方执法的智慧，并使公众以自卫的方式更加直接地参与社区警务。

扩大警察合法的干预范围是威尔逊（Wilson）和坎宁（Kelling）的合著论文"破窗效应"（Broken Windows）的研究核心，他们在该论文中指出，警方需要将其工作重心从执法中的抽象概念和个人认识上转移到解决特定社区的具体需求上来。① 他们提出的破窗理论认为，保护当地社区的迫切需要也为警方干预公民事务提供了合法理由。威尔逊和坎宁认为，警方干预的法律依据——包括拘捕权——应当从单纯的执法扩大到所有公共秩序的维护。威尔逊和坎宁运用了一个类比，他们称其为"破窗效应"，来表达他们所理解的现代城市的衰败进程。他们认为，就房屋而言，只要外部没有出现需要修缮的迹象，比如破损了的窗户，一

---

① 此前，威尔逊（Wilson，1968）将警务工作描述为一种专门维护公共秩序的技能，这一观点被理想化的研究人员广为接受。尽管最近的研究，比如前文中提到的格林和克洛克卡尔斯的研究表明，警察偏向于做大量的执法工作，但威尔逊对警务工作的描述仍被广泛接受。

般都认为是安全的。这些衰败的迹象是迅速衰落和急速恶化时期的开始。

　　他们指出，社区的邻里街道也是同理：一旦出现人类中的"破窗"——妓女、无业游民、酗酒者和其他类似的人在街头游荡，如果警方不及时进行干预，这个社区的公序良俗和治安情况通常会迅速恶化。警察发现问题之后，应尽早开展干预工作，并且必须将关注点放在秩序维护方面——街头人群，以防止恶性刑事案件的发生。根据这一观点，警方的干预在受犯罪影响社区中便成了非正式社会监督的衍生手段。他们还指出，精明的警察也会运用他们所拥有的所有技能手段以维持社区秩序的既有形态，这样也保护了那些秩序受到威胁的社区。

　　许多警察学的研究者们支持扩大警方在公共秩序受威胁的情况下干预公民事务的权力。作为公共秩序的保卫者，警察有一种独特的感觉，可以感受到社区是否"正常"，他们可以根据这种感应来决定是否干预、何时干预以及如何干预。很多研究者都对城市改革的神话史进行了评论，城市改革的神话是形成破窗理论的基础（沃克，1984）。然而，其中所暗示的隐喻——社区混乱，在无人监管的情况下会升级为恶性犯罪——已经成为维护社区警务有效性这一概念的核心。通过提倡扩大干预范围，破窗理论将领地管控权的范围扩展到了象征性领地管辖区——犯罪崩溃边缘的道德共同体。

　　社区警务看上去能缓和一线警员与管理层之间的仇视对抗状态，这是美国警察系统中常常被提及的一种状况。威尔逊在他早期的著作中（1968）就已经提出，警察管理者希望通过制定政策来限制一线警察的自主权限，使得自己分管的警察更加专业，但这种想法注定会失败：这不仅加深了一线警员与警局管理层的差异，还增加了警察文化中的秘密元素。这种所谓的"专业化"（professional）的管理风格，多年来一直成为街头一线警察们主要的抱怨话题，他们认为警局管理层对他们的管理过于严格而且不了解"街头"的真实情况。由于社区警务模式要求扩展一线警员的自由裁量权并且分散组织职权，一线警察与警局管理层的冲突得以减少，警察文化中的某些秘密元素也得以减少（塞克斯[Sykes]，1989）。支持者声称，在像社区警务这样的自由裁量型警务模

92

式中，警察文化的传统基础将不复存在。他们进一步指出，在与大众联系过于紧密的情况下，警察文化将无法生存，这也是社区警务模式的中心命题。因此，无论是将高度的自由裁量权归还给警员，还是建立强化且积极的警民关系，这两种方式都能够终结警察文化。

警察文化终结？这一结果既不合情也不合理。更可能出现的情形是，社区警务模式下的自由裁量权的强化会导向截然不同的结果：的确，社区警务模式很有可能会无意间加固警察文化的根基。在最近的一篇文章中，我和鲍勃·兰沃西（Bob Langworthy）（克兰克和兰沃西，1996）研究了社区警务对警察文化的一些实际影响。我们主要关注的是这种治安管理模式是如何运作的。如果社区警务不只是一个夸张而空洞的烟幕（克洛克卡尔斯，1991），那么街头层级的警务活动就必须做一些区别于他们传统业务的事情。我们认为，关键并不在于辨别出他们要做的那些不同于传统的事情；毕竟这一点已经确定了（参见斯科尔尼克 [Skolnick] 和贝利 [Bayley]，1986）。我们更应该关注另一个更棘手的问题，警察们应该如何对超出其传统责任的行为负责。我们认为：

> 人们认为警员不需负责处理都市事务而只需负责响应街道需求，尤其是一直以来都被忽视的少数族群社区。为回应这一理念，社区警务应运而生。那么，这样一种问责制到底如何实现？

> 警力组织……从两种内部管理机制中可以看出：官僚层面，他们通过标准化的执行程序来管理一线警察；另外，就如同准军事化管理一样，他们通过指挥链来管理警察。这两种机制都不大可能会消失……（克兰克和兰沃西，1996：225）。

相反，这两种机制都会因警察工作范围的扩大而深化。然而，可以肯定的是，正是因为这些问责机制导致了管理层与一线警察的脱离，并推动了警察文化的发展。此外，公共秩序的维护只是警务工作的一部分，而且其中有效性概念很模糊，而执法干预行为也缺乏相对的清晰性。警察了解法律的底线，但秩序维护过程中的异常情况总是难以确定。要想在那些刑法中没有具体规定的领域里扩大问责制度，可能会不可避免地催生大量警察文化，毕竟警察会想尽一切办法避免追责。

　　社区警务并不是解决警察文化中"蓝色围幕"(blue curtain)(沉默原则)问题的方法。一旦操作不当,扩大警察组织的社区警务活动就会在不经意间成为管理层的噩梦——街头文化关系。行政管理中难免发生的疏忽会破坏改革家们在拉近管理层和一线警察关系上付出的巨大努力。

　　到这个程度上,我们应当找到问题的症结,这是一个真正的难题。社区警务中的问责制到底是应该摒弃还是推广?倘若在社区警务模式中,地理性领地辖区扩展为象征性领地管控责任区会怎么样——通过社区警务模式(COP model)推进邻里关系和社区治理,而同时又能够确保警察的价值观念又不发生改变(卡尔德诺[Caldero],1997)。答案可能是,领地辖区管控权缺乏问责机制的约束。扩大行政问责机制,让警察承担更多的公共秩序维护责任,这时警察文化中的一些黑暗元素就开始膨胀,这也对严格的巡查设置了障碍。而抛弃问责制,将对民主产生威胁。　　94

强制力具有正义性

主题：强制力

> 对警察来说，使用强制力并非哲学问题。这不是一个将要使用或是否使用强制力的问题，而是一个何时使用以及使用多少的问题。因此，警察使用强制力的多少并非完全取决于他自己，还与他用强制力管制的对象以及部门的规定有关（鲁宾施泰因，1973：323）。

很少有一件事能像警察使用强制力（force）一样，使人们的态度如此情绪化。在美国，人们的民主观念让他们的法律意识超越了对社会秩序的关注，同时人们也觉得警方的行为应该更加客观，特别是在执行法律的时候。我们呼吁法律公正，期待理性执法。我们希望警方只在必要的时候使用强制力，不到万不得已尽量避免使用。我们极其不信任强制力，因此我们用正当法律程序、内部审查、教育、训练以及军人的标准将警察圈在其中，同时警察在使用强制力的过程中稍有不当，就会面临法律诉讼、公众谴责甚至失业。我们要的是没有感情的执法机器人——穿着蓝制服的"机器人警察"（robocops）。

然后我们要求警察处理最重要的社会问题，运用任何必要的强制手段保护我们不受犯罪分子和暴徒的伤害。在他们不能快速解决我们自己解决不了的问题时，我们恶语相向。这其实是一个自相矛盾并且不可能践行的责任。当警察们表现出过高的热情、工作做得太好、表现得过于强势，逾越了一点准则时，我们就想要惩罚他们。我们惊恐地摇着头，却不明白他们所做的其实正是我们所要求的。警察文化为他们提供了一道保护屏障，躲在这道屏障之后，他们才可以在做我们要求的事情的同时避免招致惩罚。在各种矛盾相互冲突和各种悖论以多种方式冲击下，人们才认识到警察文化在保护警察的同时，也给我们提供了同等的保护。

97

媒体塑造的警察形象往往强调他们能够使用强制力。从 20 世纪 80 年代热门电视剧《迈阿密风云》（*Miami Vice*）中塑造的广泛受到欢迎的警察形象，到电影《城市王子》（*Prince of the City*）中极度腐败的纽约警察，警察如何使用权力成为媒体灵感的强大源泉。这种社会强制力及其对人体的巨大破坏能力让我们恐惧却又着迷。警察确实有这样的权力，而媒体也知道他们向公众兜售的是什么。

警察也有普通人的生活，与我们一样，每天面对各种各样的问题，只不过这些东西没有卖点，我们看不到。当他们作为贴心的普通人出现时，警察的身份就隐藏了，我们看不到；而蓝色警服、太阳镜、徽章、警棍、配枪这些能够引起回忆的，甚至有时引起争议的象征性符号，提醒着我们他们是警察。我们看不到他们的痛，他们的欢乐和他们的仁慈。像其他所有的群体一样，警察在文化中包装自己，我们也看不到他们身处的文化。我们将他们看作执法者，看作大多数棘手问题的解决者。他们所展现出的明显的、象征性的强制力让我们恐惧，而这却也是我们求助于他们的理由。在处理好我们的诉求之后，他们又回到他们的家庭中，他们的工作中，他们的朋友圈中，他们普通的生活中。

6.1 警察强制力概述

1996 年，美国司法统计局（Bureau of Justice Statistics）完成了关于警察使用强制力的首次全国性调查。这项关于警民接触调查的调查对象是具有代表性的美国家庭。在 1996 年的 5 月至 7 月，来自 6421 个美国家庭的成员接受了采访（格林菲尔德［Greenfield］、兰恩［Langan］和史密斯，1997）。调查发现：

（1）1996年，大约有4460万人与警察有过面对面的接触。

（2）作者们估计有120万人（0.6%）在1996年曾被警察拷过手铐。

（3）大约50万人（占12岁和12岁以上总调查人数的0.2%）有过被警察殴打、按倒、推搡、勒脖，被手电筒打，被警犬困住，被喷射化学剂或胡椒粉喷雾，被枪或其他形式的强制力威胁等的经历（龙伯格［Roberg］、克兰克和凯肯德尔［Kuykendall］，2000）。

从这些数据可以看出，相对来说强制力的使用不是经常发生。在与警察有过面对面接触经历的人中，遇到警察使用强制力的人不到百分之一。

但是，有关强制力的定义可以从更宽泛的角度进行解读。强制性的武力有时涉及比暴力行为更严厉的力量。所谓强制力，可以将其界定为"警察所采取使公民按特定方式行为的任何行为"。例如，在日常的交通拦截盘查过程中，警察要求驾驶人出示驾照就是一种强制力——如果我没能够出示驾驶证，警察立即就会将国家制裁施加于我身。无论他们以什么样的一种恰当的方式要求我出示驾驶证，都是无关紧要的——但这种方式的确属于强制力的运用。从这个事例中我们可以看出，所有警民间的互动事实上都包含有某种程度或某种类型的强制力成分。如果某位警察能够谙熟地运用这种警察强制力，那么他就会运用自己独特的艺术性和风格来防止强制力被过度地滥用。

警察武力使用的培训员已经意识到了警察在他们与公众最随意的接触中使用强制力的情况，并向受训者介绍"武力使用"的标准。斯科尔尼克和法伊弗关于"出色的警察工作和对武力的过度使用"清晰地提供了对这些标准的介绍。他们将其分为以下几个层面：

（1）只是在现场。这个概念是说警察是国家权力的具体化，只是单单出现在现场来阻止公民的危险行为。

（2）语言表达。当警察说话时，要求他们有说服力。这被描述为成人之间的交流。如果这不起效果的话，警察就会启用其他的方法。

（3）命令的语言。命令的语言就生动多了，而且是以命令的形势。斯科尔尼克和法伊弗举例道："先生，我已经请你一次性出示下你的车辆证件。现在我再告诉你一次，请一次性出示你的车辆证件。"

（4）牢牢掌控犯罪嫌疑人的动向。既要在肢体上牢牢地掌控犯罪嫌疑人，并引导他们什么时候移动，走向哪儿。他们也并不想造成疑犯身体上的痛苦。

（5）痛楚的服从。通过造成疑犯身心上的痛楚从而达成促使其顺从警察权威的目的。但这种方式不应当导致身心上持续痛楚。

（6）冲撞性技术。这种肢体性的冲撞技术可能涉及肢体的接触，或者涉及使用化学喷雾剂，或者致人晕眩的武器。

（7）致命性暴力的使用。这种暴力或者强制力的使用可能会导致疑犯的死亡。斯科尔尼克（Skolnick）和法伊夫（Fyfe）详细地论述了三种致命性暴力的使用：扣住颈动脉（也称为十字锁喉），在实际的运用过程中，这种擒拿格斗技术足以让疑犯失去意识甚至死亡；锁臂控制，用前臂勒紧脖子，让疑犯不能呼吸；枪械的使用（斯科尔尼克和法伊夫，1993：37-40）。

警察的训练也包括对武力的合理使用。在完成治安官标准与培训（Peace Officer Standards and Training，简称 POST）项目后，他们已经具备一些使用武力的技巧，以及对可用的相应级别的武力有了一个初步的认识，并且已经在需要使用武力的场合中进行过实践——如何运用武力制服一个人，如何给抗拒拘捕的疑犯带上手铐，如何使用武器，以及什么时候该开枪射击，什么时候不该开枪射击。这种训练是岗位培训的关键。我们从中可以看出警察工作技能的关键核心就是武力的使用。这一直都是警民冲突的主题。警察在处理与公民冲突的问题的时候，会运用一种艺术技巧，而这种艺术技巧包括在某种程度上使用武力，警察知道该如何运用他们手中的强制权迫使公民顺从他们的命令。不过千万别误会，在警民互动冲突中，警察的所有行为都是关于如何隐含地运用国家权力达成促使公民顺从警察权威这个公开的目的。

99

对武力运用的正规训练主要是针对警察遭遇到的反抗而进行的——伴随着人们对抗警察命令的程度越来越严重，从而也导致了警察使用武力的强度越来越大。但是许多人以警察使用武力不是基于自卫为由，提起控告。有时，人们也会指责警察对少数族裔人士使用不必要的武力，其比例与其他族裔相比较而言严重失衡。例如，卡尔德诺（Caldero）认为，从总体上看，警察在使用暴力的态度上，对富有的美国白人与非裔美国人可接受的警察强制力，存在着相当大的反差。在下面的事例中，他对满满一屋子的警察讲这样一段话：

> 好吧，试想一下，当一辆车上坐满了白人胖子，他们穿着价值1000美元的西装。驾驶员的行车执照已经失效了。现在，在你们的大脑中想象这样一种情境：朝他们大声叫吼，将他们摁在车身上，手掌朝下，用脚踢他们的腿让他们双脚分开站立。你们能够想象这样的情景吗？这是根本不可能的事情，大家都不可能有这样的想法。
>
> 现在，再想象一下，将车里的富有白人换成一群反戴棒球帽的黑人少年，情况将会如何？

听众们静静地笑了。迈克也笑了，不停地点头。

> 你看，你们能够想象可能会出现的情境了吧？大家都能够想象得到。现在你们明白了吧，警察主要是根据其工作做出各种有效决定（克兰克和卡尔德诺，2000：85）。

大家完全想象不到在例行停车检查中，以如此态度对待一群有钱的白人将会是什么样的一种画面。然而，黑人青年经常受这种对待。换句话说，在一个对富有的白人和贫穷的黑人区别看待的文化环境中，强制力使用也有区别，与这种区别联系在一起的是倾向性行为——在这个案例中，违法行为完全相同，警察使用的强制力等级却截然不同。

一个人可能会在两种不同的群体冲突中遭遇不同等级的强制力，因为这两个群体的潜在威胁不同。警方会将他们对号入座，理性地区别对待不同的威胁。为了验证这个想法，特里尔（Terrill）和马斯特洛夫斯基（Mastrofski）（2002）在他们的邻里警务项目（Project om Policing

Neighborhood，简称"POPN"）中对两个警察部门使用强制力的情况进行了评估。强制力被标定为"能够威胁到公民身体健康或能够对公民身体造成伤害的行为"，包括言语上的和身体上的强制。印第安纳波利斯市的 6500 位公民和圣彼得堡的 5500 位公民参与了此项调研。训练有素的观察员们进行了系统的观察，并对警员们进行了面对面的采访。

他们的研究表明，是否使用强制力的判断依据，不仅包括公民的行为还包括公民的身份。警察使用强制力往往是因为公民不配合。警员对警察形象的认识、对公民的态度以及对合法约束的态度都不会影响其对强制力的使用。但是，研究者也发现，强制力使用的对象更多是男性、非白人、贫穷的嫌疑犯和年轻的嫌疑犯，无论他们做了什么。另外，拦截检查与更高等级的强制力相关。研究人员注意到：对弱势人群使用强制力的概率尤其高于其他群体，数据显示，甚至有些人被警察制伏后还会遭到暴力殴打。研究人员得出的结论认为，"当警察对公民行为中的法律决定因素作出反应时，他们也考虑法律之外的决定因素"。

6.2　强制力是警察学术研究的中心问题

强制力是警察学术研究的中心问题，这一观点在与警察相关的学术研究领域中十分普遍。研究者们在尝试理解警察工作和警察文化的特点时，几乎总是将重点放在强制力的使用上。强制力的使用似乎比任何其他东西都更能窥探到警察在当代美国社会中扮演的独特角色。

6.2.1　韦斯利的强制力观点

韦斯利（Wesley）（1970）是最早认识到强制力对警察的重要性及其在民主社会中隐藏的矛盾的学者之一。他主张，作为一个国家，美国有追求和平的美德——这种美德存在于宪法中。和平的概念深深植根于我们的社会情感中，我们不仅在社会关系中寻求和平，我们也相信社会关系应当通过和平的手段来维护。相应地，我们尽量限制警察在解决公民的问题时使用强制力（比特纳，1970）。下面引用的有关和平的观念和看法，就是出自他的论述：

为了做到像解决日常家庭生活问题一样，通过和平的方式达到秩序维护的目的，西方社会寻求最大程度上限制对公民使用强制力的合法性。除了在遭遇罪犯袭击时的自卫行为和家庭内部父母对孩子的管教行为，西方各国禁止公民使用强制力（克洛克卡尔斯，1991：530）。

在处理我们自己的事务时，为了消除暴力作为一种可以接受的方式，社会创造了这一种"核心国家机构（core institution），它的特殊能力以及本质特征就是从整体上垄断对这种国家普遍强制力的使用"（克洛克卡尔斯，1991：530）。警察机构是与其他国家行政机构完全不同的一个部门：他们的职业从本质上来说是与民主进程相悖的，然而只有他们才是社会真正的保护卫士。

在一个追求和平的民主社会中，我们如何对待常规暴力的攻击属性呢？比特纳（1970）认为，我们必须掩盖警察的所作所为。他指出，在警察发展历史进程中，始终存在一个显著的传统观念，即在掩饰警察对强制力的野蛮使用，同时用那些和平爱好者愿意接受的更为有力的其他主题来文饰警察的暴力强制性。19世纪末20世纪初，警察的军事化运动和职业化运动，都将警察的强制力使用置于一个更能为人们所接受的概念之下，比如警察是"军事化"（militaristic）的人员或者是"专业人员"（professionals），这使得他们对强制力的使用更有迷惑性。

6.2.2 比特纳、克洛克卡尔斯与强制力实施的困境

比特纳（Bittner，1970）坚持认为，当警察在特定情景中运用强制力解决具体问题时，他们的工作变得容易理解了。他把这称作"情境性合理化强制力"（situationally justified force）（比特纳，1970：39）。尽管警察参与各种各样的警务活动，但这些活动有一个共同点，那就是警察使用强制力解决紧急问题。只有警察才拥有根据自己的意愿使用强制力的合法权力。这一特点显示出警察是政府的代理人，同时这也把他们和那些不乐于接受强制力约束的普通民众区别开来。在民主社会中，"情境性合理化强制力"的内在矛盾不可逆转地将警察与普通公众分隔开

来，尤其是当他们每天都在用强制力解决日常生活中的问题时，这种现象尤为凸显。

克洛克卡尔斯（Klockars，1991）将比特纳的观点延伸到了当代的社区警务运动中。克洛克卡尔斯认为，当代社区警务运动不过是警察运用强制力克服他们所遭遇到的阻力的托词的另外一种历史表述而已——他们用暴力手段来处理公众问题。

当警察职业化运动不能再为警察行为的合理性提供依据时，社区警务带来了新的合法性依据。正如克洛克卡尔斯（1991）和克兰克（1994）所说的那样，由于拥有传统警务所不具备的强大说服力，社区警务已经取得了很大的进展。然而，并没有证据能证明社区警务的概念获得了成功——其良好的发展势头依靠的是人们对警察的盲目信任，相信警察代表当地的社区和街道执法时会温和亲切、态度和蔼。克洛克卡尔斯认为，这只是警务工作的另一个障眼法，警察的专业属性和社区警务的虚夸言辞将像个烟雾弹一样，将警察强制力的中心问题隐藏在背后，扭曲真实的警察角色并使强制冲突更容易地为社会所接受。

最后，公众需要警察的原因是：警察能够处理那些"本不该发生但是一旦发生后应当得到及时解决"的事情（克洛克卡尔斯，1985：16 - 17）。"本不该发生"的事，是指违法行为，同时也包括各种各样的秩序维护工作，比如人群管控、拖移走公路上抛锚的车以及回应某位老人在晚上听到可疑声响的报警电话等。"应当得到及时解决"指的是警察应对的状况往往要立即采取解决措施。在这种情境下，警察强制力的运用就正当其时。克洛克卡尔斯指出："尽管参与者或观察者提出反对和抗议……使用强制力的一般权力赋予警察特权来克服一切障碍达到目的，克服所有反抗情境"。从这一角度看，克洛克卡尔斯得出结论说强制力是警察角色的核心，针对"我们为什么需要警察"这一问题，他的回答是，"我们需要他们去处理那些所有可能使用强制力才能解决的问题"（克洛克卡尔斯，1985：17）。

6.2.3 威尔逊及其强制力的情感内涵

警察运用暴力的观念总是隐藏在和平的观念之下，这是一个令人困

102

惑不解的问题，这种困惑深深地嵌入警察能够不带任何感情色彩不偏不倚公正无私地执法的观念之中。其实这种观念毫无任何意义。威尔逊（Wilson，1968）首先指出，警察总是在情绪化的情境中开展工作，而且在执行公务时必须得将自己的情感体验投入其中。他也认识到，只有在与百姓的日常直接接触中才能感受到警察工作的积极性。要理解警察的工作，我们必须认识他们的工作环境，即与公众互动的环境。这种环境并不取决于部门领导所制定的一整套正式的政策决定或者工作描述，而取决于在具体的警民遭遇过程中警察所采取的行动。

威尔逊观察到，相比处理那些真正违犯刑法的犯罪行为，警察并不太愿意去处理秩序维护问题，比如家庭纠纷、扰民的音响或者调皮的孩子等日常工作事务。他认为，在上述场合中警民间的互动是无法预测的，这种互动对警察产生的影响也是不均衡的。警察在维护公共秩序问题时缺少明确的指导。威尔逊想知道的是，秩序安定与混乱的界限究竟在哪儿？除了部门政策规定哪些事情是警察不能做的以外，几乎没有任何其他的行政性管理对警察解决秩序维护问题时的行为作出明晰的规范。因此，在看待秩序维护中的问题时，警员们的态度几乎都是"见机行事"（playing it by ear）或"处理事件"（handling the situation），而不是"执行法律"（enforcing the law）（威尔逊，1968：32）。

由于缺少秩序维持方面明确的法律指导，警察们必须运用个人威信。他们就不得不参与其中，投入个人情感。鲁宾施泰因（Rubinstein，1973：317）在调查访问中引用了一段与一名警察的对话，"你身穿制服、佩戴徽章、持有枪支和警棍——谁敢找你的麻烦？谁愿意跟你打架？你很快就会明白"。就像他和其他很多人都提到过的那样，只依靠警察这一职业的权威不足以解决问题——事实上的确如此，警察制服的出现反而会增强敌对心理。因此，警员们只能将他们的情感投入其中：不然他们解决不了问题。

他们认为自己需要"解决问题"而非"执行法律"，需要维护权威，需要"掌控局面"（take charge），这样一来警员就不得不掺入情绪体验。然而，一旦"参与其中"就走向了理想执法的对立面——也就是说，非人性化，不带有任何个人感情色彩和符合公认的准则。……而一旦警察决定介入干预，那就意味着会展现出警察的个性特质（威尔逊，1968：33）。

威尔逊意识到情绪的表达是警民相处中不可缺少的一环。他指出，很多警民冲突的情况带有竞赛的特征，双方相互试探，看谁能控制局面。警察制服和职业权威并不足以获得所有民众的默认：个人的介入或干预是必需的。

警民接触中会有公民拒绝做警察要求的事情，在这种情况下，威尔逊对个人权威的理解有助于解读这种冲突。如果疑犯或者公民处于被拘留状态，这种情况根本无法展示警察对强制力的使用。然而，在警察研究的学术史上，这种情形被频繁地反复引证（赖斯［Reiss］，1971；范·马安伦，1978；斯科尔尼克和法伊夫，1993；多曼尼克［Domanick］，1994）。

警民接触中通常都会产生强大的，有时甚至是具有破坏力的情感能量。要能理解这种力量，我们需要探究强制力是如何与其他的警务工作的主题相连接的。警察受维持自尊需要的驱动，而这种动机一般并不为人们所熟知，且通常会受到公民的挑战（斯科尔尼克和法伊夫，1993；卡普勒、斯鲁德和阿尔伯特，1994）。在公民意识不到警察的个人权威时，警民之间的交往就会呈现出一种真实生活状态的内在本质特性，但当警察试图努力再次重申对领地的管控权时，就会无力承载警民交往中的其他方面。在警民互动交往的过程中，往往还承载有大男子主义气概的特性（赫伯特，1997）。在所有的警民交流中，当公民都意识不到警察的权威时，警察会对自我形象产生质疑，并将这段经历铭记在心（范·马安伦，1978）。

104

正如威尔逊所说，情感投入不只是未能成功运用正式权威解决令人不满意的警民交往问题时的副产品。在有些情况下，对于解决那些问题不断的麻烦制造者来说，这还是一种非常理想的方法。研究警察文化的学者们，往往忽略警察使用强制力的特点：有魅力的个性特质（seductive quality)。① 当警察与犯罪分子和街头恶棍进行斗智斗勇时，就像是神话故事一样——他们就是正义之神的化身，被派到地球上打击坏人。他们是通过警察身份认同而形成的文化共同体，成为社会中对抗罪恶的第一道防线。他们是正义之锤。

威尔逊（1968）意识到警民交往中的感情因素限制了行政系统对警察行为的控制力。他写道，管理层永远不可能完全管控一线警察，而且那些主张警察职业化的部门主管永远都不会为手下的警员所接受。他的这一观点的睿智之处在于，他认识到了警察的管理者和一线警察面对的是不同的观众，这一点也是本书的中心。

警察强制有助于团结（police coercion contributes to solidarity）。 警察对强制力的使用对促进团结来说是一个强有力的刺激因素。范·马安伦（Van Maanen，1973）在他对警察训练的讨论中就捕捉到了这一活力结合物（conjunction of energies）。他提到，外勤训练的教官经常在对警察的训练中设置危险情景，以测试他们是否会在同伴有难时提供支援。鲁宾施泰因（Rubinstein，1973）在研究费城警察的过程中，也对这种关系做了类似的探索。他提到，强制力对警察来说并不是一种分析结构，而是一种处理恐惧情绪的方式。在思考这一问题时，可以参考下面这段论述：

警察理解恐惧的意义，就如同当你看见中腹部的肌肉松弛时就会产生对身体健康状况的担忧一样，他并不因民众的恐惧而责备他们，但他也不希望在自己工作时公众围在身旁说东道西。因为，对警察来说这种行为就是一种危险和负担（鲁宾施泰因，1973：318）。

他强调说，警察必须时刻准备使用强制力，那些因为恐惧而不敢冒险的人都做不了警察。警员要让所有同事都明确知道自己在什么情况下

---

① 魅惑（seduction）这一概念取自卡茨（Katz）的研究（1988）。他认为社会学中对犯罪的认识缺少一些关键元素——他们无法了解犯罪行为对犯罪分子来说是多大的满足。他虚构了一个犯罪学的神话故事：其中扮演的罪犯都不是理性的行为人，而是把自己想象成为神话中的人物形象并按照神话人物的行为方式做事，他们从神话故事的人物体验中获得了自我认同和快乐。他再将罪犯行为扮演者置于犯罪事件的中心，而不是罪犯行为人的社会经济背景中，然后，他发现犯罪行为之所以得以发生，是因为处于特定的情感环境中。我认为，类似的视角同样适用于警民的互动接触，而且能反映出强制力使用情景的很多特点。

会犹豫。"任何一个不愿使用强制力的警察，都会危及所有与他一起执行任务的同事的安全，而且大家也不会允许他一直这样"（鲁宾施泰因，1973：319）。

人们常常消极地看待强制力与文化的关系，把它看作警察彼此互相包庇滥用强制力行为的一种共谋（斯科尔尼克和法伊夫，1993）。根据这一观点，为了掩盖滥用强制力的事实，警察需要互相包庇，这就会滋生一种不可理喻的且与行政监管要旨相违背的欺瞒文化。在这种情境下，文化就变成了掩饰警察不正当行为的一种面具（卡普勒、斯鲁德和阿尔伯特，1994）。[①]

有种观点认为，强制力是团结的反面力量。这种观点其实忽略了强制力的很多重要方面。无论是合法的、存疑的还是非法的，强制力与警察的日常警务工作密不可分，同时也与警察文化中的其他主题相联系。那种学校里正式教授的、受到刑法约束的、警务部门政策所赋予的强制力，其实并不适用于警察的日常活动。部门政策反映的是行政监管的需要而非街头执法的需要，并且通常情况下都被一线警察视为更具有组织特性的"胡说八道"。正当程序完全是刑事司法系统处理罪犯时能力低下的表征，也是干涉警察具体执法工作的一种镣铐（塞克斯［Sykes］，1986）。这并不是警察质疑正当程序或行政强制命令在民主国度的必要性，也并不是因为他们在本质上是权力主义者。只是当事情无法控制时，当怒气和恐惧像火一样灼烧着自己却又不得不控制情绪时，其他考虑就没那么重要了。警察在街头上使用强制力，因为那样可以完成任务，解决问题。从这一点看，法律不再是限制警察行为的规则，而是他们使用强制力正当合法的依据。

在使用强制力方面，警察从不模棱两可。犹豫不决很危险，软弱会招致无礼对待，还会助长反抗力量，因此需要强制力（鲁宾施泰因，

105

---

① 在这个问题上，卡普勒（Kappeler）和他的同事们（1994：288）指出，"一个频繁过度使用强制力的警察需要别人的支持，在最低程度上至少需要得到同事的协助，而在另一个极端，需要得到上级监管警官的协助以掩盖其行为，躲避审查"。他们进一步指出，虽然使用强制力是个人独立判断的行为，但是参与这些活动的个人往往与其他有越轨行为的警察接触。腐败和各种越轨警察之间的勾结，使得警察部门不可能做出有建设性的变革。

1973：317）。如果遭遇挑衅或身处危险之中，主动使用身体和武器参与对抗或许能救他们的性命，使他们能够控制着局势。菲尔登（Fielden）也抓住了这一特点：

> 1992 年 7 月。两名拉斯维加斯警察遭到四名少年的毒打和枪击，之后，这四名少年吹嘘说《警察杀手》（cop killer）这首歌给他们提供了灵感和动力——驱使他们"通过杀害警察来达到报复的目的"。在整个羁押期间，这四名少年还在一刻不停地反复吟唱那首歌。

我承认，有警察逮捕罪犯时，偶尔确实存在使用超出合理范围的武力的情况。但在一个警察那样做的同时，有上百名准确地说是上千名警察，因在逮捕罪犯时使用强制力不充分而导致自己负伤（菲尔登，1995：164）。

这个例子告诉我们强制力使用和文化特点是如何联系在一起的。在这则短故事中，有两个重要的文化因素——第一，警察的能量因一名警察受害而被广泛地动员起来；第二，警察往往未使用足够的强制力来对付那些真正危险的人。那首《警察杀手》的歌谣已经在警察中形成了一种有力的团结动力，他们把这首歌视为敌人，在内心就是否具有使用武力的正当合理性而犹疑不断时，从中找到了使用强制力的理由。

作为一种文化因素，强制力的使用并不是那些有粗暴恶行的人以及由此产生的担心受到报复的忧虑恐惧心理的一种秘密连接。文化围绕着强制力的使用而产生，因为这是警察工作的核心。禁止强制力的使用会催生隐秘元素。只要听听警察讲述的那些故事，就能够了解强制力在警察文化中的重要性。你会听到很多关于合法使用强制力的故事，超出了法律规定范围使用强制力的故事，另外也不乏法律上难以界定的行为。强制力的使用，无论合法与否，都深入了警察文化的方方面面。

6.3　非法强制力

> 你以为不置身其中就能研究了解邪恶吗？不接近恶魔就能够发现它的特征吗？（戴维斯，1975：57）。

在法律存疑的环境中使用强制通常被视为强制力的滥用。人们总是以偏概全；这个警察变坏了，那个警察性格暴躁。这种简化的概括在新闻媒体上特别受欢迎，能够让读者情绪沸腾，意见分化。有时，受害者会受到义正词严的批评——"这个白痴是自找的""他们早该知道会这样"。新闻媒体会使用此类流行的、带有情感倾向的近义词来责备某个人，这些都是个体层面上的解释。上述两种解释都是错误的——过度使用强制力其实是警察中很常见的一种文化现象，它源于警察处理反复出现的问题时所使用的常识性解决方法。

6.4 有关过度强制力的不同看法

在有关刑事司法的著作中，过度使用强制力是一个受到广泛讨论的话题（比如，见于斯科尔尼克和法伊夫，1993）。曼宁（1970：99）指出，警察滥用强制力是美国警务的一大基本特点。强制力的过度使用象征性地展示了国家在公民事务中的绝对权力。被警察殴打的人也清楚警察此种行为不当，且不符合警察规范。但这些受害者也明白，他们几乎没有追诉的能力，投诉会困难重重，还会招致更多麻烦，法庭可能会以另外一种方式看待警察的暴力。

范·马安伦（Van Maanen, 1978）在他对"街头正义"（street justice）的论述中，提出了政府的道德权威这一主题。他主张，警察在遇到抵抗政府权威的行为时应立即实施处罚。有时警察的权威会遭到质疑，有时民众认为警察不尊重自己，街头正义就诞生于这种具体的警民互动接触之中（布扎［Bouza］，1990；法伊夫和斯科尔尼克，1993）。那些人们认为本应知道得更多，表现得更好的人，被贴上了"混蛋"的标签。他们容易遭到警察的严格执法。正因为如此，在情感和道德方面，他们对警察都具有重要意义——以正义之名暴打十足的混蛋，总归是大快人心的事情。

有时，警察暴力会被理解为对潜在或真实危险的过激反应。某些情况下，其实警察的暴力都是由犯罪分子的不法行为（尤其是重罪行为）引起的，而他们也只是在相似场合对具体情况作出反应。然而，韦斯利

107

（Wesley，1970）在这种现象中发现警察有一种令人不安的倾向，他们会对不尊重自己的在被羁押人使用暴力。只有疑犯被制服之后，警察才能够让他们明白自己所犯罪行之严重。暴力是一种强大的象征形象——它在犯罪嫌疑人的身体上展示政府的权威（福柯，1995）。

犯罪嫌疑人在警察接近时会试图躲避警察的抓捕，这样他们极其容易遭遇警察强制力的运用。开车躲避车辆例行检查是导致警察强制力运用的一大原因。的确，就如斯科尔尼克和法伊夫（1993）所观察到的那样，警察工作中最刺激的就是追逐罪犯了：追捕犯罪嫌疑人是真正的警务工作；非常刺激，警察们也乐此不疲。兔子一旦跑起来，狩猎就开始了。一旦被抓到，一顿暴打便不可避免。

有时，街头暴力也会与更传统的警务执法方式相联系。比如，威尔逊（Wilson，1968）认为，有的警察会从维护社会秩序的角度出发来理解自己的职责，从而根据街头实际情况的紧急程度来调整自己的行为。如果暴力是解决问题、调解冲突或者惩罚混蛋的最直接手段，那么暴力就很可能发生。暴力、拘捕和其他强制工具是警员在警管区内处理问题时运用的诸多手段的一部分。

威尔逊指出，强制是给那些罪有应得之人实施正义的一种分派机制。警察所使用的暴力手段并不是无缘无故的，在某种程度来说，暴力是被那些所谓"不受控制"（out – of – control）的警员随机分配的。他们会对那些最应该受到教训的人使用暴力（威尔逊，1968）。对待一群行为乖张的青少年越轨行为者，警察可能会对其进行严格的搜查、拘捕、掌掴等行为，或者只是口头教训某个特别惹人厌的人，这样既能让这个人得到该有的惩治，还能以此警示团伙里的其他人。在这种情况下使用强制力，不仅控制了局面还确保他们受到该有的惩罚（威尔逊，1968）。

由于警察暴力与老派的警务实践相关，因此职业化的改革，特别是那些有助于教育的改革方式可能成为控制警察暴力的方法。虽然没有什么证据可以证明这一点。1994 年，在对伊利诺伊中级警察部门的一个研究中，我和其他两个同事试图分析一线警察的"世界观"。或者说是他们看待其工作的方式（Crank，Payne & Jackson，1993）。我们发现其中

108

存在两种思考方式，第一种"专业"视角，它反映了对专业执法的普遍看法，第二种是一种以技巧为导向的世界观，它是由与传统部门相关的观念构成。我们很好奇，到底传统观念是否更能容忍警察暴力、职务隐瞒以及对正当程序的敌对？事情的真相确实是这样；更传统的警员更不外露，也更支持使用暴力。同样重要的是，我们想知道更专业的警察会不会抵制这些看法。他们并没有：事实上并没有依据证明这些有着专业视野的警员对警察暴力的支持会比普通警察少。虽然调查的样本范围有限——就是伊利诺伊的中级警务部门——但其指向很明显。提高警察专业性不会对支持警察暴力这一态度的形成和维持产生多少影响。

6.5　合法与非法强制的区分：划定底线

在实践中，合法和违法强制行为并没有清晰的界限。请认真研究一下这个案例吧，下面这个由鲁宾施泰因（1973）在他的著作中所引述的一个警察过度使用强制力的事例。他在书中描述了一个意想不到的情景是如何不断发展并最后引发暴力的。年轻的白人警员在街上看到了一位年长的美国黑人，并在街道另一侧对他喊道"将你的手从大衣里伸出来"，这个老人也没理睬他。警察又重复叫喊了一遍，并同时开始掏手枪。

> 那个（老）人开始缓慢地将自己的手抽出大衣，但是看上去像是在隐藏某些东西似的，这让警察感觉到了威胁，于是警察掏出枪指着这个人。突然，这个人抽出了自己的手并将一支手枪扔到了地上，浑身颤抖。巡警颤抖着收起枪并走近那个人。他几乎要哭了，心中闪过疑惑、恐惧和焦虑，他用枪托打了那个人。"我让你把手抽出来你为什么不照做？我差点就对你开枪了，你这个蠢蛋！"那人回答说自己带枪只是为了保护自己，从没想过要用它做什么。从惊恐中恢复过来的巡警后悔自己在情绪激愤时用枪托打了那个人，但是他拒绝承担任何责任。"你身上又没有带警示牌，我怎么知道你要干嘛？"（鲁宾施泰因，1973：303 – 304）

109

该种形式的强制力的使用显然违反了部门政策。警员做出这一行为并非出于理性地预防犯罪或者执法需要，而是出于恐惧，这种恐惧来源于对自身安全威胁的主观评估，以及安全威胁消除之后紧张情绪的爆发。

那么行政部门会怎样应对这种问题呢？可预见的是通过行政程序——对部门政策的复审，或许是举行听证会，也有可能是任务及其警管区的再分配，以及随后建议一份永久保存的档案记录。换一种说法，警务机构会给出官方的回应，解决市民对一线警察行为所抱有的担忧，然后激活复杂的指挥链程序来矫正这种行为。如果他们能够发现上述情形的话。

他们估计不会发现，街头警察为保全自己会给强制力的使用找到合法理由，这样他们就符合部门政策和刑法规定（巴克［Barker］、弗列里［Friery］和卡特［Carter］，1994）。当强制力的使用受到质疑时，或者当警察从对自己更为有利的角度，合法地重建了一个能够使用强制力的正当理由时，警察文化中非常重要的自我保护元素就开始发挥其作用了。强制性互动接触受到松散耦合主题的保护，在这类主题下，警察会寻找到各种计谋策略来保护自己，以便在公民提起的复议审查和警务部门的审查中自卫。

部门审查对强制力滥用行为的控制作用微乎其微——这简直是自打耳光。管理机关和指挥链协议都无法控制那些情况。在一定程度上说，他们无法控制那个打老人的警员，同样的道理，他们也无法控制那个被打的老人的行为。这种情况具有事件走向无法预测和难以管控的特点，因此，警员的行动只能根据对先前一连串事件的主观预测评估，以多极联动和不可预测的方式展开。假若时光倒流，事件会以别的方式展开；历史只有在回顾中才是一成不变和能够预先确定的。①

警察居住在一个充满未知性的世界中。带着责任心去实施领地控制

---

① 我们在别的地方已经讨论了职业化警察职业概念中的矛盾，比如，专业人员拥有自主权，警员不会被管理层立即推翻，他们的每一个决定都是受行政审查约束，或者他们的地位高于处于警察组织最底层的一线警员。正如克劳卡尔斯（Klockars）（1991）所说，在这个时代，用"专业素养"（professionalism）这个词来描述警察的工作就是在掩饰警察日常的所作所为——运用强制力解决即时问题。然而，标签在很长一段时间内会掩盖其真正效力。（111 页末，112 页空白）

不是一件容易事。关于怀疑与情境性内涵的不确定性，我会在之后的章节中进一步详加论述，其中不可预见性的主题是警察文化的核心要素，野蛮的、不可预见的暴力是这个世界不可分割的一部分。它不可能受制于管理机构的管控。当管理者试图控制时，当然他们也会这样做，只会进一步的推动警察文化的发展。

110

犯罪就是战争：隐喻

主题：尚武精神

"我们没有必要应对坏蛋们实施的所有罪行，我们只需要干掉他们。"

在20世纪下半叶，几乎没有什么能像"打赢与犯罪的战争"（War on Crime）这一理念一样，普遍地赢得美国人民的赞同。"打赢与犯罪的战争"这一理念首次进入联邦政治的视野是在1966年，是由当时的总统林登·约翰逊（Lyndon Johnson）提出来的，并将其作为战争召唤的一种政治口号。喀拉斯卡（Kraska，2001：19）指出，林登·约翰逊之后的历届总统不断地增强对"打赢与犯罪的战争"这一修辞说法的使用频率。关于"战争"的隐喻在选举政治中起着主要作用。

里根、布什和克林顿总统时期的政府，跟主流媒体一同，将"战争"这个大师级的隐喻大量地运用到军事表达和次隐喻中，这使得犯罪控制这一讨论进一步走向军事化（克拉斯卡，2001：19）。

对犯罪宣战是一个隐喻的例子，它在很多方面都非常适合警务工作。犯罪分子变成了"敌方战斗人员"（enemy combatant），犯罪控制成为一场"军事战争"（military battle）。在这里，"战争"（war）的概念是一种有着巨大的组织潜力的隐喻。战争本身承载着大量充满活力的暴力以及多层次的隐喻意义，除此之外，对于战斗人员、训练、城市地区的秩序维护、武器、正当法律程序和犯罪控制都有着辅助意义（安杰尔 [Angell]，1971）。而且当我们身处战争之中时，复杂事件都会被简化。战士们不必担心正当程序的问题。你们要么与我们为友，要么与我们为敌。

许多警察都热情地接受战争隐喻，原因有很多。有很多警员都是从军队招募过来的，他们也把军人对待部队纪律的态度和观念一起带了过来。警察和军队之间有很多重合的地方，比如家族史中会有同时当警察和参军的经历。相似地，很多警察会把军队服役看作一种认可的仪式，一段在开始警察生涯之前必须走过的路。在个人武器装备方面，警察和军队也有很多相同之处。警察和军队中的组织等级结构采用的是相似的等级任命机制。把"战争"隐喻与这两者混合起来，使得常识更为完美。

然而，问题在于这种混合对每一个人来说，并不一定都是常识。对一些人来说，这是一个极其"非美国化"（un-American）问题。这一隐喻会对美国警方和军队中具有分裂主义传统的"地方武装团队"（posse comitatus）带来极大的冲击和严重的破坏（邓拉普 [Dunlap]，2001）。正如邓拉普（2001：30）所指出的那样，美国人在历史上就不相信利用武装力量来处理国家内部的安全问题的做法。有人认为，警察更应该被看作提供多种服务的公共机构，主要是提供服务。而另外一些人则认为，警察应当专注于改善与种族、年龄、经济地位和人种相关的社会秩序混乱等问题。

然而，根深蒂固的"战争"隐喻日益凸显。重新评估内部安全——地方警察和国家警察——与军队的关系是"后9·11"时期——2001年9月11日恐怖分子摧毁美国纽约世贸大厦之后——发生的重大政治进展之一。在这一时期，"战争"的隐喻含义也被极大地扩展了，其主要原因是在恐怖分子威胁事件中，当地警察往往第一个到达犯罪现场而且常常会第一个参与到封锁行动、制止行动以及清扫行动。

本章主要探究的是警察文化中的"尚武精神"（militarism）主题。可以将尚武精神化定义为警察对军事程序、态度、结构以及具体实践的借鉴运用。在"后9·11"时期,警察中的军事化倾向(militaristic tendences)是在军警双方不断交流的大背景和历史发展中产生的。本章将对这一交叉重叠现象开展多方面的研究。

7.1 尚武精神、职业化主义与改革

我们今天所说的警察的半军事化,是在美国内战结束之后才开始出现的。莱恩(Lane,1992)把它产生的原因归结为内战后军队的良好声誉。诸如早晨点名和军衔划分的制度,都很自然而然被警察部门所采用。19世纪的历史遗产的特点是组织安排趋于相同,特别体现在警察对半军事化组织方式的借鉴运用(蒙克孔伦[Monkkonen],1981)。

19世纪末期,在警察领域的改革方面,人们付出了艰辛的努力,换来的是职业化与军事化看似不可能的联姻。19世纪后半叶,令改革家们感到苦恼不已的一个困境,是城市权力由城市政治机器(political machines)所控制,这里的政治机器指的是市政府,其特点是城市大佬横行无忌、贪污腐败盛行以及毫无管控的雇佣兵和枪击行为。由进步力量和反酒馆同盟领导的"好政府"(Good government)力量,基于各种原因对这种"政治集团"控制权力的做法十分抵制。这些进步人士寻求通过行政创新以改善城市政府的建设,他们认为这些政治机器应当对这个时代中泛滥的城市贪腐行为负责(伯曼[Berman],1987)。

1893年,一群志在改革的警长发起成立了国际警长协会(International Association of Chiefs of Police,简称"IACP")(内田[Uchida],1989)。他们致力于消除政治机器的影响。他们准确地意识到,如果没有警察这一岗位来为他们提供忠诚的支持,那么这些政治机器就无法存活(福格尔森[Fogelson],1977)。今天,国际警长协会(IACP)提出的这一概念仍被广泛地认为是警察职业化运动的基石。

国际警长协会提出的这一观点,其核心在于将城市政治与警察事务分开。他们寻求让警察部门对城市政治匿名化,并且为了实现这一目标,他们制订了涉及诸多方面的具体计划。如此一来,警察将只有一项任务:执行法律。警员们必须要全身心投入这一任务中。警察组织中完

善的军事化等级结构，为控制犯罪提供了形式和意识形态。因此，军事化和职业化在"警察职业化运动"（police professionalism movement）的旗帜下合二为一。对警察改革运动来说，"警察职业化运动"是一个不吉利的标签，令那些努力想控制员工行为的反职业化组织感到惊讶（沃克，1977），① 也许用一个更为合适的标签来描述这场改革运动，将其称谓"警察军事化运动"更为贴切妥当（参见莱恩，1992；塞克斯，1989）。

在随后的四十年间内，这种职业化的模式逐渐替代了政治机器模式（内田，1989）。然而，这种模式也只是准军事化的纪律和等级结构：所谓的职业化也只不过是借鉴军队的组织形式组建而成的警务系统（比特纳，1970）。对于寻求市政资助和政治声誉的警长来说，这是一个非常成功的模式：这种军事化形象为那些希望在"打击犯罪的战争"这个平台上寻求选票的政治家们提供了强有力的隐喻支持。职业化的说辞在警察领域仍有一席之地，而尚武精神，这个看似与职业化不搭界的伴生

---

① 奥滕（Auten，1985：123-124）将准军事化警察组织的特征归纳为 19 个方面。若对警察准军国主义（police paramilitarism）有兴趣的人，可以阅读下列各项以便更加全面地了解其特征：

1. 高度依赖指挥链的集中式指挥结构；
2. 按照特权等级制度制定的具有严格的上下级层级管理特征；
3. 通过签署命令、指示或一般指令发挥管控作用；
4. 严格划清通信与授权的界限；
5. 通信过程一般呈纵向分布，由上级传达给下级；
6. 主要通过强制或威胁手段"鼓励"属员工作；
7. 不寻求、不鼓励也不要求在管理层面和行动层面发挥主观能动性；
8. 专制型领导模式；
9. 强调维持现状；
10. 针对组织内的违令者，有高度制度化的制裁系统和处罚程序；
11. 行动系统往往高度集中化；
12. 严格遵守命令、指示、一般指令或者政策程序等多种形式的组织规定；
13. 面对现行指示、一般命令或政策及操作程序没有规定的问题时缺乏灵活性；
14. 晋升机会一般只对组织内成员开放；
15. 组织与成员间关系不掺杂感情因素；
16. 处于组织较低层级时容易产生消沉和软弱心态；
17. 专制的管理概念和最高指令；
18. 监察人员和行动层人员中愤世嫉俗的观念正逐渐增强；
19. 监察人员和行动层人员与高层管理者中出现非友即敌的敌对心态。

物，是现代警察的组织方式和行为方式的核心。

当今时代，警察组织带有军队风格。警察们身穿制服，佩戴从军队借鉴来的警徽和警衔，还有适宜于战斗的专门服装。在所有警察部门都采用军队的等级结构，级别最低的是一线警察，最高的是警长（有些地方叫警察专员），中间层级的警官无疑是传统军队中的等级标签。警察检阅也采用的是军队模式，偶尔还要像军队人员一样列成方阵接受检阅。①

警察相关部门现在完成了"准军事化"（paramilitary）进程，拥有由类似于军队的"连"（divisions）、"排"（platoons）、"班"（squads）和"士兵"（details）这样的层级组织组成的"指挥链"（chains of command）。在很多地方，巡逻警员都是"列兵"（privates）或者"骑兵"（troopers）。几乎所有的地方，警员们已不再向督查（supervisors）、中层主管（middle managers）和主管（executives）汇报工作了，而是向"警司"（sergeants）、"警督"（lieutenants）、"副巡长"（captains）、"警长"（majors）以及"总警监"（colonels）汇报。在警察训练中，他们开始投入更多的精力进行紧密队形操练（close order drill）和军事礼规（military courtesy）的训练（斯科尔尼克和法伊夫，1993：13）。

如今的指挥官完全同意警察的组织结构应当按照准军事化的模式来构建。伊利诺伊州的一项关于警方管理者的调查显示，"大约87%以上的被调查者认同，警察机构在准军事化的构架下运转更加高效，而且他们所在的警察部门也正是按照这种模式组建的"（奥斯汀［Austen］，1985：124）。这些显而易见的事例，都揭示了军事化的理念与美国政府警察组织融合的程度。

7.1.1　军事化和警察的组织地位

"职业的"准军事模式一直都不适用于街头警察，历史上也没有出现过这样的情况。这一模式都为改革者们实现自己的目标服务了整个世

---

① 克拉斯卡（Kraska，1994；1993）还探究了吉布森（Gibson）的"战士梦想"（Warrior Dreams）与新警察军事化的联系，并且促进了警察作为新百夫长这理念的诞生。

纪，他们的主要目标是将街头警察的行为置于行政控制之下（沃克，
1977）。确实，如果要构建一种意在打破所有与真正的职业化精神相关
的原则的人事制度，那么很难再设计一个比我们今天拥有的所谓的职业
化军事模式更成功的制度。

　　这种职业化军事模式的核心，是控制而不是给现在依然存在的街头
警察冠上一个职业地位（怀特［White］，1986）。在这种命运的转折中，
那些职业警察，也就是那些每天处理生死攸关事务的街头警察，他们所
处的地位最低、职务最低、获得的报酬最少。就像斯科尔尼克和费夫所
指出的那样，"将街头警察巨大的自由裁量权塞到军事化组织的最底层
职位中，这导致警察的职业手册越来越复杂……"（斯科尔尼克和法伊
夫，1993：120）。在行政管理程序约束下，警察免不了会"忽视规则而
试图寻找捷径"（devalue rules and find shortcuts）。他们认为被自己的组
织孤立了，在某种程度上，事实也的确如此。他们认为其工作环境是
"警察与上级的对抗"（cops against bosses）（斯科尔尼克和法伊夫，
1993：122）。准军事化模式催生了大量的警察文化，这一点不足为奇。

　　军事化思维元素，也就是我们今天所说的"对犯罪宣战"观念，的
确影响了一线警察的心态。但是所有在部队服过役的人都知道，这种心　116
态中有一部分是从心底里对上级权威的不满（福塞尔［Fussel］，1989；
奥斯汀，1985）。格伦兹（Grunts）——在越南服兵役的美国步兵的别
称——都知道，坐在桌子后边的高级军官做出了不合理的决定，随意将
前线人员置于危险之中。他们除了随意而行以及不停地找理由逃避责任
之外便一无所知。即便是这个命名错误的警察职业化运动并没有实际创
造警察文化，那它也对警察文化的产生起到了促进作用（莱恩，1992）。
如比特纳（1970）所说，军队表象纪律倾向于将警察的失误行为置于法
律难以规范的领域。总之，它促进了警察文化的多方面的发展：秘密、
警察的犯罪活动、欺骗以及一线警察与管理层的摩擦。

　　军队模式在发挥重要的象征作用的同时也限制了其改革（塞克斯，
1989：292，293）。在象征意义上，军事化意味着等级化警察问责制和
被规则约束的行为。塞克斯指出，军事象征的角色是一种强大的"神
话"：它代表着一个"远离不受约束的权力的危害"的自由社会。就如

他所说，出于对不受约束的警察权力的恐惧，早期改革者支持军事化模式，希望用军队纪律控制街头警察。

塞克斯指出，大众希望警察所做的不仅仅是打击犯罪活动。高度现代化的社会给犯罪分子提供了大量的犯罪机会，因此警察确实有机会履行这一职责（费尔森，1993）。公众希望警察解决问题，这一任务就远远超出执法的范畴了。解决问题，非正式地使用强制力控制那些破坏当地基本道德行为标准的人，这是警察维持社会秩序的主要手段。如果军事化改革能彻底成功，那么警察只需要处理违反刑法的犯罪行为。那么警察维护秩序的职责就不复存在，与之一起消失的还有他们解决问题和维持非正式社会控制的能力。具有讽刺意味的是，当军事化管理对一线警察行为的控制过度僵化时，公众就能够放心大胆地在街上走动了。

7.1.2　军事主义和战争隐喻

隐喻是强大的语言工具，它一方面组织调整人们的不同想法，另一方面将人们的注意力集中于刑事司法系统上（克里斯蒂 ［Christie］，1994；克兰克，1996）。隐喻给人们提供了一种思维方式：当分析某个事物时可以将它与另一个事物类比，以凸显某个重要的或独特的特点。比如，"生态位"（ecological niches）① 就是一个描述城市的绝妙隐喻，因为有机体隐喻的使用让我们得以把关注点放在不同群体改造城市环境的方式上。

军事主义对警察来说就是一种这样的隐喻（克拉斯卡和卡普勒，1997）。当然，警察并不是参加战争的军事团体——他们主要的服务对象是城市里的市民，主要工作职责是处理与行为乖张的青年、愤怒的配偶和邻居相关的秩序维护问题以及其他长期的社会问题。然而，这一隐

117

---

① 生态位（ecological niche），又称小生境或是生态龛位，生态位是一个物种所处的环境以及其本身生活习性的总称。表示生态系统中每种生物生存所必需的生境最小阈值。内容包含区域范围和生物本身在生态系统中的功能与作用。生态位包括该物种觅食的地点，食物的种类和大小，还有其每日的和季节性的生物节律。该概念于 1924 年由格林内尔（J. Grinell）首创，并强调其空间概念和区域上的意义。1927 年查尔斯·埃尔顿（Charles Elton）将其内涵进一步发展，增加了确定该生物在其群落中机能作用和地位的内容，并主要强调该生物体对其他种的营养关系。每个物种都有自己独特的生态位，借以跟其他物种作出区别。——译者注

喻被我们使用得太滥了，多到我们都难以有别的想法。警察职责军事化的一个必然结果就是警察都开始相信这种转变了。军事隐喻为那些用其他方法难以处理以及无法进行逻辑归类的任务指明了重点和方向，基本方法是给那些不服从警察命令的人贴上"敌人"的标签。这一军事暗喻让警察带着正义一方的自豪感执行搜查行动，实施逮捕行动，惩罚罪犯，同时为上述行为提供广泛的社会支持和政治支持。当今时代，警察军事化已远不只是组成警察人事系统的准军事化组织结构。在对抗犯罪的战争中，尚武精神从道德和情感上赋予了警察勇士的身份。

"战争"隐喻具有广泛而强大的动员能力。它使人们将警察视为社会的保护者（保护"你的妻子儿女"），把罪犯当作没有道德的敌人——甚至将其视为非人类。它也支持这样一个观点——对这一隐喻的一个偏见——既然普遍认为罪犯是国家的敌人，那么他们也就不值得政府给他们提供法律保护了。这也平息了反对者的声音。任何支持放宽对罪犯的制裁的人，都被认为是站在了国家敌人的那一边。从如今人们用来描述警察和罪犯的语言中，可以看出"战争"隐喻不言自明的本质。我们正处于与犯罪的战争之中。我们必须要与犯罪作斗争。与罪犯相比，警察人数和武器装备都占优势。警察是秩序与混乱中间细细的蓝色分界线。这是他们与我们的斗争。警察是惩治犯罪的战士，他们搜集关于罪犯的情报。

战争语言提供了一个词汇库，它团结了带有军事身份的警察。战争语言还为警员个人提供了"战士"的身份设定。这种身份认识其实一直存在：

> 他们将自己看作士兵和打击犯罪的勇士，所有的警察都配备有枪支，即使在无线电室或者少年管教所上班也是一样。他们像军人一样，身着戴有等级徽章的制服。他们进行军事检阅，有时列队行进。他们期待敌人的暴力行为，他们时刻准备以同样的暴力行为给予回应（贝茨［Betz］，1988：182 – 183）。

贝茨后来发现，这种军事模式渗透进了警察的身份之中，并鼓励其使用暴力：

警察的身份具有两面性。警察的一只脚扎根于正面的社会中，另一只脚则处在犯罪的阴暗世界之中。他们了解并关注文明社会对罪犯的憎恨，但他们会学着像罪犯一样思考，在罪犯自己的游戏世界中作出反击……即使他的强制力超出了规定的范围而成为暴力，也没有人会关注到，或者看到，也没有人抗议（贝茨，1988；183）。

军事主义模式因能为警察提供规范和问责范围而得到广泛认同，但它已经引出了一种自相矛盾的结论：如今，它也成了警察文化中某些持续性特征的基础。从军事主义中衍生出来的"非友即敌"（we-them）的心态促，使某些部门中产生了"受围心态"，在此心态下，公众逐渐被视作"敌方"。人们运用技术来获取公民的情报信息、制造精密的武器装备，以及在警察部门与军事部门之间建立了强大的联系，特别是在是所谓的"毒品战"（war on drugs）领域更是如此（克拉斯卡，1994；1993）。人们对警察情报收集的抗拒，从军事主义的角度上看，通常被理解为"他们究竟想隐藏什么？"而不是理解为对政府与公民之间关系的民主协商（democratic deliberation）。

克拉斯卡（2001：16-17）认识到了现代的警察尚武精神和警务军事化中的一些特点。以下列出的就是他对此所作出的总结：

（1）模糊内部安全问题和外部安全问题之间的界限。将平民视作威胁安全的群体。将集会的人群视为潜在的叛乱分子，密切关注。

（2）注重信息的加工和收集以及检查工作。

（3）军国主义的意识形态，即强调"利用国家强制力、技术、武器、信息收集和积极的管制措施解决问题"以及其他形式的军事化思维。

（4）准军事化的特别行动队，运用军事战术执行警务。

（5）购买、借贷、捐赠和使用真正的军用产品。

（6）安全防卫产业与打击犯罪产业协同推进。

（7）"在政治领域和流行文化中使用军事语言来描述社会中的

毒品、犯罪和社会秩序混乱的问题"（2001：17）。

在上述每一条中，我们都可以发现在军事部门和警察部门中，存在着物质文化与精神意识层面的文化相互渗透的现象。克拉斯卡指出，在当今社会，军事元素正逐渐成为警察领域的中心隐喻。

2002 年，一个带有强烈隐喻色彩的组织力量新词汇诞生了：恐怖分子。恐怖分子这个词其实很难定义，因此也很容易在其中添加含义。恐怖分子是一种身份状态，但它本身其实不是犯罪。恐怖分子指的是犯罪活动的行为人。任何种类的犯罪都可以视作恐怖主义，这取决于如何界定。2001 年 9 月 11 日之前，恐怖主义指的是 20 世纪 60 年代的左翼分子和 20 世纪 90 年代的右翼分子。

纽约世贸大厦遭恐怖分子袭击后，"恐怖主义"一词有了更多含义。这个词可以让人们想到远在千里的犯罪分子们正在谋划着一场摧毁美国的阴谋。然而，不难想象，任何蓄意犯罪的人都在破坏美国，哪怕只破坏一小部分。比如，街上的帮派组织是恐怖分子吗？《洛杉矶时报》（*Los Angeles Times*）上的一篇文章就是这么认为的：

> 调查显示，美国公众表示将坚决支持打击恐怖主义的战争，但谁又会与茱莉娅·塞佩达（Julia Zepeda）站一边？结束她的生命并不需要找一个国际恐怖分子动手，只要几个当地混混就够了。
>
> 11 年了。时代周刊上的一张照片捕捉到了这一内部战争的破坏力。一棵圣诞树，周围是撕破的玩具——一个布娃娃、一个圣诞老人、一个小背包——还没有扔掉。茱莉亚·塞佩达就坐在沙发的边缘，双手紧握，低着头，脸上挂满悲伤。
>
> 在美国国土上发生的这样一场国际性恐怖主义行为，让很多美国人第一次感受到生命的脆弱。而对于生活在南加利福尼亚州的贫困的居民来说，每天早上起床都有相同的感慨。我们其余的人什么时候才能说这一切无法承受呢？（《洛杉矶时报》，2002）。

这篇文章中的逻辑其实很明确。我们涉入一场对恐怖主义的内战。我们什么时候才能做应该做的事来赢得这场战争？作者的请愿——我们什么时候才会说忍受不了？——让人想起了电影角色兰博对越南的抱怨——他

119

们怎么就不能让我们打赢这场战争呢？通过给违法行为贴上恐怖主义的标签，我们含蓄地认同了这种大规模抛弃公民自由的行为，正如我们当年对待那些被联邦政府指控帮助塔利班组织（Taliban）或基地组织（Al Qaeda）的美国人做的一样。

警察，正义势力的战士，已经变成了改革家们想象中的样子，尽管，这也许不是他们真正想要的样子。警察身份与军队的"敌－我"（us-them）自我价值观绑定在一起，为"我"监视着"敌"。就像贝茨（Betz，1988：14）所说的那样："警察就这样回到了自己的世界——另一种'非友即敌'的观念。他们看着自己的同伴虐待嫌疑人，虽然不认同，但并不告发他们。"文化的原则将军事主义心理与暴力连接起来：警察保护自己人。必须提高警惕，警察之外正处于战争状态。必须为另一位警察提供掩护，绝不能退缩。去警管区执勤必须携带大威力的武器。因此，在军事化警务模式中，很多更具强制性、更暴力、更隐秘的文化主题被极大地扩展了。警察军事主义的支持者获得的成功远远超出了他们的预期。在当今社会，军事主义作为隐喻的根源，赋予了警察大量的含义和行为，这些含义和行为都是关于他们如何履行自己的岗位职责以及他们如何看待自己的组织的。

7.1.3 新型战士[①]

在《战士梦想》（*Warrior Dreams*）中，詹姆斯·吉布森（James Gibson，1994）就探讨过一种影响深重的挫败感，这种感觉源于越战的经历，却一直在美国退伍大兵的记忆中挥之不去（参见克拉斯卡，1994；1993）。越战以后，社会上产生了一种精神萎靡的倾向：美国输了，原因是美国人还不够努力——他们缺乏战斗的政治意志。军队也没有得到国内民众的支持。我们输了，并不是因为人手不够，也不是因为我们的军队没有全力以赴，而是因为后方的意志脆弱。因此，我们输了。

---

① 此想法并非原创，只是古尔德（Gould，1989）的自然选择理论（theory of natural selection）的类比运用（analogous）而已。

战争的经历造就了新战士（The New Warrior）的斗士形象。在媒体的竞相报道中，新时代的斗士们是为正义而战，但却要在两个战场同时作战。在一个战场上，一个小队或一个特工在丛林中与敌方交火，试图修正在越南战争经历中做错的事情。一个典型的例证就是战争结束很久之后释放那些被秘密关押的战俘。在国内的后方战线上，新战士们正在与诈骗犯罪和腐败作斗争，在有些时候斗争的对象还是自己的上级或者领导。吉布森（Gibson）指出，新型斗士其实都是些门外汉，他们依赖自己的某些技巧，他们忠诚，他们总是全副武装，他们是真正的美国人（吉布森，1994：290）。

新型战士在精神和心理上与越南重新对战了成千上万次，每次都获得压倒性胜利（吉布森，1994：11）。在高地营，他就像"兰博"系列电影《第一滴血》第二部中的兰博。他一开始是越南战争中带着绿色贝雷帽的战士，但在第一部电影中，他烧掉了俄勒冈州的一个小镇。第二部中，他为了搜寻可能存在的战犯而回到越南。他的问题一直都没变过：我们这次能赢吗？（吉布森，1994：5）

吉布森（Gibson）提到，兰博并不是一个孤立、不安而又不满的人。相反，他正代表着美国核心的价值观。他是"一个象征，象征着那个全少希望改写 20 年前的美国历史，并夺回之前失去的象征意义上的领土的运动"（吉布森，1994：14）。兰博在东南亚与前越共作战，而在国内与贪腐作斗争。他本可以做一个局外人，但只是因为他是自己族群中的最后一个幸存者——一个真正的美国人。他是纯洁品性的象征，这种品性已经在我们拒绝"全力以赴"赢得胜利的时候丢掉了。我们懦弱而且缺乏精神之勇，而我们正是需要这样的人来"挽救在越南的兄弟"。从某种象征意义上说，他回来了，阴暗且愤怒——只有修正了美国的错误，才会避免再次出现像在越南那样的失败。

121

从越南战争到美国街头的意识形态的转换，是一个看似简单的过程（克拉斯卡和保尔森［Paulsen］，1996）。20 世纪 60 年代的纵容主义和年轻人的反主流文化，都在越南战争中有所体现。毒品成为后方战线道德沦丧的标志，它代表着一种精神懒惰和"美国世纪"（American century）末期道德制高点及其沃土的丧失。因此，斗士文化能够直接适用在美国街头的新型战斗中——对毒品的战争——也不足为奇。即便在打击毒品的新的战争中，也使用了在越南战争中相同的语言：

> 《雇佣兵》杂志中的一篇文章提出异议：毒品战争遭遇的缺陷与越南战争一模一样。……在这场战争中，警察就是街头的士兵，没有人给他们获得胜利的机会。作为自己限制自己的结果，"战败"再次降临……（吉布森，1994：290）。

新型战士们全心投入于战事。斗士文化把旗帜传递给了准军事化的美国警察，他们致力于消除亚洲国家和南美国家的影响，阻止他们用毒品摧毁我们的国家。法律本身是用于阻止新战士赢得战争的镇压性工具：

> 勇敢的战士和警察们竭尽全力地惩治罪犯和独裁者，然而他们发现自己所在组织的领导让他们去前线殊死战斗，同时又用法律来阻挠他们，这时他们被激怒了。对"体制"的义愤将他们包围，他们要么无视法律，违抗上级命令，要么屈服退出。就在那一刻，他们成了准军事化的战士。不止兰博一个人提出这样的疑问："这次我们能够取得胜利吗？"即使敌人威胁要摧毁美国及其秉持的价值观，这些准军事化的战士们也必须转换到体制外去战斗（吉布森，1994：35）。

7.2 克拉斯卡：军事主义的铁拳

彼得·克拉斯卡（Peter Kraska）在一系列文章中，描绘了新型战士的斗士意识形态如何在美国市政警察机构中找到了稳定的立足点（克拉斯卡［1994；1993］以及保尔森［1996］和卡普勒［1997］）。这种意识形态被形象地比喻为"戴上天鹅绒手套里的钢铁拳头"（iron fist inside the velvet glove）（克拉斯卡和卡普勒，1997），这是当今美国警察机构的一个不显眼但意义深远的变化。

尽管有许多关于社区警务的天鹅绒手套式的警察管理隐喻，具有强大影响力的军事思维方式在美国警察组织中的地位日益稳固。这种思维方式的结构入口是准军事化警察单元（police paramilitary units，简称"PPUs"）。准军事化警察单元（PPUs）原本是由反恐部门、反暴部门和特殊武器战术（special weapons and tactics，简称"SWAT"）部门组合而成的。在当今时代，他们的影响力得到显著提升。他们越来越多地被规模大小不一的警务部门所采用，并且开始承担常规的警务职能，比如侦查和搜索毒品行动。他们通常执行快速打击任务，有时也会到犯罪高发区巡逻（克拉斯卡和保尔森，1996）。尽管他们的具体人数尚不得知，克拉斯卡和卡普勒（1997）表示，所有城市警察部门的服役人员超过五万人，其中89.4%的警察构成了不同形式的准军事化警察单元。

准军事化警察单元也正逐渐改变城市警务中所用战术的特征。为了把自己塑造成准军事化的精英部队，他们引入战士的训练方法、语言以及武器装备（克拉斯卡，1996）。他们在警察活动中引入了极具军事特色的语言，这种语言掩盖了美国警务的市政治理基础。他们的语言就是新型战士的真实对话：

> 在一本非常流行的警察杂志《弗雷斯诺警察局》（*Fresno P.D.*）（美国加利福尼亚州中部城市）中，声称美国城镇的街头已经变成了"战区"（war zone），相应地，他们要部署穿军装并配备军用武器的特殊武器战术小组（SWAT）并全时待命，以此"压制"犯罪问题和毒品问题（克拉斯卡，1996：417）。

这是对警察工作的一种军事化视角的解读。它从整体来看待美国警务面临的问题，而且将犯罪问题视为是"内部敌人"（enemy within）。它的任务具有战术特征：搜查并摧毁敌人。它由政府的最高层推进。司法部长（总检察长）珍妮特·雷诺（Janet Reno）在对军队和执法部门工作人员的一次集会演讲中，曾经公开说道："欢迎你们参与到我们的警察队伍中来，在这里，我们每天都在战斗。现在我要求你们将冷战时期为国家提供巨大帮助的技能应用到城市和城镇街头的日常战斗中。"（美国联邦司法部，1995：35，参见克拉斯卡，1996：419）

克拉斯卡和保尔森（1996）提供了一个案例，其主要内容是使准军事化的警察队伍成为常规警务工作一部分。在 20 世纪 70 年代早期，在一个无名的城市，发现了第一个准军事化警察单元，这一组织在 1976 年解散。1982 年，这一组织重组并成为"常态化"，自此，逐渐成为主动警务行动的中流砥柱。在 20 世纪 80 年代初期，准军事化警察单元重组的前几年，它主要负责执行特警队的任务，比如入室抓捕嫌疑犯等。而到了 20 世纪 80 年代末期，其职能发生了巨大的变化。在准军事化警察单元成立早期，它仅仅用于两种任务的执行，一个是执行对重罪嫌疑人的逮捕，另一个是安保任务，而在十年之内，它已经成为主动警务工作的常规力量。

1986 年到 1989 年间，准军事化警察单元（PPU）执行缉毒突袭任务 43 次，抓捕行动 6 次，镇压骚乱 2 次，安保任务 1 次。这一活动频率一直保持到了 20 世纪 90 年代初，而到了 20 世纪 90 年代中期，活动频率再次提升；在 1994 年和 1995 年两年间，主动警务行动的数量增加了 110%，共计执行缉毒突袭任务 39 次，镇压骚乱 9 起，搜查任务 1 次，一级抓博突袭任务 1 次。另外，主动警务任务的数量占所有出警任务的 93%。因此，它几乎完全成了常规警务力量。而其所在的警察部门对自己的定位是社区导向型警务。

准军事化警察单元在城市中迅速扩散，而且正逐渐地扩展到美国的乡村地区。克拉斯卡（Kraska）估计，拥有此类警察单元的警察部门占到总数的五分之一。他们都带着新战士的思维方式。新战士理念对这一警务单元的影响力不容小觑。这一理念鼓励使用武器，而且准军事化警察单元在警察组织中占据着重要地位。它具有有军事观念，在这一观念中，罪犯即为敌人，任务即是侦查和摧毁。准军事化警察单元的警员专门应对被克拉斯卡所称谓的"高危任务"（hyper‑danger），比一般警察工作危险很多。他们面对的往往是带有武器的人，经常身处受重伤的危险中。这种"高危"情景催生了一种叫"战场生死兄弟"（brotherhood of war）的关系，这一层面的相互支持和同志之情在普通的巡逻任务中不会出现。克拉斯卡和保尔森（1996）引述一位准军事化警察单元老兵的话说：

> 在我看来，这是一个非常团结的队伍，比部门的任何其他地方

123

都要团结，因为你们互相依靠。你可以说，在国内你可以依靠呼叫过来的后援警员，确实可以。但是，当你到了国外，如果你身后的人没有帮你放哨，那你就很有可能被击中。所以我们相互之间的依赖将我们紧紧地捆绑在一起。

高危的概念有其文化基础，准军事化警察单元的历史揭示了这一事实：在1982年至1995年，执行任务208次，共计开枪18次，其中的12次开枪射击发生在类似的任务中。

据说意识形态和思想概念在其知识周期内可以反转自身含义，马克思·韦伯（Max Weber）曾对这一惊人的反转能力进行过评论。社区警务如今正在经历着这样一种含义的转变。它一开始只不过是一只天鹅绒手套，一种社区关系。20世纪60年代后期，警察发现好斗的警务战术会伤害并疏远市民，他们还发现当自己使市民感到惧怕的时候，他们就失去了收集基础情报（目击证人和受害者的证词）的能力，而那正是成功检控犯罪分子所需要的东西。随着1982年"破窗理论"（威尔逊和坎宁）的发表，社区警务作为一种主动的秩序维护警务模式回到人们的视野。1986年，斯科尔尼克和贝利对已经实行社区警务模式的六个创新警务部门进行了研究。他们以"找到一块石头然后把它踢开"为题，公开论述了在丹佛市科尔法克斯大街（Denver's Colfax Avenue）实施的警务哲学理念。他们认为，他们在丹佛见证的这六项警务哲学理念的实践模式是美国警务的未来。

124

在20世纪90年代中期，天鹅绒手套已经被赋予了新的形象，它包含一个强有力的准军事化组成部分，而且在这一概念中，部署警力执行毒品清扫任务的能力以及关闭吸毒点的能力，是评估社区警务能力的标准。这是一只铁拳。兰博回家了，也带回了在越南战争中使用的战术。在一份揭示现实的评论中，一位克拉斯卡访问过的警长这样描述准军事化警务单元与社区警务之间的关系："……只有那些受过高强度训练的部队能够处理这些毒品问题，他们配有合适的装备，当进入一个社区以后，他们清扫这个社区，然后管控到社区警察以及解决问题的警察能够接收为止，接下来让社区警察去转变这个社区"（克拉斯卡和保尔森，

1996：22）。这就是我们在越南战争期间所做的事。我们称之为"绥靖"措施（pacification），但实际上相当恐怖。

　　我一直在教授一门名为《美国警察》（*Police in America*）的课程，在最近的课程教学中，我意识到了新百夫长理念在警务工作中的作用。我尝试描述目前美国警察的复杂职能，给学生们提供一个探究民主社会的警察问题的视角。课后，班上的一位学生找到我，说他正在接受反恐训练。他淡淡地补充道："我们没必要应对坏蛋们实施的所有罪行，我们只需要干掉他们。"

125

阻止力

主题：枪支

> 你怎么不开枪打死这个混蛋？我要是你，我肯定会把那个"狗娘养的"（the son of a bitch）打成筛子（沙尔夫［Scharf］和宾德［Binder］，1983：40）。

上面引用的这段话暗含着强烈的情感体验，这在警察文化中是很常见的一种情绪表达。它会在各种各样的情景中上演，当有人意外发现自己的另一半有外遇时，它是一句表示支持的话；当有人与一个随时可能使用致命武力的严重暴力犯罪分子发生冲突时，它是让他冷静下来的悄悄话；当同事卷入与醉汉的推搡中差点控制不住自己时，它是对同事的力挺。上边的引用中暗含着一种含蓄的倾向：枪支可以解决纠纷，那些被贴上"混蛋"和"狗娘养的"（the son of a bitch）标签的人活该遭枪击。在上边的引用中，人们对警察如此对待致命武器的行为不加批评地接受，尽管只是在语言上接受，而且听者和说者都十分清楚，真的杀人会给个人和自己的工作招来更大的麻烦。当警察们接收到人们话语中的鼓励时，那么他们对枪支的看法会被社会同化。受到必要需求、过度反应、过分热情和错误的影响，大众会承认致命武力的正义性和必然性，而警察又会学习文化中的情感和语言。确实，如果因为自己没有用枪而导致警员同事陷入危险，那么他会受到社会的谴责和孤立。这就是那些习惯了使用枪支的警察的思维方式。

警察自己以及其观察者都能认识到枪支是警察文化中的重要元素，而自己是文化中的参与者。出人意料的是，警察的研究者几乎都忽略了这一常识（对这一问题的讨论并非完全空白，其中一个例外参见克拉斯卡，1996），枪支是警察训练中必不可少的一部分。无论警察与市民的接触过程中有没有明显的危险情况，他们都会时刻谨记自己有枪。警察接近平民的时候肯定会让平民远离自己的武器，有时还会拍打或搜查其身体，搜查夹带的武器。在一个充满未知和偶然的世界中，枪支代表现实中的最终结果。枪支对警察行为的影响以及对警察职业文化的重要性不容小觑。

本章从文化的角度来讨论警察的枪支使用问题。我仅略谈枪支对警察关于自身职业认知所具有的强大影响。我认为枪支不仅仅是一个象征，它本身就拥有一种强大的力量，这是巨大强制力的实际载体。尽管受到训练机制和法律规定的限制，枪支仍然是政府干涉公民生活的最高权威。

在警察文化中，枪支的使用使警察职业化身为一个英雄的角色，它为警民接触划出了底线，并且赋予警察不容置疑的正义属性。不管是实战训练还是葬礼鸣枪，枪支都代表着警察工作的危险性。枪支是未知危险的最终裁决工具。尽管每个警察的能力都依赖他们的力量和心智，一旦有了枪，限制他们解决问题能力的就不是这两者了。有了枪，警察就不仅仅是一般的好人了，而是拥有阻止力量的好人。这两者的区别在于后者拥有解决任何纠纷的力量，不管处在多么暴力的情况。"道德公仆"（moral servants）是对警察的一种称呼，但是这个称谓没有抓住其职业灵魂——枪支使其英雄主义化。警察并没有把自己当作人民公仆，而是道德监管人。

思考下面一则对丹佛（Denver）警务实践的描述：

> 执行护航任务（ESCORT，意指在住宅区街道上消除街头犯罪）[①] 突出了警察职业的一种品质，这种品质不为外界人士所了解，但是对从业者的心理有十分深厚的影响。在美国，出警有如上前

---

① ESCORT 是指在住宅区街道清除街头犯罪（Eliminate Street Crime on Residential Thoroughfares）的缩写。这是一支由 21 名警察组成的小队，他们负责科罗拉多州丹佛市的国会山地区（Capitol Hill district）的警务。

线。在全国各地数不清的衣帽间里，高大的男警察和越来越多的女警察为了出警，需每天仔细地检查制配武器、穿戴防弹衣、准备出警。这样的情景，每天都要重复三次。从穿防弹衣开始……接着扎起一条又宽又重的黑色皮带，围着皮带挂满工作必需的工具：枪支、梅斯喷雾器、手铐和子弹，装备好这些器材之后，他们用与西方电影里的枪战高手一样的动作把皮带绕着臀部转一转，往下滑一点，然后在前面扣好。很多警察都另外在裤袋或脚踝上一点的腿部手枪皮套里再塞一把小口径手枪。最后，站在全身镜前检查自己，把警棍插进皮带边的一个金属环扣里（斯科尔尼克和贝利，1986：141 – 142）。

在这位作者的书里，将警察视作战士的这种不协调的认识依然存在：

> 我们把杀伤力巨大的枪支交给这些面孔稚嫩的年轻人，让他们去管理那些拥有他们无法理解的阅历的人。我们赋予他们杀人的能力，希望他们能维持秩序，让我们生活在安全的环境中。这是我们对他们无比巨大的信任，也是他们身上无比沉重的责任（斯科尔尼克和贝利，1986：142）。

128

这并不是一幅美国年轻人穿上制服为大众所奴役的画面。他们是即将参加战斗的战士，温鲍（Wambaugh）将他们称为"新百夫长"（New Centurions）。他们的装备和行为决定着美国警务的未来。

8.1 枪支与警务文化

要理解警察与枪支之间的关系，就必须考虑其背景文化。大部分警察在参加职前警员标准培训前已经有过使用枪支的经历了。大多数警员在之前的生活圈子都很珍视枪支。通常情况下，枪在他们的家庭中是一件很普通的物件，并且大多数人在小时候都有狩猎或打靶的经历。很多新招募的警员都有过军队经历，也接受过使用多种武器的训练。他们往往喜欢射击，很多人还是全国步枪协会的注册会员。枪对他们来说不仅是娱乐方式，还是一种信仰。

对于很多人来说，使用枪支和成为一名警察是他们小时候共同的心愿。以下的引用说明，对于生长在警察家庭里的孩子们来说，枪支是如何被视为警察职业的组织隐喻的。

> 这一程序我已经看了无数次。父亲是布朗克斯区的警探，每当他晚上下班回到家站在壁橱前，我头脑中浮现的是一个狂野的西部枪手的画面。我仍然能够听到父亲拆下腰带，包裹起腰带和手枪皮套，然后把它们放到壁橱最上层柜子里面的声音。

> 我盼望着父母外出购物。那天我终于鼓起勇气去拿那支枪。拿到之后，我感到一阵阵的力量和恐惧涌上心头。我并不是害怕那支枪而是怕被父亲抓住。我拿着枪站在客厅的镜子面前看着自己，把玩了一两分钟。手中握着短管的点三八警用左轮手枪，我感觉很酷。

作者，也就是上面故事中的小男孩，用这个故事向观众展示了他家庭的历史——有三代人都在纽约市警察局工作。尽管他本人不是警察，但是他们家族的过去和现在都带上了纽约警察局的身份烙印。

枪支是美国独立的一个核心体现。这可以来一句谚语来概括——"上帝创造了人类，但是山姆·柯尔特（Sam Colt）让他们平等"（山姆·柯尔特发明了转轮手枪）。枪支既不是社会责任感缺失的体现，也不是造成犯罪的起因；相反，当罪犯们使用枪时，他们应该承担的责任恰好体现在其行为中。在很多方面，枪支会把个人责任推到十分突出的位置上。个人如果不能负责任地持有枪支——使用枪支犯罪或者威胁警察——他（她）应该受到最严厉的惩罚。这样，人们在参加招募之前就有了对枪支的主动认知。的确，对某些人来说，枪支的外形和味道能够带来奇妙的兴奋感。

129

8.2 枪支与职业身份认同

鲁宾施泰因（Rubinstein, 1973：290）是少数几个意识到枪支在警察职业身份中的重要性的学者之一。他认为，枪支作为武器，在武器库中占据着中心位置。枪支成了警察的第二本能，是他们求生心理的一部分。警察要学习把枪支当作"自己身体延伸出来的一部分"。使用武器的技能影响着他在其他警察当中的威信，这一点在警察标准培训中体现得尤为明显。这些新招录的警察很快就意识到除开指挥系统，威信的高度是由用枪技能的掌握程度决定的。武器操作能力不足，是导致学员无法通过警察标准培训的首要原因。

鲁宾施泰因做研究的时代——距今不到 30 年——警察的主要的武器是左轮手枪。当今社会，左轮手枪（现在已为过时的术语）已经被 9 毫米口径的半自动手枪代替。警察局军火库里的武器被分为不同的类别。像警棍和泰瑟枪这样的武器会对其所针对的对象，比如一个罪犯，造成疼痛感，从而使他们失去抵抗力。这些武器不会因为其"制止力"或杀伤力受到评判，但是枪支会受到评判。举几个例子，今天我们拥有 9 毫米口径的格洛克手枪、赫克勒·科赫 MP5 系列冲锋枪、10 毫米口径的格洛克、雷明顿 1187 战术猎枪等（克拉斯卡，1996）。挑选这些武器并不是因为它们能保护警察，让其免受意外的伤害，而是因为它们具有良好的近距离作战能力。警察们需要效率，而有限的武器无法给他们带来效率。在今天追求超强火力的世界中，左轮手枪只能引来一声冷笑。最低级的火力武器就是猎枪和 9 毫米口径的手枪了。

鲁宾施泰因认为，枪支与其他武器存在质的不同。枪支最主要的作用就是可以射杀严重犯罪分了。警察接受训练可以做到连发两枪打在罪犯的胸口中央，以此来"阻止"罪犯，这种事连巡逻警察都可以做到。打在胸口中央的两发 9 毫米口径子弹十有八九会杀死罪犯，这一点巡逻警察应该也清楚。警察接受的传统训练不是用子弹"擦伤"罪犯，那是胡编乱造。只造成擦伤的射击都是失败的射击。衡量枪支的标准是其制止力，而衡量警察的标准是其精准度。弹孔越大，越位居人的中心或者进入体内撕裂效果越强，那么其制止力就越强。①   130

---

① 在鲁宾施泰因（Rubinstein）时期，武器弹药的阻止力是一个很大的顾虑。思考下面一段引自他书中的话：每个大部门都有一个专门的枪手小队和反狙击小队，这些团队里的成员接受了使用所有类型弹药的训练。他们可以携带马格南左轮手枪、强力型点三八手枪，并且可以使用半自动枪械和全自动枪械。他们中有些人的车里还会放猎枪，枪里装有附膛线的重头弹（rifled slugs），他们管这种子弹叫"南瓜蛋"，这种弹药组合在近距离射击中可以轰开一扇厚重的门。有的部门还允许其成员使用高速空尖弹。还有一些联邦警察部门把这种子弹定为标准弹药。国际条约禁止使用这种子弹，因为这种被称为"达姆弹"（dumdum，一种击中目标就马上扩散的杀伤力很强的子弹头）的子弹，在国际战争中威力太过恐怖（鲁宾施泰因，1973：288）。

按照戈夫曼（Goffman，1963）的"身份套件"（identity kit）理论，沙尔夫（Scharf）和宾德（Binder）（1983）把枪支描述为警察的职业身份象征。戈夫曼认为，每个人都把自己置于象征自身职业的图腾中。比如，建筑工地的工头都会在腰间佩戴 25 英寸的斯坦利卷尺。如果佩戴的是其他种类或者更短一些的，这就暗示他们是新手，承包商马上就可以看到这一弱点。这样的"身份标识设备"（identity equipment）显示着个人身份与自我价值，告诉别人他们的兴趣爱好，同时显示自己的地位。除此之外，身份标识物品与他人对这一地位的敬意相关。例如，25英寸的斯坦利卷尺就会向承包队暗示他们的工作将接受仔细的检查。

警察的身份套件包括警察制服、配套的武器、手铐和其他相关的装备。挂着外勤武器的宽腰带和手枪皮套就是一个显著特征，这些装备能带给外行人恐惧感，也能获得来自同行的尊重。从文化的角度上来看，身份套件代表着强硬。沙尔夫和宾德（1983：32）采访过一个警察，对方在评价自己的武器时说道，"要是有混蛋找我的麻烦，我就用这个（枪）把他的屁股打开花"。

针对警察的政策宣讲会，都会突出地强调枪支的重要性。在警察会议中，最多的展示品就是枪支或与其相关的物品，如手枪皮套、靶纸、瞄准镜、子弹等。像《警长》（*Police Chief*）、《警用产品新闻》（*Police Product News*）和《法律与秩序》（*Law and Order*）这样的杂志，都用很长的篇幅介绍武器的种类、隐藏方式、使用方法以及枪战中的生存策略（沙尔夫和宾德，1983：33）。

枪支与警察的传奇故事密不可分。无论是与枪手对战的老西部警察，还是禁酒时期的联邦调查局人员，都是惩戒坏人的正义警察形象（斯科尔尼克和法伊夫，1993）。事实上 19 世纪的美国根本就没有传说和故事中讲的那么血腥，而且警察与亡命徒的武装冲突也极少。然而，传说的力量并不在于它的历史精确度，而是它能产生坚不可摧的价值观。枪支能够让人联想到一个英雄化的警察形象，他独自一人在假想的街道上保护市民，阻止坏人。在象征层面上，枪支将街头警察转变为城市里的精英战士。

当代媒体为警察塑造的形象仍然与神话中的英雄形象相同。电视媒体常常将警察塑造为那种为了消灭罪大恶极的罪犯。单枪匹马（其搭档或者配偶被杀死）与软弱或腐败的刑事司法体制作斗争的孤胆英雄形象。许多电视节目也是在强化这种神话，将警察作为个人主义的最后堡垒，他们的武装只有勇气、正义以及必不可少的枪支。

警察每天都看到自己职业的媒体形象（沙尔夫和宾德，1983：28），这些形象会对他们造成影响。经常能够看到警察在执行任务的间隙在警察局驻足观看关于"条子"的最新消息。大众媒体把武器和暴力注入对警察的职业偏见中。一系列的历史传说、大众媒体、过度简化的犯罪控制概念以及对不可预测的危险的密切关注，共同塑造了枪支在警察工作中的角色，而这一角色滋养了警察文化：

> ……警察对于枪的关注绝不是随机的文化异常现象，他反映出了其职业的核心现实：对行为上公然藐视警察的正当命令要求的人，或拥有致命武器的人，警察有权使用强制力（有时甚至是有义务使用这种强制力）（沙尔夫和宾德，1983：38）。

8.3 枪支与权威

枪支是一个强大的图腾，它代表警察强制力的权威。枪支不仅仅是警察身体力量的延伸，还是警察文化空间中拥有自身象征意义的一个独立个体。它是警察属性的纯粹体现，表现了强制力与武力之间、威慑力与终结力之间的戏剧化关系。在正义与邪恶作斗争的过程中，枪支对正义和邪恶的帮助是相等的。警察和罪犯同时都拥有枪支，警察有多正义，罪犯就能有多卑劣。谢维尼（Chevigny，1995）在其著作的开篇就引用了戴维·贝利（David Bayley）的一句话："警察之于政府就如同刀刃之于刀一样重要，而枪支使其'刀刃'更加锋利"。

枪支在警察面对危险和武装时，起着决定性的作用。杀人经历将永远铭刻在警察的个性中——这是一种非强制性的仪式，给警察的个性中留下污点。此看法与克莱因（Klein，1968）的观点大体相同。

报纸上偶尔会发一篇类似"警察枪击青少年疑犯"（POLICE-

131

MAN SHOOTS TEENAGE SUSPECT）的头条新闻，文章往往把警察描绘成依仗自己的"杀人执照"（license to kill）动不动就开枪的肆虐狂魔……我做了 16 年的警务监察员，我手下有很多警员被卷入了枪击事件中。一旦发生枪击，我和负责发生枪击事件警区的警监或更高级的官员就要履行职责，调查每次枪击事件。调查结束之后，警察可以恢复职位继续工作，他们的效率会受到影响，但是各自的变化不同。他们每个人都按照自己的个性作出反应，但即便在不是第一次对人开枪的警察身上，也可以看到变化，虽然有时候是非常微妙的变化（克莱因，1968：230 - 231）。

下面还提供了这样的一个故事：在某抢劫未遂的案子中，警探杀死了一个罪犯。抢劫犯与警察同时向对方开枪，不过由于装错了子弹，抢劫犯没有射击成功。

> 美国地方检察官向大陪审团陈述了案件事实，陪审团裁定此警探的行为没有过错。美国警察局的调查（如同其他警察射击案件一样，都经过了十分精细的调查）也显示警探毫无过失。不仅如此，他还应为出色的表现受到表扬……但是他已经发生了明显的改变。这个人以前非常安静，现在情绪很容易波动，在社交场合中喝酒也多了，而且常常装得非常开心，而不是射击事件以前他标志性的小幽默。在疲惫的时候，他就会变得易怒。

> 发生在这个警探身上的变化并不是特例。全国上下，几百个警察，或在世或留名警局纪念牌，内心都备受煎熬。这也拆穿了那些社会改革家、"民权主义者"、悲天悯人的人对"以杀人为乐"的警察的谴责，他们的言论纯属谎言（克莱因，1968：233）。

为什么研究人员忽略了枪支呢？对于某些人，他们可能正过于"坚韧不拔"地与残酷而又无望的现实作斗争。使用枪支的后果严重、激烈而且具有终结性。社会学家对警察的典型评价是缺少情绪调节能力。枪支不适合情绪化的人。另外，警察几乎不与行业之外的人谈论他们的武器，枪支是一个私人话题。对于警察来说，谈论他们的枪支就像是在谈论他们的家人一样。枪支在他们的核心工作中太重要，太关键，因此不宜谈论。

枪支向人们展示了警察工作中最惊险的一面。警察只会在最紧急的关头才采取射击行为,枪支具有威慑的作用。不过,请注意,大多数警察在其职业生涯中可能连一次暴力冲突的经历都没有。细心保养的枪、谨慎的训练、严厉的警告以及粗心警察孤独死去的故事,这些都确保在任何与公众的接触中,枪支能使警察控制住局面。枪支是对抗致命武力和暴力犯罪的保护盾,是终极优势手段。

女性警察也拥有控制枪支的能力,她们在面对有潜在危险的歹徒时,很快便能学会如何利用枪支来让自己与对方抗衡。马丁(Martin,1980:176－177)观察到这样一种情况,即很多犯罪嫌疑人很害怕持枪的女警察,认为她们会"乱开枪"。马丁的一位访谈者指出,"女警察其实比她们的男性同事们更有优势,因为她们在面对男性嫌疑人时可以直接跳过拳头而使用更强的强制力。她可以'更加自由'地使用专业工具,这也让她在这种情况下占据了清晰的心理优势"。就像其中一个采访者对嫌疑人说的那样,"我知道我打不过你,但是只要你打我,我就会朝你开枪……我生气的时候也可能朝你开枪"。

8.3.1 警察在执行公务时很少开枪

尽管枪支有利于提高警察的情绪和兴奋度,但在真正的工作中,它们并不常使用武器。盖勒(Geller)和斯科特(Scott)声称,人们总是想当然地认为警察动不动就挥舞自己的手枪,而实际上,这个要视当时情况而定:

> 举个简单的例子,据统计,以佛罗里达州(该州警民暴力冲突率很高)杰克逊维尔(Jack－sonville)的普通警察为例,按照概率,在他们的工作生涯中,下一次射击或枪杀平民的情况139年之后才会出现(谢尔曼 [Sherman] 和科恩 [Kohn],1986);下一次将平民射伤的情况42年之后才会出现(布隆伯格 [Blumberg],1989);下一次用枪指着平民的情况大概10年之后才会出现。无独有偶,对纽约市警察的观察性研究也显示了同样的现象,在1762

133

起警民冲突中，只出现了5起警察向平民开枪的案例。可见，枪支的使用并不频繁（Geller & Scott，1991：449）。

但是，很少使用枪支的事实掩盖了警察在警民冲突中使用枪时的紧张情绪。枪战是一件可怕的事情，几乎没有警察希望遇到这样的情况。所有关于枪支使用的培训都不提倡利用枪支来虚张声势。警察接受的培训要求他们用枪化解自己的恐惧而非英勇逞强。例如，当双手颤抖时，最有效的瞄准方法便是用双手去握枪（亚当斯［Adams］，1980）。威廉·德尔纳（William Doerner）曾经是一名学者，而如今他已成为一名警察。他研究过警察在一场即将使用致命武力且凶多吉少的冲突之前，所面对的恐惧心理。

> 当时转过房子的拐角处，正准备走上车库前的车道，犯罪嫌疑人刚好从房子的另一边转过来，他距离我大概30英尺，目瞪口呆地看着我。我拔出左轮手枪，命令对方举起手来。我感觉胃中翻滚如蝶舞，心跳如撞钟，我突然意识到自己并无他人掩护，那时我自己有如全裸一般站在那儿。那个男人开始跟我交谈，并且慢慢走向我，右手别在背后，我无法看清。我再三要求他举起手来，他依然向我走来，视我若无物。就像时间错位和电影中的慢动作一般，他开始缓缓地转身，右手慢慢往前伸。那时，我开始胃部发酸，双手发抖。我感觉他死定了。突然，他身后有什么东西掉到了地上，发出了沉闷的声响，他迅速将双手举过头顶。我这才松开扳机，转动转轮。他与死亡之间的距离只有我指尖半磅的拉力（德尔纳，1985：397）。

8.3.2 枪支使用是警察培训的中心内容

警察标准培训安排了大量的武器使用和养护课程。警察需要学习和了解服役枪支的类型，如何清理、击发、佩戴以及保养。对靶场安全官（负责射击射程的警察）而言，常见的培训方法便是向一个班级展示他/她如何在自己身上精心藏匿五六支枪。培训中讨论时间较长的是弹药的种类、威力、适用武器；枪支的种类、价格、购买渠道；各式各样的相关配件——腰带、弹夹、手柄、手套还有其他武器。每个参观过该培训课程的人都会发现，整个课堂教学非常有兴趣，也能让学员注意力高度集中，还会围绕枪支使用等问题进行讨论。在关于提高射击准确度的射击课上，几个小时不知不觉就过去了。很多警察标准培训机构都会使用模拟武器训练设备。

研究警察枪械训练的人员及其成果屈指可数，鲁宾施泰因是其中之一。他观察到，培训一开始就强调了左轮手枪的重要性。尽管左轮手枪在当代已经相当落伍，但鲁宾施泰因在其著作中所传达出来的信息却依然值得当代借鉴。武器培训的教官如是警告学员："刚才发给你们的左轮手枪从现在起就是你们的了，直到你们自己死去或者你们手中的枪毁灭的那一天。毕竟，你们知道，天有不测风云，人有旦夕祸福，有些事不好说得太死"（鲁宾施泰因，1937：286）。新入警的警员们接着会接受为期一周的武器培训，教官会在旁边观察监督，并一再强调"要记住枪支的致命特性以及大多数警员开枪的情境"。在培训过程中还会使用实弹，在他参观过的训练课程里，学员们学习的是"点射"（point shooting）技术，这是保命的射击技术。点射的描述如下：

> 点射过程中没有瞄准，只要将枪口对准目标的方向然后开枪即可。你开枪的目的是射中。教官教导警员们说，在拔枪时，身体需微微前倾，另一只手交叉放于胸前，以便使自身的目标更小，并且这种姿势可以更好地发挥前臂的偏向器作用，以使来自该方向的子弹发生偏离，从而保护自己。教官发现，当警员们拔枪时，总是感到恐惧。每当警员颤抖时，教官总是教导其放轻松。教官会向他们展示双手持枪的技术，这样可以用另一只手更好地固定手枪，从而使射击更精准（鲁宾施泰因，1937：290）。

武器培训的目的往往是向学员们展示警察工作环境中的极度不可预知性。他们由此认识到，任何人都不值得信任，而且若不能考虑到可能出现的所有风险情形，便可能丧命。亚当斯（Adams）在他的训练手册"街头生存"（Street Survival）中，总结了教授警察如何认识枪支： 135

> 只有到必须拔枪开火思考保命策略的时候才能开火，那种感觉

就像咳血咳到想念年度体检。从你接到任务的那一刻起，你就必须提高警惕，在自己的潜意识里牢牢地记住生存观念……（亚当斯，1980：45）。

拉贡内塞（Ragonese）讲述了关于他在纽约参加警察培训的经历。下面这个案例告诉我们，在警察训练中要教会警察如何使用枪支，让他们了解警民冲突中的各种不可预知性：

这个培训是为了训练我们思考可能遇到的每一种情形。一位教官要求我和我的搭档查理·约翰逊（Charlie Johnson）处理这样一个情况，"警区接到一个关于家庭纠纷的报警电话，他们赶往那栋公寓，听到里面有妇人在叫喊'他要杀了我'，你们快去处理"。

我和我的搭档穿上防弹衣，跳上警车迅速发动，并对着对讲机应答道，"A1 正前往处理。"我们在那栋建筑前停了下来，并立刻下了车。我拿取了一支猎枪，查理拿了一卷绳子，一把大锤还有一个歪把铁棍。两位教官假装警管区的社区警察，站在走道上。他们告诉我们，案件为 2H 号公寓内的家庭纠纷，现在可能已经恶化升级为人质挟持。我们的任务是，在人质谈判专家小组到来之前封锁大楼，保障该区域安全。

"我们上了楼，按照指示，蹲伏着靠近 2H 号公寓。走到距离门口大约十五英尺时，我们听到一位妇人大喊：'别向我开枪！'，随即，一位男子大喊道，'我要杀了你，你这个贱人！'"

"我单膝跪地（就像教官教导的那样，为了缩小身体目标），透过门廊，将手枪对准公寓内的男子。查理在我右后方以同样的姿势跪下，也将其左轮手枪对准了公寓门口。突然，公寓门朝里打开，一个女人飞似的朝我扑过来，我示意她到我后面去，眼睛死死地盯着那扇打开的门。马上，我便意识到后脑勺被枪口顶着——接着就是枪锤落在撞针上的'咔嗒'声。"

"你已经是一个死人了，拉贡内塞"，训导员说道。……（拉贡内塞，1991：162－163）。

拉贡内塞受训于三十多年前的 20 世纪 70 年代，从那以后，训练技术的难度迅速提升。然而，在危险和未知性识别技巧训练中，枪支仍然占据中心地位。在所有的警察标准培训中，危险总是以最致命的方式呈现，当然，它们每天都出现。例如，意想不到的事件、外表人畜无害的嫌疑人，难以预料却突然爆发的枪战。

136

让我们来看一下下面这种训练方式。一种叫作枪械训练模拟器的互动视频，在新招警员和教员中很受欢迎。它提供了一系列可供警员训练其使用致命性武器的互动视频。训练的教官启动并控制屏幕上显示的事件的发展情节，模拟的是 25 英尺以外的罪犯。每个模拟冲突场景中，都有一位潜在的罪犯，可能为致命场景也可能为非致命场景。学员们通常手持一支内部装有激光设备的史密斯及威森（Smith and Wesson）手枪，站于离互动式装置 15 英尺处，训练要求学员把模拟场景视作真实场景，作出反应。在其他的训练中，学员们可能会配备与真枪类似的改良版的散弹枪。互动式屏幕能够记录各种枪支的射击数据。

在第一个场景中，一位男警员下了巡逻车，慢慢靠近正在给墙壁喷漆的嫌疑人；在另一场景中，他靠近两位正在公园长椅上睡觉的流浪汉；在第三个场景中，他检查一幢建筑，发现了埋伏于屋顶的狙击手。在每次场景中，警员都必须靠近嫌疑人并且在必要时解除其武器。在第四个场景中，他支援自己的搭档行动，而他的搭档正在靠近一位在旅行车中朝丈夫尖叫的女士。任何一个嫌疑人或其他人都有可能毫无征兆地转过身来开枪。

受训警员在努力掌控局面的过程中总是会遇到各种各样的陷阱。有时他们不应该开火，有时他们又必须开火，以保证自身生命安全。警员若未能有效地对嫌疑人的杀伤性武器予以反击，而只是将其打伤，嫌疑人很有可能会突然再次开枪。更重要的是，警员们接受的培训要求，即使被对方打中，也要继续朝对方开枪。通过这样一些互动式的训练环节，警员们掌握了应对致命武力冲突的技巧，也学会了何时以何种方式对意外的致命武器作出反应。作为一项应对将来潜在警民冲突的技巧，枪械训练模拟器项目是一种启发式的教学。警员们不仅要学习何时该开枪，如何对致命武器作出反应，同时，他们还需要学习什么时候不应该开枪，即使表面看来可以开枪的情况也不能随意开枪。

学员还认识到"不要相信任何理所当然的东西，不要相信任何人"。作为一项比拉贡内塞（Ragonese）描述的训练方法更为复杂的系统，互动式训练是根据20世纪音像技术改良而来的。这两种训练方法有一个共同特点，既体现了训练者的意图，即尽可能真实地模拟现实生活中激烈冲突的场景，并加强犯罪嫌疑人的不确定性和不可信程度。

随着时间的推移，枪械训练发生了一些变化。一直以来，都要求警员在面对危险威胁时瞄准危险源的最大目标，要求向身体的中心射击。然而，现在教官越来越多地要求学员不仅要射击躯干还要瞄准头部射击，即所谓的"爆头"（take head shots）。巴克（Barker）这样描述这种变化：

> 这种射击难度更大，因为头部的目标更小，但是这种情况下的阻滞力（子弹对人体杀伤力的一种衡量标准）更大。随着越来越多的犯罪嫌疑人使用防弹衣，而且根据相关常识，服用致幻类毒品（特别是那些服用普斯普剂［PCP］①）的嫌疑人在中数枪后依然可以抵抗一段时间，故而这种射击是必要的（巴克，1999：68）。

这样，枪械训练把警员的安全和生存放到了最高的位置上。这也难怪当警员通过警察标准培训后，会将危险和生存同等看待了。以上每个例子都是典型的训练情境，其最为明显的特征是高度关注不可预知的危险。而且，警察文化的核心理念"非我即敌"在模拟训练中很有成效。在这些例子中，我们开始了解对警察文化至关重要的"非我即敌"概念中的"敌"。对此，我会在本书后面的内容中更为详细地论述——"敌"并不是明确指某一类人，而是不知道其归属组织的群体。对枪支的关注把这种不为人知的群体最关心的问题展现出来，即如何在冲突中保命。当一名学员警察通过警察标准培训以后，他们就进入了另一个世界，在

---

① 普斯普剂（PCP），也称为天使粉，是一种麻醉药和致幻剂，其英文名称为"penta-chlorophenol"即五氯粉，1956年由美国底特律一个化学实验室首次合成。PCP通过影响人的大脑及中枢神经活动对人体产生多种作用，使用者在该药物的作用下产生与环境脱离的幻觉：他们知道身在何处，但并不是没有属于其中的感觉。它被人体吸收时，会产生严重和长期的行为问题，如智力迟钝、知觉错误、偏执狂、精神病、敌对心理和暴力行为等。因此，该药物属于一种反社会性麻醉剂。——译者注

这个世界里，除了另外一名同伴警察外，他不信任其他任何人，这就一点不令人感到惊讶了。

8.4　警察向警察开枪

当人们想到开枪，他们总是会联想到警察向犯罪嫌疑人开枪，或者相反，重罪罪犯向警察开枪。人们很少会想到，警察也会向警察开枪。然而，无论是因为意外还是自杀，由于另一名同事而造成的警察的死亡，与警察和罪犯之间的开火一样频繁。法伊夫（1978）的研究表明，在 1971 年至 1975 年，发生了 9 起因为某一警察的辨认失误而导致另一警察中枪的案件。1988 年，警察中枪总数为 53 枪，其中 5 枪是由同事警察开的，这其中两枪还是致命的。正如莫里斯（Morris）（盖勒［Geller］和卡拉尔斯［Karales］，1981：Ⅳ）所说，"矛盾的是，警察的生命除了受到武装歹徒的威胁外，还会受到来自同行警察的威胁。"[1]

误伤或误杀警察是最令警察部门感到头疼的几件事之一。大城市的警察已经进入了超级执法、卧底、多任务小组联合缉毒模式中。在此种模式下，警察身着便衣工作，互不相识的警察可能会在一起工作，这就导致了身份识别错误。然而，平时专注于个人职责的警察总是把错误归结为开枪者、受害者或是警局领导的人为过失。不论在何种环境下，归责总会落在开枪的人身上；若有警察失误枪击同事，那么这种污点将会一直伴随其剩下的职业生涯，甚至生活。

尽管警察队伍中的自杀现象有被夸大的嫌疑，但是自杀现象的确比较普遍。法伊夫声称，1987 年，12 名纽约警察死于枪击，其中 9 名是自杀的；而在 1986 年，10 名中有 8 名是自杀的。他（1978：476）以不无挖苦的语气说道，"警察被他们自己、朋友、同事杀死的几率与被罪犯杀死的概率一样高"。无独有偶，芝加哥 294 名中弹的警察中，其中自杀的警察占了 100 名（盖勒和卡拉尔斯，1981）（可参阅盖勒和斯科特，1991）。

138

---

[1]　引自盖勒和斯科特的研究报告厅（1991：453）。

最近的研究发现，警察有较高的自杀率（阿里戈［Arrigo］和加尔斯基［Garsky］，1997）。警察是最易自杀的职业群体之一（维奥兰蒂［Violanti］，1995；希尔和克劳森［Clawson］）。阿里戈和加尔斯基引用全国警察互助会正在进行的研究说，自杀是警察非正常死亡的第一原因。

警察趋向于选择用枪自杀，相应的解释是他们与枪械有很亲密的关系，而且了解枪械的高效性。事情没那么简单，毕竟那只是局外人对警察这一行为的解读。贝克（Baker）引用一位警察的话说，用他本人的话来说，对其12年的工作生涯可以用"崩溃"（cracking up）一词来形容：

> 我曾经接受过如何使用枪支的训练。我见过一些警察试图打爆自己的脑袋，但是他们依然活下来了，因为他们只是把枪举到脑袋的一侧开枪。有一种万无一失的方法，那就是将枪管插到嘴里开枪，把它对准脑袋。我还曾经无可救药地陷入过这种疯狂的想法……我经常停下车，走出车外把枪的子弹卸空，把子弹全部扔到远处。只有这样，才能抑制住这种冲动的想法，我才会感觉安全（贝克，1985：357）。

枪支被描绘成好像是一个强大的个体，经验丰富得如同是警察与自己对抗的另一面，它像迦梨女神（Kali‑like）①一样，在仇恨和毁灭中获得高潮。在警察文化中，最具潜在威胁和最能表达其权威性的，便是枪械。有时，枪支实在太过强大，就像毒素般侵蚀着大脑。最后，自杀成了有些人唯一的出路。

139

---

① 迦梨女神（kali），印度教女神，形象可怖，是湿婆神妃帕尔瓦蒂产生的化身，也是印度神话中最为黑暗和暴虐的黑色地母。她皮肤黝黑，青面獠牙，额头和湿婆一样有第三只眼睛，四只手臂分持武器，戴着蛇和骷髅的项链，舌头上滴着血。在复杂的印度神话中，有时又将她的角色延伸为最高存在和生命起源，因此，既具有毁灭性，能毁灭生灵；又具有创造性，能够造福生灵。——译者注

第二编　未知事物的主题

如果有一种宇宙论，既可将所有警察联系起来，又能把警察世界观的所有要素融合在一起，那么它就是一种悖论：未知情况的宇宙论。未知情况以各种形式，不管是暗示危险的报警电话，警察在看不见车辆驾驶员双手时拦停的汽车，青少年外套口袋的凸起物，还是熟悉街区里的陌生车辆，都常常困扰着警察。这种未知事件很可能是无足轻重的小事，有时是一场争吵，也许很危险，有着无法预测的致命危险。这种未知往往处于一种待解决的两难境地。

本编将要讨论的主题是对未知事物的体验，以及对未知事物的适应是如何统一警察文化的。警察对于未知事物的文化适应，实际上就是人类对未知情况恐惧的产物。我有一个同事曾是加州（美国）的公路巡逻警察，他用如下方法向我解释：当遭遇未知情况时，我们对警察的期望与我们对自己的期望截然不同。当人们遇到一些未知的潜在危险或威胁时，人们会逃跑，或者至少能意识到自己应当逃跑。然而，我们却希望警察冲向未知的危险（巡官警察卡尔德诺［Caldero］）。公众的要求是让警察去鉴别、解决人们不熟悉的情况。我们希望他们做我们不愿做的事情。我们希望他们与我们不同。

许多调查者都对警察工作的不可预测性以及对一线警察行为的行政控制所产生的影响做出过评论。威尔逊（1968）是一名警察行为观察爱好者，他做出过如下评论：尽管公众认为警察主要从事执法工作，但警察的日常工作主要是维持秩序。但这些工作在法律上很模糊：维持秩序就意味着混乱状态是存在的。这和执法活动很不相同，执法活动是一种对违反刑法行为的相对直接的评估。对公共秩序状态的判断通常是主观的，而且要求有相当多的工作经验来解决问题。因此，几乎不可能将秩序维护的工作置于（警察）部门政策的控制之下。

线警员的自由裁量权也不仅仅限于轻微犯罪行为；布莱克（1980）在一项观察调查中指出，在不同的重大犯罪行为中，也存在大量自由裁量的情况。在进一步调查中，我发现大量严重犯罪的逮捕率中存在着群落变动现象，从普通犯罪行为到种族问题，即便是对犯罪报告的数量进行控制，也同样存在此种现象（科兰克，1992）。

有研究文献认为，管理者无力控制一线警员，是因为秩序维护时的环境本来就有模糊性，这种观点一直存在。然而这些文献却一直忽视了警察文化在调节不可预测的警民实际接触和警察依法执行公务关系时起到的作用。警察每天都在处理未知情况，并在文化层面上做出广泛调整以应对未知情况。比如，有一句著名的谚语"要想越过三英尺的暗沟，警察就要跳四英尺"，这表明警察需要用比正常水平更多的警力来控制警民互动接触中出现的情况。跳越暗沟的隐喻，意指使用比正常水平更多的警力是必要的，因为警察没有办法确定这种"暗沟"里的具体情况是什么。"暗沟"指的是未知事物。实际上，暗沟的边缘是可见的，而未知事物的边界则不然。

本节讲述对于未知事物的文化适应。以可预见的方式处理未知事物——警察在拦车检查以及其他的例行工作中，倾向于陷入模式化的行为。然而，这里的关键字是"倾向于"：在所有警民开始互动接触，警察都不能确切知道他或她的行为能否解决问题，而这种不确定性激起了许多警察文化活动。日常工作中遇到的情况，不管是琐碎的未知事物，还是危险的未知事物，都为警察处理工作和百姓问题提供了一种思考方式。同样地，这种思考方式便成为警察文化的一个重要部分。在随后的章节中，我们将依次探讨以下五个主题——（1）怀疑，（2）危险及其预期，（3）不可预测性和情境不确定性，（4）湍流涡旋互动（interaction turbulence）和边际控制，（5）诱惑——都是日常未知情况在形塑警察文化中的几个不同表现方式。

142

暮色世界

主题：怀疑

> 思想中的怀疑，如同鸟群中的蝙蝠：它们只在暮色中飞翔。——弗朗西斯·培根（Francis Bacon）

在完整版的韦氏辞典中，对"怀疑"（suspicion）一词的一种定义就如上面一句格言一样。该定义还包括："怀疑的行为或情况；在拥有较少或没有根据的情况下，认为某事是坏的、错误的、有害的"。对于"怀疑"一词，培根给出的朦胧比喻比专业解释更接近怀疑的本质。怀疑中存在黑色隐喻，其主要表现在警察的工作中；存在着一种讽刺，它将光明、安全的世界变成虚拟的充满危险和仇恨的"暮色世界"（twilight world）。怀疑是一种思想能力，它可以臆造出与现实人们所居住的世界的道德完全相反的平行世界，而在这个世界里，最大的危险就是从表象看事物。

研究警察的作者时常将怀疑这种特质视为是警察的人格特征之一（斯科尔尼克，1994；斯旺顿［Swanton］，1981；鲁宾施泰因，1973）。在本章中，我认为怀疑是文化的特征，而非人格的特征,[①] 这是一种在

[①] 斯科尔尼克（1994）将"怀疑"描述为警察工作人格（working personality）的特征之一。从语义上来说，"工作人格"与"文化要素"之间的区别是相当模糊的。这两个概念都表明这一特性在一线警察中十分普遍，并受工作环境特征的驱使。

警察世界观中广泛存在的特征，而这一特征是在警察日常工作环境的影响下形成的。

怀疑是宽泛的法律因素和政治因素的产物。从法律层面讲，怀疑是一种刑法典所要求的能力，它能够颇具讽刺意味地将表面的"安全"转化成违法的黑暗世界。警察是法律的产物，而法律诞生于民主宪法下的正当程序，因此，警察的行为也受到了严格要求的制约，警察在工作中与公民的接触要有明确的规范依据。20世纪的宪法压力迫使警察依法承担责任。在实践中，这意味着警察在限制公民自由的时候，必须能清晰地说出理由。正如斯科尔尼克（1994）所认识到的那样，怀疑是刑法典的中心。

如果警察搞砸了逮捕行动，如果他们在没有法律依据的情况下对公民进行搜查或扣押，并且公民采取了法律行动，那么错误行动的影响就会通过投诉程序散播出来。公民可能通过投诉程序向市议会议员投诉。当警察超越了与公民间的法律界限，有时市议会便会充当申诉机构。认为自己遭遇了不正当拘留和盘问的某位公民，可能会在市议会成员那里获得支持的声音，或者投诉可能直接被提交至警察局。在某些城市，投诉可能会提交到市民审查委员会（Citizen review board）。公民可能会起诉警察局或者某位警察。警察的个人警务工作或者所犯错误都将会受到法律的质疑，这种质疑最终以政策的形式经由指挥链传递到基层一线警察。所有群体都会做出不解的回应：警察当时有干涉的法律依据吗？当时存在合理的怀疑理由吗？

在过去的40年间，在由法院解释、市政机关规范，并最终通过警察指挥链转化而成的警务政策和警察培训中，怀疑已经从一种说不清道不明的猜测游戏，转化为一项高度发达的法律技术。今天，仔细推敲过的怀疑技术通过晦涩但必要的法律语言表达出来，关注警察的安全，而且经由技术熟练的警察来实施，这种怀疑成了警察组织和警察文化的中心要素。

9.1　怀疑的法律依据：合理性

民主制度中的决定性问题是政府权威与个人权利之间的界限。在美国，警察机关行使政府公共权力来干预公民事务。这不是什么乱七八糟的权力，而是成文法律规定的公共权力。法律约束下的警察行为，尽管在短期内会对警察造成阻碍，但这的确是我们民主制度的长期优势之一。警察可能不会在没有明确理由的情况下拘留某位公民。法院一直不赞成将说不清道不明的预感作为拘留公民和对公民财产进行调查的法律依据。警察必须在有明确依据的前提下拦截和盘问公民。这种依据称为"合理怀疑"（reasonable suspicion）。

警察不能对提问采取这样的回应："我有一种预感"。当警察以这种方式进行回应时，法院对此种行为就会持反对态度。

一旦合理怀疑理由成立，警察就可以：（1）进行搜身检查，这种检查有时不是针对全身而是为了检查是否携带武器；（2）辨识对象身份；144（3）进行简要的现场盘问。通过这三个步骤，警察必须决定是否进一步盘问嫌疑人，也就是说，要求详细地讯问嫌疑人是否具有犯罪行为，并告知嫌疑人享有的权利，或者决定是否逮捕他们。

现场盘问对当代警察程序的重要性已经得到广泛的引证。合理怀疑是许多警察能够接近嫌疑人的法律基础。从特里诉俄亥俄（*Terry v. Ohio*）一案的判例中发展而来的合理怀疑（reasonable suspicion），意味着警察可以在没有完全满足正当理由（probable cause）[①] 要件的情况下，接近嫌疑人并调查其实施犯罪活动的可能性。布朗（Brown，1981：161）指出，现场讯问占所有现场（警察确实看见正在发生的）拦截的40%。关于警察干预公民事务，合理怀疑是政府参与其中的基本依据之一。

怀疑具有法律基础，这一理念与怀疑的文化维度完全不一致。我将怀疑的文化维度称为第六感怀疑（sixth sence suspicion）。第六感怀疑的技巧不在于有能力去收集足够的证据来逮捕嫌疑人，而在于能够在贫乏的线索中确认罪犯的证据。正是在这种难以言说的怀疑中，警察真正的技巧才得以展现并且得到同行的认可。能够通过"第六感"（sixth sense）或从表面上看似无用和平淡无奇的信息中，建构案件事实的警察

---

① 正当理由（probable cause）意味着：（1）警察有理由相信犯罪行为即将发生；（2）被拘留的人与犯罪活动有关联。

或侦探，才能获得认可和地位。

怀疑是警察的特殊技能。它关乎很多故事和传统。警察的天赋是发现隐藏和伪装的事物，而不是一眼就能看得见的事物。警察一旦开始进入办案角色之后，用一句古谚来说就是在"游戏开始"（game is afoot）之后，证据方面的考量就变得很重要。当在法庭上重构案情的时候，证据，作为有罪判决的重要依据，将受到仔细的审视。这些都是后话，对于警察辨识罪犯帮助不大。这些是支撑第六感怀疑的技术上的考量。在下一节中，我们将陈述警察是如何在日常工作环境中习得怀疑技术的。该章节借鉴了鲁宾施泰因 1973 年著作的大量观点和内容。用今天的标准看，这些作品已经过时了，但是 30 年前对警察日常工作中的怀疑的标准，到今天并未产生什么改变。

9.2　鲁宾施泰因：怀疑是一门技艺

怀疑不是一种友好的社会特征。从旁观者的角度看，它像是一种不信任的心理倾向，而事实也正是如此。一般人会被别人表现出的明显的不信任吓走，这种行为就将警察和普通人区分开来。但这是对于职业生活的一种讽刺，一种提升警察工作能力的非社会属性。正如斯科尔尼克（1994）所说的那样，这是一种经训练习得的资质。

鲁宾施泰因在其研究著作中，从一位接受访谈的警察言行中捕捉到了这种行为的特点。

保罗（Paul）研究街上的人群。他已经学会观察他们的眼神。很多人匆匆看他一眼又迅速将目光移走。也有人会盯着他看一会再将眼神移开。他有时也会遇到挑衅的目光，但最后他们都会被盯得低下头。每个人将目光移开时，他们的脸上都会露出愧疚的表情，好像他们在警察窥探的眼神下暴露了太多的信息（鲁宾施泰因，1973：221）。

作为一种调查技术，怀疑可以成为警察工具库中的强大工具。运用这种心理策略，警察可以树立自己的权威，窥视个人灵魂的私密领域，在他人凝视目光的阴影中找寻犯罪线索。怀疑的凝视具有威慑力；它可以发现犯罪证据并维护警察的权威。

> 不管别人认为他在看什么或是寻找什么，当他盯着某人时就在宣示作为警察的特权……他也知道被别人盯着确实很让人不安；但他无需担心受到训斥……警察正是通过这种方式向被盯视之人传达出公共场合的行为要求（鲁宾施泰因，1973：221）。

怀疑的凝视是一种权力的展示（the suspicion stare is a display of power）。不管你是谁或正在做什么，警察拥有关注你的绝对权力。这是一种不太具有侵略性而又低于"合理怀疑"（reasonable suspicion）标准的询问形式，但其同样明确地显示了国家在公民事务中的权力。

巡逻警车在街道上不断地巡逻也是一种调查可疑情况并决定是否采取进一步行动的心理策略。就像范·马安伦（Van Maanen，1978）提出的"混蛋"识别过程，怀疑和行动间的关系可能牵涉警察对其正在询问的人的一系列判断，并通过这些判断确定这个人的类型。下面的例子描述了这个过程。

> 巡逻警察并没有停下来观察或者开车离开，而是开车驶向嫌疑人，公开地表现出对嫌疑人的关注……甚至当他与他们并向移动时，他也会转头看他们，丝毫不隐藏他的关注。他不停车也不停止凝视。如果他成功了，他们将会专心地跟随他的行动。他在制订计划，而他们在对计划做出回应……当他超过他们的时候，他突然踩刹车，车轮发出尖锐的声音，接着倒车。在做这些事情的时候，他在仔细观察这群人的所有动作。有人往地上扔东西，有人移动到他的直视范围之外。他们可能会跑，但他不会去追，如果成功的话，他会在排水沟中发现匕首、毒品、甚至枪支（鲁宾施泰因，1973：241–42）。 146

怀疑来源于线索（suspicion is precipitated by cues）。在日常情形中会存在可疑情形，并由行为迹象引发。一个把目光从巡逻警察身上转移到别处的人总是可疑的。像盯着天空或者看报纸这样的隐藏焦虑的动作，与之相对应的可能是外表之下的紧张情绪，这种情绪让人显得不自然（鲁宾施泰因，1973：235）。

如果一个人在应当注意到警察的时候故意忽略其存在，那么他便会引起警察怀疑。逃跑的潜在迹象或者一开始就鬼鬼祟祟地远离警察的动作，是引起怀疑的尤为强大的诱因。突然活动的人会被注意到。在下面的故事中，一位警察描写了让他产生怀疑的行为。

> 如果你看见一个女人问东问西，她通常是扒手或是妓女。妓女都会问这问那。她们了解这里。通常来说，妓女比任何人都更加了解大街上发生的事情。

> 头转来转去或伸长脖子的人，可能是在寻找机会犯罪。当你看见一个环顾四周的人，你需要的技巧是不要被他发现，跟在其后，任其环视，跟随到他要去的地方。

> 对于寻机偷盗（spotting burglars）的窃贼来说，古话说得好"寻找到带着看起来鼓邦邦的枕头套的家伙"（Look for the guy carrying a pillowcase that looks full）。现在变成了"搜寻那个背着运动包的家伙"（Look for the guy carrying a gym bag）。我们在大多数时候都会拦下他们。大多数情况下，他们都是守法公民。但是他们扔包逃跑的次数之多也让人吃惊（弗莱彻 [Fletcher]，1990：23）。

怀疑通过训练得到强化（suspicion is boned through training）。 鲁宾施泰因（1973）提出：新警察往往惊异于老警察"看透事情"的本领。警察通过他们的智慧发现犯罪或罪犯的故事，在当地警察文化中会博得赞扬。这些故事展示了怀疑的技术，这种识别未知事物的本领在警察中尤其稀缺而且特殊。这不是能在书本上学习来的，而是在无数个案例、实战演练以及在岗学习中积累掌握的。这是具体实践的产物，一项自学的技术，一门真正的技艺。在很多方面，怀疑是警务工作的技艺。

> 在受训期间，教官鼓励学员在巡逻时将车窗打开，对一切异常的声音和气味保持警惕。根据普通法的规定，学员可视为现场警察，可以对他看见的任何正在实施犯罪行为的罪犯进行逮捕。法律将其视野范围解释为包括所有的自然本能可感觉到视域，一种开放的视野。如果他察觉到某些指向犯罪活动的证据——一个定格画面

或者毒品，这就足以让他在没有许可证的情况下进行调查（鲁宾施泰因，1973：224）。

147

怀疑是关于"例外"（exceptionality）的艺术——一种在日常情景中能够识别异常变化的能力（斯科尔尼克，1994：77）。警察先学会识别正常事物。"正常"是一个轮廓线条，根据这个背景警察可以识别出不正常的地方。当警察认识到日常工作的节奏，他们渐渐变得对正常的事物了然于心，而这些会渐渐融入背景中。只有将正常事物的轮廓完全蚀刻在脑海里，警察才能发现事物不正常的地方以及应当引起他们注意的地方。通过引用一位曾当过警察的学生的话，鲁宾施泰因指出，警察花费在片区巡逻以及在管区内步行巡逻中的时间并非浪费。"在这段时间内，对于警察来说最重要的事情是正常的事物……只有这样他才能判断什么样的人或什么样的车在什么样的情况下，才符合申请拘捕证的具有正当理由的'怀疑'的标准"。

9.3　孕育"怀疑"的工作情境

警察工作环境的特点会让他们去"怀疑"，反过来，这种怀疑也是他们与公民接触的基础。怀疑能够连接认知与行为；警察的观察能力是其干预公民生活的"敲门砖"，而"怀疑"便是借此应运而生的一种合理合法的策略。鲁宾施泰因罗列出了几种日常警务活动的变化形态，而它们无一不是以"怀疑"为依据的警察活动。这些变化形态就是我所称的"怀疑的工作情境"，警察在处理工作环境中出现的"常规"事件时，会把"怀疑"当作一种职业反应。

9.3.1　犯罪报告

执行巡逻任务的警察经常接到出勤任务。然而，抓住嫌疑人的可能性很低。警察知道，在机会溜走前，成败往往就在一瞬间。所以警察倾向于寻找易于发现并可以引导他们快速行动的线索。汽车的构造和型号是最重要的线索，这类线索通过巡逻车就很容易追踪到。如果汽车型号较为常见，警察就会去找司机身上识别性较强的特征——着装、相貌等。如果嫌疑人不借助交通工具，警察便会抓住两点：易于辨认的着装特征和外貌特征。但这类线索一般不足以抓获嫌疑人，成功拦截的可能性很小。

148

> 警察的拦截是随机的，而且他并不是怀疑所拦截下的每个人。因为他知道他只有几分钟的时间抓捕嫌疑人，任何犯罪的线索都值得他仔细询问……在警察接到报出勤警电话的几分钟内，同一个人接连被几个不同路段的警察拦下都是很正常的，因为他的某个相貌特征可能值得引起每个警察的注意（鲁宾施泰因，1973：28）。

9.3.2　行人拦截

在工作中，警察探索出不少有关路人行为线索的技巧，以便能够深入调查。比如，偷瞄警察、眼睛直视上方，或是其他试图隐藏不安情绪的行为，都会被警察尽收眼底。诸如此类想掩饰不安的尝试，尽管嫌疑人不敢付诸行动，却会让他们的身体不自觉的进入紧张状态，表现出完全"不自然"甚至"不打自招"的僵硬表情（鲁宾施泰因，1973：235）。有时鞋子也能提供有用的信息：有前科的、坐过牢的人走路时习惯不系鞋带、蜷缩着脚趾，这两点也被认为是囚犯所具有的特征。要是在某个黑帮经常出没活动的区域出现了一个跛脚的人，注意了，他的腿上可能绑着把枪。行人线索数量多，且范围广，往往因管区不同而各异。然而，这些线索也可能促使警察展开进一步的深入调查。

9.3.3　车辆拦截

鲁宾斯坦指出，大部分车辆被拦截的原因都是驾驶人违反法规。然而，通常情况下，这些不过是警察用来掩饰真实原因的幌子罢了。他指出，警察的目的是"发现被盗车辆，查获装载有走私物品、非法武装人员或是通缉犯的车辆"（鲁宾施泰因，1973：250）。当警察拦截车辆时，他们倾向于从后面接近。警察寻找的线索往往都在车的后部。临时车牌、仅用金属丝或仅用一个螺栓固定的牌照、一辆干净汽车上的脏牌照

（或是反过来，一辆灰尘满满的车上安装有一个干净的车牌）都可能会引起警察的怀疑，把车拦截下来。后备箱没有锁（暗示被强行打开过）、撬动痕迹以及缺少车尾保险杠（暗示车辆是从修理店偷出来的），都可能引起怀疑。

如果某辆车辆引起了警察的怀疑，警察会对司机和乘客进行询问、搜查。要是有可疑的车辆载了几名青少年，那它毫无例外地会被拦截下来进行检查。因为警察会推想，这车是用来兜风的呢，还是用来运输走私物品的。鲁宾施泰因指出，女性司机载着男性乘客出现在犯罪高发区通常也会被拦截，因为这是在典型的抢劫案件中才可能出现的奇怪组合。突然变得谨慎的司机与突然调头的司机同样可疑，因为两者的行为都是莫名其妙地突然改道以避免与警察接触。

149

怀疑是一种天赋，颇具讽刺性的是，它能将一个安全区域转化为危险区域，并由此引发诸多警务行为。警察知道，除非他们到达现场的时候报案人和嫌疑人都在现场或者现场附近，否则破案的可能性几乎为零。这种情况下，要抓住犯罪嫌疑人的唯一方法就是凭借他们那些几经磨炼的"怀疑"技巧了。因此，"在巡逻警察的眼中，当一个地方变成案发现场时，它就已经被'怀疑'污染了，而案发时出现在那里的每个人，也必将因此受到'怀疑'"（鲁宾施泰因，1973：230）。

9.3.4　当代第六感怀疑的扩张

现在，警察需要正式训练的领域已经得到了扩张，需要更为广泛的知识和更多的法律基础，也推动了怀疑技艺的发展。警察岗前职业培训课程会给受训者提供现场讯问的实用信息，这些现场调查技术的目的在于揭露违法犯罪行为。训练课程还会指出需要警察怀疑的地方：嫌疑人的类型、帮派成员使用的各种随身物品，以及工作环境中的其他方面等。

法律和组织基础也得到了相应的提升，以推动警察"怀疑"行为的合法化。在当代警方的各种变革中，这一点尤为显著：比如现在很多州都适当地提高了正式培训的要求；禁毒活动变得合法，其覆盖的范围也得到了扩大；并且为了使大部分的警察干预行为合法化，也取缔了一系列的繁文缛节；还有，法院庭审也逐渐开始认同警察以其经验为依据，合理"怀疑"的做法。

今天，警察在充分利用毒贩特征进行调查时，能够更顺利地进行干预行为。一般来说，车辆拦截需要合理的依据，因为这已经构成警方搜查扣押的事实了。而现在，法院逐渐认可了车辆拦截的新标准：毒贩特征描绘图谱（drug courier profiles）。"毒贩特征描绘图谱"是警方进行干预时所利用的一项技术，它先是将原本的车辆拦截（autombile interdiction）① 的门槛——合理怀疑的标准，降低成了另一种标准——可言说的怀疑（articulable suspicion），再慢慢推掉了整个"门槛"。在新墨西哥州诉科恩案（New Mexico v. Cohen）② 中，法庭承认下述几种外貌特征为"可言说的怀疑"：紧张的表现、驾驶佛罗里达州牌照的租用车，驾车横穿州县，并载有少量行李，现金支付租用车辆。在除此之外，在新墨西哥州诉曼恩（New Mexico v. Mann）③ 一案中，在这个"毒贩特征描绘图谱"清单中，还扩充了两个特征：车速过慢，本该放在后备箱的物品却放在车厢后座上。据实践证明，以特征为根据的拦截往往还有助于案件的后续调查，这就有别于过去的做法了，因为以往的拦截起不到相应的盘查作用。加州高速公路上的巡警就常以"特征拦截"为由，对过往车辆进行排查。因此，通过诸如此类的实践，"可言说的怀疑"或叫作"第六感怀疑"，逐渐成了警方干预公民事务的合法依据。

在"毒贩特征描绘图谱"中，"第六感怀疑"还与另一个不容忽视的警察话题紧密相连——警察安全。我曾与李·雷姆（Lee Rehm）对一个伊利诺伊州的警察项目进行过评审，此项目被称作"瓦尔基里行动"（Operation Valkyrie），发起于1985年，在美国缉毒局（DEA）的协助下进行（克兰克和雷姆，1994）。瓦尔基里行动的中心是"警察安全及意识"。该州警察局称，查缉毒品走私案件本来就极其危险，警察必须格

---

① 车辆拦截（autombile interdiction）实质上是一种扣押行为，因此必须要具有正当理由。而根据警察对于交通工具内部的排查情况，任何进一步的搜查也都要求具备相应的正当理由，具体理由根据警察搜查车辆的具体情况而定。但是，如果法院接受警察为保证自身安全可以实施第二次更为细致深入的搜查的说法，那么正当理由这一标准就可能会被弃用。

② 711p. 2d6［N. M. 1985］.

③ 712p. 2d6［N. M. 1985］.

外小心提防，因为说不定会遇到暴力团伙，或是突然杀出保护"领头车"的第二辆车。考虑到警察的安全，搜查车辆是正当行为。

通过缉毒培训的警察在拦截车辆后，能够辨识出使此次搜查合法化的可疑特征，比如门侧螺丝的扭动痕迹可能表明车门面板被拆卸过，或是座位凹下去的地方可能表明坐垫被拆除或重装过。训练可能还会教授如何在行动中利用缉毒犬、如何与嫌犯对话、如何观察、拦截毒贩，以及掌握毒贩可能使用各种手段等。

"恶习"归家："此地不宜怀疑"。 斯科尔尼科（1994）指出，怀疑是警察的"工作人格"的一部分。但是，大多警察却不可避免地将这部分"人格"带回了家中。有时，警察会将他们工作中的一些特质不自觉地套用到社会人际交往的情境之中。让我们来看看"侧身兄"（the blade）的例子吧，"侧身兄"是纽约警察局负责训练新警察的一名警司的雅号。

> 他在培训课上描述过一种警察的站姿——侧身站姿，当他们在街头上询问某人时应当保持的一种姿势。这种站姿是为了随时保持平衡和警惕，以便在对方做出威胁性的动作时，警察能够迅速应对。警察在保持侧身站姿时，会轻微侧身，让配有武器的一侧同市民保持距离……。

> 但这位警司没想到，他居然在一次同僚聚会上得了个"侧身兄"的外号。他很看重培训课，因此也十分震惊——他竟然完全无法在正常的商务活动和日常社交中隐藏他的"职业雷达"。尽管在聚会上他试着不去多想这个新别名，但警察后辈们从他料想不到的另一人口中得到了新证据，坐实了"侧身兄"的名号——那个人就是他的妻子。那天晚上，迈克尔（也就是"侧身兄"）的妻子也在聚会现场。她爆料，多年以来，迈克尔都无意识地对自己以及他们的三个孩子采取"侧身"姿势（卡尔森［Carlson］，2002：41）。 151

科兰克和卡尔德诺（2000）提出过一项假想的实验，设想有位退休警察怀疑他的妻子有了外遇，于是他用他熟练的职业技巧证实了这桩他"确信无疑"的"罪孽"。事件发展如下：

警察培训	嫉妒行为
1. 对嫌疑人谎称其共犯已经将其指认	1. 一个朋友打电话称看见妻子和另一个男人在一起
2. 出示伪造的物证	2. 拿出她的一条短裤并声称在上面发现了精液的痕迹
3. 告诉嫌疑人他已经被目击证人指认	3. 朋友看见妻子和一个男人共进午餐
4. 安排一个"证人"假装指认了该嫌疑人	4. 丈夫说:"我跟踪了你,看见了你和他在一起,你还不承认吗?"
5. 测谎仪:告诉嫌疑人测试结果为有罪	5. 他说:"诚实地看着我的眼睛,告诉我你没有外遇。"

啊,可悲的怀疑。它明明是一项经过精心训练才具有的技能,警察在工作中运用也算是如虎添翼,但一旦将其带入家中,事情就搞砸了。科兰克和卡尔德诺敲响了这个荒诞事件背后的警钟:警察揭露犯罪所用到的技巧,有时也会给他们的生活带来"怀疑的错觉"。举个例子,要是一位训练有素、又生性多疑的警察认定某个人有罪的话,他就会利用"怀疑"的技能模糊"揭露罪行"(unmasking guilt)与"捏造罪行"(creating guilt)的界限。总的来说,怀疑对于警察的职业世界观具有重要作用(斯科尔尼科,1994)。它来源于警察对潜在暴力的职业"偏见",以及辨识"脸谱化"袭击者的认知速记(perceptual shorthand)能力。怀疑是一种文化性话题,它将警察工作的领域与有着"危险意识"的警察串联起来。换言之,"怀疑"代表着一门有关认知能力的学问,目的是为了识别潜在的危险。而同时,它也是强制冲破危险屏障的先驱。

作为一项职业特征,"怀疑"的特质总会在警察身上凸显出来,这是他们为工作人格所披上的一层辛酸却必要的"外衣"。戈夫曼(1959)曾将这种职业人格称为职业保护层,它就像警察的假面,为了不断达到工作标准和满足职业环境需要而呈现出来。但作为一项社交技巧,怀疑并不受欢迎;没有人会将"多疑"列入自己最喜欢的10项性格特征之中。"怀疑"这个特性对警察来说是如此重要的一项技能,却注定无法受到旁人的青睐。我们不难理解，对这项工作技能运用得越娴熟的警察，越是渴望寻求一个避风港，来获得社会的支持、情感的肯定。但也 152
恰恰是这个让他们在工作中如鱼得水的能力，成了横亘在他们与普通人
之间的鸿沟。因为，比起直来直往地质询，人们更喜欢迂回委婉地询问
沟通。残酷的是，警察以此刺破了误导的假象，揭开了谎言背后的真
相，却也为此与我们永远有了分别。他们会如何看待这样的我们呢？ 153

文化镜头视野中的危险

对于警察这份工作，人们对它"危险"的一面不甚了解。每谈及此，学者们构想的是一幅鲜有危险、千篇一律的工作图景；而对警察而言，他们所面临的环境要更为黑暗，因为其中附带着警察工作特有的危险和暴力。那么，哪个是真的呢？答案的一部分取决于评估危险的方式，另一部分取决于在文化镜头中审视危险的方式。我们来看看下面这个故事：

我走到门口，偷偷朝里面看了一眼，公寓里漆黑一片……公寓内传出了一声枪响，恐惧淹没了我的身体。第二声枪响的时候我看见一道闪光。房间里的四个警察以最快的速度从那里匍匐着爬了出来，甚至有一个警察从我的双腿间爬了过去。

我伸出左手去关门，这时又有一声枪响。一颗子弹击中了我拇指和食指间的手掌。那感觉像是灼烧。在我把门关上前，第四枪打中了门侧的立柱。第五枪射穿了门并击中走廊对面那扇门的金属门框。

我转脸对康罗伊警司说："我恐怕得去医院了。"

"怎么回事？"

"我中枪了"，我伸出正在流血的左手。当里奇. 迈克尔听说自己的搭档中枪后，他抓着杰克·西姆斯大骂。两个警察把里奇拉开了……

里奇跟在亚当一号的后面，我坐在副驾驶上……他突然加速并驶向罗斯福快速道，在车流中迂回前进，活像一个改装赛车车手。

我说："放松点，里奇，别让我的小命都没了，我只是手受伤了而已。"

里奇接通了无线电吼道："我的搭档受了枪伤，我正带他去贝尔维尤，朝北上罗斯福快速道。估计五分钟后到达医院。"当我们到达罗斯福快道时，遇到了 20 多辆警车，它们对其他车辆封闭了罗斯福快道。警车开启闪灯，鸣响警笛，护送我们前往医院。

"天啊，里奇，这太尴尬了。"我说："这般兴师动众，我应该在胸部或者其他什么地方中枪。"

父亲笑着对我说："抬头看。"天上有一架警用直升机。

（后来，到了医院以后。）有人告诉我州长夫人玛蒂尔达·科莫电话找我。科莫夫人向我表达了她的谢意……并说她听到我被枪击的消息后非常难过（拉贡内塞，1991：200－202）。

这个故事摘引自保罗·拉贡内塞的自传性小说《警察灵魂》（*The Soul of a Cop*）。该书生动形象地抓住了警察在面临危险时的情绪和心理，对他们来说，危险是枚力量强大又难以忘记的"勋章"。在下面一节中，我会说明尽管警察在行动中遇难的情况并不多见，但类似骚扰或攻击的小危险却常常发生。这相当于是"致命危险"的象征主义同"常见危险"的现实情景结合在了一起。但事实是，生活中的小危险无处不在，它们构成了一种警察文化主题。

10.1　评估警察工作的危险性

警察职业到底有多危险？不用说，公众认为警察这项工作是相当危险的（卡普勒、布隆伯格和波特，1993），这个印象是如何得来的呢？这就要归功于电视、电影、报纸等媒介给我们这个不无想象力的社会，提供了大量的多媒体垃圾故事了。其中不乏激烈的枪战，还有举着锃亮手枪的坏蛋和假笑着实施犯罪的儿童猥亵者。警察在工作中有时的确会遇到危险，但他们都会努力避免这种情况的发生。

156 警察当然也认为他们的工作很危险，但他们的认识与媒体的简化描述不同。警察会将其描述为日常工作中所出现的短暂危险时刻。他们并不喜欢，更不会刻意去追逐危险，而是将其视作工作中不可避免的一部分。

危险可以说是警察工作中的不二中心了，而对危险的分析和应对也是警察文化中的重点要素。有关危险的认知在警察的职位培训中一再得到强调：从警察学院毕业后，学员们通过职位培训中的实战故事讲授、实战基地训练等，间接地体会、收获经验，学习并再学习"潜在的危险"（卡普勒、斯鲁德和阿尔伯特，1994：100）。典型的危险物品有：驾照旁隐藏的刀片，一把口径 0.22 毫米看起来像削笔刀的小型武器……这些都是常见的训练用品。警察在训练时都会被反复提醒，在与市民接触时，不能轻易相信任何人。培训课上常放的一段影像资料叙述的是一名警察在德州公路上拦截车辆时被谋杀的故事。指导员会通过讲述发生过的危险遭遇和个人经历来引起学员对职业危险性的重视。从各种意义上来说，培训都像是"为深入敌后并展开作战任务而做的准备"[1]（卡普勒、阿尔伯特和斯鲁德，1994：101）。

当你观察数据时，你会发现，警察这项工作似乎也并不是那么危险。据调查，警察与其他职业相比，风险性并没有那么高。此项调查援引的证据是，一线警察在行动中的死亡率相对较低。以 1994 年为例，当年因行动遇难的警察人数仅为 76 人。鉴于在全美大约有 15513 个警察机构，其中又约有 842805 名警员，所以 76 人这个数字算是出奇的低了——甚至不到总数的万分之一。[2] 而且，现有证据表明，过去的 10 年

---

① 卡普勒和他的同事们（1994）的研究，并不是在否认警察工作的危险性。他们说的是警察文化对于职业危险的关注，使得警察安全的真实威胁看起来没那么危险。

② 职员的总人数包括文职行政人员的人数和警务人员的人数。如果我们仅关注城市警察机构，相应的数字是 11989 个警察部门，共计 493930 人。其中，大约有 21.7% 是文职行政人员（沃克，1994）。

间，警察受伤的风险也有所降低（卡普勒、布隆伯格和波特，1993）。一边是看起来较低的遇难警察人数，另一边是警察文化中广为认同的观点——警察工作的危险性极高，我们该如何在这两者间找到平衡呢？

10.2　卡伦及其危险悖论

弗朗西斯·卡伦（Francis Cullen）和他的同事（1983）发现了他们称作"警务悖论"（paradox of policing）的现象。他们指出，一方面，对于暴力和人身安全的担忧是警察职业的独有特征之一。但是所有的官方数据都显示，警察工作并不特别危险。现实生活中，对警察造成人身伤害的事件并不常见。是什么造成了看似并不常见的危险和人们广泛认同的安全威胁之间的不平衡？

研究人员针对中西部一座城市的五个郊区警察局做了调查。他们发现警察认为真正发生危险的可能性并不特别高。另一方面，他们的调查 157
显示，警察清楚地知道他们的工作会将自己置于危险的境地。从统计数据上来看，有大约五分之四的警察相信他们的工作很危险，只有三分之二的警察认为警察是一项危险的职业。引发恐惧的并不是真正的危险而是充满了潜在危险的工作环境。从日常的拦截车辆到调查可疑环境的报警电话，这些日常工作活动都埋藏着暴力对抗警察的种子，也制造了对警察安全的深重忧虑。尽管警察受伤的可能性很小，但他们认为，大量的日常警务工作都存在受伤的可能性。

他们用第二个悖论总结了讨论：对于危险的恐惧"既有功用，又有功能障碍"。他们评论称，警察工作的真实危险要求警察在工作中警惕潜在危险。但是，警察对于危险的担忧增加了工作压力并引发了抑郁症状。警察意识到自己受到伤害的可能性很大，而且这些伤害来自于有蓄谋的个人。警察处于与公民接触时的危险之中。

10.3　对警察工作中的危险性的再思考

今天，当研究人员研究警察危险时，他们倾向于采纳卡伦等人的观点及他们非常有说服力的论点，即恐惧与潜在危险相关联。诚然，警察在执行任务时被杀害的可能性很低。但是，我认为这种观点应扩大到警察所面临的各种危险的范围，而不仅仅是致命的极端情况。用死亡人数来衡量职业危险可能会低估警察工作的危险性，进而导致无法捕捉到危险对于警察文化的重要性。为什么这么说呢？其原因是多方面的。

首先，警察可以迅速得到治疗，这样可以将受到致命伤后最终死亡的概率降低。如果暴力用死亡来衡量，那么警察得到医疗救治的便捷性会使人低估警民接触中暴力行为的强度。第二点，可能也是更为重要的一点，警察接受过训练，可以将真实接触中的危险情况的威胁降到最低；他们配备武器，共同工作，在认定为危险的区域穿防弹衣。他们会隐藏在能保护自己的角落后面。他们特别关注人身伤害的威胁，也花了很长时间学习如何在危险情况下保护自己。他们接受的训练将他们塑造成战士。因此，简单地以在执行任务中被杀害的警察数来衡量真正的危险是不科学的。警察死亡人数实际上更是一种衡量未能成功识别或应对的真实危险的标准。警察被杀事件出现后，其他警察会仔细检查被害同事生前所犯的致命错误。

我认为衡量警察所经历的危险更为实际的标准是执勤警察遇袭次数。这个数字可能会更准确地反映出真实人身安全威胁的危险程度，因为它包括了各种类型的伤害。当我们分析袭击数据时，我们发现大量袭击事件：以 1994 年袭击数据为例，该数据显示全美有 66975 名警察遇袭，该数字大大超过了警察死亡人数并与其不成比例，它更能显示构成警察职业环境特征的真正暴力（马圭尔［Maguire］和帕斯托［Pastore］，1995）。

这个数字可能很保守，因为警察可能会漏报遇袭事件。警察和大多数人一样，不太愿意报告造成轻微伤害的小事。他们不想花费时间去填写报告、看医生以及申请保险索赔。而且，正如本书的其他章节讨论的一样，勇敢和男子气概是重要的文化主题，而这两者都将报告轻微伤害视作软弱或是柔弱。

再思考一下开篇的例子。案例中的真实伤害，嵌入拉贡内塞警察手中的一颗子弹，并非生命危险；对一个不严谨的观察者来说，警局的反

158

应可能显得有些夸张。但是，以任何标准来衡量，其受伤的环境都是危险的——六名警察参与枪战。如果不是运气好，很可能会造成一名或两名警察丧生。在这次交火事件中，双方都意图杀死对方。如果警局兴师动众的反应与这次交火的实际伤害相比略显夸张，那是因为警局关注的并不是受伤事件本身的分量。而且，如果不是警察曾接受过训练，受伤人数可能更多。综上所述，上述报道看起来庞大的遇袭数据，可能也无法体现警察所面临的真正危险的强度和频率。

最后，要想全面了解危险事件对于特定警察文化的影响，需要回想一下一线警察所处的组织结构。小队编制使警察相互之间保持紧密联系并与公众隔离开来。小队的成员在轮班开始和结束的时候经常面对面交流，在轮班时偶尔碰到，他们还可以根据自己的需要和意愿通过车载电话交流。他们可能是长达数年的同事，他们形成自己的圈子，而且他们下班之后还会保持联系。在如此亲密的社交环境中，警察遇袭的消息会以惊人的速度传播开来。正如上述拉贡内塞的例子，消息如同石子在湖面上跳跃而引起的涟漪一样在组织内的文化中传播，扩散至团队的所有成员，这次事件也进入关于危险遭遇的文化资料库中。

159

危险并不常见，而且不是小事。警察文化基于对真实事件的常识性反应，而对危险的文化偏见来源于对警察安全的真实威胁。因为警察工作被视为真正危险的工作，所以危险和警察安全承载着重要的象征意义。危险情况的威胁是警察大部分工作的驱动力，而且他们遇到的危险——警察中枪——比其他任何事件都更能将警察团结起来。现实中的危险将警察文化联系起来；它是警察文化最重要的黏合剂。

在拉贡内塞的事例中，拉贡内塞在枪击结束后显然没有受严重的伤。为了救援他，其他警察快速自我动员——为了护送他到医院，甚至阻断了一段高速公路，这使他经历这些事情的时候还感到有些尴尬。但是鉴于职业个人主义以及警察文化的男子气概倾向，他的尴尬感本身也是一个文化元素。拉贡内塞是一名极其专业而又谦虚的警察，他将危险视作警察在日常活动中必须处理的事情。

10.4　危险、文化以及斯科尔尼科的象征性攻击者

危险是普遍存在的文化主题。在警察学院培训以及实战演练中，警察通过"'战争故事'间接体验、学习、再学习辨识和防范潜在的危险"（卡普勒、斯鲁德和阿尔伯特，1994：246）。在警察中间流传的故事和英雄业绩，确保了危险在警察工作的意识形态中保持中心地位。（马丁［Martin］，1980）。潜在危险塑造着警察的工作，它将日常活动转化成一项识别公众和警察安全威胁的技术。危险的强大现实将其转化为有力且统一的警察文化主题。在斯科尔尼科（1994）理想化的概念"象征性攻击者"（symbolic assailant）中，现实性和象征性相互作用。

根据斯科尔尼科（1994）的观点，警察经常遇到表明一个人可能很危险的具体标志。这些标志包括一个人的穿着（帮派联盟）、走路的姿势（携带武器）、谈吐（缺乏尊重、惹是生非）。久而久之，通过积累平常的工作经历，警察学会了识别具有潜在危险的人。这些标志的集合变成了一种"象征性攻击者"——一个拥有指向危险的特征的人——它会让警察怀疑自己可能身处有潜在危险的环境中。象征性攻击者是从普通经验中抽象出的合成人，它是感知层面上的简化形象，可用于快速识别并认知性地处理潜在的危险人员。下面的故事就是对象征性攻击者的描述。

160

你可以仅依靠观察就区分出哪些人刚出监狱。他们具有一种我们称为"监狱体态"的东西。他们在街上走的时候高视阔步如同在监狱里一般。

比如你是一个年轻人，你身高5英尺10英寸（约177.8cm），但只有160磅重。你进了监狱。你是他们的鲜肉和宝贝儿。你可能会成为那些囚犯的早餐。

你做的第一件事就是——开始举重锻炼身体以获得在监狱里生存的力量。你练就了强健的胸肌，粗壮的手臂肌肉。这是你希望向其他人展示的态度；它在说，别挡我的道，别惹我。

这些人出狱以后，他们在街上向你走来，就像大猩猩一样。他

们在走路的时候摇摆着躯干；他们看起来很具有威胁性。你看见这样的人向你走来，你会给他们让道，对吧？他有监狱体态，监狱中的高视阔步。你可以花一秒钟的时间用这种方式看出一个进过监狱的人。（弗莱彻 [Fletcher]，1991：24）。

象征性攻击者可能还具有种族特征。卡普勒和他的同事们（1996：98－100）观察发现，由于警察群体在价值观和态度上趋向于一致，再加上他们的日常工作可能使他们与其他种族人群接触，象征性攻击者可能具有他们辖区中边缘经济群体或边缘种族群体的特征。

对某些警察来说，危险的来源并不局限于象征性攻击者。所谓的"受困心理"经常对一些警察形成干扰，他们相信罪犯、受害者以及公民之间的区别只是环境造成的假象。我在与一名警察打交道时就亲身经历过这一现象，他坚信我的这些研究发现会公开出版发行，进而被罪犯看到，所以他拒绝向我提供可能涉及现行警察实践的访谈内容。曼宁（1978b）简洁地在警察文化的原则中指出了这一现象："人不可信任；他们很危险"。

地理条件与人都有可能被转化为潜在的威胁。"攻击者地域"（assailant geographics）指的是有标志的私人区域或公共区域，经验丰富的警察可以识别这些标志进而判定该区域是否存在潜在危险（克兰克，1996）。周末的操场是攻击地域——那时它们的属性是毒品交易地区、帮派会面区以及老人被抢劫的区域。

攻击者地域与象征性攻击者一样，是一个被称为反讽修辞的概念。通过怀疑的反讽，安全转化成危险，同时看起来安全的区域也转化成危险的区域。这一讽刺的转化得益于怀疑的技术——危险主题通过这一方式与前面的怀疑主题紧密地联系到了一起。危险将怀疑转换成警察人格的特征之一（斯科尔尼克，1994），同时也是警察工作环境文化的中心要素之一。

161

大街上可能发生任何事情

荒谬的故事（麦克纳尔蒂 [McNulty]，1994）。

警察的工作内容无法预测。乏味的时光不时被有时疯狂有时邪恶有时又荒诞的行动所打断。不可预测性使没完没了的无聊活动变得有意义。如果等待可以得到回报，那么开着车四处转悠也没有那么糟糕。当确实获得回报的时候，警察对街道逻辑有了新的见解，有时还会对人类活动的阴暗面有更好的认识。这些认识的累积成为警察文化的一个独特标志。下面的轶事描述的是不可预测的应急性活动。

实际生活中，大街上可能会发生任何事情。我的搭档在湖滨快车道上拦下了一辆超速的机动车；限速 45 英里每小时；这个人肯定开到了 100 英里每小时。"拦下那个混蛋！"然后我们打开警车上的蓝灯，让他在路边停车。他停车后立即下车跑到车后边——我们甚至没有警戒的机会，你可以想象他跑得有多快。他说："是这样，我知道我超速了，但你们一定要帮我。""请不要给我开罚单，我没有时间等你们。你们看见我车里那个女孩了吗？"我们说，"看到了。""和她做爱，我有了最刺激的性体验。她住在欧克和迪尔伯恩街的基督教女青年会。如果我不在 5 分钟内把她送回去，她就永远不会和我出来约会了。我愿意跟你们谈超速的事情——如果你们待在这里，我 10 分钟以内会回来，你们那时可以给我开罚单，但是我现在真的没时间。"——他跳进车里，一溜烟疾驰而去！——他开车的速度有 100 英里每小时（弗莱彻，1990：6）。

这种不可预测性有时被称作"情境不确定性"（situational uncertainty）（麦克纳尔蒂，1994），它与警察遭遇的危险情境不同。在某种程度上，危险存在于所有的警察工作中。然后，情境不确定性指的是警察所面对的"街道"工作以及组织本身的不确定性（曼宁，1977）。范·马安伦（1974）认为，不可预测因素赋予巡逻工作以意义和乐趣，并且使得原本一成不变的日常工作有了一个缓冲。

我做了一个关于假释和缓刑监管培训的研究，我发现，学员在之前学习了解过他们所有工作元素中的不可预测性。不可预测性在警察的日常工作中加入了无法预料的复杂元素，以及可以用作实战学习案例的故事。下面就有一个这样的故事，它的情景就是警察陪同假释监督人（parole agents）做常规家庭走访，目前这种走访规模日益扩大。

> 教官：这是一个我在电视上偶然看到的大案子。我和我的同事发现一名罪犯，我们认为他正在改动汽车的车辆识别码（VIN）。我们询问他是否携带武器。好吧，他携带了武器。一共有 43 件武器，其中有 34 件已经装弹。尽管该过程应该只花 15 分钟，但实际上花费了 7 个小时。

> 接下来，有人叫来了媒体。他们赶到后开始拍摄照片。我们用泥煤苔将装大麻的袋子装满，然后让媒体拍了照片。我们绝没有声明这是大麻。让媒体提供一点帮助又不是什么坏事。媒体正好把焦点放在了那个袋子上。楼上有一个保险箱，他（罪犯）声称该个保险箱是他母亲的，他打不开。然后我上楼并大声说："找一个开锁匠过来。打电话给佛罗里达；如果我们在保险柜里找到什么不好的东西，我希望在接下来的 4~5 个小时内控制他的母亲"。随后，他接受了合作。那个保险箱装满了毒品。

> 我把一切都扣押了。我们扣押了房子，随后发现该房产在其母

163

亲名下。我们不得不解除对房产的扣押。但后来我们发现该房产的房款已经付清，他的母亲已经在出售契据上签名将该房售予他。我们重新扣押了该房产。不过随后我们又发现他伪造了出售文书。所以我们再一次解除对房产的扣押，并对他增加了一项伪造文件的指控。

在这一案例中，一系列意料之外的发现和心理策略让警察发现了比预期多得多的犯罪活动。

只有警察个人的常识——而不是"书本知识"——才能使他们准备好应对警察工作中普遍存在的不确定性。因为常识处理的是未知而不是已知，它不能像"规则全书"一样将配方教授给学员，给每个警察提供工作思路图。常识是一种诗意的逻辑，允许他们开展"有序但不拘泥于规定的活动"（希林［Shearing］和埃里克森［Ericson］，1994：483）。他提供一种分析情境的方法而不是在每种情况下应当遵守的规则。常识要求警察灵活且有创新精神，这样才能适应未知的、无法预知的冲突。

11.1 乏味的不可预知性

不可预知性给街头带来有暴力和危险的氛围。但它也可能远低于此：不可预知性可能很乏味、无聊。想一想拦截车辆。警察在拦截车辆时的行为根据紧急程度的不同而有所差异，但很少有危险的情形。贝利和比特纳（1989：99）总结了 10 种警察在与公民的初步接触中可能采用的行动，7 种在进行拦截时的合理战略以及 11 种退出战略。应急排列的总数十分惊人（10×7×11＝770），这是警察拦截车辆检查工作的一个特点。想一想贝利和比特纳列举的退出（行为）战略。警察可能会：

> ……给车辆和司机放行；警告并放行；开处交通罚单并放行；开处罚单并警告后放行；根据司机先前的违法行为逮捕司机；以酒驾为名逮捕司机；以在拦截车辆期间发现与犯罪有关的证据为由逮捕司机；因警民接触中司机的行为逮捕司机；扣押车辆；要求司机步行；帮助司机安排其他交通方式；以与司机相同的原因逮捕乘

客；不逮捕乘客但将其送到其他地方；警告乘客（贝利和比特纳，1989：98）。

对特定行为的选择取决于警民接触发展的方式、公民的行为、违法行为的严重程度、控制局面的需要、对警察的潜在威胁、公路安全及车流量、后援力量；简而言之，视拦截车辆过程中具体情况而定的一系列因素。同样的，不可预知的事物也可能极其平凡。恰恰是与平凡一起出现的各种可能的结果使得真正的危险出现时反而难以辨认。

11.2　麦克纳尔蒂：常识及特例

警察高度重视常识。但是鉴于大部分的警察工作不可预知，常识的理念有些不规则。大部分人想起常识的时候，都会想到指导一个人以特定方式行事的格言警句。麦克纳尔蒂（1994）指出不同警察的常识也不同。在亚利桑那州的一个警察局工作期间，她指出警察利用常识找到了一种分析不确定性的方法——一种思维框架，它让警察得以分析并评估其在工作环境中面对不可预测性时的反应。她做出了假设，通过强调警察工作环境的一大特色——情境不确定性，警察能够创造常识知识。

165

麦克纳尔蒂的兴趣在于不确定性如何塑造警察的常识。麦克纳尔蒂以旁观观察者的身份参与警察局的工作，在一个训练班花了 16 周采访雇员，并与很多毕业学员一起参与巡逻任务。通过调查，她描绘了一幅警察如何构建常识的图画。

麦克纳尔蒂称警察与其他群体一样，其常识来源于行动；也就是说，警察通过在于公民接触过程中的行为以及他们讨论这些接触时同事的反应来丰富他们对人性的埋解。给同事们重演故事也是警察工作的一个特色，这些故事与他们的工作一样，包含着从一开始就不可预测或者不确定的情况。警察的自身经历构成了常识词汇，常识词汇关注着警察工作的不确定性。处理不确定性的常识性方式会一代代传给新入职的警察，帮助他们做好应对警察工作不可预测性的准备。麦克纳尔蒂提供了下面为新入职警察介绍不确定性观念的"互动情节"。

几位警察重演了犯罪现场以供新入职警察观察并做出评论。场景是一家刚刚被抢劫的便利店。两位警察都（大声地）声称是刚刚被抢的店员。每位演员都尽力使新入职的警察相信另一位所谓的"受害者"实际上是"坏人"。另外一个演员扮演的一位爱管闲事并十分讨厌的证人更加剧了这种迷惑。当这个情节中的警察采访这位"证人"时，他的职业（律师）引来了观众中知情者的笑声。最后一点困惑是当演员"被捕"时，他转过来问（指"受害者"）"为什么你放走了我的同伙？"（麦克纳尔蒂，1994：284）。

麦克纳尔蒂指出，这个例子的设计初衷是将不确定性引入到平时认为理所当然的领域，尤其是区别受害者和罪犯。以下是不确定性的一种解释：

> ……人们通常认为那些违法乱纪的人看起来和受害者不同而且只有罪犯会撒谎。让一名律师扮演可能会对罪犯造成实质性威胁的麻烦制造者进一步表明危险可能会以多样且不可预测的形式出现。最后，这一情景向新入职警察表明危险和荒诞的成分既不罕见也不互相排斥，但它们都来自普遍存在的不确定性（麦克纳尔蒂，1994：284）。

当不确定性与威胁生命安全的环境联系在一起的时候，警察可能会因此陷入痛苦之中。但是，不确定性在其他与工作相关的情景中可能会成为暴力感、能量以及文化推崇等内容的来源。这种不可预测性并不少见。麦克纳尔蒂（1994：285）指出："正常事物总是具有演变成非常事物的潜质。"危险和彻底的疯狂都来源于同样的起因：警察工作环境中普遍存在的不确定性。她将后一种类型的不确定性称为"荒谬故事"。麦克纳尔蒂提供的下面这则故事刻画了普遍存在于警察工作环境中的疯狂感。

> 警察接到了一位出租车司机的报警电话，声称有乘客不付车费。在停车场，出租车司机站在自己车外冲着两个妓女大喊。车的前排座位上坐着第三个妓女，她裸着身子，只用一件红色的皮夹克遮掩身体，她生气地走到车外朝着司机大叫，根本不在意那件夹克。妓女搭乘了出租车，现在她称自己没钱付车费。这四个人全都

166

冲彼此大喊大叫。出租车司机大喊着要妓女付钱，妓女叫喊着自己被陌生人强奸了，另外两个妓女喊着说，司机在她们上车时就应该知道她没钱付车费（麦克纳尔蒂，1994：285）。

11.3 真正的警察工作

曼宁（1977）和范·马安伦（1973）都对警察工作中的深层次紧张进行过研究。这种紧张存在于新警察对警察工作的期待与成熟的老警察对于日常环境的感受之间。这种紧张也有相关的表现形式；警察在保持低调并避免麻烦的时间，与寻找或进行真正的警察工作的时间之间，平衡自己的活动。新警察对兴奋的期待在后者中得到满足，这也维持了警察对工作的兴趣。

真正的警察工作可以描述为：不可预测的突发事件突然间使得本应平常的值班充满兴奋。在轮班的任何一个时间点，警察都可能在无线电台上听到"警察需要支援"的呼叫，他们会在对追逐、危险和交锋的期待中感到肾上腺素急剧攀升。比特纳（1990）将真正的警察工作称为"追逐的张弛"，这将新警察的幻想与日常活动结合起来；突然接到正在发生犯罪活动的报警电话，追逐罪犯——简而言之，所有出现在"真实警察"电视节目上的东西，将警察工作演绎得活灵活现。真正的警察工作关乎自身安全，能够激发警察在打击犯罪的战斗中作出贡献的战士梦。警察有机会使用源自他们独特经历和执法训练的特殊技能——在真正警察工作中，危险、警察安全、武器训练、保护其他警察，这些强大主题都会发挥作用。真正的警察工作是"由搜查、追逐和逮捕构成的象征性流程"（斯科尔尼克和伍德沃思［Woodworth］，1967）。这种工作给予警察一种在体谅互让的日常工作中难以获得的自我价值感。

警察认为自己的工作中充满危险，尽管文献资料的观点恰恰相反（亨特［Hunt］和马格劳［Magenau］，1993）。巡逻过程中有着无数种可能的行动。下面的例子中包含了这种冒险的感觉。

我们发现谢里丹路的高层建筑中发生了一系列的飞贼盗窃案件……这非常古怪。我们对此做了检查，住户的门都有两重锁和固

167

定门栓，而且没有任何强行入户的痕迹。

我们对此做了详细调查，我们在这些高层建筑的屋顶安排了一些警察。正值寒冬——屋顶很冷，迎面吹来从湖边过来的冷风……我们通过望远镜发现在马路对面的屋顶上有一个家伙，他正在张望，看有没有人上来。

一天晚上，一个家伙出现在其中一个被窃建筑的屋顶上，大约凌晨两点的样子，当时又冷风又大——他带着一辆自行车。我们后来发现他从高楼的楼梯井爬了上来。带着自行车，把它停在屋顶上。他又拿出来一个……绳子，像是登山用的那种，他把绳子勾在屋檐上，然后顺着绳子下滑了三个楼层，跳到阳台上。他打开滑动门走进了屋子。大部分人从来不锁阳台的门——谁会想到有人从十五层楼的阳台外面进入房间呢？

他拿了一些野营用品出来，又爬回了屋顶。我们随后将其抓获。他正准备骑着来时的自行车离开盗窃现场。"你把自行车带上来做什么？"他说："我不想让别人把它偷走。"（弗莱彻，1990：223－224）。

当代作者有时认为大部分的警察工作很无趣（沃克，1990），这种观点与警察工作很令人兴奋的观点很不一致。因为描写警察的作者不想过分夸大日常警察工作中有限的真正令人兴奋的部分，所以其他更有趣的工作的重要性被忽视了。正如范·马安伦（1973）所说的那样，警察倾向于保持低调，远离麻烦。

罗伊斯－扬妮（Reuss－Ianni）对警察工作很无聊这一观点提出了质疑，她表示这种观点是"管理层警察对于一线警务"的看法，此种看法没能捕捉到从平常工作中自然演化而来的激动与刺激（罗伊斯－扬尼，1983）。从弗莱彻提出的例子中可以看出，不可预测性并不都是涉及剧烈活动的危险；几乎所有处理犯罪事件的活动都被视为真正的警察工作。最能充分概括真正警察工作的观点可能是我在一项实地调整项目中发现的以下观点："每天晚上，当你外出时，你永远不知道会发生什么特别的事情。"期待中有些许愉悦和欣喜。

168

11.4 坚忍不拔是警察的命运特质

有关不可预测的故事有时会使人的性格变得刚毅勇敢。那些称得上是好故事的事件中包含一种如砂砾般坚忍不拔的品质，在一些更具学术性的研究著述中，往往不承认这一点。我说的坚忍不拔不是指勇气或者精神，而是一种言谈粗俗、举止粗野的感觉，犹如充满坚硬颗粒的灰尘和沙子。坚忍不拔是一种隐喻，表示用坚硬如岩石般的东西研磨光滑细腻的材质。警察处理的是社会关系中那些粗野的部分，随着人际关系的世风日下，粗野和粗鄙的风气也随之而来。这些故事强调了警察的一种观点，他们自认为"什么都经历过"。

下面的这则自杀故事，抓住了警察工作中的不可预测性所隐含的坚忍不拔的刚毅果敢精神：

> 有一次我们发现了一个跳楼的人。这个人从基督教青年会（YMCA）的19楼跳了下来。他落在了地上，头撞到了地面，头盖骨被撞飞，脑子摔了出来。然而，他的大脑完好无损。我绕着它仔细端详；我搞不明白为什么单单一个脑子躺在那里，完整又完美。它正好落在排水沟的上面。它没有溅得到处都是也一点都不恶心。就像是有把脑子放在排水沟上一样。像是一个蛋黄。它真的太完美了。
>
> 医务人员随后赶到。有一名医务人员说："看看这块大脑！你觉得我们要不要把它和冰块一起放在箱子里？"我看着他，好像在对他说："当然可以，伙计，去把它移植到别人身上吧。"（弗莱彻，1990：3）

尽管坚忍不拔和刚毅果敢是警察对待其工作的一种方式，但它的作用并不局限于此。它是警察工作内容的反映。警察看待人体的方式与半常人不同。我们是社会化程度深厚的生物，正常来说我们所看到的身体都装饰着人格，并且每个人都用为社会所接受的个人风格展示自己。我们身着文化背景下的服装去与朋友见面和接触；带着适合特定场合的面部表情，穿着适合特定场合的服装。诚然，那些没有穿着适当的文化服装的朋友和同事迅速被我们所抛弃——我们选择待在和自己相像的人周围。我们与他人的联系是有中介的，简而言之，有一些列的复杂机制，时刻提醒他人我们是谁，同时也提醒我们他人是谁。

有时警察看见的某些事物与常人是不同的。他们所看见的人的身体没有习俗的修饰。他们所看到的身体是它本来的样子，脆弱、易受伤害、有的严重损伤、有的腐烂、有的生满蛆虫。警察是真正的旁观者——他们知道人去掉社会的雕饰是什么样子。安徒生童话说到一个富有洞察力的小孩，诚实而又幼稚，他看见了国王没有穿任何衣服而且有勇气告诉国王。警察知道人去掉外表装饰特之后是什么样子。

在 1996 年的夏天，我与一名警察一起驾车巡逻，他是一个大约 30 岁的年轻人，但他已经很坚强并且在街头接受过历练。我们开车穿过萨瓦纳第二区——内城的暴力街区。我们经过一片居民区，这是一栋有 4 个单元的公寓，每一单元楼上都有不同的涂鸦。

> 罗比·鲁滨逊（Robby Robinson）就是在那里被杀的。他曾经是一名民权工作者。整栋大楼的前侧（他指了指公寓大厦）都被长钉炸弹炸掉了。他被炸掉了一条腿和一只胳膊。

"他被杀死了吗？"我问。

> 嗯，是的。他们把他的肠子填回肚子然后缝起来，但他仍血流不止，所以他们又把他的肚皮打开了。所以现在我知道了，人的身体是个机器。我看见过。

暴力致死在这个警管区中是很常见的事件。在这个包括六个街区的警管区域中，他见过多次类似场景：

> 那边的房子就是发现妓女尸体的地方。在那里的房间里（往下走两个街区）我们发现了另一个妓女的尸体。那边（街对面），两个窃贼破门而入，朝一名女性面部射击，杀死了她。（在街角，往下走三个街区）在那里，是我人生中第一次看见木乃伊干尸的地方。她的内裤被塞进了她的喉咙里。她身体生满了蛆虫。邻居们都在抱怨尸体散发出的臭味。①

---

① 弗莱彻（Fletcher, 1991：68−69）观察到，警察不愿意去处理举报可疑臭味的报警电话。一个故事中说可疑的臭味是"他们最怕接到的报警缘由"。另一个故事讲的是警察适应臭味的方式，比如，"一个众所周知的事实，警察喜欢在犯罪现场吸烟"。

对于目击过这些的人来说，社会性外表虚饰就变得十分明显而单薄。人的身体暴露了本来的面目——一个湿漉漉的皮囊，易腐烂、散发恶臭，在极度恐惧和临近死亡时还会大小便失禁，很容易被邪恶的暴力所撕碎。在与他一起值班的短暂时间里，我们看见了一个年轻的女人，面部被划伤，血淋淋的，暗色的皮肤向外翻起，腹部有很深的刺入伤，甚至在我们看着的时候伤口还在膨胀。她的衣服被向后撕开，以给医疗队提供施救腾出地方。"血和胸脯"，一位警察如是说。这个含义是符合语境的：除了她左手臂下面离伤口很远的一块小白布条，她的胸罩都被染成了深红色。白色的布条闪闪耀眼，好像在以自身的洁白嘲讽周围的血腥野蛮。在这样的环境中工作，很少有颂扬人性的机会。

170

对于很多警察来说，刚毅果敢是他们幽默的主要来源，给他们的幽默提供了独具特色的黑色背景。下面的这则故事特别具有坚忍不拔的"粗犷感"，显示了幽默方式的不可预测性并给结束本节提供了一个好例子（弗莱彻，1990）。

> 你看，有些警察令人毛骨悚然。我虽然这样跟你说，其实这种现象和地区有关系。你看，我们有一种在不了解警察的人看来很可怕的幽默感。对我们来说，特别好笑。
>
> 在1972年的时候，有一起坠机事件。一架飞机撞到了电话线，飞机坠落，压倒了几栋房子，飞机上的不少乘客丧生。坐在座位上的飞行员看起来很自然，人们认为他还活着，但他其实已经死了。其中有一个受害者头被撞掉了。后来发生的事情是这样的，救援队赶到以后，在救援队中有一个年轻女子——一个警察告诉我这样一件事，他还发誓说这是真的：他拿起一个人头跟她说："想要这个吗？"她尖叫一声就跑开了。这个故事让我们笑得前仰后合。这是他们听到的最好笑的故事。现在这看起来很变态，但警察们觉得很好笑（弗莱彻，1990：43）。

什么畜生都阻挡不了我

主题：骚乱和边缘控制

"我不会让哪个"狗娘养的"（any sonofabitch）打败我。什么畜生都阻挡不了我。只有砍下我的头颅才能阻拦我。"

——《警察标准培训课》，1995

这句话来自一个培训视频，是在我参加的一个缓刑假释官岗位培训课上播放的。教课的教师将这个观点称为"积极心态"，它在市政警察的工作中同样有效。如果情形变得远远出乎意料，一直发展到威胁生命安全的地步，那么他将会胜利。那个老师，那个靶场安全官，将课堂交给了一个穿着T恤的教官，他的T恤上印着这样几个大写的字：

攻击我，我需要练习

这个培训场景中的人员所展示的观点，在其他地方被称为"保持锋利"（maintaining the edge）。范·马安伦（1978：312）将这个主题描述为理解巡逻工作中"如何做"的关键。保持优势或者锋利，意味着两件事情，都在实际层面上。第一，确保你比坏人拥有更多的火力、技能、训练或者支援。第二，把决定性力量瞄准坏人，这种锋利优势被希林和埃里克森（1991：492）生动地描述为"跳起四英尺的高度，以越过三英尺宽的沟"。

173

12.1 骚乱和控制

控制是警察文化中的中心元素之一。斯特莱奇（Strecher）将控制的原则陈述为以下内容：

在所有的警民接触中，警察必须在事情的起始阶段以及发展方向上取得并保持控制，他们必须占据上风，必须维持心理优势和战略优势（斯特莱奇，1995：217）。

这本节中，我将保持优势控制描述为一种与警民互动接触中的偶然性（或无法预知性）本质相联系的现象。这些接触中可能包含大量的骚乱现象：汽车驾驶员的争辩和敌对态度、公民的欺骗、偶然揭露的违法行为、肢体冲突、逮捕中敌对公众的突发性聚集、当遭遇携带武器的个人时所产生的威胁生命的危险。在这里，我所说的"骚乱"有两点标准——在短时间内爆发大量的行动，且这些行动的发展方向无法预见，但它会如恶魔般以自己的节奏发展。想象一下逮捕的过程。如果犯罪嫌疑人态度顺从而且孤身一人，那么逮捕过程就不会特别混乱，警察可以在不遇到太多麻烦的情况下控制局面。但是，如果在实施逮捕行动时，周围有公众聚集，则表示发生骚乱的可能性急剧上升——不可预知的偶然性事件开始显露出来，这时，警察必须在事情以不可预见的方式发展为不可控制的局面以前迅速地控制场面。

各种各样的故事、抢占先机的计划以及训练策略，都是为警察在警民接触中获取优势做准备。他们很快就明白警民接触是无法预测的，他们不可能控制所有可能发生的偶然事件。事实上，正是结果的不可预知性使得警察的工作变得有趣。他们永远不知道下一步将会发生什么。

12.2 边缘控制与维持优势

不可预知性有一个不利方面——盲目恐惧。与武装的严重犯罪分子发生正面对抗，可能会有致命威胁，在此情况下被敌人发现自己在身体上或者心理上没有做好准备，是最让警察感到困扰的一种恐惧。警察学习抢占先机的策略，这使得他们在警民接触中可以控制最危险的违法行为，同时在那些很可能出现违法以及暴力行为的警民接触中占领优势地位。经验教导警察找到边缘，并教他们如何识别事件的临界点以及当边缘出现时怎样采取行动。这就是我说的边缘控制（edge control）的现象。考虑一下以下的案例：警察去处理一个家事纠纷的报警电话，房东警告他们说那里有枪。他们进入了公寓。

174

> 当我们走进房间的时候，有个女人在大声叫喊；她朝我们发脾气，上蹿下跳。突然，她极其迅速地坐下……她把她的手臂放在她的跨间，所以我抓住了她的手臂……她是一个体型庞大的女人——她拔出了一支枪管长六英寸的左轮手枪，一支 0.22 口径的手枪，它正对着我的脸。

> 我唯一能想到的就是抓住它的旋转弹筒。是这样，假如你能抓住旋转弹筒，只要枪支正常工作，即使他们打算向你开枪，旋转弹筒也不会转动。当然，仅限枪支完好……好了，我抓住了它——她正在试着向我开枪——旋转弹筒保护了我。我用另一只手重击了她的脸部，然后把枪夺了过来。

> 我很庆幸她的手枪不是一支劣质的枪。如果你碰到一支劣质手枪，还去抓住旋转弹筒，你已经出局了，已经失败了，已经死了（弗莱彻，190：30）。

这个家事纠纷报警电话的事件迅速地朝着不可控制的混乱方向发展，可能是朝着死亡事件的方向发展。只有警员的迅速反应才能阻止冲突，回避边缘临界点的出现。

缪尔（1977）对强制及其反讽现象做过深入细致的研究，其中有一个有力的观点就是，警察控制人们行为的程度是有限的。边缘控制发生在不可预知性的危险"边缘"——对应前边的案例，那个女人正表现出极端躁动的行为，她拔出枪的时候这种行为就开始转向混乱边缘。警察控制边缘的能力在于他对于武器知识的了解程度，做出迅速反应的能力，以及很好的运气。在这个案例中，如果边缘控制失败，就意味着生命的消亡。

我用术语"边缘控制"来替代更广为人知的短语"维持优势"（范·马安伦，1978）。短语"维持优势"是说我们对警察危险处境的评估和预测应该依据警员所具备的能力，而且我们看到的观点和训练方式都是对具有威胁性和危险性的警民接触的过度反应。在这种语境下，边缘指的是一个警员所具备的能力水平。

另一方面，"边缘控制"一语，把警员行为的焦点重新聚集到他们的工作环境中。它是一种递归循环模式，描述了警察工作的本质以及警察努力处理不可预知事物的方式。边缘控制是一种看待危险的方式，它直接将警察行为与警民接触中基本的不可预知性联系起来。

有些时候警察工作需要通过偶然性事件来引导一系列的行为。边缘控制指的是警察努力阻止不可预知性的过度发展，阻止混乱的开始，混乱一旦开始，警民接触就会变得十分不稳定，这时就无法控制它或者影响它了。警察们通过学习各种策略和计谋来"维持边缘"，因为他们的工作包含了大量的边缘控制。边缘控制是努力抑制骚乱，使它不会上升到混乱的门槛，简单地说，就是避免事情变得无法掌控。

175

警察训练的核心是学会识别事情何时会变得无法掌控，以及提高在混乱情形中开展行动的能力。警民接触中对受伤的高度恐惧使人们密切关注参训警员的安全。警察收到的建议并不是什么都要去干预，而是要他们相信自己的"直觉"。这里面存在一个很大的问题：一方面，边缘控制是通过实战学会的——这并不是说在岗位培训中学不到，而是岗位培训的时间十分有限，它无法包含关于所有特定话题的海量内容。另一方面，新警察没有实战经验，因此教官要教导他们，如果事情实际上并不是表面上看起来的样子，那么就要尝试去感受，如果看起来有问题则要寻求帮助。

考虑一下下面这个案例，它来自于我对假释缓刑岗位培训的研究（克兰克，1996）。每位新成员都拿到了一张家访指导手册。教官将全班人员的注意力吸引到第一页下方的中间，那里写着"JDLR. 参看第五页"。"JDLR"意思是指"不要向右看"（Just Don't Look Right）。在第五页，教官指着用小写字母书写的"GTHO"，这个术语的定义为"尽快离开"（Get the Hell out）。这是给新警察的一次教训；这里会有足够的时间来学习如何识别和控制边缘。

12.3　边缘控制和刀刃作业：林恩与自愿冒险

　　林恩提供了一种思考"边缘"的方式，该方式和我用此术语的方式很相似。林恩问道，为什么在社会如此强调安全性和可预测性的情况下，一些人会故意寻求危险的、甚至威胁生命的情景？它不可能是为了达到某种目的，因为这些寻求此种冲突的人这样做只是为了这种体验本身，而不是为了某种有价值的结果。这种对于边缘控制的追求，他称之为刀刃作业（edgework），他把它定义为关于骚乱与无序之间界限的谈判。为什么一些人会沉浸在骚乱边缘——生命本身会被威胁的地方呢？

　　刀刃作业活动都有一个共同的中心特征：它们包含一个"对身体状态、精神状态或人的有序存在感的明显可见的威胁"（林恩，1990：857）。边缘是一个隐喻，它暗示对有序的、可预测的存在的限制。林恩把它描述为"生和死，有意识和无意识，理智和疯狂⋯⋯"之间的边界，后来又将其描述为"有序和无序，有形和无形之间的界限"。他认为，刀刃作业活动的原型形象，就是控制边缘失败并以死亡告终的情形。① 刀刃作业的能力就是维持控制的能力，即控制"接近完全骚乱的情形，以及大多数人认为完全不可控的情形"（林恩，1990：859）。

　　他观察到，刀刃作业建立在反讽的基础上。刀刃作业者（edgeworkers）相信他们具有某种天生的生存能力，这种能力与他们存活的可能性之间有着某种直接的联系。每一个通过谈判议定的边缘，都进一步证明了刀刃作业者有着局外人难以理解的独特能力。总而言之，他们的幸运被视为他们能力的证明。

　　刀刃作业者并不承认世界上存在无法处理的风险。如果某个人在从事刀刃作业的过程中被杀害或者受伤，"这会被视作能够证明他/她'根

---

　　① 他认为，亨特·汤普森（Hunter Thompson，1971）的著作是擦边工作概念的来源。对汤普森来说，擦边工作意味着使用大量的各种混合毒品，足以对他的正常心智和生命构成威胁。

本就不具备正确的东西'的直接证据"（林恩，1990：859）。然而，这个逻辑与边缘本身的概念相矛盾。边缘趋向于骚乱和不可预知性。它之所以吸引人是因为在那里连生存都是个问题。因此，"关于边缘的谈判能否成功，在很大程度上，取决于运气"（林恩，1990：872）。生存并非取决于技能，而是取决于行为人无法控制的突发情况的有利排列。

控制边缘是一种错觉。控制的概念违背了边缘的本质，即不稳定且未知的情况。人们需要刀刃作业工作，不是因为它可以使行为人展示技能——如果刀刃作业者寻求的是技能，那么他们还不如去做家具或者种花种草——而是因为它的狂野和不可预知的属性。它是濒临骚乱的边缘，在那里，尽管参与者拿出他们所有的技能来应对他们的处境，还是会出现致命的结局。

一个普遍认同的悖论构成了刀刃作业边缘控制的特征。不成功的结果证明个人不具备在刀刃作业中存活的基本技能（林恩，1990：874）。当刀刃作业工作陷入骚乱和死亡境地时，刀刃作业者把它归咎于失败参与者的错误技能。刀刃作业者极力否定他们所参与活动的本质，忽视了使他们陷入边缘控制的刀刃作业的原因——它的疯狂——并且把死亡归因于技能不足。

林恩的研究引导他去探索冒险行为的情感轮廓（emotional contours）。他问道，为什么有人会被吸引到秩序混乱的地方？置身于危险中能为参与其中的人带来什么？他认为，刀刃作业者是被一种征服感，一种能够用特殊的天赋控制运气的幻觉所吸引。将技巧适用的情形运用到结局无法预测的警民接触中，这样就创造了一种"控制幻觉"（林恩，1975）。在这个幻觉中，个人成了神话中的战士，尽管困难重重，仍然可以战无不胜，并且相信自己具有特殊的才能去完成不可能的事情。他们是一支精锐部队，一个特殊的小组。他们身上有"对的东西"。

刀刃作业求者体验的是一种过程，对这一过程的最佳描述可能是自我实现——边缘控制的刀刃作业行为让他们感觉自己的心灵得到了净化，力量得到了加强。边缘体验会带来一种"超现实"的感觉，感觉这一体验特别真实。一个登山爱好者曾经向我提起过他的感受，"当身处边缘之后，剩下的只有等待"。日复一日的存在太过平凡、单调且暗淡。

177

的确，超现实的感觉可能会十分强烈，有些从事边缘控制的刀刃作业者会故意增加它的难度。刀刃作业的关键技能包含避免令人麻痹的恐惧，以及专注于手头工作的能力。刀刃作业者认为自己内心强大，因此他们极为看重自己应对危险的能力，相应地也会轻视外行人的技能。

林恩工作的重点是自愿性冒险。他没有讨论有时是职业必要性要求个人去对抗边缘这一情形。林恩的边缘分析，对于我们理解警察文化有什么启迪？

林恩对刀刃作业的描述与警察的工作之间有很多的相似之处。职业危险意识在警察文化中无处不在。危险的画面不是只有警察们才能接触到并传播出去。危险的画面每天都会在报纸上、电视上和电影中出现。让一个新警察在一个孤立的房间中去想象，警察工作并非一直都充满重大且反复发生的危险，这正是培养新警察的方法。这种观念以及对警察安全的极度关注，在训练中得到了进一步的强化。职业危险有关的故事被反复地讲给警察听，其中某个警察应对危险的方式是这一职业文化知识的一部分。换句话说，警察应该参与控制的刀刃作业活动的观念在警察文化中占据了中心地位。

警察对于他们自身工作的认知与刀刃作业者们的认知并无不同。两者都有控制的幻觉——坚信凭着充分的训练，他们能在不可控的情形中生存。当一个警察在应对边缘的过程中失败时，当他或她被杀害时，警察们不会承认没人能在当时的情形下幸存。有警察受伤或被杀时，总会有黑色谣言说是其准备不充分。

此外，许多警察甚至被吸引到边缘情形中。一个同事曾这样向我解释：[①]

> 世界上有两种人。想象一栋楼里有个狙击手，他站在顶楼上朝下面的人开枪。一个理智的人会怎么做呢？他们会以最快的速度远离那个狙击手，越远越好。然而，一些人不会远离那个狙击手，他们会奔向狙击手。他们就是成为警察的那类人。那么，你会朝哪个方向跑呢？

---

① 与卡尔德诺（Caldero）之间的私人谈话。

这个观点表明，职业危险并不是被简单地强加为职业的一部分。某些享受刀刃作业的个别警察可能会主动寻找职业危险。

刀刃作业包含一种心理暗示，它指行政管理层控制一线警员在危险情形中行为的能力。林恩引用米德（Mead，1950）的文献来区分两个概念，一个是"主格我"，主动且不加思考的自我；一个是"宾格我"，存在于自我当中的社会元素，我们社会化的产物，它允许我们反思自己做的事情，并让我们思考他人如何看待我们自己。林恩认为，在刀刃作业者中，社会的"宾格我"，反应型的自我，是不活跃的。刀刃作业者不得不出于本能快速地依赖个人技能和训练来求得生存。在真正的刀刃作业过程的冲突中，没有反应的时间。控制边缘的刀刃作业是紧张的、超现实的，因为它是一个纯粹的以自我为中心的行为。社会的自我与边缘控制的刀刃作业完全不相关，甚至可能对生存起相反的作用。

警民接触中缺乏反应型的、社会的自我，会在很大程度上限制行政政策控制警察行为的能力。如果警察们发现他们自己被卷入了无法预测的或者包含实质危险的冲突中——简单地说，即边缘控制的刀刃作业——那么他们可能完全丧失考虑部门政策的能力。反应的能力，社会的"宾格我"，与这种冲突无关。在骚乱的边缘，是其他活动在起作用。正如林恩所说，事实上，如果不具备反应能力，事后描述冲突事件的能力本身就有问题。

因此，恰恰在这些最容易导致公众争论的情形——致命的武力冲突之中——从事边缘控制的刀刃作业者的工作心态使得政策上的努力变得没有意义。为了生存，思想通过其他的途径工作，即凭着本能专注于行动。它的生命力存在于一个自发运动的环境中，在那里，参与者的行动和反应都是根据混乱、常常不安定甚至有时会是威胁生命的情形而做出的。用米德术语来说，像行政政策这样的限制针对的是"宾格我"，即反应型的、社会的实体。这里并不存在"宾格我"。这个领域属于边缘追求者。其他人不属于这里也不受欢迎。因此，用行政手段控制一线警员在暴力性警民冲突中的行为，是有其局限性的。

警察的工作与边缘控制共存，因此他们培养的是生存技能和控制逻辑。下面的讨论描述了警察与边缘控制的刀刃作业相妥协的几种方式。

12.4 比利和比特纳：伤害控制、一丝不苟与考虑周全的后撤

有一场关于警察社会化的讨论，安排松散但内容紧凑。贝利和比特纳（Bayley & Bittner）在这场讨论中提出，警察普遍关注个人伤害。他们指出，尽管警察极少处于致命的威胁之中，但是他们"要不断地处理那些意图打架、斗殴、袭击、刺伤、吐唾沫、咬人、撕扯、投掷、藏匿或者逃跑的人实施身体管制等各种情形"。他们工作的实际情况，偶尔也会遇到"断掉的鼻子，打掉的牙齿，青肿的眼睛，断掉的肋骨以及扭曲的胳膊"等情形。在这种环境下，警察形成了一种对他们个人健康状况的焦虑，据贝利和比特纳所说，这种焦虑在外人看来过于苛刻。

179

　　警察们养成了一种本能的警惕，警察把它称为"考虑周全的后撤"。他们绝不想给人退缩的印象，尤其是他们的同事，因此他们会尽力避免不得不与人斗争的情况。而与此同时，他们被赋予了建立控制的义务，因此他们觉得实施先发制人的行动是正当的做法。实际上，他们学会了在行动中使用更多的武力，即刚好超过他们的潜在对手可能使用的武力强度。有警察把它比作跳五英尺远来越过四英尺的沟。① 绝不要把事情卡得太精确；如果个人很有可能受伤，那么就使用充足的武力去消除威胁（贝利和比特纳，1989：93 – 94）。

贝利和比特纳举了一个其他的警察给他讲的故事，主要讲的是他们如何在不受伤的情况下化解了有潜在危险的情况。在这些例子中，我们可以看到，通过故事的创新发展，文化实现了常识意义上的传播。有一个故事，讲述的是一名警察在一次家庭争吵中掌握了边缘控制权，而他的方式是"若无其事地坐在电视机前，然后摘下他的帽子。警察这种漠不关心的态度让正在争吵的夫妻俩困惑不已，最后他们自己也失去了吵架的兴趣"（1989：97）。

---

① 有趣的是，这一措辞在此之前应该引自希林和埃里克森（1991）的研究。这里引用该文，表明这一修辞很流行，它在比喻的层面上清晰地捕捉到了边缘控制的本质特征。

贝利和比特纳表示，这类故事非常普遍，甚至已经成为警察神话的一部分，而也正是因为如此，我们不能全信。劝别人不要把这些故事看得太过认真的人忽略了一点，那就是在警察文化中，神话的力量是传播价值观的工具。真正重要的不是这个故事是否是真实的，而是这个故事是否讲述出来了。一旦讲述出来了，它就成了常识知识文化库的一部分，而常识知识的作用就是分析常见问题并寻找解决途径，同时降低了对自己的潜在风险。

贝利和比特纳注意到，以上描述的手段被频繁应用。然而，还有另一种看待故事的方式。从文化角度看，故事并不是为了提供某种"规则似的方案"（rule–like prescription），告诉警察他们该如何行动。它传达的是一种敏感性，有了这种敏感性，行动会自然而然地出现（希林和埃里克森，1991）。在此种情况下，敏感性指的是，问题的解决不在于警察武力的使用，而是在于当他们发现自己处于某种不可控的情形时，他们对掌控该情形的热情。这个信息并不是规则似的指令"坐下，什么都不做"，而是一种情境敏感性，它指导警察做一些别的什么事情，而这些事情完全的出乎了当事人的意料，使得它改变了干预事件中的人际关系。　　180

12.5　范·马安伦：边缘控制和道德责任

上面所引证的著作的关注焦点在于对危险情形的控制上。边缘控制的刀刃作业还有另一个层面。在有可能给警员造成道德上或身体上的伤害的警民接触中，必须要实施维持边缘的行动。范·马安伦（1978）讨论了边缘控制中的道德元素。他认为"维持边缘控制优势"并不主要来源于安全问题，而是来自于警管区控制和道德责任的观念。他还认为，任何威胁到现有秩序的活动，都会被视作一线警管区控制的实际问题来处理，并且这些活动不会得到支持。

鉴于警察的责任主要体现在两个方面，合法活动中的道义以及对巡逻管区的管辖权，因此，控制和道德问题就变得模糊不清。对挑战权威的行为不给予回应就是在给"无礼、混乱和犯罪"发出了邀请函。因此，警察相信，不管是不是发生了实际的违法行为，他们必须控制所有与公共秩序相关的情况。"你（警察）必须让人们尊重你"（曼宁，1978b：11）这一原则引导着警民接触。当市民表现出对警察的不敬时，警察会用多种方式作出回应，纠正这一情况，包括严厉的街头执法和逮捕行动。

12.6 罗伊斯-扬尼：展示胆量但不要太过

很少有研究人员像伊莉莎白·罗伊斯-扬尼（Elizabeth Reuss-Ianni，1983）那样，明确地将研究聚焦于管理人员和街头警察的冲突。20世纪70年代末，她关于纽约市警察局所属警管区的研究收获了大量意义重大而又富有内涵的文化格言。她确立了21条原则，这些原则体现了她所研究的警员的中心价值观。这其中有两条与边缘控制的观点相关。第一个特质，她称之为"展示胆量"，它描述了警民接触控制中的道德正义：

> 它要求警察人员必须做一个真正的男子汉，不能退缩，尤其是在普通公众面前：一旦你卷入一个事件中，你必须取得控制优势并坚持到底（罗伊斯-扬尼，1983：14）。

她的研究还包含了管理文化，这种文化的价值与街头警察文化相冲突。"展示胆量"的一个特征，直接揭露了一种不要太过火、也不要太明显的潜在倾向。这个特征是"当你不得不攻击的时候要表现得强势一些，但是不要太过"。她对这个特质的描述如下：

181

> 前辈们会告诉新人，当某一状况持续发展时，应当去应对它，但不要太急切，也不要去寻找麻烦。如果你收到一个无线电呼叫……比如去处理一个正在实施犯罪行为的案件。当你赶到那儿的时候，那个案子可能已经变成了"已经完成"的犯罪案件，所以没必要火急火燎地往那里赶（罗伊斯-扬尼，1983：14）。

根据罗伊斯-扬尼的研究，这两种警察文化的观念，应当被视为是相互联系的。人们期待警察不管遭遇怎样的麻烦，都应该去积极应对。第一种观念强调，警察应当运用个人能力去控制在他们辖区内出现的麻烦。第二种观念则建议警察不应该去加剧已经存在的问题。"表现太过积极"的警察会给他们自己带来额外的关注，并且在解决问题的过程中可能需要提高在该地区的履职表现标准。

12.7 怀特、考克斯和贝斯哈特：命令姿态和污言秽语

怀特（White）、考克斯（Cox）和贝斯哈特（Basehart）讨论了警察如何在警民接触中运用咒骂和污言秽语来保持控制的地位。[①] 攻击性的语言吸引了目标对象的注意力，在警察和目标对象之间建立了社交距离，并且对目标对象产生有力的疏远效果（怀特、考克斯和贝斯哈特，1988；考克斯和怀特，1987）。

在训练警员使用较低级的武力时，会涉及如何运用语言来控制局面，而脏话的使用可能仅仅是这门训练的延伸部分。正如怀特和他的同事们（1988）所说，警察会接受训练，学习利用命令姿态和命令口吻来保持控制和主导地位。然而，地方文化规范可能会认为特殊情形中使用过多的脏话是合理的，这些情形包括当警察被市民骂"狗屎"，或者回应"混蛋"时。脏话的使用可能仅仅是用组织上可接受的口头命令来控制警民接触的一种文化延伸。

脏话还可能是一种故意的有计划的修辞策略（罗斯韦尔［Rothwell］，1971）。一个警察，在他的目标对象与另一个警察面前，技巧性地运用脏话可以帮助他创造或者识别盟友。通过识别志同道合的伙伴以及激怒不喜欢的群体，脏话的使用可以鉴别自己人和其他人。这样，攻击性语言的使用就促进了加强文化团结这一目标的实现（范·马安伦，1978）。

182

12.8 边缘控制与一般警察工作的背景

警察通过运用各种不同的技术来控制不太危险的情形。一方面，警

[①]　他们指出（第235页），"在警察中间存在一种普遍态度，反映了这一非正式规范的力量。警察不应该被市民骂作'狗屎'，同时警察在值班的时候也不会关注那帮市民'混蛋'今晚要干什么"。

察并不是总能预见到什么情形会很危险。因此，为了避免小状况发展成为危险冲突，警察就需要施展一系列技能，在这种情况下，刀刃作业就表现出边缘控制的特征。另一方面，边缘控制来源于警察工作完全的不可预知性，警察会尽量避免不是特别危险的不愉快的警民接触。思考一下这三个例子所表现的意思。第一个例子是一个新警员回忆他的搭档给他的关于拦截车辆检查的告诫（范·马安伦，1978：302）：

> 基思过去总跟我说，一定要强势，不要退缩，也绝不要去解释法律或者我们正对市民做的事。我一直不知道他在讲些什么，直到有一次我向一个孩子解释为什么存在限制车速的法律时，我向他讲的关于交通安全的内容越多，他就越生气。最后能拿到他在交通罚单上的签名，我觉得已经很幸运了。当我走回到巡逻警车时，基思给我指出我刚才哪里出了差错。你真的不能跟那些人说话，他们根本听不进去任何道理。

第二个例子描述了一个对于缓刑假释官来说总是周期性出现的情形。他们的职责之一是将别人对罪犯的详细记录进行整理汇编。有时他们会遇到完全无辜的人。以下这则建议来自于警察标准培训的课堂，它指出了保持控制的重要性，即这种控制能避免做违背良心的事。①

> 我们都见过这些人，经过司法程序的仔细审查后最终证明他们是无辜的。有时你会发现有些人即便是无辜的，也会接受庭外和解，因为这样他们可以避免一段长时间的监禁。有时你浏览案情记录，会发现有些人本不可能是有罪的。那么你首先最想问他们的是问题是"你怎么能认罪呢？"不要那样做，不然你会失去对审讯的控制，他们也会应用这点来抵抗你。

第三个例子，对拦截车辆进行检查的复杂性和偶然性的全面讨论，只有很少的几次，贝利和比特纳（1989：98）在其中一次讨论中，探讨了警察接近一个司机时所使用的各式"策略"。下述的"策略"，对边缘

---

① 这句话引自我 1996 年所做的研究，对象是缓刑假释官的警察标准培训（POST）（克兰克，1996）。

控制进行了描述。

　　一些警察在要求驾驶员出示驾照和登记之前，先告诉他们为什么会被拦下。这满足了他们的好奇心理，使他们处于防御状态。其他警察则首先要求出示驾驶证件，这样可以确保司机不会逃跑，并且迫使他们只能根据警察的问题提供信息。有些警察喜欢用"你知道我为什么阻拦你吗"的问话开头，这些驾驶员中的很多人都处于违法的边缘，警察希望被拦截的驾驶人员用比警察更加严肃的态度承认他们犯了错误。接下来，警察就可以宽容一些了，看在要开处罚单的较轻情节的份上，就会原谅较重的违法情节。 183

这些例子展示了边缘控制如何成为一种分析不可预知性的思考方式。在以上引用的所有例子中，边缘控制是一种"微积分"，警察用它来限制警民接触中的骚乱。这个警察文化的主题受到日常警察工作的实质所驱动——日常工作中的争斗——正如贝利和比特纳所说。以警察分享故事的形式，边缘控制成了警察文化的主题中心。例如在上述故事中，老警察指导新警察进行拦截车辆检查，而新警察把这个故事重新讲给评论家听。 184

边缘诱惑

主题：诱惑

　　许多研究警察的作家都发现在警察的巡逻工作中有一种"情感极地"。对这种"情感极地"的描述如下：警察大部分的工作时间都消耗在无聊的日常工作中，并且在这期间他们会保持低调、远离麻烦。例如，范·马安伦（1973）将这种现象描述为最终框架视角的中心元素，警察用这种方法来看待他们的工作。无聊的日常工作不时被短暂而又紧张的活动打断，而这种活动通常包含真正的警察工作。警察工作在无聊的活动和快节奏、刺激的冒险中不可预测地转换着。

　　将巡逻定性为"无聊"的观点遗漏了警察日常活动中的一个重要特质。虽然警察有可能会感觉无聊，但是其实并没有那么无聊。其实他们在等待的并不是所谓的"真正的警察工作"，而是刺激。他们是调查员，是关于"风的社会学"的调查员。他们为边缘所诱惑。

　　诱惑挖掘出了警察文化中最光明和最阴暗的元素。最光明的一面，警察能够驾驭未知的风，它随着市民情绪和未知情形的改变而改变，他们能用规避、博弈、避险来控制接连不断的未知事物，进而将情形复杂的警民冲突导向令人满意的结局。有一位警察曾经对我说过，"我喜欢接到报警电话，因为这些活动疯狂而且无法预测。"

社会科学家们忽视了诱惑的光明边缘。在很大程度上，造成这种忽视的原因并非来源于阴暗的意图或反警察的偏见，而是来源于社会学家，特别是其中一些经验主义者，分析警察工作时所采用的方式。巡逻工作被视作会在组织中产生问题的一种的工作方式，且这种方式与行政管理上的统一规定相违背。研究人员用传统的工具研究警察工作——我们用测量压力、嘲讽和角色冲突之类事物的衡量尺度去戳警察、推警察以及审视警察。我们将警察的概念归为以下几方面内容：一线警察与其组织层之间的摩擦、警察与其他刑事司法系统的关系、腐败和酌情权的滥用。

当然，也有文献介绍这些看待警察的方式：我在本书中引用了很多此类文献中的内容，并且相信它对我们掌握有关警察的知识提供很大的帮助。然而，当我回顾之前发起并实施的几次问卷调查，然后把它们和我所熟知的其他调查相比较，我发现了一种模式。即我问的都是像"你自身压力的主要来源是什么？"这样的问题。在大量的此类衡量标尺之中，我发现了压力、嘲讽、角色冲突甚至更多标尺之间的联系。即便是对警察专业性的观察，我也找到了更隐晦而非更乐观的含义。这并没有错——大多时候，刑事司法政策会轻率地忽略它所造成的消极后果，这可能会导致其在实践中自毁，或者更糟，也会加剧现实世界的问题。

在关于警察文化的研究中，这类阴暗的分析很常见，但是只提供了整个画面的一半。如果警察文化看起来或感觉上是社会学家们描述的那样，那么世界上谁会做这件事情？毫无疑问，如果警察在阴暗的情绪下接受提问，他们会建议学生去学一个刑事司法以外的其他专业，这样，当人们厌倦了这一领域的胡言乱语时，他们还可以依靠其他的专业而非警察工作。我自己曾经不止一次听到过警察们这么说。然而，也正是这些警察会为个人获奖、个人正义或简单的有趣时刻而欢欣鼓舞。学术意味更浓的研究工作忽略了趣味和愉悦——也许忽略这些的正是我们这种太严肃的人。问题的解决方案有点过多。我怀疑警察问题在理论层面上被评估过高。有人问过这个简单的问题吗："你怎么看待你的工作？"

社会科学塑造出来的警察形象的缺点并不在于它的阴暗，而是在于它的持续性。生活并非如此。它并非一直是暗淡的：它有些时候是阴暗的，有些时候是明亮的，但大部分时候是阴晴相间的（有时候会偏阴，这取决于你的心情）。欢庆能够平衡悲伤，无聊和疯狂尴尬地相联，劳累和趣味也无来由地混合在一起。除了真实的不幸，生活并不仅仅是贫瘠或暗淡的。生活仅仅是——也许令人惊讶——人。

思考一下下面这段来自芝加哥警察坦西（Tansey）的话吧：

> 我记得，当我还在读大学的时候，我有一份暑期工作，每天的工作内容都相似。那时候每天晚上五点我都会看到通勤雇员大军从他们的办公室出来，拥挤着去乘火车，这使我印象深刻。在我看来，那像是监狱。从家到火车站到办公室，又从办公室到火车站到家，他们到底能看到些什么呢？

> 我参军之后，我意识到这些人仍旧从办公室中出来，赶上火车，回到家中，观看电视，并且他们观看的正是我所亲身参与的东西。这全是因为那颗有魔力的星星，它让我有机会进入别人没有见到过的世界。

"刺激"这个术语在这个引述中并不能完全捕捉到上边引用中的心境。这个警察是在描述一种满足感，即参与大多数人接触不到的事物而产生的冒险感。然而他的观点不同于那些"热狗（急切的警察）"，急切的年轻警察天真地认为警察的日常工作会充满了类似"真正的"警察工作这样的内容，他们急切地寻求着高速追逐或充满危险的重犯。急切的警察（hot dog）必须学会耐心，学会等待。上述观点来自于一个退休的警察，他的目光落在整个城市上后来又停留在他的事业中。这一观点依然能够激发他的肾上腺素，让他感觉自己身处特殊位置（阴暗的角落），在应对疯狂的事情时，能够御风而行。这是诱惑，绝对且彻底的诱惑。

弗莱彻（1990）的另一个故事讲述了一个观点，参加搜查行动是一种可以获得愉悦的行为。在一般情况下，准备搜查行动是一个需要勇气，偶尔甚至有危险的活动。当实施搜查行动时，特别是当警察怀疑可能会在冲突中遇到武装嫌疑人时，他们会迅速采取行动来将他们之前从未面对过的恐惧降到最低。恐惧的心理与需要快速行动的迫切感相平衡，但这种行动必须发生在证据被隐藏、吞没、冲走或破坏之前。危险、速度和真切的犯罪是使警察肾上腺素飙升的"鸡尾酒"。

在下面的案例中，警察想办法获得对鱼市经理进行搜查的许可证，这样他们才能搜查违法武器。一位线人警告他们说这种情况可能很危险，并暗示他们在哪些地方可能藏匿武器。因此他们采用了来自《威廉特尔序曲》（William Tell Overture）中的一种策略。

> 我们四个人去鱼市，两个人先过去，他们坐在那里吃东西。我和她一起走进去，走向柜台，一个家伙在柜台后面，我们问他的姓名，他说"是的，那就是我。"因此我说，"我们有些事情要跟你说。"我带了一个律管，开始吹——呜呜呜——然后我们开始唱歌：
>
> 我们伟大，我们最棒
>
> 我们有逮捕的批准令
>
> 你道德败坏
>
> 我们要搜查你的房屋
>
> 他似乎受了惊吓。我将搜查令的复印件递给他，他并没有接。他退后一步，然后朝身后的厨房跑。线人告诉我们，他在厨房藏了一支枪。因此，我和其中一个警察跳过冷藏冰箱朝藏枪的地方跑去，另外一个警察则守住了通往后面的门，我们将他困在了里面。他确实是去拿枪了（弗莱彻，1990：44-45）。

13.1 诱惑与卧底工作

边缘诱惑与几种极为刺激的警察工作相联系。马克斯（Marx，1988）在对警察卧底工作的研究中捕捉到了这种刺激。卧底人员依靠他们模仿坏人行为的能力做好自己的工作，这种工作令人兴奋。

> ……这个工作很紧张，卧底特工一直处于"行动状态"。有些卧底还会享受这种角色赋予他们的力量感以及在受保护的情况下与非法活动保持的联系（马克斯，1988：109）。

卧底工作的诱惑是什么呢？正如马克斯指出的那样，对卧底人员的心理学研究并不存在。诱惑他们的是处在边缘的生命体，一种在对警察的研究中并未经识别的刺激物。我曾经听到过攀岩者表达过一种类似的感受：一旦你处在边缘上，其他的一切都是等待。

第二个诱惑是能够自由使用无限制的策略，从而使别人做出导致自己被拘捕的犯罪行为。马克斯（1988：105）观察到，这种行为，在法律上不比犯罪的程度低，因为它是对一种非常具有吸引力的诱惑做出的回应。卧底警察倾向于将他们的注意力和努力从判断"他贪污过吗？"转移到"他容易贪污吗？"警察通过有策略地混合使用胁迫、诱捕和欺骗，创造出了一种诱惑的艺术。

卧底人员也不用担心诱捕行动的可能性，法律上不允许做的事情他们可以诱使线人或者第三方去做。限制他们的只有无法找到可以诱使某人犯罪的方法。诱惑也可以通过强迫的手段来实现。

> 一个发生于华盛顿的案件。美国司法部助理部长唐纳德·鲁滨逊被提起指控，罪名是向有组织的犯罪分子售卖信息，然而这些犯罪分子其实是警察扮演的。（他最终以胁迫为由赢得了他的案子）鲁滨逊刚开始忽略了他们的电话，但是连续几个电话之后他便卷入其中，那是关于他妻子的威胁电话，犯罪分子警告他可能会失去他的妻子（马克斯，1988：105）。

188

13.2 诱惑、犯罪的滑坡效应和感官世界的黑暗

警察有时会卷入违法活动中：偷盗、贩卖和分销毒品以及私用储物间财物、入室盗窃等类似活动。我称为滑坡谬论物质主义（slippery - slope materialism）① 的逻辑，频繁地被用来解释他们卷入犯罪中的原因。根据这种逻辑，物质上的奖励鼓励违法活动，并且这种奖励可能是非常丰厚的。通过赌博和毒品交易可以获取大量收益而无从查询。由于警察

---

① 滑坡谬误（slippery slope），是一种逻辑谬论，即不合理地使用连串的因果关系，将"可能性"转化为"必然性"，以达到某种意欲之结论。但其实每个推断还有很多不同的可能性，却武断地将某个可能性引申为必然性，然后串联这些不合理的因果关系，推断成一件毫无关联的结果，这就是滑坡谬误。——译者注

工作的隐秘性较高，警民接触中的旁观者很少，因此被发现的机会也很小。与物质上的回报相比，警察们收受贿赂被发现的可能性较小。如果一个警察从毒品交易者身上偷东西，那么谁去举报犯罪呢？当一个警察可以从毒品交易者的钱包中拿走一大把钞票，并让他们的孩子完成大学时，这种诱惑就会变得十分强大。

这是一种包含强有力的道德成分在内的物质主义的争论。大多数形式上的物质主义争论都从道德纯洁开始，接着是某种形式的滑坡隐喻。滑坡表示"拿的东西"刚开始很小，并且其他警察对此持心照不宣的默认态度（谢尔曼，988：255）。警察开始慢慢习惯了小拿，最终会和其他警察联合，最后一同卷入贪污犯罪中。早期的态度转变使他们麻木了，他们逐渐走上了严重犯罪的道路。渐渐走下滑坡的过程止于他们陷入道德上最卑鄙的贪污、麻醉品腐败。

作为对犯罪行为的解释，滑坡物质主义有它的不足。它依靠的是准神学的假设，即人类的天性在本质上是贪婪的，一旦他们尝试过小的贪污，那么将会产生更大的欲望（费尔德伯格［Feldberg］，1988：269）。① 这是一种关于纯洁丢失的神学隐喻。在它最简单的形式中，这种观点是"坏人"或"腐烂的口袋"——警察已经被腐败的污染摧毁——正在毁坏我们的优质新警察。

滑坡物质主义忽略了犯罪活动、警察工作和他们对腐败的暗示之间有很大的相似性。警察工作和犯罪活动之间有很多共同点（曼宁，1978）。警察工作和犯罪活动完成的标准是相似的。处理人类天性中阴暗面的能力对于警察和坏蛋都有帮助。在无法预测的情景中保持冷静的能力是犯罪高手和出色的警察都必不可少的。合理的怀疑和对改变的环境做出迅速反应的能力，对于卧底警察和毒品贩卖者来说都同样有利于生存，他们二者都全神贯注于危险和潜在的危险。简单地说，警察对于犯罪接受过高级的训练——为什么他们偶尔寻找阴暗果实会使每个人惊讶？为什么一个出色的警察就不能同时也是一个出色的坏人？那里具有

189

---

① 马库斯·费尔德曼（Marcus Feldman）进一步提到"我与警察打交道的经历使我认识到，警察在诱导和欺骗的技术方面很老练，他们每个人都能清晰地在小费和公开贿赂之间划清界限"。

阴暗的诱惑。

犯罪活动中的诱惑与警察道德中理性、高尚的概念不相符。如罪犯一样，警察有些时候也会被一些诱惑吸引，被它引诱，被考验毅力的机会激发起好奇心，他们想看看自己能否在生活的情绪化与丑恶面中应付自如——从而看看自己能走多远。他们当然接受过针对上述情况的优质训练。他们知道目标在哪里，知道怎样去避开路过的目击证人，他们可以在犯罪后逍遥法外，而且对这一点，他们很确定。受害者应该给谁打电话求救，警察吗？

13.3 卡茨：犯罪的诱惑

卡茨（Katz）对犯罪的诱惑做过一个精妙的阐述，它捕捉到了一些非物质的成分，他将其称之为犯罪活动的"诱惑"元素。卡茨认为很多街头犯罪并不符合物质主义的"情感"。卡茨引用了他对提问的一条回复：

> 外人无法理解。我的意思是，他们认为兄弟们追逐的是外人拥有的东西。事实根本不是那样。真实生活中，罪犯追求的并非一个家庭、一个带花园的院子或者其他类似的东西。我们是在向别人展示自己。有魅力的人……能听到别人讨论你。当你走进酒吧的时候，你会听到整个酒吧瞬时安静下来（卡茨，1988：315）。

他的这个回复，用了一种不是很有文学气息的方式指出了疯狂行为的诱惑因素。这种诱惑并非来自物质性的东西，虽然物质性的东西可能收买他们，但是腐败的非经济层面的因素，恰恰是人们研究诱惑过程中所忽略的问题。

卡茨说到，学术研究没有认识到犯罪的情感吸引力。个人态度上的倾向具有"除菌作用"，它使得研究最终无法捕捉到街头生活的活力。卡茨的书体现了一种突然置身于犯罪活动、灼热的暴力现场和迅速撤退行动之中的爆发感。读者们可以切身感受到他们身处在他所描述的犯罪事件中，其中有无法言说但迷人的犯罪情景、目标以及机遇和引诱的奇妙结合，这些要素深深地诱惑着我们。

对于他所描述的罪犯，犯罪的推进力具有很大的不同："感官享受的推动力范围广阔，包括从让一个人沉迷购物的诱惑到可能驱使他犯下谋杀罪行的愤怒"（1988：5）。卡茨在寻求一个不同于经验科学的词汇来描述他所看到的东西。诸如无法无天的"硬骨头"（badass）和脑心疯式的"胖揍"（royal mind‐fucking）这样的术语，这是一种与简单的描述相融合而被用来捕捉犯罪的非物质元素。他的研究具有深刻的主观意味。他意识到了暴力产物中幻想元素的重要性。犯罪能够满足想象，想象可以从犯罪事件中得到体现：一个人想象出允许寻求暴力的精神，在这个事件中，这种精神便是他或她的支撑。 190

如果一个关于暴力的奇妙的构思听起来与警察工作遥不可及，那么我们应该记住范·马安伦的一篇文章，这篇文章阐述的是，暴力以及被贴上混蛋标签的人会轻视警察和这两者之间的关系。卡茨的工作正是寻找一个日常的词汇来描述他所看到的。"硬骨头"这个词描述的人，当有人偷偷瞧他时，他会用"你瞅啥"给予回应，接着，如果受害者回答说"没有什么事"（你认为我是"没啥"［nuthin］?），那他就要遭殃了，"硬骨头"会给他一顿"胖揍"。在暴力的爆发中，会出现一个神秘的敌人并被消灭。有人怀疑"硬骨头"这个词并不能对预先设计的用来测量职业压力的调查作出很好的回复。

对一个警察而言，道德上的诱惑很明显——他们有伤害坏人的机会。这是个人的伤痕，是对支配权、个人道德和自豪感的冒犯，是必须要复仇的侮辱。围着坏人痛打是合理的行为——另外，警察可能会给出理由，反正法庭会很宽大温和地对待这些坏人。犯罪和暴力的非物质引诱对于已经具有相应技能的人来说很强烈。他们被它感官上的享受所召唤，被它的黑暗所吸引，被它的秘密地点和暴力复仇所引诱，被它给了的当城市之王的感觉所诱惑。沿着丹佛的科尔法克斯大街走，你看到皮条客们悄悄爬回隐蔽处，这并不仅仅因为你是一个警察，还因为你是一个穿着制服的严厉母亲。

13.4 萨普：性的诱惑

处于社会边缘的生活是肮脏的，警察身处的街道中有妓女、皮条客、出逃的青少年、醉鬼、吸毒房、按摩院、毒品交易者、精神失常无家可归的人、少年犯罪集团成员、业余娼妓们。对于一些警察而言，他们的目标很简单："找到一块石头，然后把它踢开"（斯科尔尼克，贝利，1986）。在这里警察们拥有权力，虽然权力不是很大，但是足够他们控制最糟糕的一些情形，例如，当这种肮脏混乱入侵周边地区或者不了解情况的游客误入这些地区并迅速成为犯罪分子的目标时。此外，在这里也很容易逮捕到非法推销员。

警察在这种环境中工作，对于这些情况十分了解。他们沿着街道走，人们会注视他们。在他们身上流连的是故意而非直接的目光，就如狼走过一片刚刚发生过一场杀戮的地方。女人会接近他们，有时用性来交换他们的小恩小惠、简单的保护，也有时是性奚落。这里经常出现逮捕行动——正如毒品，性也是街道的生命血液。一个在逃犯，他孤单又绝望，他需要搭车、保护和食物，想要尽一切代价来逃避追捕。脆弱无处不在。萨普注意到了街头的性诱惑：

191

> 我被分配到刑警队。我相信他们中的每一个人都违反了与妓女之间的性规则……我并不是说我自己这样做了，但是我在这个岗位上工作十年了，你可以自己得出结论。妓女并不是诱发刑警误入歧途的唯一因素。曾经也有人主动提出为我服务的要求，但我并不是说我接受了，我只是明白，酒吧女侍、赌徒、瘾君子和毒贩子都曾试图为我提供性服务，还有所有其他你可能遇到的情况都发生过。此类案件大多数发生在你和嫌疑人之间，因为如果能避免被逮捕，他们几乎愿意做任何事情（萨普［Sapp］，1994：194 - 195）。

可能发生诱惑的情景之一是在警察巡逻时，他们频繁地拦下独自在车辆中的女性，也许因为这些女性喝了太多酒。女人很有吸引力，警察便会挑逗她。她是脆弱的——她不想直接说不，然后回家因为收到酒驾处罚而听丈夫说教。警察把她们的拒绝当作默认。他把自己的号码留给她，如果幸运的话他们便会在某个偏远的地方秘密会合。

另一个可能发生诱惑的情景是当警察追踪一名受害者时。这个女人是孤独的，她不知道怎样与一个正直的人相处，抱着尝试的态度，为警察提供饮料。他拒绝了，推说下次再请。他下了班再回来。如果一切顺利的话，他建立了一种他能把握的平静的关系。

这些小片段展示了警察工作的特点——相对隐蔽、有权力以及与弱势群体打交道，这提供了一个适合性诱惑滋生的土壤。思考以下案例，一名警察讲述他第一次遭遇工作中的性行为。

> 在我被独自分配到一部车之前，我真的从未收到过任何主动出击的"引诱"，甚至几乎没有想过这个问题，直到有一个晚上我拦住了一个闯红灯的女性。她真的是第一个向我主动"出击"的人。她的一系列行为让我几乎暗示她：我们或许可以达到和解，而她直接接受了我的暗示。她违反的交通规则足够其他警察拿走她的驾照，我猜她并不希望这种事情发生。那天晚上后我又遇到了她，我们发生了一次很疯狂的交涉。几天以后我给她打电话，她甚至不跟我说话。是的，从那以后，我有过几次类似的经历，但是我真的很小心（萨普，1994：195）。

在这个例子中，好处的给予和接受是发生在不平等双方之间的交换。以性交换是为了暂时中止权力。警察把他开罚单的权力放在一边，与此同时女人则用她的身体作为礼物来报答，在当晚提供性服务。警察并不理解这是一种强制的行为，而把它们理所当然地当成是一种给予的礼物。警察部门中充满了由睾丸素流动激励的强烈的男性主义——为什么警民接触能体现出一种异形的男女关系？[①] 他试图通话来维持这一关系而她则拒绝回复，基于此可以看出比起警察，她对交换的本质有着更好的理解。

警察的违法性行为近来受到了很大的关注（卡普勒，卡普勒和德

192

[①] 克拉斯加和卡普勒（1995：91）指出，"机构制度化的性别主义意识形态与职业性的性骚扰之间的联系已经明确建立起来"。

尔·卡门［del Carmen］，1993；多巴辛及多巴辛［Dobash］，1992；爱德华兹［Edwards］，1990）。这种关注将警察滥用职权行为中粗俗的一面推到了闪光灯下。我们无法帮助他们，只能退而参考克拉斯加和开普勒（1997）对帕里什诉露西（*Parrish v. Lukie*，1992）一案庭审记录的评析，这一案件的主要情节是一个警察在休斯顿强奸了他在路边拦截下来的女司机。在接下来的章节中，我将回顾支撑这个话题的实际证据。

13.5 关于警察在职性行为的研究

虽然不是很充分但是有证据表明，性行为在巡逻警察和侦探中十分广泛。巴克（Barker，1978）的研究是少有的几个关于这个问题的评估，该调查在一个南方小城市实施，其管理部门由五十个警察和市民组成。调查显示警察认为他们的同伴中有 31.84% 的人在履行职务时有性行为。在巴克的调查中，56% 的调查对象认为在职性行为基本不会被报道，只有 19% 的人认为有可能会被披露。

两项关于警察本人目击性骚扰的调查为研究提供了一些启发。在回答"在过去的 12 个月内，你个人有没有发现警察……"的问题时，6%的俄亥俄州接受调查的警察称其目睹过性骚扰。而来自伊利诺伊州的 8.6% 的受调查警察也确认了这一现象（诺尔斯［Knowles］，1996；马丁，1994）。这些百分比可能听起来相对较小，但你要意识到这是在说：（1）一名警察目击到另一名警察有在职性行为，以及（2）这个警察愿意告诉调查者本就是小概率事件了。换句话说，警察不会主动说出他人的事情，而警察独自行动的情况——更容易发生，巴克的报告中提到了这一点——是不会被报道的。而且，这些调查是从俄亥俄州和伊利诺伊州的 1269 名和 700 名警察中随机挑选的（赛克斯［Sykes］，1996），仅代表了 118 名警察的回答。俄亥俄州有大约 25342 名警察，伊利诺伊州有大约 36925 名地方警察。根据原始人口我们可以推断出该行为的频繁程度。这些数字代表了在俄亥俄州大约有 1520 例在职性行为，而伊利诺伊州有 3175 例，这还不包括州警察在内。

卡普勒（1993：93）使用了另一种分析方法来分析警察的不端性行

为。他们定义警察性暴力（police sexual violence，简称"PSV"）为"女性公民遭受警察凭借武力或权威而进行的可耻的，侮辱性的，侵权性的，破坏性的，或者威胁性的性行为"。警察性暴力的强度包括从观看受害者身体、照片以及具有明显色情内容的录像，到包括性骚扰和强奸在内的犯罪行为等内容。作者回顾了 1991 年到 1993 年 6 月前的全国性报纸中媒体报道的类似案件，给出了这一定义。作者还审查了联邦地区法院公布的 1978 年到 1992 年根据《美国法典》第 1983 章第 42 条作出的裁决，这些裁决都是有关警察性暴力行为的一部分（卡普勒，1993：92）。

毫无疑问，大多数新闻素材都关注着"值钱的"项目——即刑事案件。在报纸报道的 33 起案件中，有三分之二是刑事案件。联邦诉讼案件反映了一种不同的模式。在 91 起诉讼案件中，73.6% 的案件很引人注目。这些案件包括羁押、裸体搜查、体腔搜查、合法搜查、非法拘留、欺骗性性服务、有偿性服务以及性骚扰（卡普勒，1993：94）。作者称这些在法律数据库中普遍存在的案件从民权法案撰写时就已经发生了：警察的犯罪行为可能会面临民事诉讼，但非法裸体搜查和体腔搜查并不会面临民事诉讼。

克拉斯加和卡普勒（1995）的两种调查观点都试图解释警察针对女性的性暴力。第一种观点主要是讨论所谓高尚的"男人就是男人"的思想，声讨"凶猛的警察"会做出更具有攻击性的性行为。萨普在下面引用的内容中捕捉到了"男人就是男人"这一观点：

> 在这个镇上，有 3 个到 4 个地址是每个人都知道的，当有一辆车从这些地方离开时，必定是又接到了来自"寂寞之心俱乐部"的电话……其中有一人很年轻，漂亮。她总是穿着一身几乎透明的睡衣开门，她会很害怕或假装害怕并告诉你她希望你能留下来一会。我接了一个电话，不是来自其中的地址，而那个女人只是裹了一条毛巾，她说有个人在她洗澡的时候试图从窗户爬进来。但在我们四处观察后，发现浴室是干的，床有被睡过的痕迹而现在是凌晨三点钟……这种厚脸皮行为确实让这些地址更加出名，早就有人告知过我们这些地方。但他们不知道还有类似的其他地方（萨普，1994：197）。

在当代，学术研究倾向于关注女性和警察在警民接触中的权力悬殊。双方自愿的形象是一种幻象，因为在这种接触中，女性的脆弱与警察的强权之间有着巨大的权力悬殊。（克拉斯加和卡普勒，1995）这种观点的支持者举出在性侵案件中原告的成功：卡普勒（1993）发现在以警察为被告的性侵案件中，69%的警察败诉。这个数据与其他民事诉讼平均10%的胜诉率相比很有优势。

194

13.6 性引诱的文化基础

学术研究试图找出警察在职性行为在文化、组织、法律以及意识形态上的支持因素。其特别强调警民接触中双方权力差异在警察性行为中的作用。关于警民接触中警民权力差异的研究的确作出了重要贡献——但其本质，配置以及组织权力的使用在刑事司法研究中被普遍忽视。我认为这种研究文献的局限在于没能抓住寻求性行为中的引诱元素，以及违法性行为如何在当地警察文化中生根。就像犯罪一样，性有着强大的主观和情绪化的引诱，而这种引诱成为权力交换的方式不可理解。寻求性冒险的行为根深蒂固地存在着：它很有趣，很狂野，很刺激，是彻底的原始快感。权力，权威，以及简单的临近关系——日常警民接触中有魅力的潜在伴侣的存在，为这种行为提供了机会。警察之所以寻求性冒险，简单地说，因为他有这样的能力。正如很多观察家所说的那样，人类的性潜力，在任何情况下，任何环境中，都是难以满足的。

流传的故事中，大家互相攀比、吹牛以及赞赏，这使性侵游戏成为警察文化的元素之一。在前面章节讨论过的支配和男子气概的主题在警察文化中有着浓墨重彩的一笔。而引诱的文化与这些强大主题混合，促使了在职性行为的合理化（克拉斯加和卡普勒，1995）。性乱交和性征服的故事必然会广为分享，并成为组织中传说的一部分。警员个人的记录变成了非正式标准，这也使警察在工作中尤其会考虑工作中的性关系。

把性从巡逻警察和侦探的工作组剔除出去尽管可能很高尚，但会因为超出管理层和法律改革的控制范围而失败——警察在任何工作环境中都有可能接触性伴侣，相对年轻的巡逻警察，以及在工作外缺乏接触异性伴侣的机会，依赖这种根植于警民接触中的权威，以满足他们的性欲之火。将组织控制置于一线警员和侦探的性行为之上，就像试图用法庭令状来熄火一样。但是我们必须这么做，因为使警民接触平等化的愿望将驱使我们完成这个不可能实现的目标。

195

第三编　团结的文化主题

警察之间的团结意识是警察文化最具有美学价值的一个要素，人们也经常能观察到广泛存在于警察之间的这种团结意识（曼宁，1978；克里斯托弗，1991；斯科尔尼克和法伊夫，1993；克兰克等人，1993）。人们对此解释不一，但却经常不约而同地把目光聚焦在警察的腐败和其他阴暗面上（卡普勒、斯鲁德和阿尔伯特，1994；克纳普委员会［Knapp Commission］，1986；斯托达德［Stoddard］，1968）。

　　我认为，警察身上所展现出的强烈的团结意识是其与不同类型外部群体冲突及对抗的产物，而罪犯只是众多与其对抗的群体之一（科泽［Coser］，1956）。团结意识作为一种社会现象，必有其产生的基础，对警察而言，对不同群体的敌视以及如何建立社会关系以便应对这种敌视是产生团结意识的基础。而作为一种美学，团结意识体现在共同的信念和行动中。这些信念和行动都旨在展示他们的团结精神，它包括为保护其他警察而组织的实战训练，也包括了像葬礼这类展现警察独特凝聚力的其他仪式。

　　团结是某一群体与外部群体冲突的产物，这一观点有着悠久且丰富的社会学传统（迪尔凯姆［Durkheim］，1966；齐美尔［Simmel］，1919）。运用科泽在1956年所提出的"群体冲突"（group conflict）原理来理解警察的团结一致正好可阐释我此处引用的观点。科泽（1956）运用功能视角，将有关冲突的不同社会学文献进行了有机统一。

197

　　科泽力图阐释冲突是如何稳定并维持特定社会关系的。他主张，冲突有着强大的"群体约束力"，这一特征维持了群体的认同感并且标明了群体的界限。冲突既可以是外显行为，也可以表现为"酸葡萄"式的对抗，这是科泽（1956：36）称为"阶层愤慨"（ressentiment，经济上低水平阶层对经济上高水平阶层普遍抱有的一种无名怨忿）的一种情绪。不同社会阶层间的对抗促成了其对彼此间界限的相互认同，并维持这种界限的存在。就算没有外显的团体内部对抗，隐蔽的对抗也能维系着群体间的界限。

　　有的观点认为，团结之所以是警察一个重要主题，源于群体之间的对抗和冲突。但此观点引发一个问题：究竟面对何种冲突，或者说潜在的威胁时，警察之间才会产生团结的意思呢？有一种可能是因为其工作的危险性。这一论证可以归结为：极其危险的日常工作（如警匪斗争）激励着警察间强烈的忠诚度，从而产生出"人人为我，我为人人"的同志情谊、时刻准备战斗的军人意识以及团结一致的精神意志。高度的忠诚产生于警察共同制服危险的重罪犯的过程。然而，"危险性"这一假设却未能解释警察的团结性在其他情况下为何也特别显著。例如，在庭审及举证方面、或者说即便某一同事违背了法律，警察们为什么也不会放弃该同事？换句话说，危险性这一主题内部及其本身还并不足以解释警察高度团结的原因，同时，它也无法解释犯罪率低的管辖区中其部门内产生团结意识的原因。

我认为，团结之所以成为警察文化最重要的主题，源于警察执行公务时所面临的挑战，这些挑战来自于其制度环境中的成员，这些成员包括但并不止于市民、法院、报刊和行政警官等。不同的组织性群体和外部群体都对警察的管辖权力和警察执行公务的方式提出了质疑。警察团结意识是他们在面对这些挑战时，对彼此之间的一种肯定性认同。和外界不同群体之间的冲突有着强有力的群体约束力，它促进着警察们的团结，即使这种冲突有时仅仅只是一种"阶层愤慨"情绪。

警察身上所展现出的强烈团结意识引发了其文化认同。社会团结是实际并具体的。它是一种在日常活动中与真实群体实对实进行怀疑和对抗而产生的有产生依据的现象。在警察日常工作中，根据常识就可以体验和理解这一团结意识，其强度主要来自警察面临的外在威胁的强度，且二者是成正比的。

团结主题阐释了一个重要的意识形态终端：警察不把自己视作自私自利的个人，而是视作追求更高目标的群体中的一员。借用科泽（1956）的话说：个体警察从他们对警察身份认同感出发，带着对权力的感情与其宗旨联合起来。这一强有力的纽带正是文化团结的"黏着剂"。

下文主要讲述了五大主题。这些主题都包含有"目的统一"这一共同信息。每个主题都以自己的方式表达了相互间共有的观点。同时，它们有助于我们理解"兄弟情义"在文化认同中的表现方式。

198

199

天使与混蛋：警察道德的建立

我们生活中都在和"恶"打交道。但是不同之处在于：对牧师来说，"恶"还很遥远。牧师只在忏悔室和告解室才会听说"恶"这东西。"恶"对于一个牧师来说，其实已经失去了其90%的影响和威力。

但是对于警察来说，"恶"却近在咫尺。他们置身其中，触碰它，品尝它，闻到它，倾听它……他们不得不去解决它。相较二者，牧师只是在精神上知道"恶"，而警察却是全身心地了解它（弗莱彻，1991：5）。

在他的词汇中，一个习惯和警察打交道的牧师描述的是他和警察工作的相通之处。但是，比起"善与恶"这种抽象说法，警察可能会用更强有力的词汇来形容他们的工作。不过，与警察共事的人和警察周边的人可以清晰地看到其身上存在着的正义感。

我所说的"道德"，指的是警察将自己视为一种更高道德的代表。这种更高的道德体现在美国传统主义、爱国主义和宗教几方面的交融中。作为道德的代表，警察将自己看作"守卫者"。他们的职责并不只是单纯的逮捕工作，而是驱逐社会上的"滋事者"（赛克斯，1986）。他们认为自己处于上等阶级（亨特和马格劳［Magenau］，1993）。或者借用布扎（Bouza，1990：17）的话说，他们是"天使阵营的人"。正是由于道德这一层面的作用，才将警察的领地管控转化为其手中的统辖权。

有时候，警察群体的道德本身带着其对市民进行的判断，这种判断经常与众不同，有时又显得"有点天真"。克莱因（Klein）提供了一个警民冲突的例子。这个事件以市民挑战警察的权威开始，以警察重申道德权威结束。这个事件发生在一个坐班警督常规值班的时间段之内。

201

> 在一个宁静的周日下午，我作为值班警督在曼哈顿西区执勤。突然，一个约60岁、衣着考究的男子进入了警务站，他径直走到桌子前，说："我要投诉巡警桑托斯"，在他要继续说下去时，我打断了他："请稍等一下。"我伸手拿过便笺簿，询问他的姓名和住址，提示他确认我便笺簿上的记录时间。他变得非常生气，接着边大力拍着桌子边说了几句话，可实际上我根本听不清他说的是什么……我担心他会突发心脏病，赶紧假装殷勤，力求使他平静下来。但那似乎只使他更加愤怒了。因此，我拿起了在我面前的大"记事本"，将它狠狠地摔在了桌上，发出了巨大的声响。与此同时，我用自己最大的音量吼道："闭嘴！"。这奏效了。

接下来，我们对他声称的巡警桑托斯实施的"暴行"进行了讨论。但是，从表述来看，很明显这位巡警却是在尽其所能地解决申诉人和他的女朋友以及"救助者"之间的争吵。

> 听到这里，我告诉这位瑟兰尼先生，他应该对这位警员表示感谢而不是投诉他。毕竟那位号称"救助者"的人很可能殴打他，是桑托斯警员救了他。

> "心怀感激？他把我的女友从我身边带走了！我今早给她打电话，她说她再也不想见到我了！桑托斯把我用警车拖走，弄得我像流浪汉一样！"

执勤警官告诉这位投诉者，根据投诉者所说的情况看来，他认为这件事并不具备投诉依据，所以他不打算提交瑟兰尼先生的投诉。这进一步激怒了瑟兰尼先生。

瑟兰尼先生继续非常大声说着，我从桌子后走出来，抓住他的肘部，推着他向门口走去，用毋庸置疑的口气不断告诉他："你必须离开这里；你正在扰乱我们的工作。"

此时在这个警民冲突案例中，瑟兰尼先生仍旧拒绝接受这一结果。因此，这一冲突上升到了一个新的阶段。

"我是不会离开的；你不能强迫我。桑托斯在哪？他让我失去了女朋友；你不把他带来我是不会离开的。我懂法律；你不能强迫我离开。"

202

我尝试用新方法对他做出最后的声明："你说的一点儿也没错，我不能强迫你离开。但是如果你不离开，我将以扰乱辖区正常秩序的理由逮捕你。"这次的谈话在几分钟后以逮捕他而告终。他的固执使他吃到了苦果，包括在警车护送下被送到了夜间法庭。

这个故事以投诉者接受了警方的道德权威而告终。

数周之后，在地方法官面前，受到惩戒的瑟兰尼先生表示愿意签署普通赦免释放书（general release），并在被判处缓刑前，向警察队长、侦探、文书巡警、山塔斯巡警以及这个作者道歉，因为所有这些人均不得不出庭，以让人确信，这个神智明显健全的人，仅仅因为在其女朋友面前受了辱，就引发了一连串的麻烦（克莱因，1968：37 - 38）

故事不仅仅是一个例子，仅证明了特定个体警察的道德权威，同时也证明存在另一类特定个体（抱怨警察执法方式的个体）。这是一个拥有人物原型的故事，故事中，一位公民对警察的行为提出了投诉，而另一个警官则利用他的官方职务的正式权威和个人威信重申他的执法权威，使抱怨者承认其自身无知和不适当的行为。① 这名公民的行为表现

① 本案例中的警督指出，在某些情况下，警察滥用职权现象确属情非得已，但是从统计学上看，事出有因且有一定合理性的情况也仅占有很小的比例。总体而言，就我所观察到的情况来看，警官们意识到抽象意义上的警察滥用职权现象确实存在，但是就具体事件而论，意味着警察了解或者知晓某件滥用职权事件，通常情况下他们会予以否认或者拒绝访谈者引用他们的话。

得有些孩子气，在性情上是被误导了。事实证明，警官们是完全清白无辜的，他们受到的责难得以澄清。

14.1　戏剧般的道德：高尚品格

这样的描述的确堪称是一种进步。它就像新兴城市中一般，以谦逊的态度作为开始，迈着坚定的步伐，最终达到一个完美而宽广的体系，与美国现代大都市的繁荣完全相称。这将会是这个故事最显著的特征，从广义上说，它既没有失败的记录，也没有停滞不前的记录。（科斯特洛［Costello］，1972；1）。

科斯特洛用这些清晰而又简单的词汇开始记录纽约警察署的故事。写作始于1885年，也就是20世纪之前的15年，这种精神无可厚非，毫不犹豫应当支持。他在厚达572页的历史著述中，没有提到那个年代纽约警察标志性的、猖獗的腐败，也没有提到贯穿这个时期竞选活动中的警察的暴力行为。他所传达的情绪并不复杂，并不是令人不安的现实。他热衷的是将大家汇聚在旗帜前面、庆祝7月4号的一种爱国精神。它是百分百纯粹且高尚的道德情操。

有时候人们从非批判而又绝对的是非理念中审视道德。我们，也就是"天使们"，用我们的纯洁去攻击是非中的"非"，也就是那些"恶"（反之亦然），这是道德最为简明的形式。人们对善者可能有的污点一概不予考虑：如果善者受到了怀疑，那么投诉人的可信度就会受到质疑。富塞尔（Fusell，1989）提出了"崇高的意志"（high - mindedness）这一理念，他描述了第二次世界大战时期对盟军毫无偏见的公开支持，此番描述清晰而巧妙地抓住了高尚道德的直白之处。

如果基本的逻辑（战时唯一适用的）是要让敌军十恶不赦，它需要盟军所有的人都善良正直。此时是非黑白的对立是简单清楚的，微妙或者细微的差别扰乱不了这种对立，更不用说反讽和怀疑了。

福塞尔（Fussell）把这种对善恶力量的无批判性认识看作是"高尚

203

品格"（high - mindedness）的仁德品质，也就是一种坚信简单的高目标必将实现的信念。① "高尚品格"这种理念满足了大后方以"正当理由"（good cause）为英国军队的屠杀做辩护的战时需要。他提到，记载高尚品格的文学宝库变得如此不具批判性，以至于对英国军队道德的认可也显得平淡乏味。在新闻里，在军事领导者的言辞中，还有在平民百姓中，道德二元论是"彻底，没有遮挡或复杂性"的（富塞尔，1989：164）。

在关于警察及其敌人的公开描述中，经常存在对崇高意志进行浮夸的赞扬。这种描述以常有的非批判性方式为代表，向外界展示警察的好人身份，向坏蛋、罪犯或者任何不明确支持警方的人开战。"坏蛋"这个司空见惯的词展现了这种崇高的意志。违法者本身就是邪恶的，因此他们很少被认为是做了坏事的普通人。这种标签残酷无情且牢固。

我们常见到的崇高意志来自于立法者、行政警官和其他警员代表，警察助残疾儿童残慈善会的电话推销员、市长和市议会，而这些高尚只是一种表演。它是为了一些需要获得警察支持的团队或者个人所采取的一种方式。对崇高意志的浮夸之词虽然索然无味，但再一想到其目的所在，也不会认为有什么不好的。在道德不确定性的庇护下，它具有高度的目的性，一点儿也不复杂，对其展现了坚定的支持。

204

道德不仅仅是崇高意志的一种戏剧作法。警察在每天的巡逻中也上演着道德戏法。对于警察控制社会层面犯罪的期望是建立在每个警察对他所巡防区域的掌控能力基础上的。因此，警察的日常巡逻就转变成了一种道德责任，也就是警察的管辖权。巡逻区管控是一项必要的使命，有着强大的道德驱动力。只有"混蛋"才会对警察的工作方式提出异议（范·马安伦，1978）。

警察执勤的道德层面是警察文化的核心（卡尔德诺，1995）。道德是团结最为重要的主题，也正是这一主题使得强制区域管控的美感成为

---

① 在引用埃里克·塞弗里德（Eric Severeid）的这些研究资料 20 年以后，福塞尔（Fussell，1989：163）指出，基于高尚品格的精神的正当理由借口持续至今，仍未衰退减弱："正义与邪恶之间的竞争由来已久，如果这场战争不是神圣的，如果这种战争不是绝对的真实存在，那么，这种战争就不可能会如此旷日持久"。

必要。道德给警察为控制其管辖区域所做的任何事提供了依据，包括对嫌犯和不满者"正当的"虐待。

毋庸置疑，道德授权和强制暴力的使用在同一个社会结构（管区控制）里是交织在一起，不可逆转的。然而，警察及其广泛的受众对道德和强制关系的看法却大相径庭。利用警察道德的高尚一面为滥用威慑力和以政治利益为目的滥用政治权力提供正当理由，这种趋势虽可预见，但却十分尴尬，因为有时候，这种趋势在警察的政治支持者中比起警察自己表现得更为明显。媒体对此感到愧疚（埃里克森，1991）。重演犯罪案件的电视节目，把新闻影片、案件重现和男女演员的画外音陈述同用手持式相机拍摄的粗糙画面结合起来，宣称要模拟现实。因为纯粹的崇高意志，我们看到以"美国通缉犯：美国反击"和"警察"命名的电视节目秀。当然，此类节目并没有提到在民主社会使用警察暴力所造成的道德困境（曼宁，1995：376）。媒体建构当然是高尚的，简单地把善与恶、是与非还有我们与他们区别开来。

当然，警察也被媒体狭窄的视角所影响，因为他们对信息的流向进行操控，以区分善恶，展现他们独特的工作面，让其他人黯然失色（埃里克森，1989：139 - 140）。警察可以塑造他们的工作形象以便迎合支持他们的社会声音。

由于全社会都渐渐认识到毒品使用的危险性，毒贩子都组织有序，武装慎严。某些逾矩的社会部门，越来越不值得受到法律的保护，还有一些"他者"对社会和道德秩序产生了威胁，致使警察在这一环境下与这些群体的斗争行为更加具体化，即使做出逾越常规的行为，也更能被群众接受……对于多数大众来说，警察暴力的受害者必须了解警察工作的危险性，而非对于警察的刻板印象，正如有序和混乱之间那条"细长的警蓝线"（thin blue line）（卡普勒、斯鲁德和阿尔伯特，1994：106）。

卡普勒和他的同事认为，警察容忍这种永恒的崇高意志，以掩盖在警民交际中对警察粗暴行为更严格的检查。崇高的意志隐秘地将不同阶层的市民"贬"为坏人，它只不过是使警察过激行为正当化的借口，为警察应受到谴责的行为提供溯及既往的辩护理由。即使警察面对无赖使用一些"粗暴的警察行为"，反正他们罪有应得，谁会质疑警察呢？他们以后会三思而后行吗？人们并没有考虑，那些无赖的行为是否真正触犯了法律，对公共安全造成了威胁，法律本身是否合理，或者说，警察是否能够肆意妄为对其使用暴力。

警方高管在对公众和警队发表讲话中时常恳求这样的崇高意志。在那些说教式的训词中，他们试图证明自己也是人民群体当中的一员。看一下前任长官（洛杉矶警察局）达里尔·盖特（Daryl Gate）在新警员毕业典礼上的发言就可以得知。

> 此刻正值达里尔·盖特演讲的高潮，他近乎歇斯底里地喊道："全国很多集有这些徽章的警长们，他们总是到我面前对我说，'可以给我一个洛杉矶警察局的徽章吗？我就差这一个了。'"我就会自豪地告诉他们："那这就是那唯一一个你得不到的徽章，除非"，达里尔·盖特敲了敲颁奖台，"你想要从洛杉矶警察学院顺利毕业，你必须得是一个合格的警长，合格的警长"（多米尼克，1994：17）。

此种训词并不是完全没有潜在目的的。人们常说警察署长们对于警官的日常行为管理是有限的。1991 年 3 月上旬，通过电波报道出的第一则关于警官殴打犯罪嫌疑人的罗德尼金（Rodney King）案件震惊全国，而盖特警长也是在此时才得知这一消息。警长和我们常人一样，也是要通过报纸才能了解警官们的所作所为。警长对于警官行为的监管是匮乏的，并且警察工会广泛的影响力成了其对抗官僚监督的方式。警长们不得不通过适当的方式对其警队展示其忠诚来确保获得他们的支持：

> 现代警长们通常是受到约束的，因此他们通过表现出自己是警察中的一员，而且是系统分析的热衷者，从而至少展现出对于警队团结象征性的敬意。一个常见的做法是强调其穿着的警服及其举止，这是其获得他人尊敬的方法，也是警长的社交方式（博尔达 [Bordua] 和赖斯 [Reiss]，1986：34）。

206

14.2　穆尔：关于悖论的成熟期

尽管警察们一直在提倡要有崇高的意志，他们自己还在设法解决好人与坏人的界限等更为复杂的道德问题。有关道德的问题只有在抽象以及极端的案例中才是简单的，因为坏人的所作所为被公之于众，且其行为显然就应该受到谴责。而这样事后分析的道德并不是警民交际的方法。警民交际的特点就是不确定性。违法者并不会将自己的真实身份告诉警方。警民的互动具有隐秘，怀疑和不可预测等特征，这之中的公民也可能就是违法者。

大部分坏人并不是"特别严重"的违法者，而是"雏量级"（bantam - class）的轻微犯罪人，用范·马安伦的话来说，就是"混蛋"，其罪行也就是妨碍警察执行公务或者妨害公共利益。在此种情况下，何时何地使用强制措施在道德上才是合法的呢？这是一个更为复杂的问题，但是也是一个能够定义警察文化的平常问题。在这个层面上考虑道德问题，就是开始理解警察到底要做什么。

穆尔（1977）提出了有信服力的警察道德模式。穆尔认识到警察遇到的情况并不都属于固定的道德范畴。警察接触到的很多人都被常见问题困扰着，面对这些问题警察不得不平衡他们的道德信念，因此简单的好与坏观念对于他们来说帮助并不大。绝对是非标准的概念化为警官安全，为警察对武装抢劫银行的犯人使用致命武力提供了正当化的理由，但是，这样的标准并不适用于其他一些情况，比如更普遍的家庭纷争等。在家庭纷争中，结局经常是不能预料的，简单的是非观念不足以为解决问题指明方向。因此，需要更复杂的道德观念来帮助警察们判断上述情况。

穆尔创造了警察使用武力的一种模式，他称之为敲诈交易（extortionate transaction）模式。他顿悟式地把该模式分为四个不一致的部分，并命名为"强制性矛盾"。第一个是占有性矛盾。"一个人拥有的东西越少，他所能失去的东西也就越少。"这种矛盾在对抗性中体现为，越是一无所有的受害者越不容易受到强制的威胁："在交易谈判中，弱势往往是优势"（穆尔，1977：38 - 39）。

第二个是"超然悖论"（the paradox of detachment），这个悖论是说"受害者越是不在意，不保护一些东西，加害者就越不会把这些东西作为要挟。"这一悖论与受害者有关，并揭示了突发情况难以应付的本性，加害者不可能总是清楚地知道受害者把自己的所有物看得有多重（穆尔，1977：40 - 41）

第三个是关于脸面悖论（the paradox of face）："一个人的名声越坏，他自己反而不必那么坏。"这一悖论基本上是心理学上的。成功的强制并非要给人带来实质伤害，而是可能带来伤害其悖论之处在于，暴力本身不起作用，反而不用暴力才有效，全要靠威胁和恐吓。当然，其风险是，有人会呼叫来吓唬对方。不幸的是，这对二者都没有好处：在面对对方的吓唬时，就需要"展现出毒辣的一面，并通过冷酷无情的破坏性来进行回应，即便这意味着要冒毁灭自己的风险"（穆尔，1977：42）。这一悖论是基于威胁行为基础上的，如果真的这样做，就破坏了前述的敲诈交易。

第四个是非理性悖论（the paradox of irrationality）："威胁者的精神越疯狂，其所造成的威胁也就越严重；而受害者的精神越疯狂，所作出的威胁也就越轻微。"这一悖论是指，"理性，或者看上去理性，在敲诈的场景下也许是一种负担，而无须莽撞。无知可能反而是一种优势"（穆尔，1977：43）。

穆尔认为这四大悖论彻底颠覆了关于道德的传统概念。对与错的绝对概念也变得问题重重。倘若简单地运用强制手段来取得好结果，会受到与其相悖的情况阻挠，那么道德何处寻呢？道德应体现在警官有才能用强制威慑力达成好结果，而不是被追求好结果的激情所蒙蔽或是被那些称作深入观察而实则过分敏感的情绪所操控，进而将对与错带入到不确定性阴影的转换中去。[1] 穆尔认为激情使得警官把强制手段整合到他们的道德观当中去。而这种道德激情的缺陷就体现在毫无原则地抛弃对于文明生活应有的道德关怀。穆尔强调：没有了罪恶感，也就没有了良

207

---

[1] 穆尔的这一提法转引自韦伯（1946）著作里的观点。

知。他告诫警官们需要培养洞察力，理解世界上众生正在经历的苦难，感受人们对于尊严的渴望……（穆尔，1977：50）。对激情与洞察力有原则的平衡是一种道德的平衡，它促进了成熟，从而展现出一个警官调节自己采取武力的同时又不被其消极一面冲昏头脑的能力。

穆尔公式的优点在于将四大悖论与他对韦伯的专业政治模型的重构编组相联系。悖论有力地说明了警察在与民众接触际遇中的不可预测性。穆尔的潜在的观点在于说明，预想的结果与想要达到的结果相反的能力，是一种使警察适应其与民众接触中各种流变的突发状态的技巧。穆尔的悖论具有讽刺意味，他含蓄地问："是否有种办法使我正在做的事会变得与我想要的结果正好相反？"

在警察运用武力以处理这些相互矛盾的场景时，道德处于一种流变的状态。道德，就像天堂一般，处处体现在细节之中，体现在对变化的环境所作出实时调整，而不会在滥用强制手段中失去控制。道德就像是比赛中的制胜绝招，同时警官们也改进他们的策略，使用最小武力来实现效力的最大化。

208

穆尔的模式告诫着未来的警官们：权力存在消极影响，这是一个强有力的启发，也是一剂良药。同时也告诫着警官提高他们对于模糊性、误解性、不确定性以及讽刺性的判断力。但是，最终穆尔的模式也没能引导我们理解警察文化。他的模式在于教育警官如何思考自己对于强制手段的运用，这不同于是非对错、道德优劣以及好人坏人这些简单的观念。然而道德是事后分析，是在过去发生的一件件事情的不断重演中建立起来的。当警官处在一个矛盾的警民交际情形中，他们的行为并不由道德悖论概念决定，而是由边缘控制所决定，把威胁最小化，注重人身安全，解决问题，避免过多的文书报告并且发现一些乐趣来。警察工作比穆尔的类型学所说的公正得多，如范·马安伦（1978）下面这篇以永恒的警察利益为主题的文章："如何对待混蛋"。穆尔寻求的是理想中有道德的警官，不介意用武力，但有其他方法达到目的时就慎用武力。而范·马安伦（1978）认识到了武力使用的惯例面，对警察文化有了更深入的了解。

14.3 范·马安伦：正义与混球

范·马安伦以"混球"为标题的经典论文（1978），代表着对于警察使用强制性武力问题根本性的反思。范·马安伦挑战当时的主流说法，即警察主要对犯罪嫌疑人使用武力。在对于警察过度使用武力的分析中，他强调警察倾向关注的不是犯罪分子，而是那些"大嘴巴"，没犯罪却对介入他们生活的警察用行动表现出不满。其开创性的论文抓住了强制武力适用的道德层面——警察们相信他们之所以存在，某种程度上就是要保护世界，免受那些混蛋的影响。

范·马安伦认为，"混球"代表了一类个体，是他们引发了大量的警察行动。但是警察在遇到他或她之前可不知道谁是那个混球。在警民具体的接触中，警察会给某些人贴上混球的标签。标记的结果就是增加了街头执法的可能性。

范·马安伦认为，"混球"这一标签在眼前的情况下产生，并与可观察到的社会活动相关联。这些情况就是每天的警民接触。定罪过程——将某位个体定性为混球，有三个阶段。第一阶段称为挑衅，发生在警察的权威性遭到质疑的情况下。比如，城市公园里有一狂饮啤酒的市民，当警察命令他把啤酒倒掉时，他将啤酒倒在了警察的鞋上。由于他的所作所为，从这时候起他就有了被贴上混球标签的风险。这是贴标签程序的关键：

> 任何进一步侮辱警官（不论多么轻微）的行为都足以作为证据证明警官正在与一个可被证明是混球的人打交道，此时，迅速的辨明情况就成了当务之急（范·马安伦，1978：229）。

第二阶段为辨明阶段。在这一阶段，警官要努力搞清他们在和什么样的人打交道。证明阶段要解决两个隐含的问题：（1）该市民是否知道自己在干什么？以及（2）在不同情况下，他的表现是否会有所不同？如果这两个问题的答案都是肯定的，该市民就有被定性为污秽不堪的次等人的风险，接踵而来的便是对他们实施的街头执法。第三阶段为补

209

救，即事件辨明之后警察的一种行为反应类型。一旦当事人被定性为混球，就最有可能受到街头执法——按范·马安伦的意思，街头执法包括可疑逮捕，暴力执法以及其他粗暴且引人注目的行为。

范·马安伦认为"混球"一词对警察意义重大。这一标签源于警察在街上遇到情况需要控制场面的需求，并且从道义上来说，在受到质疑时必须维护国家的权威。因此这些"混蛋"给警察找了许多活干——当警察没有"真正的"警务工作时，这些混球变成了警察"施展拳脚的陪练"。

在警察的字典里，"混球"一词可能是最普遍存在的词语了。一个位于西南部的大城市列了一个清单，专门记录乱打警务电话而被认定为捣乱者的名字。该清单存于档案柜字母 A 类下。能猜出其中的原因吗？布扎（Bouza，1990）还指出，当有人被警察定性为"混球"时，妨碍治安行为法规对他们而言便有了特别的作用。美国不同城市的警察对"混球"的定义都有所不同，当人们在美国不同城市遇到对混蛋有不同定义的警察时，也许会遭遇到不愉快。

我经常向听我授课的学生描述在街头遭遇中，范·马安伦版本的"混球"定性的具体方式。我经常因为学生没能理解这一术语而受到"责难"。如今我怀疑，范·马安伦在提供一个绝妙而具有煽动性的人种论范例的同时，隐蔽地遗漏了定性过程的一个重要方面。只有当警察在遇到民众之初怀着简单中立的心理时，这一市民被贴标签的理论才完美成立。然而，警官并不会这样做。当警官遇到涉及市民的情况时，他们脑子里早已颇为清楚谁是混球，更有可能，他们在成为警察前就有了这种概念。当市民遭遇警察，这种事也没什么中立可言——一些事情出了后，警察才会跟市民交谈，因为他们认为市民有他们想要的信息，比如说证人证言，涉嫌犯罪等。

我认为范·马安伦忽视了警察文化在鉴别混蛋的循环逻辑中，加强共同的道德识别力，并在随后进行报复性的行动，证实这个人就是个混球的方式。有些警察可能会在定性之前先观察一下市民的行为。然而，在经历上千次这种事情之后，警察已是阅人有方。许多市民甚至在与警察接触之前就被贴上了混球的标签，自我应验的逻辑在某种情况下也能

210

证明其确实是个混球。

范·马安伦认为违法者并不一定是混球：他们通常希望最大程度减少与警察之间的摩擦。然而，警察却常常粗暴地对待犯法者，然后以保护自身安全为由虐待嫌疑人。如果有人目睹过警察突击所谓的藏毒房屋，他也就不会认为警察对待居民比起对待范·马安伦口中的混球要好到哪去。范·马安伦搞错的是：所有的犯法者都是混球，而不仅仅是那些对警察判断的形势持反对意见的人。由于犯罪者违反了法律，这就说明了他们在恰当行为这一问题上的看法与法律上理想的警察有所不同。

一位同事指出："人们不是因为干了什么才成为混球。而是每个人开始的时候就被预设为混球，然后警察根据其行为筛选掉几个。"换句话说，范·马安伦（1978）把定性过程搞反了。当了警察没过几年，有些警察就会把所有市民都看作混球。每次遇到情况，警察总是假定他们在和混球打交道。弗莱彻（Fletcher）的一个密友在下面的话中体会到了这一观点：

> 人们一天八小时都在骗我们。人人都骗我们：犯罪分子，受害人，证人。他们都骗警察！这情况太恼人——你去参加聚会，就有人径自走上前来跟你说话，你就想了："这家伙跟我说这些干嘛？"搞的是什么把戏？你没办法控制自己不这么想（弗莱彻，1991：278）

不久之后，在警察眼里，其他警察也成了混球。早上点名时，你的同事又跟你说那种听了一千次的俏皮话，你不禁想："靠，这家伙是个混球。"某天早上，你起床照镜子，会发现镜子里也有个混球，正盯着你看呢。到这份上，混球一词已变得太过普遍而失去了意义。混球？哼，那又怎样？

211

常识与明显事实的反讽性解析

主题：常识

> 每个人都有或多或少的反讽倾向，不过反讽也需要练习，就像想拉好小提琴需要天天练习一样，反讽也得天天练习（戴维斯[Davies]，1994：150）

本章要讲的是常识与反讽。在下文中，我将努力阐释警察常识是如何形成的，以及反讽如何在警察常识中处于中心地位。本章节以对常识的考量开篇，我将论述其与普通的理性知识的差异。

反讽被认为是常识的一个特例，是警察工作的核心。确实，你可以认为反讽是警察思维的"技艺"。作为一种思维方式，它使得警察可以在安全中洞察到危险，在嫌疑人设置的层层迷雾中发现其不法行径。反讽是一门艺术，而警察的工作是反讽的一种技艺形式。它是警察通过观看其他警察和嫌疑人具体"交手"的扑朔迷离的环境中习得的。警察的技能不是查明某个地方有什么，而是某个地方没有什么。

15.1 警察与常识

令人惊异的是，尽管充满不确定性和不可预测，但警察仍然应该能够仅仅依靠常识就可以理解其行当，并使此成为其行当的特点。在《韦氏字典》中，常识一度被定义为统一已知的五感的感觉，它意味着将明智之人的实用性知识应用于一个具体的场景之中。常识很有用，因为人受到的教育能够使其将之前学到的原则运用于新情况，这就是所谓的历史类推法。格尔茨（Geertz, 1973）认为，常识是任何思维清晰的人在相同情况中都会做出的事情。

警察十分重视常识，这是大家广泛认可的观点，而使用常识的能力也让警员引以为傲（曼宁，1976；麦克纳尔蒂，1994）。警察很看重常识性知识，"这对于在街头生存至关重要"（麦克纳尔蒂，1994：282；也可参见弗莱彻，1990）。

常识概念认为我们能够将我们思路清晰的实践经验运用到实际工作当中。但是如果我们的工作是不可预测的该怎么办呢？——确实，不可预测性是工作非常重要的一个方面。正如我之前所述，警察和民众之间的互动很少，是可以预测的。人的相遇就如同在未知的地带上流动的水；它们"流过"一个又一个意外状况。在相遇初期警察所使用的行动指南可能不会对最终的决断起到任何作用，甚至会适得其反。确实，警察的工作太不可预测了，理论家曾将其作为知识有即兴性的范例（希林和埃里克森，1991；麦克纳尔蒂，1994；萨克斯［Sacks］，1972）。

警察的工作和常识之间存在着一个悖论。警察工作的特点是不可预测性，而不是基于规则的可预测性（希林和埃里克森，1991）。常识意味着某种事物自然有序的概念，而非自然无序。然而，混乱无序对警察工作来讲极为重要——如果没有混乱，没有违规，警察也就没有在美国社会存在的理由了。就像我们所看到的，不可预测性、环境的不确定性以及动乱都是影响警察工作的重要方面。警察的工作环境从根本上就是不可预测的，警察和民众之间充满了不可预测的情况，并且对事物的控制总是多少有些偏离常规，那么常识（如，警民接触中运用经验的能力）是如何与这样根本不可预测的任务环境相协调的呢？

这个问题的答案是一个谜题，它是将显而易见的东西讽刺性地转化为其对立面，通过否定感觉来肯定常识。将看似安全的东西讽刺性地转为危险。

常识是警察文化的生命力之所在。警察对于常识的看法植根于组织文化中（曼宁，1989）。① 警察的职业文化中的全部常识——包括来历、倾向、集体情绪、偏好以及嫌恶——是警察世界的集体情感，并且这些常识是建立在当地习俗和（警察）日常工作的基础之上的。常识同其他文化要素一样，源于真实的事件以及长期形成的思维习惯和方式（埃里克森，1982；克兰克，佩恩［Payne］和杰克逊，1993）。在警察组织中，常识是指挥官文化的智慧的积累，承载着部门的智慧、发展历史和传统。常识是在特定案例中有关"什么是有效的"的问题，以及应该如何看待这个问题。

214

　　常识是什么呢？怎么来的呢？从最广义的层面说，常识是地方文化看待自己的方式（格尔茨，1983）。常识来自于某种文化特定的习俗、惯例，以及该文化中习以为常的处事方式（希林和埃里克森，1991）。常规做法作为一种做事方式被某种文化内的人所接受后，就成了自然的处世之道，成为了环境中的一个固定因素（希林，1989）。尽管对于该文化以外的人来说这些行为可能很奇怪，但是对于该文化环境内部的人来说，任何一个明智的人都会这样做。团体内部成员共同重复的行为就成了惯例。

　　常识从日常的以及惯用的解决问题的方法发展而来，并通过实际例子授给他人（曼宁，1970）。这个观点是在频繁重复出现的格言中总结出来的，每个新警员在被分配给训练官的时候都会听到：忘记你们之前（读报或在校期间）所学到的一切，现在起我要告诉你们我们是怎样工作的。常识被实战训练官们当作警察工作的技艺传递下去。在这种工作中，"所学到的知识仅仅来自警官们凭直觉处理过的经验"（贝利和比特纳，1989：87）。因此，常识不仅是关于职业环境的一组简单的不言而喻的命题，更是一种文化技能的"工具箱"（包括言语行为技能和非言语行为技能），可以更好理解并成功协调街道环境和警察文化。

　　到底该怎样描述常识呢？这是很困难的，这个难度主要在于如何教

---

　　① 伯杰（Berger）和卢克曼（Luckmann）（1966：57）用一种高度制度化的信仰系统过这种理念进行过论述，这种理论观点构成了所谓的"理所当然的惯例"（taken for granted routines）。

授警员常识。请看下面这个例子，这个例子是岗位培训课一个关于假释和缓刑的讨论题（1996）。下面这则简短的对话，展现了非正式的组织程序是如何通过对毒犯增加新指控成为常识的。

> 教官：我们很少这样做（进行新的指控）。去年我做了三次，但那已经算次数多的了。例如你可能遇到一个怀孕了并且还吸毒的妈妈。
>
> 受训警员：这种情况下我们就不这样做了吗？
>
> 教官：不，这种情况下我们通常实施抓捕（克兰克，1996：281）。

下面的例子揭露的是关于搜身的常识，以及暗含的罪犯的本性。

> 让因犯弯着腰，掰开屁股，这样你就能检查他的肛门了。你可以让他站在报纸上。要记住，这些人一直都住在监狱里，很脏。当他们俯身的时候，可能会有各种脏东西从他的肛门出来。你肯定不愿意清理那些脏东西。①

215

一位对肛门检查有经验的警员很快认识到一个明显的事实——让接受肛门检查的人站在类似报纸的东西上太正确了。因此，这样的搜查惯例就成了常识的一部分，称罪犯为"人渣"在喻意上也完全说得通了。同时你可能还注意到，上述对话把罪犯描述为天生就是邪恶的。而其之所以邪恶的，并不是因为他是谁，而是因为他曾经在监狱待过，这一点很容易被忽略。

常识与技术知识不同。当我们想到语言的时候，总会想到语言是又有明确意义的词汇合理组合的。我们通过准确说明我们所用词汇的意思来传达信息。比如，如有人问我几点了，我会回答说"4：50"，大部分人都会明白我的意思。同样的，在警课受训的警察也会学会怎样辨别炸弹装置，怎样拆卸清洗9公里口径手枪，以及怎样搜身。这些是技术问题，在于对组织的理性认识和对知识的理解。

常识性知识是完全不同的。它并非以理性－技术知识的明确含义为

---

① 尚未公开发表的论文。

基础。常识对一些警察文化的成员来说，是与这些含义不同的东西——是世界自身运作的方式。它是这个世界离的人们所感知到的世界本质（莱考夫［Lakoff］和琼森［Jonhson］，1980）。如果对"现在几点"这个问题的回答是"到了喝酒的时间了"，那么这个回答就有了社会意义，有关一天工作即将结束所带来的情绪，有关我们的社会关系，有关我们的娱乐方式。虽然这个回答有很多意义，但是并不包含技术信息。显然，它的意义很有常识性。如果我回答"喝酒时间是什么意思？"，那我的同事可能会像看外星人一样看我。

15.2 常识与比喻用法

如果从词汇的角度不能理解常识，那么该从什么角度理解常识呢？也许理解常识最好的方法是用讲故事的形式（希林和埃里克森，1991）。用传统、英雄、隐喻、讽刺、坏人、欺诈、坏蛋、巧合、幸存和离奇事件等原料熬成的"汤"，让故事趣味横生，赋予了故事丰富多彩的意义。故事突出了个别人的行为，讲述了他们做过什么，没有做过什么，或者发生在他们身上的事情。故事是用具体明确的事例传达的知识——为解答"如何具体操作"这个问题，故事中给出了关于人们过去所做之事的具体例子。

故事可能很短，只说明了组织中如何做事情的某些方面。另外，故事常常包含部门的传统和历史。了解部门故事的警员会了解一些事情——他们知道部门是干什么的；知道部门一些人以前做过的事情，还有什么是有意义的事。通过常识性知识，警察可以学会一种思考和思维的方式，让他们永远成为警察，不可改变。

常识是以讲故事的形式存在的知识，描绘了所做工作本质的意象，并阐述了其历史（希林和埃里克森，1991）。常识由隐喻组成，或者由用其他事物描述事情的术语组成。在职业文化中，这种隐喻性的"其他事物"通常是从日常经历中的故事、讽刺或者这些的结合。隐喻性意象的叠加使得每个职业文化都独一无二，因为其工作环境和其成员的经历都不尽相同。

想想本章前面出现的有关吸毒指控和肛门检查的例子。两个故事都阐述了处理特殊案例的常规方式。第一个故事作为一种常识，传递出的信息是贩卖毒品罪应当尽可能地被严厉处理。第二个故事是两个故事中更为有力的一个，它传递出的信息远不止是警官只应考虑清洁问题，更是表达出了"罪犯是狗屎，是恶心的生物"这一污秽隐喻。

用隐喻性意象的作用来理解警察的行为是由曼宁（1979）首次提出的。曼宁指出：隐喻提供了一种意象，通过这个意象，先知的世界得以进入一个语言系统，这个语言系统用来描述那个世界。曼宁认为警察的世界是建立在修辞基础上的，主要包括四种修辞：隐喻、转喻、提喻和讽刺。我将曼宁的成果延伸到保释和缓刑领域，对修辞做出了如下的描述：

> 修辞是"类比推理"或"文化技能"中"让行动有序且即兴地进行"的过程（曼宁和埃里克森，1991：482）。修辞为在常识的理念下组织知识提供了一套在文化上可接受的方法。例如，警察这项工作的技艺一直以大量的修辞为特点，使得警察可以轻易地从一个模棱两可的情景移到下一个情景，根据警察工作的常规观点执行公务，这体现在以故事为基础的词汇中（麦克纳尔蒂，1994）。这些修辞都是从另一个角度看这个世界的一种方式。

> 这里引用了四种类型的比喻（伊科［Eco］1984）。隐喻，其定义为"将某事物视为其他事物"（曼宁，1979：661），被称作主要的比喻形式，其他类型的比喻都是其特殊形式。故事之所以为隐喻在于它们通过个人的具体经验对某事物进行解释，尽管故事本身可能由一系列比喻串联而成。余下的比喻都是隐喻的特殊类型。提喻是指由部分代表整体。伯克（1969）将借代转喻定义为一种事物用来代表另一种事物的表现手法。① 转喻是用事物的组成部分代指整

217

---

① 例如，一旦某位获得假释者或者缓刑的犯罪人与"坏蛋"（bad guy）的标签相关联时，缓刑者或者假释者的身份含义就发生了转换，由相对中立的"诉讼当事人"转换为负面的带有惩罚制裁性质的"刑事罪犯"这一身份术语。

体（特纳，1974）。① 反讽则是通过事物的对立面表达意义（克兰克，1996：271 −272）。②

警察故事是提喻。像故事一样，在警察组织如何运行问题上，使用比喻更容易说明白。如果一个故事是一种提喻：那么它就是用一个特定的例子来说明一个具有普遍性的领域的情形。它们提供一些词汇用以构建一种恰当的主体间看待世界的方式（米尔斯，1940）。故事使警官不拘泥于固定规则，而是根据"他或她认为应该有的感觉"而行动（希林和埃里克森，1991：493）。故事使警官能够从具体警民冲突案件中进行总结，进而思考、适应，且不受如规则般的惯例所限。因此，故事逻辑在警察工作中能引起共鸣，成功的关键在于在警民接触中警察是否拥有适应层出不穷的突发事件的能力。

常识是一种同义反复。常识，即通过经历得出的一般知识，它只会间接提到、暗示、指示方向、提示和引导，并不会告诉警官要做什么。它通过事例来提供思维方式（麦克纳尔蒂，1994）。它可以让警官根据别的警官如何做其他事从而思考他们自己正在做的事。它不以命令作为参考，而是来自实际行动，是其自身动力的结果。常识使得行动可以是即兴的，而即兴的行为又可使故事保持鲜活、焕然一新。常识下产生的故事肯定常识，由此而使文化得以不断自身繁殖。

常识通过故事和夸张的形式传达。不幸的是，警官讲述的故事经常

---

① 当假释或者缓刑指导者对"如何"质疑做出反应时，即告诉他们在特定情形下如何行为时，就会出现借代转喻（metonymy）现象（希林和埃里克森，1991）。曼宁（1979：662）也指出，转喻作为一种描述某种特征或特性的概念的陈述，例如，当人们描述某个组织的规模大小、组织规则，或者结构性差异的程度和类型时，就涉及转喻的运用。

② 翁贝托·伊科（Umberto Eco，1984：87）将比喻或转义用法按其特征不同分为四种典型类型。隐喻（metaphor）或者暗喻，是所有比喻用法中"最明亮闪耀"（most luminous）的一种，是所有其他类型比喻用法中的一种主比喻（master trope）。他指出，鉴于各种隐喻的定义本身也可能就是一种隐喻，并且经常是同义反复，因而不太可能对隐喻下一个明确而清晰的定义。提喻（synecdoche）是指不直接说某一事物的名称，而是借事物的本身所呈现的各种对应的现象来表现该事物的这样一种修辞手段，也就是说，提喻是一种替代术语，根据两者之间的相互关系而借用一个术语来替代两者的含义，例如，整体的一部分或者，反之亦然。转喻（Metonymy）是指对一系列邻近关系的替代词（他承认这一定义有点"含糊不清"），转喻所用的词指代该词义所含的特定功能范围；反语（irony）或反讽，是指用意思相反的词来表达某事的一种替代词。通过对这些比喻用法的定义，文中讲述的任何一个故事，总是包含有隐喻用法及其意思，同时，也可能包含有其他各种比喻用法。

被认为是对其缺少技术知识的虚饰，和无力解释其所作所为的映射。对警察的调查忽略了大量文化传递的过程，因为故事只被看作是简单的传说或"战争故事"，没有更大的意义。

故事不能粗略地约等于技术知识。它们是价值和信息的储备池。对故事进行更加细致的思考可以从常识的角度揭露工作的观念和活动的基础。假定我向警官询问关于实施搜毒行动的正当程序，我可能会得到一个类似于搜捕描述的实际且常识的答案。

218

> 律师有时试图让我们破门而入。但我们确实会敲门——我们必须敲门，表明我们的身份，等待回应，再之后我们可能就要用破墙锤或者长柄大锤敲门。我们确实表明了自己的警察身份——如果你在刚才说的任何一件物品上放上录音机，那么你会听到我们在门口喊了大约20次的"警察！"。这样做能减少90%你被杀死的几率。因为我们不想让他们以为我们是持枪强盗，只想让他们知道我们是警察（弗莱彻：1990：198）。

我应如何理解这样的解释呢？警官并不是在解释正当程序的技术性问题。他只是在描述辩方律师如何歪曲了他具体的工作方式。如果你仅把这个故事仅视为一个普遍性的行为，那就可能会遗漏重要的信息，而这些信息对于警察构造坏人形象非常重要。这个形象是缉毒警察遭遇武装的个体或者致命武力时的形象，其暗示是，在此情形下，警察的安全才是其首先要考虑的问题。其传达出来的信息显而易见——缉毒行动非常危险。

有证据证明警察在突袭中容易受到暴力袭击吗？目前并没有调查能证明此假设，从"行动中遇害执法人员"（国家司法研究所）获得的分类数据也不能支持此假设。但是，假定我们从开始就假设售卖毒品的房内全是经过武装且危险的毒贩。如果是这样，警察有策略地进入房间就完全解释得通了。警官可能会说，精细的准备能使他们在与危险的武装坏人们交锋时，使伤亡的可能性最小化。手持武器快速闯入、入口处使用语音指令、投掷烟雾弹迷惑嫌疑人、抓住并控制房间内所有人，这些都是迅速制服危险武装敌人的战术。

　　这种禁毒行动的方法证实了常识如何产生常识——做好准备和快速有策略的行动可以保证警官的安全。我们是如何知道的？因为警官们为这些"接触"做了准备，以压倒性的力量打击他们，而自身没有受到伤害。听到这个故事，你就知道提前做准备是怎样使警察避免受到严重伤害的了。此外，这个故事也揭示出了警官们对法律顾问的敌意。法律顾问会在法庭上提出关于正当程序的基本问题——警察们可能无法成功并清楚地表达自己的立场，或者他们有时用可疑的来源拿到调查令，或者因为财产没收的根据的合理性受到怀疑。

　　最后，也是常识构造的核心，故事教给其他警官，在缉毒行动中违反正当程序受到指控时如何为自身辩护。任何头脑清晰的法官在听到警官做此种解释时，都会禁不住相信他/她——这个故事完全合乎情理。众所周知，毒贩比起抢劫犯嫌犯更不愿意杀害警察。任何人都想象不到进门突击前没有表明身份会怎样。当然，问题是，这个解释说不通。很难想象全副武装并明显携带大量毒品的人会想邀请警察进屋，尤其是他们还面临终身监禁的风险。这种想法愚蠢且荒谬。

　　接下来的故事会展现故事在训练中的力量。范·马安伦的故事展示了如何将部门传统作为非正式训练的一部分流传下来。然而，这个故事不仅仅是部门传统和非正式的同志情谊——它还为审视刑法提供了一个特别的方法。这个故事传递的信息不只是指导员如何宣泄其挫败情绪：它把在一个组织体的刑法技术信息做情景化的诠释，说明这个情景如何和刑法本身相敌对的。

　　　　我想你们已经听说过《拉克·鲍德温》（*Lucky Baldwin*）（寓意幸运的鲍德温）的故事。如果没有，你肯定也会在上街的时候听到。鲍德温正是仍在镇上肆行的大盗贼……目前，我们已逮捕他十次，但是他有钱，还有一个可恶的律师，所以每次他都能逃过刑事责任……若我有机会逮到这个混蛋，我会用我的手枪按照自己的方式解决他，并为这座城市省下审判的花销（范·马安伦，1978：298）。

　　这个陈述并不是粉饰一位警官的挫败情绪。它把一位德高望重的训练员的重任带给了一屋子新警员。警官们"听"说组织有对此人采取行动的高优先权。暗含意思是说，在处理"幸运的鲍德温"之类的事时可以考虑使用超出法律管辖范围的手段，特别是使用极端暴力，这是部门中的一些人可以接受的。此陈述也默认在非致命的案件中可以使用致命武力。

故事也尖锐地批评了辩护律师。很明显，鲍德温的律师是个不尊重警察的无赖，当然这是因为他需全力解救这个人渣。除此之外，由于警察部门用法律允许的方式不能解决鲍德温，他还在持续作案，这时就必须采取其他的手段了。拉克曾经被捕过 10 次，又被放了出来 10 次，要么就是他无罪，要么就是警方收集证据的能力太差——这种解释显然不是发言人想要表达的。

常识来源于警察执行的公务，警官的所见以及他们对工作环境采取行动和做出反应的方式。它是警察在实际工作中使用的实践性知识。如前面的故事所表明，常识创造了一种和警官们工作的世界相适应的"主体性"。它是由警官学问中的特殊经历和事件构成的，是一种审视事物的特别方法。随着时间推移，经历不断增加，组成了主体间文化，靠组织文化成员讲述和再述的故事维系。正如希林和埃里克森（191：489）指出，故事的作用是"探照灯而非聚光灯，确保他们（警官们）经历的现实是流动的，而不是固定不变的"。

常识和行动的关系是相互的（麦克纳尔蒂，1994）。常识和行为之间有因果关系：常识为随后的行为提供战略方法或直觉。而特定困境不断地在不同警察身上上演，为常识的产生提供了共同的框架。从这方面讲，常识性知识来自于警民接触以及由警察组成的社区中不断的相互阐释。因此，不断重演的故为未来实行的干预提供了视角。在拉克·鲍德温（Lucky Baldwin）和敲门表明身份的故事中，有关警察和罪犯关系的常识就为预先采取的行动提供了帮助，而这又进一步为将来行动提供了正当理由。

同义反复阻碍客观性。常识的不断重复呈现一种悖论。若常识预先设定了行为模式，而行为引发的反应看起来又证明了行为的正当性，那么常识在使用中就出现了因果循环，即预设的行为模式产生了一种行为

220

方式，而这一行为方式又引发了一种证明其预设行为模式正当性的反应。

常识成为常识的基础。那么如何能对事件有独立、自我修正和具有"现实基础的"的解读，使得个体能够从自身的错误中吸取教训呢？对于追求理解行为的客观性的人来说，若事件中有一个"真相"不受观察者所控，那么常识和行为模式之间的重复必定让人不舒服——很显然，它意味着基于常识的知识无法被参与者（本例中为警察）独立客观地验证。

换句话说，警察文化中的成员依据常识中的行为观念来行动，并且在常识的基础上推理重现事件。因此他们很难察觉自己行为中倾向性的偏见。这并非警察特有，而是全人类的普遍现象——这是我们作为文化生物的伴随产物。然而，它似乎表明了一种对于警察工作的主观见解，警官作为文化载体，也无法理性、独立地观察民众、执行法律。这一警察工作中的主观观念与刑事司法系统是相悖的。刑事司法系统是一套在客观、严格考证的基础上公正、理性地诉诸刑法的程序。

警察的主观性是一个无法预见的领域，至少对那些寻求清晰、理性、未被预定的情感蒙蔽的知识的人来说更是如此。基于故事的逻辑而形成的一套常识知识来完成他们在刑事司法系统的任务，对警察的这种认知与刑法是理性基础并不一致。如果刑事司法的守门人自己都是主观的、由部门传统所形成的常识和自我循环的逻辑的家伙，而非独立的真理追求者，怎么又可能形成一个理性的司法系统呢？

这一矛盾不限于警察，而是知识的核心。从更广文献的角度看，博学的社会学家已经从相对的世界中找到了真理的根源（曼海姆［Mann-heim］，1936）社会学知识的矛盾点在于，我们所说的知识与其社会背景是息息相关的（相关的事例，参见伯杰和卢克曼，1966：1 – 18），这也适用于常识性知识。常识的相对性来自于我们日常生活的分享与交流。伯杰和卢克曼将此过程形容如下：

> ……我知道我的意图与他们（其他人）的意图有一种持续的对应关系，我们对其真实性达成了共识。自然的态度是常识观念的态度，从严格意义上说是因为它适用于一个对许多人来说都同样普通的

世界。常识性知识是那些我在正常的、不证自明的日常生活中与他人所分享的知识。日常生活的现实性……并不要求其有额外的证据证明，只要它出现即可。它就在那儿……不证自明……并且不可抗拒（伯杰和卢克曼，1966：23）

或许有一个独立的、客观的事实可供我观察和记录，但即使在最好的情形下，它也是可以被质疑的，而且在所有的情形下，都是问题百出的：即使在物理科学中，观察者对被观察者的扭曲也是广为人知的。（见 Whitehead，1925）警察仅能以自己力所能及的方式看待这个世界，我们其他人也一样。客观地寻求真理的过程中所遇到的问题并不是知识的相对性带来的。问题存在于一个无法言明的信仰中：世界上存在一种独立于观察者的，清晰、原始的知识。

常识是通过对显而易见的事物解析而形成的。警察文化是独一无二的。警察对其所拥有的常识倍感自豪。但他们的常识却不是来自已有的世界。与此相反，他们的常识通过对未知世界的感知能力表现出来的。常识来自于警察能识别出看似安全的世界中普通市民所面临的潜在危险。来看以下这个故事： 222

> B 和一个因民事案件而被捕的女子一同走进监狱……T 解释到该罪犯在接受例行停车检查时，出具了假冒的姓名与出生日期。该信息恰恰与一起重罪谋杀案逮捕令中的信息"不谋而合"——一起发生在芝加哥的强奸谋杀案……他们关注该事件的一个不同寻常的方面，即涉案人员的年龄。该事件发生在一个退休人员居住的社区中（麦克纳尔蒂，1994：290）。

在此案中，警察使用的常识的关键是比喻手法"反讽"。麦克纳尔蒂发现常识的使用是由逼近的危险以及反讽所引起的。通过反讽的手法，警察能够透过常态看到潜在的危险。

反讽的能量源于强制性领地控制的具体实践。警察维持公共秩序，对有行踪不明、行动隐蔽的不法分子执行法律制裁。危险是潜在的。通过反讽，安全的环境或者正常的相遇被转化为有瑕疵或者危险的情形，从而将犯罪活动展露无遗。来考虑一下这个例子：

对警察来说，用于例行公事的物品或地点是最易被滥用。垃圾桶容易成为死婴的抛弃点，校园则常有犯罪分子游荡，商店易招来窃贼，诸如此类（希林和埃里克森，1991：490）

来自希林和埃里克森的另一个例子中，麦克纳尔蒂描述了一个"图形构造"（picture construction）的概念，描写的是一位警官向新人介绍一条巡逻路线，也采用了类似的（反讽）的方式：

"这个地方之前是家旅馆，它被烧毁时旅客还在屋内。"他指向另外一间房子继续说道，"这是自杀发生的地方……这间屋子发生瓦斯泄露，而这间房子有一个老妇人因年老而过世"……他指给我看货车发生事故的地方，指出（四个孩子的）尸体分布的区域以及货车停靠的地点——一个十分普通的十字路口（麦克纳尔蒂，1994：286）

15.3 曼宁：组织机构的反讽

通过反讽手段，我们会发现看起来大同小异的事情也存在着显著的差异。曼宁（1979：666 – 667）讨论了毒品执行机构是如何使用基本常识将他们自身与毒品贩卖者区分开来的。缉毒警察将毒品买卖视为是"不道德的、不合适的以及肯定违法的"。由于毒品贩卖和购买时通常不会出现受害方（这意味着不会有市民会向警方报案从而引起警方对其干涉），这是警察执法的一个特殊模式。第一个反讽为警察的组织结构倾向于为毒品贩卖者的组织机构的镜像。曼宁提出了毒品使用系统和执法系统在结构和行为方面的15个相似点，以下所列部分最为显著：

（1）担心彼此的安全。

（2）生产和销售的压力。

（3）封建式的忠诚。

（4）工作要求具有偶然性和不定时性。

（5）小心谨慎和承担风险是成功的必然要素。

（6）低层次和扁平的等级结构，最底层成员承担最高的风险。

（7）基于个人关系进行贩卖；工作的核心是信任。

（8）通常情况下，年轻人的工作受其工作内外生活风格和兴趣的主导。

他想表明的是，毒品贩和警察在组织、经济系统之间有着极其明显的相似点，但根据人们的常识，警察就是好人，毒品贩子必然是邪恶的，这种常识恰恰将两者的相似点模糊化了。这两个相似的组织结构都将重点放在对毒品分销的控制上：在某种程度上，人们难以区分谁是好人，谁是坏人。可以说曼宁如果没发现这一反讽成果，他的反讽探究就会成果平平，充其量是一个学术苦工。

> 具有讽刺意味的是，缉毒警察作为卧底人员，表面上却不像一个警察：他们作息古怪，常与"坏人"出去游荡，能喝酒，经常光顾酒吧，在执行公务的时候穿得像罪犯；他们的工资标准与他人不同；他们试图成为标新立异的那类人……那我们最终怎样区分他们与贩毒分子呢……？（曼宁，1979：667）

马克斯（Marx，1988：108-109）指出了警察工作的真正涵义。他说，卧底工作比常规的巡逻工作更具流动性。卧底特工通常仅跟罪犯打交道，而且经常参与一些欺诈行径。在此种环境下，他的角色——即警察必须适应的角色——就是犯罪分子的角色。与犯罪分子混熟并打成一片才是有效的工作。对于卧底警察来说，装的像犯罪分子意味着他或她工作做得很出色。

最终，角色的危害性超越了扮演者本人所能承受的限度。由于卧底特工生活的真实世界经过讽刺性转换，成了犯罪分子的世界，反讽游戏便不再是游戏了。至此，转化最终完成。

> 有一个关于此点的好例子，一个关于北加利福尼亚警官的案件。他参加了一个重大案件的"深潜卧底"（deep cover）项目长达18个月之久，与一群被称为"地域天使"（Hell'Angels）犯罪团伙成员共事。他的责任是抓捕一大群犯罪分子，包括之前几乎不可触犯的高级毒品贩子，并且，他出色地完成了工作。但这一切都是有代价的，他需要嗑大量药，经历酗酒、打架、妻离子散，后来因不

224

能重新适应正常的警察工作而被辞职，之后又因多次盗窃银行而坐牢（马克斯，1988：109）

在一个完全的反讽转化过程中，警察在危险的贩毒情境下出色的工作能力使他们能够完美地适应犯罪性环境。再也没有一种方法能将好人与坏人区分开来。警察的反讽性转化是完整的，但却是他们从未想过的。反讽转化之下也有潜在的危险：人们怎么区分好人和坏人？事实上，据波格雷宾（Pogrebin）和普尔（Poole，1993）所观察，即使是好人有时候也难以将自己与坏人区分开来。

这些例子表明，警官自己不能构造一个工作现实，而只能解构已有的世界来发现其中潜在的危险。对他们来说，常识是解构世界的反讽性手段。眼前的世界是虚幻的。公民生存的世界是安全的、平淡的，但不真实。通过反讽，意义完全被倒置。市民成了受害者或者犯罪者；管辖的区域变得危险重重；操场成了毒品贩子经常出没的地方；人类的行为预示着威胁以及危险。透过反讽的转化，我们发现了警察工作的意义。

反讽的艺术是怀疑。一个经验丰富的警官是如何通过利用常识技巧将一个普通的环境转化为一个具有讽刺意义的环境呢？这一技巧就是怀疑。警察利用怀疑而出色地完成工作的例子，就是强制性领地控制手段。一个打进无线电广播电台的报警电话，说的是一起有关便利店抢劫的案子。报案人提供了犯罪嫌疑人的简要信息。警官看到两名男性在便利店附近。

> 警官 D. 用强光手电筒照射那两名男子，仔细地观察他们的行动和反应，快速向左转入他们正靠近的街道，并且说："我想跟这个人谈谈。"（随后两名嫌疑人与警官之间发生了打斗行为，警官逮捕了两名嫌疑人）。此后，我问 D.："是什么使你对那个人产生怀疑的呢？是因为他的举止行为与其描述不相符么？"D. 说："当我将强光灯照射向那个男子时，该男子没有做出任何反应，我便怀疑他肯定有问题"（麦克纳尔蒂，1994：287）。

225

怀疑是警察工作的中心主题，它的产生基于一种改变安全环境的能力。而这种环境常常为警方开展工作的主要场所，比如警官巡逻的警管区，我们经常称其为"街道"。怀疑是基于事实的想象，它为警官的后续行动提供基础，然后警官用行动的结果来证实预先的怀疑。在警官仅仅表示怀疑之时并不需要确定就是嫌疑人，但当警官有理由证实案件的情节和怀疑时，则需要将嫌疑人拘押起来进行讯问。在一个又一个的案件中，警官基于常识和行为的过程性同义反复，凭借直觉和怀疑，能够成功地解决问题查获犯罪人或是保护了自己。

解构是在训练中学会的。反讽技能训练在学术和实战训练中都非常常见。充满危险的故事、角色表演以及电影，都强调了警察工作所面临的威胁和潜在的危险。而刚参加工作的警察在学习工作的技巧时，也会同时学到关于反讽、危险、怀疑以及自身安全的知识。

警察标准与培训（POST）中的指导员同属警务部门，他们的话语方式是组织文化的常用语言，而其自然语言则多采用隐喻并以故事为基础（麦克纳尔蒂，1994；克兰克，1996）。而在课堂上，当有人向指导员提问或是要求指导员对某些事物做出解释时，他们则会就组织文化提出自己的见解。

指导员会利用知识，结合普遍世界观，用故事或讽刺的修辞进行解释。这样在警察标准化培训中，指导员传达出成套的文化体系来帮助新警察形成知识体系（卡普勒、斯鲁德和阿尔伯特，1994）[1]。因为新警察是以主题为单元来学习这些文化知识的，所以他们会学着使用希林和埃里克森的措辞，借助于感知能力来思考他们所学习的课程。接下来请思考以下的例子：

> 警方将诸如是否阻止某人等行为决定建立在不一致上——摆错了位置的事物……在警察决定是否采取行动的过程中，案件的异常之处通常是一个优先的策略。例如，他们会教新来的警察避开抽象的问题如"真相是什么？"等。相反，他们则会问一个如"这张照片有什么奇怪的地方吗？"这样更为具体的问题可被用来判定事物

---

① 卡普勒及其同事们（1994：101）指出了一种与警察训练有关的平行现象。警察训练的指导员，他们观察到并且运用过去发生过的故事来强化现存的世界观，而不是提供教育和向新警察灌输如何思考他们工作的新方式。

是否异常。警察分队长则会教授这些新警察一个经验，那就是在案件中寻找发现异常的事物比寻找可疑的事物更为有效，因为"可疑"的范围很难界定。一个指导员曾对一张黑白照片进行分析来说明对比异常和寻常的重要性。他解释到，在犯罪现场展开调查时，他会拍摄一组黑白照片，强调事物的相对位置从而进行对比，这期间他不会受任何细节的干扰。

要做到反讽性思考关键在于行动。提高新警察在不确定的环境中的工作能力是训练的中心任务。麦克纳尔蒂（1994：286）观察到，新警察在训练时很快意识到他们无论何时都要有所行动。她指出"在一些情景下，警察分队长会强制要求尚在犹豫的新警察做些事情，并告诉警察做决定比犹豫不决好得多"。到进行实战训练的时候，他们则必须在危险的环境下做好自己的事情。那时，他们不仅要能辨别危险，还要能够在危险的环境下做事情，这当然包括冒险。

> 警察部门会不断针对新警察在执行警务时冒险倾向进行评估……这些评估包括：离开巡逻车的速度、接近嫌疑犯时的果断力以及在黑暗的楼梯井中探路前行的积极性。（Van Wannen，1978：203）

在训练时，老警察总会讲警察因粗心大意而丧命的故事。这样做的目的是告诫新警察们危险一直存在，为保护自己唯一能做的就是时刻保持对未知威胁的警觉。

我曾见过一个非常具有启发意义的案例。这是一个电影情节：在一次例行交通管制中因不可预测性而发生了危险事故。这部电影告诉新警察，他们会犯的最大错误就是忽略工作环境中潜在的危险。

> 这个故事是由警官车上的摄像头拍下的。这名警官在对一辆车进行例行的交通盘查时，突然被其车主凶狠袭击。影片触目惊心，这名警官最后在德克萨斯州的这条黑暗的道路上被殴打致死。而影片的最后几分钟都是同一场景：在德克萨斯州灰暗的夜空下，一名警官的尸体平躺在巡逻车后的地面上。

这个故事是一个巨大的讽刺：一次例行的交通管盘查成了危机四伏的惨剧。而其中最大的危险——致命的——危险，就是这名警官把周遭事情看得过于理所当然（未能察觉潜在的风险）（克兰克，1996：278）。

因此，警官会学习一些惯用方式，来辨别警管区领地中危险的人或地方，以应付这些危险。基于对危险情境的常识性辨识，只会采取常见的解决办法。到他们进行实战的时，从别的警官处听来的故事和例子、危险的地方、麻烦的人群以及具有反讽意味的理性行为，都会完善他们的反讽技巧。警官会把那些居民居住的安全世界抛到脑后，用心地在他们自己建造的离奇的世界里工作。

227

16

软弱胆怯无容身之地

主题：男子汉气概

他在一盒磁带里说道："我深信女人真正想要的是你们（男人）做决策，因为上帝说过女人的角色就应该是顺从……在任何事情上妻子都应该服从丈夫，包括肉体关系。"在另外一盘磁带中，他谈到如何管教孩子，他说："对于儿子，他们十六七岁的时候，我还会用船桨打他们屁股……我告诉他们，你们胆敢沾染毒品的话，我会用船桨打爆你们的屁股。不过我的女儿进入青春期后，我就不再打她们了"（多米尼克，1994：325-326）。

鲍勃·弗农（Bob Vernon）是洛杉矶警局局长达里尔·盖茨（Daryl Gates）的助理局长。他用录音机把这些话录下来，并把这些录音的合集称为《真正的男子气概》（*True Masculine Role*）（多米尼克，1994）。当时弗农正在竞争下一任的警察局长之职，因此他的行为显然值得我们注意。在20世纪80年代末，一个副警察局长居然考虑做这些事情，这充分说明了当时对于男子气概的传统观念在洛杉矶的警务部门是多么盛行。

历史上，警察机构无论是精神上还是性别上都是男性占主导地位的。甚至到了20世纪80年代，在所有的市区的警察中，也只有3.8%为女性（马丁，1997）。不过，在过去的20年来里，女性警察人数迅速增长，到 1994 年，已经有 9.3% 的警察为女性。在人口超过 5 万的社区中，98.5% 的社区都有女性警察在社区工作（马丁，1990）。

男子气概不仅是这个组织的一个人群特征，也是一个文化主题词。作为一个文化主题，男子气概传递着这样一个信息，即男人适合警察工作。同时也在暗示着其他性别不适合。男子气概是关于警察应该做什么工作以及怎么做，是有关男人对维持公共秩序的更高目标的追求（海登索恩［Heidensohn］，1992）。它是与传统美国男性角色相联系的一种家长式管理，并通过警察文化"镜头"得以加强，转变成社会秩序和管控的指导原则。男子气概这一主题贯穿了警察这一职业，影响着警察的社会地位，加强警察的团结性，并且把警察的自我形象塑造为男人中的男人（马丁，1997）。

男子气概作为一种文化要素在训练中备受强调。从一开始，新警员就被要求通过放大男子气概相关特征，向自己和他人证实自己男子汉的形象（哈里斯，1973）。警察培训强调身体训练、打斗能力、武器装备。所有的这些技能都与传统的男性角色相关，并且以美国男性幼年玩耍的方式来训练。警员们非常珍视颂扬阳刚战功的故事。温鲍（Wambaugh，1987）也在自己的作品中充分探究了关于男性情谊的故事。从对女性粗鲁的辱骂，到愿意为了同事冒生命危险，男子气概的主题渗透进了警察文化（卡普勒、斯鲁德和阿尔伯特，1994）。

男子气概也与警察行为的许多消极方面联系在一起。萨普（Sapp，1994）提出"男孩终归是男孩"的说法，并以此来使得无论是在部门内部还是对罪犯和公民实施不端性行为具备正当理由。例如对公民进行秘密的有计划性的窥探。更多明显的性侵犯形式还包括：与受害者、罪犯，以及逃学、离家出走、行为不良的少女进行接触。监护人员有时会骚扰女性，并且很难被外界注意到。有些警官会寻求机会看各种女性裸体，并且一些警官可能会强迫女囚犯满足自己的私欲。在最具有侵犯性的性交易形式中，警官们用提供优惠待遇来换取私欲。①

① 萨普（1994）指出，他所研究的有限的样本，局限和制约了警察一般特性的普遍适用性。

16.1 马丁与男子气概

对男子气概的研究涉及对价值和信仰的评估，它们太根深蒂固了，有时难以认识到其影响。马丁是研究警察文化这方面内容为数不多的学者之一。她在华盛顿警局做的研究，努力为人们揭示女性在警局工作所面临的问题。在她的研究中，她意识到了美国式的性别差异有着深远影响，以及其对于警察文化的含意。

马丁（1980：88 - 89）指出：警察的男子气概与传统观念有着密切的联系。这一传统观念不仅包括对于警察工作的见解，还有对美国男人的见解。"作一个男人"代表的是履行一种由社会定义的男性角色，对于"男人是什么"有着明确的要求。这一男性角色有四个主题：避免任何女性化的特征；功成名就；有坚韧不拔、自信自立的男子气概；也有激进、大胆和暴力的气质。男性从很小的年龄开始就在学习避免女性化的特征。行为举止像一个女人很可能产生一种"娘娘腔"之气。男人是强韧的，因此他们才能照顾"弱势性别"。体格训练就是为"健己"，或者是用现在通俗易懂的话说就是"表明态度"或者"坚定立场"。体质上的优势是男人的特征。坚韧意味着在面临反对和逆境时（有人可能再加一点，压倒性的理由）坚持自己的观点不动摇。最后，男人应该要有攻击性，这意味着他们应该斗主动出击，用活力和暴力打倒"反对派"。

警官们大都来自工薪阶层，在该阶层中这些态度自古便受到社会的强烈支持。他们的模范榜样通常来自电视荧幕、牛仔硬汉、黑帮以及私家侦探。时不时的刺激与危险、对于力量与勇气的需求，以及同志情谊等特征，都是警察工作吸引人的地方，这些特征同时也强化了人们对这一职业所固有的思维定势。如果没有这些特征，警察这一职业就变得索然无味。

与此同时，马丁还意识到态度的倾向并不能解释男子气概所有的表现形式。她敏锐地发现警察的工作环境鼓励男子气概的行为，即使这些行为还没有表现出向激进粗暴发展趋势的苗头。①

　　　　警官们必须要适应其所保护的公民的价值观，以便有效地展开工作，因此会受到社会底层公众的"焦点关注"（focal concerns）的影响。这些焦点之一就是"硬汉式"的警察形象——一个由力量、耐力和运动技能组成的英勇形象。不多愁善感，不把概念化女性作为征服目标，勇敢地面对人身威胁（马丁，1980：90）。

　　这些因素的影响力逐渐积累，创造出了一种文化环境，在这种文化环境中，与不断扩大的蓝领工人的男子气概相关的价值观，受到人们的认可与高度敬重。换句话说，男子气概的道德标准包含了与警管区控制目标相一致的价值观。男子气概似乎可以很好地与个人主义和统治支配的主题产生共鸣。

　　现代人们非常努力地去改变警察的角色。根据"社区警务"的规则，改革者们努力扭转以前人们传统的关于警察执法的概念，让警察做更多的服务工作，参加更多维持社会秩序的活动。马丁评论道，这种服务导向型警务风格的转变，强调的是与执法活动的"男子气概"特点不相符的技能。这些技能对警官们传统的刚强的职业特点是一种威胁，包括　231推理问题的能力，避免草率武断处理问题的能力，关心普通民众的难题并对其做出积极有效处理的能力。她得出这样一种认识，即从警察工作起始层面进行的改变是有限制的。她推测："此工作的核心——即诉诸权威和权力以使用暴力来扼制反抗势力——会继续存在，这就决定了未来从事警察工作的人更可能是男性。"警察文化，带有强大的阳刚之气，在很大程度上不可能根本改变对超级警察超级男性身份认同（super - cop hyper - male identity）的根深蒂固的认可。这对女警察的影响是显而易见的。无

　　① 在一个有趣的报告中，该研究报告由斯托姆斯（Storms）、佩恩（Penn）和滕泽尔（Tenzell）共同实施，他们对警察视野下的理想警察形象与社区居民心目中期盼的理想警察形象进行了比较研究。研究发现，警察视野中的理想警察是"更为热情、易动感情的、反应灵敏、灵活多变、深思熟虑、体贴周到，比社区所想象得更为接近真实的警察形象"（1990：42）。换句话说，这项研究结论与马丁（Martin）关于男子汉警察行为的社区压力的观点相一致，警察的理想形象（police ideal）是比他们认为的社区期盼的警察典范具有更多的激情和更少的疏远感。

论警察机关经过什么样的改革，街头女警察都将继续迫于压力"像男人一样去思考，像狗一样忠诚的工作，像女人一样去行动"（马丁，1980：219）。

自马丁 1980 年发表其开创性的著作以来，男子气概在文化层面上并没有发生什么根本性的改变。尽管越来越多的女性被招募成了警察，从事这一传统上由男性从事的职业，男子气概仍然是警察文化的一个强大主题（马丁，1997；亨特，1990）。如今的部门政策不允许性别歧视。此举虽动摇了这一偏见的地位，但却未能从根本上改变它。赫林顿（Herrington）准确地抓住了这种变化：

> 现今，同样公然歧视的话语（她的一位同事对她做的性别歧视言论）不太可能发生在我的朋友或我自己身上。不过，你还是可能在走廊或更衣室里听到，或者它们被用更加隐晦的音调和行为表现出来。你不可能通过规章制度去改变这些看法（赫林顿，1997：388）。

尽管从不同的观点来看，人们不能改变这些看法令人感到困扰，但是这也不足为奇。正如马丁（1997）提到的那样，男子气概是一个团结的主题，是把对警察工作有共同理念的男人凝聚在一起的强大纽带。团结这一主题保持着群体之间的界限，维持界限这一功能的重要性就在于越是面临外在威胁，就越团结（科泽，1956）。从这个意义上来讲，这对那些希望进入男性主导行业的人来说是不利的。越来越多的女性步入警察行业，加剧了部门内部的性别摩擦，同时也加强了文化阻力（马丁，1980）。

16.2 勇气：男子汉气概

勇气是男子气概的一个特例。男子气概的理念强调一些特别的个人品质，这些人格特质与对美国男性传统的、家长式的概念相关。男子气概同时也具有一种亚文化特质。也就是说它是一种在更广阔社会中盛行的文化主题，从文化角度传递到警察这个职业。警察招聘采用面对面

232

招聘的程序，由中年男人掌控，并且青睐年轻男人。

通过关注勇气，我们可以看到通过传递而来的个性特征是怎样与警察文化相融合的。勇气正好为那些引人入胜的故事和传统提供了适合的素材，给警察文化带来活力。更有甚者，勇气与现实的日常警务活动密切联系。其意义无法在文化传承中完全明了，但是传承的过程却紧紧地将它与男子气概联系在一起。当一个人理解了这些，也就更能理解使男子气概这一主题坚定不变的感情了。

将勇气的含义限定为一种蓝领人群天生的粗犷倾向，是没有意识到警察的工作有时候很危险，而且这种危险对于处身其中的人来说也足够艰难。勇气是警官文化气质的一个重要因素，因为畏惧正逐渐衰弱，但是警官们有时不得不伤害到自己。即使这并不经常发生，但当他们这样做的时候，也会成为部门传统的重要因素，被认为是团结的传说而被人们津津乐道。

警察的勇气体现在很多方面。警官们在别人面前隐藏自己的个人情感。警察观察员指出：警察不会谈及自己的个人情感，就算谈也只是陈词滥调而已。警察不会表现出他们个人的感情。威尔逊（1968）指出，培训警官们测试新成员的方法就是把他们置于有内在危险的处境中；在特别危险的街区填写罚单。他们能承受住这种压力吗？他们会支持其他警察吗？布扎（Bouza，1990：71）指出，"懦夫"是一个非常贬义的词，即使是适用最原始语言的行业里，也是一个极少被使用的词。尽管这是威尔逊在1968年研究中提出的一个术语，但是至今却依然如此。我曾经听一名培训指导员在培训课上说：当你的搭档正在遭受挫败时，你也会有挫败感。表现出个人的惧怕心理是一种懦弱的体现，因为在危险境况下同伴或许并不值得信赖（波格雷宾和普尔，19901）。显示自己脆弱情感的警官们往往会让他们的兄弟们避而远之。

那什么是勇气呢？并没有多少人真正了解这个词的含义，我们会倾向于认为它是一个贴在汽车保险杠上的贴纸，是一个庸俗的词。接下来的论述会给出一种对勇气的感性思考，是一个关系融汇在警察文化中不可预测主题的链接键。

福塞尔（Fussell，1975）提供了一种巧妙狡黠的（以及黑暗的）文学视角以洞察战争的疯狂，并且他的作品可供那些寻求洞察第一次世界大战和第二次世界大战中交战的残忍愚行之人阅读。他作品的一个主题是，战场交锋除了实现战地指挥官的意图以外，倾向于展现自己的疯狂逻辑。战争的军官们和筹划者们尽最大的努力，试图为交战行为添加上"理性"的面孔或者使交战表现出有系统性、逻辑性，或是在 20 世纪 90 年代的交战中使用"外科手术式的战斗"的术语，都无法解释其本身具有的不可预测性。虽然有时候情况有利，"勇敢"却通常意味着无法识别或是躲避的致命的危险，在残酷的战争中，勇气的衡量，通常要看士兵们保障自己最佳生存利益的程度。

在有警察参与的情况，特别是那些极其危险的情况，往往具有这种相似的不可预测性。拉贡内塞（Ragonese，1991：262 – 264）描述了他在被分配到拆弹小组之后的第一次处理现场炸弹时的情形。他和他的搭档被叫到一个台球室，有人在那里放置了一枚用塑料袋包裹着的铁管炸弹。那枚铁管炸弹大约三英尺长，两头都装有保护盖，并且管身中间露出一根雷管，雷管已经熄灭。拉贡内塞说道，管式炸弹是最让拆弹专家感到害怕的，因为没人能知道那根管子里到底藏了什么。

警员们用一条绳子将炸弹绑起来，把它放到街上的另一个位置。在那里，他们使用一台远程控制的侦察器，简称为机器人，该装置是一台链式传动的四轮机器，大约 30 英尺宽，60 英尺高。炸弹发生了故障，机器人捡起炸弹，正拿着它，想放到一个密封的容器中。下面是拉贡内塞描述的接下来所发生的事：

> 一群人聚集在一街区远的警察屏障后面。我们走到机器人前，小心翼翼地调整这台 300 镑重的机器使其侧身状态。将管状炸药物楔入排爆机器人的链子与底盘架之间。皮特（Pete）开始奋力地剥离钢管与炸弹的链接，试图想将它们拆开。但是他失败了。我也加入进去。我们俩一起猛力拉出炸弹。我们花了好几分钟的时间，费了九牛二虎之力才将其卸开。随后他将该炸弹放置在载重架上。人群中爆出一阵阵嘲笑的声音（拉贡内塞，1991：263 – 264）。

第二天早上，警察们发现：炸弹内含一磅重的黑火药，这是一种极

233

易爆炸的物品。拉贡内塞在与他的同伴谈论此事时，在谈到"拆弹肯定会面临危险和恐惧，但如果我事前知道钢管炸弹内含有如此多的黑色炸药，至少会面临三倍的危险，可能会被吓得手脚酸软无力"（拉贡内塞，1991：264）。

警察们为什么要做这些异常危险，难以预测，并且很冒险的事儿呢？现代关于警察文化的文学作品从警察的男子气概偏好角度来阐释勇敢，却没能解释这些警察发现自我价值的情况。就像福塞尔对于疯狂的军事交战的观察结果一样，拉贡内塞提供的情况使我们可以摆脱这样的一种想法，即警察的工作是可以预测的并且是安全的。警察们发现自己置身于这样的情境中：他们可以采取的唯一有意义的行动与自我求生这一理性的观念完全格格不入。从这一例子中，我们看出，警察的勇敢是如何同其他文化主题一样，从警察所面临的日常工作环境的特征中产生的。

234

警察们喜欢寻求刺激和面对危险吗？他们总是不得不面对高楼上的狙击手而跑步前进吗？或者是所有关于坚韧不拔的言论都是一种虚张声势吗？难道这其实只是在面对无法控制的、现实存在的危险时，采用的一种心理上克服恐惧的招数？

在展示和表现出勇敢行为的过程中，恐惧和兴奋无可救药地交织在一起。在一定程度上，勇敢一点是好的。但是，在边缘地带，当意外事件超出控制范围时，恐惧会对警察的心灵产生很大的危害。然而，警察的工作要求其在面临未知情况，甚至巨大风险时还要继续行动。我用的是"行动"这一词而非"理性地行动"。如果考虑下上述拉贡内塞的故事，肯定会想着说最理性的行为应该是回家、打开电视、开一瓶啤酒，至少这一程度上生存才被认为是理性的行为。跟在炸弹搜索机的后面搜寻不明爆炸物，在排爆器上来拆卸有着不明导火线和爆炸性物品的炸弹，这一点也不理性。但是，将炸弹放在那里，本身从一开始就不是一个理性的行为。勇敢让我们在疯狂的世界做着疯狂的事情。

235

千人一面的面具

主题：团结

在警察和外界之间形成的"我们对他们"的意识，在警察中锻造了一条力量强大的纽带。它被称为"蓝色的兄弟情谊"，激发各地的警察产生了彼此间强烈的且毋庸置疑的忠诚。警察对于彼此安全和相互支援的依赖性，又把这种观念放大了。对求救的回应是警察的救生索。每个警察的最首要任务就是要时刻成为一名"协助警察"。对于一名警员来说，未能支援另一名警员，就是最大的背叛行为（布扎，1990：74）。

警员之间对于彼此的忠诚度是极其出名的一种传统精神。对于团结，警察们有一千种表达形式：战友之情、凝聚力、忠诚度、兄弟之情、荣誉、团队精神、情同手足等。这是一种超越了个体差异和分歧的原则；无与伦比的忠诚。

团结，即被许多警察广泛引用的"我们—他们"态度里边的"我们"，描绘出了警察人际关系的紧密性和排他性（布朗，1981）。工作环境中潜在的危险，加上不支持配合的公众，促成了这样一条信念：警察只能依靠"兄弟警察"的帮助（斯科尔尼克，1994）。团结作为一种文化，在入职前培训和在职培训时代代相传，在此类职业培训中，教官们时常评估警员在其他警员身受重伤或者遇到重大麻烦的压力之下呼叫援助时遵守"协议"的能力。

布朗（1981）把团结的一种体现——忠诚描述为警员价值观的核心要素。警员们不但要保护彼此不受民众的伤害，还要互相保护不受态度善变且经常联系不到的长官的伤害。警务培训和实地训练加强了体现警察文化特点的忠诚度（范·马安伦，1973），警察们在训练经历中了解到，当出现错误的时候——而且总会有错误出现——只能指望他们的同事。警员努力保护彼此不受部门上级领导的突发奇想的影响，团结也就应运而生了。

在公众场合，警察展现的是把无条件支持、家庭承诺、忠诚和信用放在首位，对兄弟忠实尽责的形象。这一由公共关系部门针对特定的群体精心塑造的形象，并不意味着这一群体只限于公众，或者说警察们自己对此鲜有感受。团结是精心培养的，警员们在工作的第一年就对团结进行了正式的学习以及非正式的强化。对成长在警察世家的那些人而言，他们从一出生就开始接受培养了。

团结是一种戏剧理论（solidarity is dramaturgy）。团结有很强的戏剧性的一面。就戏剧而言，我的意思是警察为自己设定了针对不同群体的特定的形象。戏剧在非常团结的仪式中得以体现，这些仪式旨在给世人展现团结和坚定不移的忠诚。在这些仪式当中，最有代表性的是葬礼，警察的团结被包裹在社会秩序和权威的象征中（曼宁，1970）。关于葬礼我会在后面的章节中详细阐述。

戈夫曼（Goffman，1959）发展了社会互动中的戏剧这一概念，之后被曼宁（1970）运用在警察的研究中。戈夫曼（1959）根据前后台的隐喻对人际互动进行了描述。每个人都有一个前台，展示自己以接受审视；还有一个后台，人们会认真保护自己不想让别人知道的信息。后台是被隐藏起来的，观众不可见。曼宁（1970）把这一原则延伸到警察组织中，即前台描述了警察公众形象的管理，而后台或者说警务隐秘的一面是只可被其他警察审视的。还有一系列代表性策略是为了让公众确信警察是团结的。

团结的戏剧做法是警察与市民互动的基础。比如说，人们无法想象，当一个被逮捕的人在接触另一名警察时，会得到不赞同逮捕的第二种意见。人们也无法想象在处理来电时，两名警察公开争论案件的真实性，或在解决家庭纠纷中有所偏袒。他们内部可能会在接下来之后产生争论，这是一个后台问题：这样的争论不会出现在前台。警察的团结不允许成为大众公开争论的事情。

警察在工作中展现团结，允许使用一些戏剧表演性的策略技巧。其中的一些表演技巧是职业水准的。曼宁提出的专业性是一个例证。专业性是"警察捍卫其任务最重要的策略，从而建立自尊心，组织自治以及职业的团结一致或凝聚力"① （曼宁，1970：127）。专业性通过对警察所做工作、他们对工作的态度，以及公众对待他们的方式进行共同定义，并将他们团结起来，从而提供一种职业上的团结感。职业警察给人展现出一个不受人类情感影响、冷静执法的形象。专业性赋予了警察"与美国社会中最受尊敬的职业相关的标志、前提、传统、能力和权威"（曼宁，1970：129）。

曼宁注意到，警察通过戏剧性的执法活动方式来提升警察团结一致的外部形象。配有等级、权威和武器印章的警服，有力地彰显出警察的权威。与《统一犯罪报告》相比，他们记录以及向公众发布信息的方式非常倾向于将暴力罪行戏剧化，而这在整个犯罪体系以及其日常工作中都是罕见的事情。

犯罪的戏剧化以多种方式呈现。细想一下"掠夺者"（predator），这个术语在当代对刑事犯罪活动的讨论中经常被提及，而且在当今的媒体对犯罪的描述和学术界对犯罪的研究报告中，是一个强有力的标签。犯了重罪的罪犯经常被说成是"掠夺者"，因此援引源自动物学研究中食肉行为的隐喻来描述犯罪嫌疑人。这一隐喻还涉及社区公众对掠夺者

238

---

① 曼宁（1970：129）进而指出："从外表上看，用职业主义的功能去定义客户或当事人的特性，保持与诉讼委托人的社会关系距离，去定义或者界定从业者的目的、习俗惯例以及动机；从内在本质上看，职业主义功能能够有助于将存在于任何职业或组织群体中的分歧以及相关要素统一起来，联合成为一体。"

的"受害者"这一术语的支持——一首犯罪视角之下的"彼得与狼"
(Peter and the Wolf)① 的管弦乐交响童话。作为一种引喻，它引导我们
偏离了罪犯和受害人高度重合的这一认识——即彼得把自己置于危险之
中，或者彼得本身就是一名罪犯。这一隐喻也使我们的注意力集中到控
制犯罪活动中潜在的暴力，并以警察安全的名义使激进且野蛮的逮捕行
为合法化。因此，通过一种掠夺控制的戏剧手法，确保警察安全及保护
受害者，警察在保护社会的过程中紧紧地团结在一起，并且依靠其赋予
的权威使用任何能够使用的方法，应对自己和公众所面临的威胁。

团结是一种感情。曼宁的研究集中在团结的象征性以及戏剧性方
面。同时也存在感情上的动力，其中一些适合于警察本身的意图。警察
能感受到情感上一些被贴上团结标签的"东西"吗？绝对会的：这毫无
疑问是一种感情。它比理性还要基础。当一名警察说"我这么做都是为
了警察们！那么任何人批评这位同事的人就像在批评我的家人一样"
（布朗，1981：82），他或她表现出的是无条件地支持。这与戏剧化的行
为有所区别。这是一种把忠诚放在基础层面的感情。如果警察感觉不到   239
团结，那他们就不属于这个集体。通常在第一年末就会被开除。博尼法
乔（Bonifacio）在如下的观察中捕捉到了这种感情：

> "……牢记这些是很重要的：作为警察兄弟中的一员也是一种
> 情感上愉悦的经历，警察把自己看作独有集体中的一员，这个集体
> 比他们所服务的大众更勇敢、聪明、强大、自立"（博尼法乔，
> 1991：39）。

温鲍（Wambaugh，1973：81）注意到，警察群体中有一种相似的
优越感。他认为，警察与公众的逐渐隔离疏远感，源于他们所做工作中

---

① 《彼得与狼》（*Peter and the Wolf*），是苏联作曲家谢尔盖·普罗科菲耶夫（Sergei
Prokofiev）于1936年春为儿童创作的一部交响童话。主要的故事情节是，少先队员彼得与他的
小朋友鸟儿一起玩耍，家中的小鸭在池塘嬉游，与小鸟争吵。小猫趁机要捕捉小鸟，被彼得阻
拦。爷爷后来吓唬他们说狼要来了，把彼得带回家。不久，狼真来了，吃掉了小鸭，还躲在树
后要捉小鸟和小猫。彼得不顾个人安危，在小鸟的帮助下捉住狼尾巴，将它拴在树上，爷爷和
猎人赶来把狼抓进了动物园。故事寓意深刻，表现了儿童彼得以勇敢和机智战胜了凶恶的狼。
其主要的思想内容是：只要团结起来，勇敢而机智地进行斗争，任何貌似强大的敌人都是可以
战胜的。——译者注

获得的一种职业自豪感和独立性。他指出"你能够针对任何奇奇怪怪的情况迅速提出解决方案，因为你每天都在做这样的工作，而当你的朋友做不到的时候，你会感到非常的愤怒。"这种要比普通民众要更加聪明的情感，源于他们对所做工作的看法，他们每天要与生活出现状况的人打交道。警察们因其能够快速解决人们棘手的问题，并为其提出解决办法的能力而自豪，这种共同的自豪感也进一步加强了彼此之间的团结。①

团结并不意味着卿卿我我。警察也可能会与彼此争吵，陷害对方，与对方打架或者恶作剧，而且他们会对其他同事受到的一些优待十分不满。有时他们会彼此伤害。如果旁观者能够真正看到这个部门内部发生的事情的话，他们会对内部间争吵的程度感到诧异。但是，当然，旁观者永远不会看到这些。因为这一面并不能被审查和评判。旁观者无法看透这一集体。

研究者们在描述团结的阴暗面时，经常斟字酌句惜墨如金。他们把关注焦点放在腐败和行为异常上，而忽略了核心要点。他们只知道概念性的腐败，却无法同时看到团结也是一种令人振奋的力量。

警察将他们的忠诚戏剧化。戏剧化并不意味着夸大了警察们的感受，或情感表达的方式。这些情感与后台活动相联系，在某种程度上，并没有削弱它们。反之才是正确的；后台——警察们工作的地方——是为最强烈的情感产生的基础，也是随后我们公开表达最重要情感的基础。

在警察们的记忆中分享了许多后台的密集记忆。这些记忆是平凡世俗的、勇敢坚毅和无私无畏的，既是警察文化的精髓，同时也是平淡无奇的日常生活惯例，但它们却是无所不在的。看看下面的这个故事：

> "当我的同事和我前去处理某个入室盗窃案时，我会把一些电灯泡拧开下来。我的同事要到废弃屋子的地下室检查。在他小心翼翼走下楼梯的时候。我就会拿起电灯泡然后扔在地上——砰！砰！砰！这会把他吓个半死。我快笑死了"（贝克，1985：213–214）。

---

① 我在使用"满意法则"（satisficing）一词时，意指鉴于对周遭环境情况的充分了解，该解决方案可能不是最好的，但是他们已经掌握了充分的信息以及能够获得的材料。

在一系列普通事件中会出现一些戏剧性的特定事件，警察的一生充满了与同事相关的回忆。警察们之间共享一份简单平凡的情谊。

17.1 团结的推动力

许多观察员说到，训练从一开始就教授和加强警员们的团结。团结的推动力在传统上被归因于组织本身的早期社会化进程。在接下来的章节中，我认为存在一个广泛的"警务文化"，将使未来的新警员更加团结一致。

警察文化中形成的团结

研究警察态度的研究人员趋向于分成两派。第一派认为一种特定类型的人容易被警察的工作所吸引。让研究者特别感兴趣的一个概念是具有有权力主义个性（authoritarian personalities）的人容易被警察工作所吸引。权力主义与许多让人厌恶的人格特征相联系：愤世嫉俗、顽固、暴力、墨守成规及生性多疑等（鲍尔奇［Balch］，1977）。然而，通过对于权力主义的衡量表明，警察并不是特殊的权力主义者，也不是其他的特殊类型。他们大多就是当地居民，从喜欢户外工作的人中被挑选出来，他们被警察工作的乐趣所吸引、并且想用有限人生做更多的事情。总而言之，他们就是普通人。

警察招募有偏向态度的观点逐渐由现代更普遍的"警察社会化"（police socialization）的观点所替代。根据这个观点，"警察人格"（police personality），特别具有警察特征的态度倾向，是在工作中学到的。一些警察观察员对这个观点做出了贡献（斯科尔尼克，1994；沃克，1990）。根据这个观点，新警察在工作的最初几年里，容易受到来自于同辈群体的压力。岗位训练和实地训练中的群体社会压力，为新警员的价值标准和视野提供了一个典范。一种观点认为，警察特有的"终端架构"（final frame）观点，在警察的职业生涯早期就已经诞生了（范·马安伦，1973）。警察的社会化观点在今天的社会中起着主导地位。

241

我认为这种警察社会化观点也具有局限性——它无法解释一种"警务文化"（culture of policing）的广泛出现。美国社会中的许多群体都支持这一文化，并且使其成员接受警察价值观，认为自己的价值观与警察一致。通过朋友网络、新警员招募和训练，警察之间的紧密联系有意无意得到加强。然而，许多人在成为警察之前，就早已十分仰慕并认同警察，拥有许多与警察文化共同的价值观念。通过招募而来的警察中，有许多人来自消防员、军人或警察家庭。他们很早就参与到职业活动中来。在正式招募之前，一个团结的警察后备队已经形成。

许多候选人在开始警务工作之前，早就已经浸润于警察文化中很多年了。警察文化中的价值观和忠诚度被更为广泛的社会群体所接受。坚定不移要践行警察生活方式的人，通常很早就受这种价值观影响。候选人通常来自广泛的"警务文化"圈子，由与警察价值观相同的社会群体组成，他们有相似的社会道德观，与警察也有一种团结感。他们已经深受这种社会思想环境影响，而这种环境比单个组织文化要广泛得多。其包括美国军事机构、小城镇和农村的保守派团体、商业团体、警察家庭以及其他因各种原因对警察有认同感的个人。警察文化的年轻成员，很早就践行警察价值观了，通常在童年时期便是如此。警察文化的组成要素如下：

代际传承（Generations）。警察家庭是警察文化的有力传播者。警察家庭中的孩子通常渴望成为警官。这种传承下来的忠诚度很早就在孩子心中生根发芽，且茁壮成长。我的一位同事在刑法课上向学生描述自己的孩子对警察的看法时，强调说这些孩子"绝对相信警察能给社会带来好处。"他说，他的孩子与他一样，相信警察代表着强大的道德力量，为实现最佳社会利益而努力。他害怕在孩子们更深入了解人性之前，碰到腐败的警官，摧毁他们的这种理想主义。

代代相传并不是年轻人传承警察价值观的唯一方式。一位在爱达荷郡治安官办公室任职的西班牙裔警官，向我讲述了他小时候立志成为警察的故事：他的家庭先前从德州迁至爱达荷，他从小和家人一起在南爱达荷的一个酒花农场工作，经常能看到警察们工作。有一天，他碰上了警长。自我介绍之后，他告诉警长："等我长大了，我也要成为我们州

242

的警察。"他一成年，就被招进警队，实现了这一目标。如今，他就在他成长的地方执勤，承诺要保护南爱达荷西裔群体利益，同时完成岗位所要求的打击犯罪的任务。如此，通过代代相传也好，通过童年与警察偶遇而受到积极鼓舞也罢，他的故事都揭示出了存在更为广泛的警务文化。与这种文化接触的年轻人，可能很早就认同了警察价值观。

小镇传统（small－town traditions）。警务文化在美国大地的许多小城镇中也有着明显的体现。这种警察文化包括：与美国小城镇密不可分的价值观，传统保守主义以及对犯罪的恐惧。对小镇上的孩子们来说，当警官很有吸引力。小镇的年轻人就业和受教育的机会常常是有限的。此外，农村地区通常对于犯罪持相同的观点，把问题都归咎于青少年与外来者。在美国农村，警察被视为保护市民、打击犯罪、防范大城市衰落的最后堡垒。于是在农村地区，警察广受支持也就没什么好奇怪的了（这一景象在电视、报纸以及电影中大量出现）。

军事人员（Military personnel）。第三个认同警务文化的社会群体是军事人员。不同军事部门的人员和警察拥有相同的技能、相同的组织方式、集体忠诚感、同志之情、注重男子汉气概、倾向本土保守主义。在这些方面，军事文化就是镜像的警察文化。

军事机构和警察机构之间各种结构上的联系，加强了其在思想上的兼容性。早在 1983 年，国际警察首长协会（International Association of Chiefs of Police，IACP）就高举警察专业化的大旗，提议警察的领袖应该从军队中选出（福格尔森［Fogelson］，1977）。战后的一段时期，大量退役军人欲在警署谋得职位。从 20 世纪 60 年代末到 20 世纪 70 年代初，许多越战老兵受警察机构雇佣，以新兵训练营的方式对警察进行训练，1970 年代越南战争后，新警员培训非常注重压力训练（克拉斯卡和卡普勒，1997）。

现如今，警察指挥官时不时要接受临时任务，通过组织训练和搜集情报，与不同的军事单位联手展开各种国际行动和国家秘密行动。军事家庭给了孩子思想倾向、忠诚感以及对警察的身份认同，为他们将来进入美国警察机构做好准备。

因而，许多新警员都是从认同警察文化的人中挑选出来的，当他们

243

决定投身于警察工作之时，他们的忠诚和价值观就已然与警察工作相契合了。他们恪守警察价值观，不相信媒体和法庭，积极与警官们接触，并初步了解了警察的工作环境。他们强烈希望能去惩治坏人。与范·马安伦（1978）所说的不同，警员接受岗位训练时并不那么弱不禁风。实际上他们在受雇成为警员之前，他们的价值观就已经开始从广泛的警务文化向特定的警察文化转换了，他们已经了解了当地的捣蛋者和警匪间的斗争故事。

大学是新文化的传播者。大学的刑事司法课程，聚集了许多想从事刑事司法工作的学生。今天的美国大学中，有超过 1000 个刑事司法课程和大约 100 个研究生课程。这些课程承载着美国警察机构的未来。学习这些课程的学员们深谙警察文化，他们往往有足够的动力和必要的应试技巧，顺着警察等级阶梯不停上升。

这些学生的背景有以下这么几种。大多数都是年轻人，认同警察文化，并且已经致力于从事刑事司法方面的工作。当中一些人已经在刑事司法机构工作过，然后又回到学校巩固提高他们的职业水平；这是两类人。还有一些是退休了的工作人员，却依旧眷恋刑事司法工作，他们希望在刑事司法领域寻求新的工作机会；其他的是在职警官，他们希望在将来的部门官衔竞争中提高职位。最后一部分学生，他们曾经纠结于自己的专业选择，现在终于安心选择了他们认为容易的学位课程。他们的选择往往是对的。

刑事司法课程，从很多方面将学生和警察文化联系起来。在职警员在这些课程中较有威望，学生（一些教员也是如此）倾向于与他们结交。客座教授会让学生们体验到当地刑法机构多样的生活。学生们每周都要固定一定时间进入当地机构实习，且实习持续至少一学期，由此让学生能够更实际地了解他们毕业后可能从事的工作。毕业后，许多学生都从之前的实习岗转为了全职岗。

非全职的教员来自当地机构，他们会在讨论中加入关于其工作技巧的实用知识。在学员的讨论中，教员讲述他们自己工作一些技巧。从学术角度来说，其指导质量不怎么样。他们主要讲的是一些在当地合法的对付坏家伙的策略，而不是对这一领域基本问题的分析。在讲到对警方

和对检方的忠诚的方面，他们还提到了道德问题。但是不管怎样，这些
教员往往很受学习刑事司法专业的学生们欢迎，他们对于大部分院系都
是不可或缺的。系主任雇佣这些非全职的教员，可以培养和维护当地司
法机构的关系。在一些地方，刑事司法课程可以帮助岗位训练，因而更
与岗前培训有着密不可分的关系。此外，许多终身教员在他们职业中都
参与过刑事司法。因而，当代刑事司法课程与当地刑事司法界，特别是
当地警察机构，关系相当紧密。

受过学术培训的刑事司法教员们，批评学生固有的保守概念，埋怨
学习刑事司法的学生对机构的忠诚，在法庭中对起诉方忠诚。这些都是
常事。学生们比起全职教员更喜欢来自当地部门的兼职教员，这点很伤
全职学者们的自尊。因为他们没能意识到他们所从事的教学课程项目已
经是在传播与警察文化相关的价值观了。在当代，大学教育给学生提供
了一座从一般警察文化到特定警察文化的桥梁。简单地说，学生们通过
大学的刑事司法课程的学习，目的是在未来能够在司法体系中找到工
作。现在刑事司法教育领域里一个矛盾的社会动力，便是刑事司法教员
们，他们经常接受自由艺术的熏陶，精于调查研究，他们授课批判当前
社会和刑事司法政策。在培训学生的过程中，他们却为学生认同一般警
务文化转变到警察文化提供了一座至关重要的桥梁。

我们看到的每一团体都有一个共性：他们代表着工人阶层及其上升
途径。

并且，他们培育出了警官"一类"人才，非常普通却又是美国精
英，总的来说就是非常典型的警官。警察们深深植根于工人阶层，但他
们是一个不满足现状、积极向上的阶层，因为警察的工作给美国普通年
轻人提供了进入社会经济领域中产阶级的机会。通过给警员招募贴上标
签，这就像 些学者，视野受限，想在"户外"工作，又想继续待在学
术圈子里，我们鄙视他们的平庸，看不上他们言辞失当，缺乏教养的保
守和愚蠢。我们认为小镇的男警（还有越来越多的女警）缺少在充满竞
争和智慧的"市场"中取获得成功的欲望。实际上，是我们搞错了。

如果你看看那些被雇佣到大城市警署里工作的小城镇年轻人，如对
于状况频发的街道了如指掌的萨凡纳市黑人年轻警察，或者爱达荷州西

班牙裔警察，其父母不过是来自农民。我们就看到这些从工人阶层和所谓的危险阶层来的年轻人，通过警察这一职业跳出了他们的阶层局限。使我们能够看到他们通过合法的手段，使自己成为新进的中产阶级。作为一种社会现象，就像100年前，他们那些从德国、爱尔兰和斯堪的纳维亚移民来的同事，都在大都市的警署部门从事警察工作，他们都是成功的例子。他们提升了地位，代表着美国式的人生成功。大量的工作机会从美国警察机构涌向工人阶级。

17.2 早期的组织经验使团结的群体范围更窄

在警局早期的工作经验使新警员对当地文化的认识有了一定的规则意识，使他或她忠于自己的小群体。在职业培训及被分配到场地训练过程中，有一些特别的项目，能够加强各部门小组警员之间，特别是同一小组内警员之间的凝聚力。范·马安伦（1973）对这些问题进行了详尽的阐述。下面我将简略地回顾一下他的观点。

范·马安伦指出，岗位培训的特点在于强制性和严酷的纪律。受训者犯错误很常见，但是一般惩罚的是所在集体，而不是只惩罚个人。有目的性地进行集体惩罚和奖励都有助于团结。因为一些潜在的、无意识的小过失就要接受惩罚，已然成为这个组织内的一种氛围。在这种氛围下，警察们需要互相"庇护"，这样就验证了一点，即保密是团结的中心因素。

在结束岗位培训后，警察们按惯例被安排给野外现场训练员进行半年到一年的学习。现场训练员是他们职业生涯中第一个搭档，他们会向接受训练的警察们说明怎样做好每日的警务工作。现场训练员会阐述怎么进行第一次逮捕、怎样对待市民，怎样在行政程序的细枝末节下"过活"。警察们懂得了倘若发生错误，只有其他警官帮忙掩盖。而且犯错误是常见的。工作环境的不可预测性，来自市民的敌意，抓捕的紧迫性和使用强制手段都会使得警察在工作程序、文书和正当程序上出现失误。受训者了解到每日的警务工作都是一种受到"挑衅"的活动，公众不断地向他们发出挑战。唯一能保护他们的就是警局的同事们。

当今，几乎所有的警务都是在警车上进行的。警察知道他们工作时需要依靠其他警员的后援。这种援助模式有时会产生特定的"伙伴式"（patner‐style）忠诚，因为一些警察只希望收到特定搭档伙伴的援助。这样一来，巡逻作为一种激励双方相互保护和协助的形式，加强了警察之间的团结。

继范·马安伦影响深远的研究之后，训练发生了巨大的变化。深受越南战争的影响，压力训练在范·马安伦做研究的时代很流行。但是现在虽然警察们还是会站队列、并被要求遵守纪律，压力训练却正在逐渐从训练规划中消失。如今的岗位训练更注重技术和法律，警察安全及自卫和文书等问题，通常在为期 10 周的学术培训中，也零散有些武器使用的训练。现在警察都很少"做 50 个"，即，因为一些无法控制的小过失被罚做 50 个俯卧撑。现代的学员还可以通过上诉程序来保护自己学习的正当权利。

岗位培训课程安排为每次课一到四小时不等，每部分都有大量的学术课题。学生们根据不同的课程安排在每周末参加笔试。不像越南时期的新兵训练营，现在的训练在形式、内容和考试程序上，都越来越学术化。而且，警察们通常在通过训练之时就已经受聘于特定组织机构，从而深深地融入了警察文化。[①]

20 年前的岗位训练可以对警员进行任意的惩罚，使警察们相互包庇形成了共有的"保密"文化，而现如今的警务训练已不再以其为特色。这并不是说现在训练中团结的推动力不如从前，而是完全跟 20 年前那个消极的、金钱让渡的时代不同。今天，训练的很多方面都集中在警员安全问题上。警察们都要学习正当程序限制和警察安全标准。他们要学习安全防御的具体技巧，例如如何给嫌疑人上手铐，如何逮捕、转移囚

---

① 爱达荷州学院（Idaho state academy）正在制订一个项目的计划方案，使那些不隶属于刑事司法组织的个人能够参加该项目并获得资格认证。如果在接受该项目培训结束后的三年内被刑事司法部门聘用，整个培训的费用估计大约为 3000 美元，将由该司法部门支付给培训单位。否则，受训人员必须支付该项培训费用。该项目计划的目的是为个人提供一个机会，使他们能够获得从事刑事司法工作的专业资格证书，从而使他们对潜在的雇用单位更有吸引力；从另外，为爱达荷州那些寻求具备治安官标准与培训（POST）资格人员的机构提供一批可期雇用的潜在适格人员备选池子。

犯，识别和摘除炸弹，明晰搜查和没收程序。自卫的保护伞已经从使用武器转变成了依靠法律，新警员得把法律通学一遍。

重点关注警察人身安全是当今岗位训练的特征，它深化了"我们和他们"的观念，"他们"指公众。外部世界是危险的，只有警方能察觉到这一点。这种团结和范·马安伦所讨述论的团结不同，范·马安伦所讨论的团结，是指新警察齐心协力免受不正当处罚时的团结，而当代的团结是基于对警员安全的关注。当代的警察团结，强调日常警民关系中的不可预测的危险。这并不代表警察局长和部门警察需要"卿卿我我"，才能回到20年前范·马安伦提出的那种团结。在后面题为"打胡乱说"一章中，我会提到大量关于管理关系的事情。

我在缓刑和假释单位的经历，揭示了当前的岗位培训是以安全为基础的团结培训。在那次研究中，我注意到通信代码和通信技术是怎样变得复杂的，通信者需要学习复杂的程序来实现通过无线电设备的交流。新警员要学习五种无线电交流、无线电控制板线路，基本功能和400个消息代码。为了使警员们使用无线电和代码，他们需要在课堂上演练各种情景剧。这些情景剧的重点总是放在代码444——援救其他警员上。

> 这些情景剧都是从部门警员参与的重要案件改编而来的。第一个情景剧讲的是一个由车祸演变成代码444的事件，其中一名警察在追击持枪嫌犯时中枪。第二个情景剧讲的是一个劫匪停止抢劫，往屋顶逃跑时，开枪射中了一名医师，对他的单独抓捕就变成了围堵……警察之间沟通的管理和技术的复杂性中折射出一个硬道理：一定要回复其他警员的求助电话（克兰克，1996：282）。

因此，涉及警员安全的价值观达到了仅仅依靠学术研讨不能达到的深度，并创造了情景剧这种学习模式。

17.3　团结的维度

一旦警官成为组织机构的一员，他或她也就是团结事业中的一员了。我称它为事业，是因为它是对警察身份的不断认证。在当今一人巡逻的时代，对伙伴关系的测试展示了团结如何适应当代不断变化的警察文化。

搭档之间的团结。搭档是团结主题一个重要的分主题，搭档也是警察机构中最基本的社会单位。警员的首要任务是保护他们的搭档（罗伊斯－扬尼，1983）。保护自己的搭档是他们的第一职责，这也是在训练中不断被强调的。搭档是警员忠诚和职责的奠基石：教官们不断讲述因警员失误而导致同伴处于危险或死亡的故事（布鲁克斯［Brooks］，1975）。马丁（1980：97）在说到搭档的好处时，引用了一位受访的警员说过的话："我和我的搭档已经共事两年半。我比他妻子还要了解他。他也对我了如指掌。当你和一位搭档共事时，你们之间就会产生特定的关系。如果我的搭档是名女性，我可能早就已经娶'他'为'妻'了。"

很多研究者指出，警察最大的压力来自于搭档的死亡（古尔卡西安［Goolkasian］、格迪斯［Geddes］和迪琼［DeJong］，1989）。搭档被枪杀会造成当地警方成员的心理压抑；这事件本身也标志着警察文化的灭亡。枪杀后的葬礼能使警察文化重现生机。葬礼并不仅仅是象征性的；警员们聚集在一起，对忠诚进行祈祷，通过戏剧化的方式，葬礼体现警察之间的团结，为其他警员和家庭"而表演"。在这本书的最后章节中，我会更多地谈论这个话题。 248

任务执行有助团结。团结的阴暗面——相互保守秘密和欺骗——通常与警察的违法行为相关。我们忽略的是法律本身如何纵容警察文化的阴暗面。警察迫于组织和自尊心的压力，会力求处理严重的犯罪（曼宁、雷德林格尔［Redlinger］，1977）。然而，如果因为正当程序问题或案情较轻而不足以上诉导致警方逮捕失败，警方和相关部门都会受到严惩。此时，为保护彼此，警察们会互相包庇他们在正当程序上的过错、制造假证或隐瞒马虎的工作态度以及在控制犯罪活动中出现的不可避免的其他错误。

对当代警方执法行为的高度关注，使警方和民众之间形成了一种特殊的关系。要援引正当的法律程序，警察必须进行逮捕。在法律上关于逮捕及警方行为有大量的规定。我不会重述以上法律内容，而是想向读者介绍一些对此方面颇有见解的作者——唐纳德·布莱克（Donald Black）、彼得·曼宁（Peter Manning）、卡尔·克洛卡尔斯（Carl Klockars）、詹姆斯·威尔逊（James Wilson）、威廉·缪尔（William Muir）和埃贡·比特纳（Egon Bittner）。我只想做一个研究，一个显而易见但却意义非凡的研究。

逮捕工作的开展需要强制性权威做保障。这种工作通常是在不确定的、无法预测的环境下进行，在那样一个需要隐藏的典型的环境中，只有一到两名警员和相对数量较少的公众在场。最重要但也最容易忽略的一点是，罪犯通常都不希望被捕。他们不想被囚禁、丧失自由并且接受国家意志的处置。他们害怕警察，害怕被捕入狱，而这些使他们变得有危险性。存有别的期待，就像是在幻想即使在最极权的社会中都不存在严格的公共秩序。那些突然出现的穿着黑靴，身穿盔甲，手持武器的警察们敲击着大门，嘴里嚷着："趴下，立刻趴下!!!"，这样只会导致他们四处逃窜，而不能有效控制局面。这种本质危险、不理智和无法预测的情形，不适于形成有思想的社会言论。

公民不仅害怕，还会寻求宪法的保护。警察采取的策略是出于对安全的考虑，但是公民受正当程序的保护。在这种情形下，警察不可能不在法律问题上犯重大错误。错误定论的过失被广泛引用。有时候，一些举报者会利用警察突击搜查毒品的措施来报复那些他们不喜欢的人，而这些人根本就没有私藏毒品。警察因可疑情况强行突击搜查民宅时，可能导致市民无意中被杀害。

就警方而言，要坚持保障警员安全的基本原则是极其困难的。各种情况太难以预料，因此实行边缘控制需要极端的自我防御。在这些情况下，当处于混乱的边缘时，正当程序及法律执行的精确性就微乎其微了。

但是，随后检察官审查逮捕行为时，对正当程序的考量就变得十分必要。"这些人犯了什么罪？""警察找对人了吗？"或是"有必要对正在睡觉的犯罪嫌疑人使用可能致死的束缚手段吗？"诸如此类的问题在逮捕时并不会出现，但在接下来的庭审中却十分重要。这样执行任务无疑是成功的，足以让被告们吓得尿裤子。但是，这合法吗？

在实践中，警务行动主要着眼于警员的安全。要求警员对几乎无法控制的情况进行安全有序地控制是不可能也不合理的。警员要如何使即将被逮捕的人感觉舒适？当一个公民的手被粗鲁地铐上，等待他的是不确定期限的拘留，警员要如何迫使他放松？怎样才能使被搜查者感到轻松自在？不论好坏，警员们已经与法律结合在一起，他们总是会遇到拒捕的人。

警察认为有必要对逮捕进行"乔装"，以粉饰其背后的问题，为随后的法庭审判准备好剧本。他们将在正当程序上犯的错误解释为善意的误解，将警员安全原则奉为至理，将毒品描述为堆积成山，将犯罪嫌疑人形容成张牙舞爪。为了使其证词符合宪法规定的证据标准要求，他们在庭审前反复演练。另外，由于检察官对案件有权先行审查，警员的恶行可能无须解释直接被忽略。

在法庭聆讯之前的所有警方活动，都是为庭审这个"台前演出"（front – stage dramaturgy）而进行的后台准备。后台是警察文化的国度，在这里，警员们时常粉饰违法举措或心照不宣地包庇其他警员有问题的行为。法律义务使得警员需要不断地进行不可预测的警民接触，只有当公民正式放弃抵抗，这种接触才能结束。这种法律义务对警察团结的产生及维持来说，是一种强有力的刺激因素。

团结的黑暗面。团结是有黑暗面的。忠诚会使得警员们在面对腐败与违法行为时缄默不语。埃亨（Ahern）将团结的腐败描述为一个循序渐进的过程。一个理想主义青年警员的理想会被慢慢侵蚀，他被包围在各种小型腐败行为中，比如免费的香烟和美餐以及杂货店老板寻求特殊照顾所给的小费。他的同伴都这么做，而如果他不这么做：

> ……他很快就会发现他被自己仅有的社会圈子排除在外。别人会问他，他这样做是不是伪善。别人会告诉他，这些行为没什么错，大家都是这么做的（埃亨，1972：13）。

埃亨指出，来自同僚的压力是巨大的。原本一个正直的老实人，现在开始学会辨别合法的礼物与非法的贿赂了。与此同时，他之前圈外的朋友正在慢慢减少，他的警察身份使得他在普通人看来难以成为一个理想的朋友。常规的警察轮班更是日益把他与普通人朝八晚五的世界分离开来。于是他与其他警察的交往日益密切。

250

　　小夜班值班结束后，他没别的事可做，只好去喝几杯，而能与他去喝酒的，除了几个警察外，也别无他人了。然后他逐渐就会跟他们一起打保龄球、钓鱼、帮他们刷房子、修理车子。他的家庭也与其他警察的家庭逐渐熟悉起来，于是形成了一个警察们自发尊重的相互保护圈（埃亨，1972：14）。

　　埃亨的报告揭露出一个小型腐败团体与团结交织在一起的社会化过程。同僚的压力，加上该工作本身排外的特点，迫使警察相互依赖。当同僚们有组织地通过对其他警察施加压力以使其对他们的不法行为保持沉默时，团结就与腐败行为联系起来了。

　　加入小型腐败团体后，团结就成为掩盖更严重问题的"面具"了。克纳普（Knapp）所做的一项关于纽约市腐败行为的调查，揭示了隐藏在团结巨盾背后普遍腐败的模式。通过"素食者"（grass eaters）与"肉食者"（meat eaters）的隐喻，他们提出（素食者）低调，对腐败的广泛存在表现出被动的态度，为猎取贿赂的"掠食者"（graft-seeking predators）或"肉食者"的兴盛提供了一个保密的环境。调查发现，正是由于大量犯罪情节较轻的违法者担心暴露自己的小型犯罪行为，严重腐败行为才变得猖獗。

　　不法行为下的团结，在严厉的行政审查面前变得脆弱不堪。由于警察的团结交织着犯罪的因素，由此构建而来的文化在内部事务审查委员会严厉的注视下可能即刻轰然倒塌。一时间，每个人都在找寻庇护，甚至搭档之间都无法互相信任。当一个团体堕落之时，昔日里在警察们的日常交流与联系中充当"社会胶水"的团结，如今便成了一种毒药、一种诅咒。下面描述的是一个警察部门在接受内部事务审查委员会调查时的情形：

　　曾与我一起共事的43个人，最终都被逮捕了。其中有1人因收取街边小贩的保护费而被抓。他的警龄有二十年之长。他们这么对他说："你被捕了，你将被免职。我们可能会对你进行刑事指控。那你将失去你的养老金。就是这样……或者，我们也可以给你一个选择。我们会给你带上监听器，但你要像什么都没发生一样回到原

251

来的工作中，不要让任何人知道。如果你告诉了任何一个人，我们就马上给你拷上手铐。没有商量的余地。"

他暗自思索，"这相当于别无选择了。我会失去养老金的。我会因为这些屁事拿不到一分钱。噢，天呐。"他们都选择了佩戴监听器。

所以，这个哥们带上了监听器。他还能做什么？带着监听器去上班的第一天就把他的搭档给逮住了。他们抓住他的搭档然后告诉他："从实交代你干的所有勾当，别让我们逮着你说谎！"于是这哥们就掏心掏肺地全部交代了。

事情像滚雪球一样愈演愈烈。哥几个接连被捕。那段时间真是太难熬了。我甚至不敢和跟我一起乘车上班的哥们说话。他可是你最要好的哥们，可是以前跟你在上班前，工作时或下班后都混在一起的人啊。你认识他的老婆孩子。每个人都很友好。现在你却拉他下水。但是大家都是这么做的。他们也做到了。他们为了保全自己而把所有人都拉下了水（贝克，1985：241－242）。

团结，这个千面面具，就这样成了掩盖千万种腐败行为的面具。正如克纳普的调查所揭露的那样，虽然依据工作油水多少分配任务量的"黄金海岸"（gold coast）时代，大抵已经过去，但是各种形式的不法行为仍可以在警察组织里持续几十年的时间。鼓励警察们团结在一起的警务工作的方方面面——隔绝社会、强烈依赖圈内人、对公众的怀疑，对行政高管的不信任、强烈的保护自身安全的意识和对其他警员的依赖——成了掩盖猖獗的腐败行为与不法行为的面纱。但这样的团结正在衰落、减弱。当内部事务审查委员会追查腐败时，这种团结就会土崩瓦解。没有任何人信得过。就连警察文化本身也会轰然倒塌。

252

美国犯罪的巨大秘密①

主题：种族主义

"我告诉别人，我刚当上警察的时候，我就是怀有偏见的。现在，我对每个人都持有偏见，不管你是白人、黑人，还是拉丁美洲人，或者是其他任何种族的人，我只想知道你要同我玩什么把戏"（弗莱彻，1991：279）。

这是弗莱彻（Fletcher）引自在芝加哥警察局调查中一位受访警察说的话，他的这段话一点儿也无法让人感到欣慰。他的态度反映了目前国内盛行的价值取向，即倡导实行严严的法律与秩序的犯罪政策、采取"我们－他们"（we－them）这种严厉的执法策略，以及将某一特定地理区域内的犯罪与该区域内的少数族裔贫困群体相联结起来。责任警管区的领地管辖权，就是指对某一特定的巡逻警管区承担某种特殊的道德责任，包括对居住在该区域内的少数族裔群体的管辖责任。在行使领地管辖权的过程中，文化取向（cultural predispositions）会给公开或隐蔽的警察种族主义歧视提供一个机会。当今的人们通常会天真地或者冷漠地忽视美国警察部门中存在的种族歧视。

---

① 布扎（1990：280）。

　　警察中的种族歧视行为有多普遍呢？在美国的警察部门中，有关种族歧视行为的争议，出现了两极分化严重的观点。该争论颇具情感性和实质性。此外，该争议甚至出现在国家的政治活动中，使国家的正常政治活动都感到筋疲力尽："马克·福尔曼"（Mark Furmans）式的人物反对"威利·霍尔顿"（Willie Hortons）式的人物，也即是说，由坏警察来打击犯罪作恶的黑人。① 很少有公民能够超越个人情感因素以理智而清晰思想逻辑去理解这二者之间为何是一种相互关联的社会现象，以及这二者之间是如何产生关联的，或者想要知道我们自身是如何被牵扯到这种制度性的不公正、警察种族歧视和暴力犯罪中去的。

　　要对种族歧视这个概念进行阐述并非易事，一部分原因是因为种族歧视是一种情绪发泄（emotionally explosive），而另一部分原因是其所有的内涵都是消极负面的。种族歧视只是一种现象描述吗，或正如有些人所说的那样，种族歧视不过是一种可以指控的罪责吗？还是说种族歧视是一种妨碍有效交流的障碍吗？我不敢贸然讨论此话题，因为我知道这个话题会冒犯很多读者。我尚不知道该如何开始展开这个话题，只得采取正面引入的做法，正如我在其他主题上所采取的方式一样。间接切入这个主题并不适用于讨论事实。在我所认识并尊敬的警察中，有些人就是抱有种族歧视情结的人，并且有时会在日常巡逻中有所表现。但是，在此我仍会坚持同样的标准对待他们。

　　美国警察在维护歧视性社会政策方面的角色作用和过失，无论有意还是无意的歧视，都有广泛的记录（威廉姆斯［Williams］和墨菲

255

----

　　① 马克·福尔曼（Mark Furmans）是美国洛杉矶警察局的一名警官，在著名的美国世纪审判——1995 年 O. J. 辛普森（O. J. Simpson）案件的审判中，被指控为种族主义者，对该案的关键证据进行了操弄。威利·霍尔顿是一位黑人，马萨诸塞州的一名监狱休假者（prison fur-lough），在监狱休假期间杀死了另外一名同属监狱休假的黑人，他们的这种行为在 1988 年的总统选战中被用于攻击民主党的总统候选人迈克尔·杜卡基斯（Michael Dukakis）。我在这里使用他们的名字主要是借用他们的象征性价值，我对这两个人都不作任何个人判断，同时对这两个人我都不甚了解和熟悉。我一点也不知道这两个人在性格和动机上的公共形象是否有相似之处，他们的公众形象已经在国家媒体上成为一种逐渐衰竭的公共和政治消费。相反，我的观点是，他们是出于两极分化尖锐对立的政治目的而散播其公众形象，旨在煽动情绪和动员政治支持。

[Murphy]，1990；克纳委员会［Kerner commission］，1968）。公开的种族歧视行为受到"缄默法则"（code of silence）的庇护（斯托达德［Stoddard］，1968），警察行为观察员通常会包庇此类行为，使得相关调查难以进行（鲍尔斯［Powers］）。局外人常常指责警察的种族歧视行为，但是警察往往矢口否认这种指控。有人认为，纵观美国历史，其司法体系一贯支持奴隶制度、种族隔离和种族歧视，时至今日，美国仍然视少数群体为二等公民，警察是美国司法体系中不可或缺的一部分，如果不理解这一点，也就无从理解美国警察（威廉姆斯和墨菲，1990）。

另一方面，证明警察存在种族歧视现象的调查形形色色。有证据显示，警察的逮捕行为受种族歧视倾向的影响并不是很大（布莱克，1973）。威尔班克斯（Wilbanks）提供的详细、系统的文献资料表明，在警察与民众的互动行动中，法律因素的影响远胜于法律权限以外的种族因素。本书中，我对种族歧视现象的关注，主要是因为它是警察文化的一个重要主题。相关文献的研究，证明事实的确如此。

我把种族歧视定义为一种将某些特定种族与特定类型的犯罪活动或者治安问题相联系的一种认知倾向。警察的工作环境，与对违法犯罪分子识别的速战策略相混同，从而导致了实际上的种族歧视倾向的发展。而在警察行为中，又以自我确证（self confirming）的方式表现出种族歧视的倾向。因此，针对少数族裔群体的警察文化偏见，在日常活动中也会以自我实现的方式产生。

我认为，上述对种族歧视行为自我实现的文化定义，能帮助人们更好地理解警察中存在的种族歧视问题。想想那些想从亚文化角度解释警察种族歧视产生原因的人，他们随后总会遇到很多问题。我曾在多个场合听到人们谈论巡逻警官中存在严重的种族歧视。令人震惊的是，这些警察通常也来自那些被他们歧视的少数族裔群体。并且他们的态度也在实践中体现再来——警官往往更倾向于拦截那些驾驶雪弗兰狩猎版汽车的拉美裔美国人，因为他知道，与其他民族的人相比，这些人没有购买保险的可能性更大。拉美裔群体就这样被同样是拉美裔的警官指责为对自己的驾驶行为不负责。我还观察到，非洲裔警官中也存在有类似的行

256

为，并且类似事件在警察组织中比比皆是，但是他们似乎并不认同警察有种族歧视倾向这种说法。怎么会有人歧视自己的种族群体呢？

我认为，对这个问题的回答就是要认可"种族歧视是植根于地方警察文化中的一种现象"。一些警官可能是在文化传播的过程中，才输入了种族歧视的价值观（卡普勒、斯鲁德和阿尔伯特，1994；同时还可参见马丁 1980 年对文化倾向输入的有关论述）。然而，文化品性或文化倾向（cultural dispositions）是在警察与公民的互动交流中、在具体行动中不断习得并重复的。警察日积月累通过日常警务行为建立起对具有特定文化、民族或者种族特点的个体行为的常识性认识。种族歧视倾向通过讲故事、警告、警官训练和安全演习等形式在成员之间传播，种族偏见逐渐的固化下来，并融入部门传统和对犯罪行为的观念之中。任何伦理课程都无法消除警察在街上目睹的一切。通过这种方式，警察组织中的文化歧视就成了一个自我实现的现象，无法克服，甚至可能无法遏制。

针对警察组织中的广泛盛行的种族歧视现象，研究人员开展了丰富多样的调查，揭示了这一现象产生的根源。克里斯托弗委员会（Christopher Commission，1991）曾探讨了洛杉矶警察局中广泛存在的少数族裔群体受骚扰的问题。委员会在对模型驱动测试（MDT）传输的评述中，记录了警察任意且普遍使用种族歧视性用语的行为。而且，传统的警察人事系统在挑选警务职位的申请人员时，更倾向于选择那些遵守传统的中产阶级观点的人员，也因此不能与社会中的边缘群体产生身份认同共鸣（卡普勒等人，1994），这就为警察公开的或更为隐秘的种族歧视行为的滋生提供了沃土。

衣着、举止和态度等方面的特性会引发警察的关注。而这些通常又与少数族裔群体成员的特点相关联。文化差异上的显著特征，如肤色、衣着风格或者口音等成为辨别嫌犯特征的快捷方法。随着时间的推移，人们把这些当作常识，固化为特定行为的显性特征，人们也接受其为实施某行为的一种明显的方式。于是，警察在侦查行动中，把肤色或种族特征作为一种常识基础。下面摘自《纽约城市》（*New York City*）的一

则故事，很好地诠释了这一现象：①

> 对警察局来说，最糟糕的日子之一当属耶稣受难日（Good Friday）。很多吉普赛人在这一天实施偷盗活动。吉普赛人教导他们的小孩时说，在耶稣受难时，本应有四颗钉子把他钉在十字架上。一个吉普赛孩子路过，偷走了心脏上的一颗钉子。这就是为何耶稣受难像中，耶稣脚上被一个钉子钉住，另外两颗钉子钉在他手上。

> 这个故事代代相传，所以根据吉普赛人的口头传说，十字架上的耶稣应该曾说过："从现在起，吉普赛人可以偷盗，这不是原罪。"

257

> 因此对吉普赛人来说，耶稣受难日是个大好日子。在我们管理吉普赛人的十年间，从不在耶稣受难日那天休息。那天我们必须早起，然后和他们"赛跑"，因为到处都会有他们的身影（弗莱彻，1990：222）。

在警察组织中里，处理种族歧视不等同于鉴别"坏家伙"（rotten apples），不能由带有偏见和种族主义倾向的再教育的警官，或通过确保他们接受伦理课程进行处理。这事关他们正在做的工作。仅从美国警察的发展历史来看，我们就可以得知，自警察机构设立以来，种族主义已成为美国警察的一个普遍特点。由此，笔者将以美国警察局内部种族主义的发展历史作为本部分的开篇。

18.1　威廉姆斯和墨菲：美国警察种族主义的历史背景

1990 年，威廉姆斯（Williams）和墨菲（Murphy）共同反驳了坎宁

---

① 尽管在本书中我使用"种族主义"（racism）一词，但是我必须承认，有各种各样的理由表明该术语具有误导性，这是其本质属性所致。首先，没有什么可信的科学证据能够证明存在一种叫作种族的东西；其次，这个术语装载有太多的情绪化的内容，以致于在反对者之间不可能就这一话题展开理性的讨论。例如，如果某位人士所做的陈述理所当然地正当地冒犯了某个群体，一旦我将某种陈述贴上"种族主义"的标签，其结果是任何企图缓解紧张气氛的努力或者维持关于偏见倾向话题有意义的对话，都将是徒劳无益之举。该术语如此的情绪化，排除了进行任何理性讨论的可能。同时，"族群主义"（ethnicism）一语似乎承载有相似的情绪化负荷，即便是面向更为宽泛的听众，它缺乏含蓄的内涵毒力，而"种族主义"一词却承载有这样的一种内涵毒力，因而不会如此的即刻极化。

（Kelling）和摩尔（Moore）出版的关于美国警察历史的文章。文章作者认为，奴隶制度、公共领域和私人领域制度化的隔离、体系化的歧视以及公开种族主义，都是长期困扰美国社会关系历史的重要因素。威廉姆斯和墨菲观察到，警察也未能免受这些因素的影响。尽管整个 20 世纪人们对警察专业人士和改革者不乏华丽高尚的赞美之词，但是警察局从未对他们所处的政治环境拥有主动权。与此相反，他们成为其所处时代的社会和道德的晴雨表。当他们所代表的社区出现种族歧视倾向时，警察便容易随大流。回顾威廉姆斯和墨菲对美国警察历史的研究，可以看出，在很多地方，警察维护治安秩序的方法是直接从控制奴役的非洲人种的手段进化而来。

他们认为，美国最早的现代型维持治安秩序的警务方法是在像萨凡纳和查尔斯顿这样的南部城市发展起来的，这些城市由于担心奴隶暴动，于是便创建步行巡逻和骑警巡逻队伍，以防止奴隶聚集在一起（理查森 ［Richardson］，1974）。另外，他们质疑最早的美国式巡逻是否是从英国模式演变而来，并对此提出了另外一种可能存在的起源：美国警察的巡逻模式可能直接来源于"白人奴隶主为了应对奴隶逃跑而实行的奴隶巡逻（slave patrols）"① （威廉姆斯和墨菲，1990：3）。

南方各州重建之后，在警察局中任职的黑人数目陡增。但是，这些变化也只是昙花一现，并且到 1800 年代末，大部分人都遭到解雇。1896 年的"普莱西（PLessy）诉弗格森（Ferguson）案"通过，该案主张的"分开但平等"（separate but equal）使用公共设施的理念，成功地为南方各州的重建画上句点。作者指出，这对黑人警官的雇用有极大的影响：

258

> 新奥尔良州警察局里的黑人警察逐渐减少，这可谓是当时这一
> 趋势的最好佐证。1870 年，黑人警官共 177 人，到了 1880 年，该

---

① 例如在佐治亚州，他写道："任何年满 16 周岁至 60 岁以下的城市白人男性居民，除了传教士以外，整年都必须担负此类巡逻活动。在乡村，此类巡逻必须'对他们各自选区所属的每一个种植园至少每月巡查一次'，并且无论什么时候只要他们认为确有必要，都'可以搜查和检查所有黑人住所，以发现或搜寻攻击性武器或弹药。'"（伍德，1984；同时还可能参见沃克，1977）。

数目下降至27人。到1990年，只有5位黑人警官继续留在警察局；1910年，黑人警官人数为零。直到1950年新奥尔良州才又任命了一位黑人警察（威尔姆斯和墨菲，1990：44）。

20世纪见证了以警察专业化运动为旗帜、范围广泛的警察改革。警察专业化运动致力于移除政治集团对地方市政事务的干扰。然而，这场运动对美国黑人的影响甚微，因为他们早已被剥夺了参与政治进程的权利。很多变革打着警察专业化的旗号，但实际上对非洲裔少数群体的帮助却微乎其微。

改革者大张旗鼓地颂赞警察专业化运动的成功，称其得以在世纪之交消除了政治集团在警察任用中的影响：到了20世纪中期，大型、自治的警察力量已经与他们选区的全体选民们完全断离了联系，尤其是与那些黑人选民们相脱离。那些老旧城区的贫民区，也是受害最严重的地区，尤其需要警察服务。因此，60年代警察部门所实施的警务行为，引发了城市暴乱也就不足为奇了，这些暴乱的矛头主要指向打击黑人居民的白人警察局（总统委员会［President's Commission］，1968）。

作者认为，现代的社区警务运动有治理警察种族主义问题的潜力。这场运动的核心原则是警察—社区的交互性，或认识到警察开展工作需要得到社区的支持。如果缺少社区信任，警察将不具备完成其基础性工作任务——收集证据、问询证人、向受害人取证——的能力，简言之，也就是警察在民主背景和市民的支持下开展工作的能力。社区警务努力重构这一重要桥梁，特别是在社区信任已经消失的地方。他们发现，社区警务运动的最坚定的支持者，大多是他们自己的黑人行政管理层警察。正如作者所言：

在他们的价值声明中，他们坚持不懈地强调要维护宪法赋予的权利和对所有公民进行保护，让我们有理由对警务的未来持乐观的态度（威廉姆斯和墨菲，1990：13）。

259

18.2 斯科尔尼克：偏见和歧视

杰罗姆·斯科尔尼克（Jerome Skolnick）（1994）是第一批深入研究

警察文化取向的研究者之一。① 通过研究两个分别被他称为"伊斯特维尔"（Eastville）和"韦斯特维尔"（Westville）的城市，他发现警察频繁地流露出对黑人少数族裔群体的偏见。但是，他很细致地区分了偏见和种族主义行为。他的研究显示，尽管偏见——针对黑人少数族裔群体的消极倾向——在警官中很常见，但是在警察工作中却很少有所体现。种族主义行为亦不多见。

斯科尔尼克指出，在警察训练中很少有鼓励种族主义的做法：训练手册从头到尾都没有任何话语表明警察应该区别对待黑人与其他公民。但是，"从非洲裔美国人的视角看，或者那些对美国黑人处境表示同情的白人却认为，大多数韦斯特维尔和伊斯特维尔的警察存在有严重的种族偏见"（斯科尔尼克，1994：77 - 78）。斯科尔尼克提出的问题不是警察是否持有种族偏见，而是这种偏见是否影响到警察的"自由裁量判断"（discretionary judgments）。

斯科尔尼克指出，对非洲裔美国人持消极态度在他所研究的警察中颇为典型。那些没有此种消极态度的警察通常会遭到其他警察的厌恶。下面这段引述，是斯科尔尼克对一位警察的调查，集中地体现了这种态度：

> "当我刚从事这份工作时，我认为我没有偏见……但是如果有人憎恨你，你就会去憎恨他。我曾在鲍斯剧院（Bowes Theater）执行巡逻任务……起初我没有十分在意……一段时间之后，我发现他们讨厌我，仅仅因为我是一名警察。我是什么样的警察并不重要，我做什么也不重要——他们只是讨厌我"（斯科尔尼克，1994：78）。

斯科尔尼克认为，尽管警察不喜欢非洲裔美国人，但是他们并不会在行动中表现出种族偏见。他认为，在实际行动中，警察并不会表现出对少数群体的歧视。在他看来，赋予警察的权力会让警察公平地对待所有群体，没有种族歧视倾向或者肤色差异的倾向。另外，他还表示，警察对待黑人反而比对其他群体更平等，因为现代社会中黑人掌控着非同一般的政治权力。

---

① 在他 1994 年研究参考文献中引用了《无须审判的公正》（*Justice Without Trial*）一书的第三版相关内容，该书的初版于 1966 年出版。

诚然，作为民权运动的一项成果，有时警察似乎普遍会对肤色有更多的关注。或许，他们曾经漠不关心地把一个黑人推来操去，心里想着这个嫌疑犯不过只是个"黑鬼"。但是现在，警察会再三思量——一个非洲裔美国人嫌疑犯对他们来说，可能不仅仅是一位享受宪法权利的公民，同时还有可能是掌握某种特殊的政治权力的人。

260

非洲裔美国人是否有特别的政治权力尚不清楚，或者只是警察和他们在街头的普通接触中畏惧他们的政治权力。斯科尔尼克从他的观察结论中，推论出种族主义倾向对警民互动中的干预并没有很大影响，特定形式的干预除外。

斯科尔尼克的著作对于我们理解警察对少数群体的干预有重要的贡献。警察对少数群体的态度，不只是表现在对其成为警察前怀有的偏见，而是应该从警察文化的角度和文化取向在警民冲突中如何被强化的角度进行解释。此外，他区分了偏见和歧视的区别，这一点是非常重要的，他提醒我们不要错误地将倾向直接认定为行为。

自斯科尔尼克完成在警察方面具有开创性的著作以来，警察工作在很多方面都有了变化。当《无须审判的公正》（*Justice Without Trial*）于1966年首次出版时，在约翰逊（Johnson）主席领导下的犯罪委员会（Crime Commission）还撰写提交了一份非常有影响力的警察报告，国会就像一只眼睛，而法律实施援助机构（Law Enforcement Assisstance Administration）只是这只眼中闪过的一丝亮光。而现如今，正如肯尼思·纽曼（Kenneth Newman）所说的那样（哈特曼［Hartmann］，1988：2），警察界正在经历一场"翻天覆地的变化"（sea change），警察的角色和目的等基本问题也需重新考量。人们开始思考社区对警务工作的积极作用，而这绝对是前所未有的。警察界正经历一场"研究革命"（research revolution），并联合昔日作为对手的高等院校，共同开展大学的项目研究。最后，教育和岗前培训已经成为训练警察的一个强有力的手段。当然，人们希望这些手段都能成为对抗警察歧视和偏见的有力武器。但是，目前衡量警察种族主义的做法却与之背道而驰。

18.3 警察种族主义的衡量

一直以来，针对少数群体的种族主义倾向、经常性系统性扣留或者司法的选择性处理，源于警察组织中的一些"坏家伙"（rotten apple）。对那些不想让媒体或者公众深入了解警察部门内部运作情况的警方高层行政管理人员来说，"坏家伙"理论尤其受他们的欢迎。然而，证明警察种族主义广泛存在的证据也在不断地增加和积累。

在伊利诺伊州（诺尔斯［Knowles］，1996）和俄亥俄州（马丁，1994）这两个州内开展的调查中，警察被问及是否在现实中看到过其他警察骚扰少数群体公民的问题时，伊利诺伊州四分之一（26.2%）的警察和俄亥俄州六分之一（14.9%）的警察都说他们见过此类事情。如果我们以这些州的人口基数为基点，按照这些百分比数进行反推，得出受到骚扰的人口总数，我们就会明白这种骚扰范围的广度及其潜在的少数族裔群体的疏离程度。根据 1994 年的犯罪报告统计，俄亥俄州宣誓就职的"当地"（local）或者市政警察有 18721 名，伊利诺伊州除去芝加哥警察局（其拒绝参加伊利诺伊州的调查）共有 16131 名警察。当然，并不是所有的宣誓警察都在街道上执行任务。我们可以大体估计警察组织中有 50% 的人做的是行政有关工作。这样一来，俄亥俄州和伊利诺伊州的人数就分别减少到 9360 人和 8065 人。单就市政警察而言，排除两个州最大的警察局，通过这些已经减少后的数据，可以粗略地估计受到过警察骚扰的公众数据，在伊利诺伊州每年有 2113 例骚扰案件（8065×26.2%），而伊利诺伊州每年有 1395 例（9360×14.9%）。这一结果无论用何种标准衡量，都是保守的数据估算。上千例对少数群体的骚扰案件，足以使被调查的两个州的少数群休对此有所关注。

而且这些数据十有八九低估了种族骚扰的频率，原因有以下三点：第一，调查只包括了警察实际目睹到的其他警察实施种族骚扰的情况，因此不排除单独行动的警察骚扰公民的情况发生。第二，他们未能包括警察目睹了骚扰行为，但是不愿意告诉调查员的情况，此种假设必然符合多数警察的心理，他们将这种告密行为视为违反沉默准则的表现。第三，他们没有记录在过去的一年里目睹此类事件的次数，而仅仅是调查了警察是否目睹了此类事件。不论警察是目睹了一次还是一百次，调查问卷只记录一次。因此，我们调查的两个州主要以小型警察局为主，但是也有少数大城市的警察局，在这两个具有代表性的州，警察种族主义无论如何都是一种普遍现象。这些数据也并未被一些不怀好意的群体为对抗警察而肆意夸大：需要记住的一点是，这些数据是警察报告他们部门自身存在的问题。

18.4 谢维尼：洛杉矶的种族暴力

在我们调查的大城市的警察局中，种族主义问题立刻显得更为复杂且显著。洛杉矶因其警察对公民存在种族歧视而臭名昭著。1998 年开展的一场名为"铁锤行动"（Operation Hammer）的警务行动就是一个例子。这个行动极具镇压性，矛头直接针对少数族裔群体，对其进行阻拦与搜查。下面就是对该行动的生动描述：

> 仅 1988 年 4 月，超过 1400 名少数族裔群体的未成年人被捕，其中很多人在之后被释放，因为没有任何罪名。两年间，黑人青年、拉美裔青年，只要胆敢闯入中产阶级的居住地附近，就极有可能被拦下，强行要求其"跪下"并按倒在地搜身（谢维尼，1995：40）。

洛杉矶警察局内部的气氛令人尤为担忧。一位克里斯托弗委员会（Christopher Commission）的证人声称，洛杉矶警察局内部对滥用职权的行为普遍采取宽容的态度，"因为这样的做法并不违反警察局内部的道德规范"（谢维尼［Chevigny］，1995：41）。警察并不会因为对少数群体滥用武力而受到惩罚，即使这种滥用行为人尽皆知。

迪克·汉森（Dick Hansen）在洛杉矶警察局的职业轨迹颇具启迪意义。罗德尼·金（Rodney King）事件之后，汉森打折了 17 岁的杰西·马丁内斯·维达尔（Jesus Martinez Vidals）的头盖骨，联邦政府以其侵害了对方的民事权利为由对其提起了成功的起诉，在

262

此之前，地区检察官未能够对他的行为成功起诉。在以嫌疑人驾驶偷盗汽车为由，对马丁内斯·维达尔进行搜查以后，汉森在目击者在场的情况下，用警棍反复敲击嫌疑人的头部，试图将其从躲避的卡车里拖出来。这是汉森面临的第二起联邦犯罪指控，而且同样是因为滥用警察暴力行为。他在因马丁内斯·维达尔案入狱后，有过一段时间曾停止过使用暴行。此外，洛杉矶警察局因他在 1986 年殴打一位女性的案件，承担了高额的赔偿，1983 年，汉森因射杀一名青少年被判处过刑罚。然而，警局局长盖茨说他打算将汉森在联邦监狱服刑期间，给他作休假处理（谢维尼，1995：42）。

为何洛杉矶针对少数群体实施异常暴力的行为？谢维尼认为，洛杉矶城市警察局和县警察局的残暴行为是源于对执法的过度重视，以及"我们 – 他们"的对立心态或者受围心态，这种心态的产生源于对警察部门管理层对"打击犯罪的战争"的重视和与之相关的令人恐惧胆寒的说辞。当我们面对的"他们"肤色不同、语言不同时，为"我们 – 他们"这种心态的产生提供了正当理由。作为警察干预的工作基础，种族特征与警察文化的其他组成部分相吻合。警察对地理上居住集中的少数族裔群体实行管辖，而这些群体往往贫穷且没有政治权力，这样一来，打击犯罪的战争就变成了一场军事围堵行动。这种围堵以军事骚扰、频繁干预为表现形式，偶尔使用致命性武力也可以被检察官在审查中予以合理化，这些通常被主流白人看作是可以将少数族裔群体约束在他们该在的地方的方法。谢维尼指出，暴力是控制百姓和维持秩序的有效方法。

263

18.5 警察种族主义的未来

在举国上下越来越忧惧少数族裔群体的氛围下，警察的行为得到了广泛的支持。如今，美国公众寻求对 19 世纪小镇式个人安全的虚幻设想，这样的设想只能通过将危险群体排除在外的行为实现。19 世纪的小城镇里，每个人似乎都知道街道对面都住着谁，这样他们就知道如何避免他们了。地方警察就像"守夜人"（watchmen）一样日夜守护着他们，紧紧地盯着那些外来的违法者，如果他们胆敢越雷池一步实施违法乱纪的行为，警察就会毫不犹豫地插手干预。他们是麻烦的制造者，必须予以打击，所以警察根本不会把正当程序放在眼里。

如今，在"打击犯罪之战"（war on crime）中的警察行动，强化了"安全的"低犯罪率社区和危险阶级在地域和心理上的差别，以实现"让少数族裔群体待在他们居住的地方"这一目的（谢维尼，1995：40）。谢维尼指出，近几年，在中产阶级选民及其市政议会议员的努力下，这个观念一直颇受欢迎。非正式的管制政策有助于保护经济地位的现状，少数族裔群体被迫困在市中心的贫民区，他们没有工作，没有计税基础，学校也因此严重缺乏资金支持。越来越多的少数族裔群体成员试图通过非法手段实现个人经济稳定，制度化的种族歧视变成了一种自我实现的现象。

公众支持不公平的社会政策，加之以种族主义为特色的警察文化、警察行政领导采取"顾左右而言他"（look - the - other - way）的立场，这些因素进一步稳固了种族政策下特殊群体繁荣的经济现状。人们意识到，对少数族裔群体的管制意味着保护白人社区的房产价值和租赁经纪人的财务状况，而且警察骚扰市中心商业区的少数族裔群体，是因为很多富裕的白人畏惧他们而不敢来此消费。种族主义管制的经济基础显而易见。我们想要什么，警察就做什么，所以，我们不做出改变，警察也不会做出改变。①

在过去的二十年里，警察机构努力增加少数族裔群体的雇用人数，这可能会带来人们不希望产生的影响，如加强了警察组织内部的种族冲突（见马丁，1980：12 - 15，论组织对少数族裔的抗拒）。从冲突的角度来看，这种结果是可预见的。努力增加圈外人来建立合适的人事标准

---

① 奥利弗（Oliver）和夏皮罗（Shapiro）（1995）提供了一幅比较图景，对美国社会中肤色人与财富的结构进行了详细的比较研究。他认为，在收入与财富方面的差距非常明显，一种强有力的系统性的制度化经济歧视——例如，联邦住宅管理局（Federal Housing Authority）多年来一直执行的排他性政策——故意地阻止黑人进行财富的积累。这种歧视性政策长期实施的结果，不可避免地并且必然地和有预期地出现这样的现象（1995：151 - 152）："鉴于他们积累财富的能力受到如此严厉的限制，并与私人公司企业大规模的歧视以及普通白人的仇视态度相结合，连续几代的黑人父母都不可能为他们的子孙后代积聚起任何可观的资产。"

的做法，其结果之一便是圈内人抵抗力的凝聚。如今，警察组织内部广泛存在着抵触情绪，导致那些在非正式的组织文化下寻求归属感的少数族裔群体受到伤害，即便他们已经成为该组织的成员。

内部机构的矛盾冲突暗含有种族主义的特点，这是当代机构中的一大问题（苏斯塔［Shusta］等人，1995：37）。在一次拟召开的平民审查委员会（civilian review board）会议上，纽约爆发了一起警察冲突；这次会上达拉斯警察局打击黑人，白人警察则既打压白人也打击黑人。这些政策是否削弱了警察组织中的种族主义仍尚存争议。但毫无疑问的是，警察局内部对反歧视运动表现出了强烈的敌意和憎恨。

如果我们想理解警察文化中种族主义这一主题，只着眼警察自身的特点是不够的。为了获得全面的理解，我们应该审视自己的内心。时下盛行的种族主义困扰着美国人的生活，尽管在意识形态上是隐形的，但在经济、社会和当代社会的地区性组织等方面都是显而易见的。警察意识到这种现象并且也知道，人们期望他们在社区中加强非正式的种族主义规范。如果你是一个对此持怀疑态度的白人，那就扮演黑人，当夜幕降临时在中上阶层白人居住的社区中昂首阔步，然后等你过完这个夜晚，看看你原先的自尊是否毫发无损。就如警察局长布扎所指出的那样，警察的自我形象就像一个"被包围的堡垒"（embattled fortress），一方面是因为他们与种族和少数族裔群体之间存在着问题，另一方面是因为"上层阶级"（overclass）向他们"隐晦地"（sub rosa）发出解雇少数族裔雇员或驱逐少数族裔群体的命令。

问题之所以产生是因为"他们"发现了警察坚持控制"他们"的做法不过是伪善。"他们"指的是黑人、贫民区居民、无家可归的人以及所有那些能引起恐惧或者不安的人。这些命令隐晦而含蓄，然而根本不存在授权他们去控制的法律。这些群体犯下的"违法行为"（offenses）不是犯罪，但是他们的确侵犯了上层阶级（布扎，1990：7）。

布扎发现，警察表现出来的种族歧视不仅是反映社会中存在的种族模式的一面镜子。这其中的联系更为直接。这种联系是警察对人们更广

264

的社会期望的执行，这一点警察自己也清楚。但是，这并未使他们更喜欢收入稳定的白人公民，也就是布扎所说的上层阶级。相反，这会促使警察疏远公众，或许，警察疏远我们是因为他们太了解我们。他们知道我们对警察的恐惧几乎与我们对下层阶级的打压欲望一样强烈——只是几乎，不是完全一样。

最终，警察很好地完成了他们的任务。但是，这样做好吗？警察出色的工作表现让我们看到了另一面。他们允许我们对我们自己创造的东西避而不见。布扎识破了我们的谎言以及谎言给民主带来的进退维谷的境地：

> ……警察是贫民区唯一永远存在但总是隐形的"政府的手"，他们是这个充满敌意的地区中的一支占领军，尤其是在焦躁不安的夏季……警察的成功带来了讽刺性的结果。他们越是善于解决问题，社会越是难以把握问题的根源（布扎，1990：78）。

我们回到了三个世纪前开始的状态：一个自我描绘的自由社会，却无法解决最重要的人类平等这一简单问题，甚至缺少能让我们谈论共有价值观的共同语言（贝拉等，1985）。我们的政治总是冠冕堂皇，是惩罚犯罪的狂热者的伪装。我们对微不足道的犯罪行为进行严厉的惩罚，还要给这些惩罚披上合理的外衣，一代代年轻黑人被监禁所毁，被大城市中那些像集中营一样的不断扩张的圆形全景监狱所毁。

警察完成他们应该且必须完成的工作。他们满腔热情，以至于我们不敢向他们少提要求。他们控制动乱，有力地处置坏人，对社会起着关键的作用。但是，他们容许我们隐藏因我们的疏忽而带来的后果——我们充满愧疚的犯罪秘密，就如布扎所言：

——监狱的高墙背后，警察容许我们忽视我们的欲求所带来的结果。警察的工作效率掩盖了我们用来处理与少数族裔群体关系中的最大难题的手段。警察了解这些，少数族裔群体也了解，但是我们却掩盖着

事实。警察怎么能不对我们以及大众表现出愤世嫉俗的态度呢？

第四编　松散耦合的文化主题

接下来的几章将讨论松散耦合（loosely coupling）的文化主题，也就是说它们具有将警察文化与外部影响和评价隔绝开来的功能。此种情况下，外部影响也包括管理高层。松散耦合的概念来自制度化的思考方法。在以下内容中，笔者将首先介绍一下制度化观点的概况，然后讨论警察机构中松散耦合的主题。

迈耶（Meyer）和罗恩（Rowan）（1977）是当代研究制度化组织（institutionalized organization）的突出代表。传统意义上，官僚组织是一种围绕效率和成果效益原则建立的协调活动体制。而迈耶和罗恩认为，由于很多组织在高度制度化的环境下运作，因此它们主要关注该组织机构的价值观念和心理期望，而对组织机构自身的效率和效益关注甚少（迈耶和斯科特，1983）。例如，小学和中学教育项目必须满足州委员会（state board）的资质认证要求（credentialing concerns），并获得权威机构的认证，更别提家长和老师的认可。与此类似，市政警察机构也必须回应影响力巨大的支持者，如市议会、市长、媒体和法院的关切。

在制度化组织中，基层一线员工的日常工作逐渐偏离他们在组织中的目标和工作流程。这种转变过程被称为松散耦合（loosely coupling），在这个过程中，负责服务公众的员工的活动变得不受正式组织目标和工作流程的控制（迈耶和罗恩，1977）。① 例如，治安警官标准及培训机构（Peace Officer Standards and Training，简称"POST"）是一个具有重大影响力的组织机构，对郡县警察机构和城市警察部门有较大的影响。在当前的制度化背景下，全国范围内的所有州县警察组织都需要POST，该机构提供的训练和教育能够满足警察高级行政主管对高职业标准的需求，因此，治安官标准与培训（POST）项目得以制度化。治安官标准与培训项目与警察日常工作的联系并不紧密，就是一种松散耦合关系。因为每位受训人员都知道，谁将是负责他们未来野外实地培训的警官（field training officer，简称"FTOs"）？为何这么说？每个受训者都听过这样的一段话，实训警官会告诉你说："忘记你在治安警官标准及培训

---

① 根据迈耶（1983：289）的研究，他认为当一个组织的"目标任务及其项目计划不完善，相互之间及与结果之间缺乏明确具体的关联；规则与活动之间的关系被断开；以及跨组织部门间没有联系"时，就会出现松散耦合现象。

项目中所学的西东吧。到这里主要是看我们如何做这项工作，现在要学习的是我们工作的方法。"在这个事例中，治安官标准与培训项目中，组织的正式目标——培训协议的内容将转化为警察的日常工作行为——在实训警官的指导下，巡逻警察实施的实际行为与培训目标间的关系，就是一种松散耦合关系。

笔者认为，松散耦合文化可能是自下而上形成的；也就是说起源于低级别的警察之间的互相帮助，想方设法地躲避上级的监管。[①] 相关研究者注意到，警察机构只处理其制度环境下与犯罪控制有关的案件（克洛克卡尔斯，1991；马斯特洛夫斯基，1991；克兰克和兰沃西，1992）。这种情况同样体现在基层警员身上。当基层警员们感觉某些特殊问题妨碍了他们对日常工作的控制时，松散耦合的情形便会出现。[②] 通过形成一些在某种程度上能够掩盖警察行动领域的文化主题，警察能够维持他们对自己管辖区域的控制。由于松散耦合的形成，基层警员在警察机构无法或者不愿处理某些事项时，他们可以选择处理自己认为重要的事项。

例如，警察机构的文化主题之一是一套通用的常识性策略，这套策略可以使警察的特定行为能够规避制度性禁止的约束和限制。但它们与警察组织"外部的"制度性机构所关注的重点问题背道而驰，包括法院、公众压力团体和政策制定者的制度，因为上述组织和个人都力求确保，当某个被告人被警察逮捕和拘留时，仍然享有宪法所赋予的全部权利。

通用策略这一文化主题之所以出现，是因为警察认为，实际上他们对辖区的控制权受到了"宪法第四条修正案"的限制。警官之间相互讨论未实现的违规行为，以解决因合法诉讼程序保护而产生的具体工作问题。通用策略中的技巧包括：使违法者坦白罪行、在证人席上撒谎、不

---

① 在高度制度化的组织机构中，与行政审查相比较而言，制度性审查显得更为严厉。

② 由于警察文化共享了这种共同的草根美学（grounded aesthetic），产生这种美学的因果关系与警察部门外部的观察者所观察到的情况，表现出一定的相似性。而且，对制度性期盼与有关"现在就对犯罪采取某些行动"的文化观点的分歧越大，警务文化与正式的组织化进程的区别和分离也就越大，将会表现出一个孤立的亚文化的可能性也就越大，对外部强加的变革反应迟钝。

举报违规行为、包庇其他警察以及坏蛋如何利用宪法保护、如何获得相当理由（probable cause）和如何得到法官宽大处理。这些文化"工具"调动了警察的情绪，并隐藏基层警员不符合正式组织目标和组织政策的行为（克洛卡斯，1980）。

因此当基层警员发现，由于违背了机构管理者或权威外部组织的期望，警察机构在追求成果方面停滞不前时，松耦合的文化主题能使他们更加关注日常行动中他们所认为的犯罪控制效力。当机构管理层将关注点放在外部群体的要求上时，松耦合主题这样的主观文化逻辑可以提升警察的工作效力。

接下来将介绍五个松耦合主题。当警察在维持治安和控制犯罪中行动受限时，这些文化主题可以提供一些思考方法或解决途径。这些松耦合文化工具既可以使警察机构处理体制性事务，又能使警察继续维持一个多世纪以来的日常惯例。这些主题通常与警察文化的消极方面有关（卡普勒等人，1995）。

隐秘化

好心没好报。　　　　　　　　　　　　　　　　——佚名

　　警察认为自己与众不同，是有别于普通民众的局外人。表面上看，"局外人"（outsiders）主题似乎反映了团结的主题。这两个主题既紧密相关又迥然不同。它们针对文化提出了不同的问题。当谈到警察团结时，我们要考虑的核心文化问题是"什么使我们相似"，而当谈到局外人时，又该考虑"什么使我们与众不同"。因此在某种程度上，"局外人"这一主题就变成了松散耦合话题的元主题，很可能涵盖了所有警察与其他组织的不同之处。笔者将在本章着重阐述一些局外人思维上的主要特征，即保密、低调、避免麻烦。

19.1　作为一种职业倾向的局外人

　　警察认为自己从事的是一种与众不同的职业，他们与社会相分离（范·马安伦，1974）。这种想法之所以产生是因为他们认为自己与公众、官员以及法院的关系根本算不上友好，有时甚至是敌对关系。作为局外人，警察往往采取"我们–他们"（we–them）的态度，因而警察的敌人往往既可能是犯罪分子，也可能是普通民众（谢尔曼，1982）。

这种观念被深深地灌输在警察的训练过程（范·马安伦，1973）和招聘标准之中。但按照招聘标准培养出的同质化的警察队伍，在面对社会的边缘群体时往往表现出茫然不知所措，也无法体现出最具鲜明特征的城市环境（卡普勒、斯鲁德和阿尔伯特，1994）。

273

警察坚信公众不喜欢他们。曼宁（1978b）用一句简短的格言概括了"局外人"主题的本质："每个人都痛恨警察。"警察被视为局外人，这就是警察保密性形成的基础，这种保密性使得警察免受各部门的法令约束和社会监督。

局外人是看不见的隐形人。警察总是责任缠身。其所处的职位，常使他们面临不可预知的情形，有时他们还必须在紧急情况下迅速作出决定。警察清楚他们可能会犯很多错误，为此也将受到公开责难，这些责难可能来自媒体、民众组织、部门政要，甚至市长等。这些角色都对警察界影响巨大，所以，他们之中任何人的责难都可能成为警察档案中的永久记录，可能引发一场调查，也可能使警察当众受窘。制度理论认为，这些人的意见举足轻重，他们可以破坏警察机构以及机构成员的生活和幸福。他们在警察的制度环境中扮演着主要角色。

并不是因为警察与这些人打交道，才使他们对警察的生活产生影响，而是因为他们之中的任何人，比如来自报社的人，都可能会揭发警察的过错，并对此进行宣传。他们中的任何人都有可能让警察的生活变成人间地狱。谢维尼（1995：141）认为，警察很神秘，因为"他们非常清楚，自己所说的一切都将成为呈堂供证"。他们始终铭记这句格言：好心没好报。警察知道自己受到监视，一旦他们把事情搞砸，就会立刻受到公众的密切关注。他们很清楚，嫌犯会编造警民互动的谎言，反过来说他们是骗子。他们明白政要们只关心如何保护自己的后台老板；也明白市长只想在二度选举中获胜。市政委员并没有兑现他们向支持者许下的政治承诺。法官丝毫不关心警察的工作安排。辩护律师在法庭上只会想方设法羞辱警察。而唯一能避免这些麻烦的方法就是将自己隐形。

因此，警察尽量保持低调，避免麻烦。在大多数活动中，他们只是命令的执行者；大多数任务也只是无聊、琐碎的文书工作。没有机会开展逮捕任务，不会因为处理文件的速度快而受到嘉奖，警察也就缺少了努力工作的动力。而且警察总是很容易就惹上麻烦，比如：教训了一个混蛋，可他恰好是一位很有影响力的公民；激怒了爱嚷嚷的司机；佩枪意外走火；在错误的地点行使搜查证授权；等等。如此看来，最好的行动方案就是什么也不做。隐形的警察不会犯错误，不会招致麻烦。

早在专业训练过程中，警察就已经学习了如何"隐形"（巴恩[Bahn]，1984）。训练最初就会教会他们如何将错误最小化。警察们认识到，一旦他们犯了错误，教官就会注意到他们。只要严格遵守教官要求就会不再犯错，就能避免警告和处罚。

保持隐秘能力还应该运用到例行的巡逻活动中来，巡逻中"真正的"警察工作其实很少（范·马安伦，1974）。警察的工作常常都是例行公事，很少有逮捕的机会。即使是重罪也很少让人兴奋，因为80%的重罪都是财产犯罪，警察所要做的，只是出具一份书面报告，以便公民凭此书面记录向保险公司索赔。

例行巡逻活动有时也很危险。一旦干预行为涉及国家权力的运行，就要承担相应的责任。一旦警察与市民发生冲突，事情就没那么简单了。再小的冲突，都可能会演化成产生性质非常严重、后果难以预料的事件……"你为什么总找我麻烦？我做什么了？你为什么不去抓真正的犯人？"任何警察都可能因这段话与市民发生过冲突。很显然此时警察不会只回答"对不起，是我的错，我马上就走"。他们绝不会选择退让。警察必须自己选择他们的对手，因此大多数时候，他们都选择秘密行动，避免麻烦。

隐形的基本原则。保持隐秘性是一种通用的工作思维方式（卡普勒、斯鲁德和阿尔艾伯特，1994）。卡普勒和他的同事引用了罗伊斯·扬尼（Reuss Ianni）（1983）的观点来说明这种思维方式由几种具体理念组成。这些理念是"连接亚文化世界观以及该世界观的实际行动的文字纽带"（卡普勒、斯鲁德和阿尔伯特，1994：110）。也就是说，它们描述了如何将隐秘性思想转变成警察的普通行动，并指导他们保护自身及其他警察。这些理念内容如下。

1. 不要出卖其他警察。无论案件情况多么严峻，周围环境多么恶劣，都不能向公众或上级警官告密。

2. 首先留意你的队友，再观察其他变化。也就是说不仅要保护队友的人身安全，还要留心队友的利益。例如，如果发现自己的同事正在因内部事务被调查，请立即通知该同事。

3. 如果你突然被抓，不要牵连其他人。如果有情况发生，而你被发现出现在了不该出现的地方，或正在做不该做的事情，不要牵连其他警察使之遭受处罚。

4. 坚持工作到最后一刻。装病只会引起所有当班同事的注意。

5. 不要为了自己去寻求帮助。换句话说，就是不要为了特殊待遇给领导拍马屁。基层警员不应该与上级警官建立特殊关系。

275

坚持上述理念能使警察免受外界的窥探。这些理念主要针对的是部门领导，但总体来说，它们可以指导警察避开监视。任何警察如不能遵守这些原则，暴露了自己，将会置所有警察于危险之中。

19.2 局外人总是守口如瓶

保密原则在警察机构中引起广泛关注（卡普勒等，1995）。保密有以下几个目的：它能使基层警员免受机构监视（韦斯利，1970）；它能使基层警员免受市民审查，因为市民不会理解警察的某些行为，比如使用暴力、处置流氓、经常性违反程序性准则等（马丁，1980；钱布里斯和塞德曼，1971）；它能掩饰警察违反正当程序的行为，以及因处理街头冲突而滥用自由裁量权的行为（曼宁，1978）。保密原则在警察文化中处于中心地位；那些违反保密原则的人可能遭到排斥、失去朋友、在危险的街头冲突中无人支援。以下我们将讨论保密原则的两个方面：公众方面和部门领导方面。

保守秘密与公众。埃亨（1972：16）认为，很多人报警只是为了让警察帮他们处理私事。有些人可能因为与他人结仇，想利用警察保护自己。有些警察出于善意而出具的盗窃及入室抢劫报告，实际是为了骗取保险公司的赔偿。有人因同一个罪行屡次被捕。埃亨注意到，一个酗酒者曾被捕过 140 次。尽管警察百般干涉，少年犯还是变成了成年罪犯。最后警察总结出一点：没人可以相信。于是警察的保密性变成了一种生活方式。

但并不是所有观察者都能注意到警察的秘密性。贝克就发现警察没有他预想的那样神秘莫测、不易接近。

> 我多次听说过不成文的沉默守则，但出乎意料的是，它并没有妨碍我的采访。或许他们不能代表全部警察，但是大多数接受采访的警察都很喜欢交际。而且都很可爱，很健谈（贝克，1985：5）。

这并不能说明贝克所调查的波士顿警察对外界的监视持完全开放的态度。贝克提到，"质朴和蔼与近乎偏执的多疑态度并存"（贝克，1995：5），警察在采访过程中始终保持着警惕性和怀疑性。弗莱彻（1990：iv）也注意到她所研究的芝加哥警察很开放。她在文章中谈道，"我所遇见的警察都非常慷慨，这让我感到震惊，他们大方地贡献出下班时间接受采访。我一共邀请了 130 位警察，只有 5 个人拒绝了我"。

在我的研究过程中，他们始终热情地欢迎我进入警察机构调查。我也完全体验到了那种被当作"另类"（other）的感受。有一次，我去伊利诺斯州一个小社区的警局拜访一位领导，他带着我参观了他们的部门。与我交流的每个人都彬彬有礼，态度友好。采访结束后，我停下来观察墙上的橱窗，里面有历届警官的照片、徽章和勋章。突然，我感觉背后有人。转过身，我发现有三个警官站在距我 10 英尺的地方，透过副主任办公室和走廊之间的玻璃注视着我。虽然我可能误解了他们的表情，但是我明显感觉，他们好像在对我说：我们生活的这个方面不允许你介入。自那以后我得以揭开警察神秘的面纱，但我已不再是那时的自己。

保密和政要。对上级警官或者政要（brass）保密和对公众保密一样重要（曼宁，1977）。曼宁认为，无论是在治安官标准及培训中，还是在警官实地训练（Officer Field Training, OFT）中，警察都知道他们不能信任管理者。提倡隐秘性的 POST 培训中有几种结果，其中有些是可以预见的，有些则不能。对细节的关注是仪式化的，纪律的制定却格外严格。一人犯错，整个团体都要受罚。警察们学会彼此依靠以求互保。本书第 17 章"团结"中提到的警官之间的忠诚，其实是为了向项目领导隐藏信息。实地训练也揭示出类似的保密模式，以保护彼此不受行政监管。警官实地训练教会警察如何应对上级警官的特殊要求，以及同事如何帮助这些警察避开上级的专断命令。

新兵需要在短时间内适应警察工作的典型特征：保持低调、避免麻烦。范·马安伦注意到，警察既要避开公众也要避开政要。"如果没有同事保护他的利益，他便不能继续工作，没有同事的支持他就会迷失。"（范·马安伦，1974：306）因此，不论是对于行政监督还是公众监督，警察职业环境中可预知和不可预知的各个方面，都教会他们注意对其行动保密。有些消息只在一个小组里共享。在这个小组中，警察的朋友也都是警察，甚至是来自同一个队或部的警察。于是，警察小组的成员用选择性沉默筑起一道坚不可摧的城墙，以保护小组成员的活动免受公众、政要以及警察间的监视（比特纳，1990）。

277

上下级关系中并不总是存在分歧。有时，有感召力的长官也可能赢得基层警员的支持。这样的结果往往都是积极的，而且一些部门的垂直管理关系非常和谐。或者有时警察可能根本不用为自己的行为承担责任。如果某个警察部门既与外界隔绝，又拥有一位喜欢越权行事、号召力十足的长官，这将助长警察的黑暗势力（斯科尔尼克和法伊夫，1993：134）。保密、残酷、滥用职权、暴力执法是这些部门的特征。费城前任警察局长弗兰克·里佐（Frank Rizzo）就是这种情况的典型代表。1972年，凭借公众对警察的支持，里佐当选为费城市长。在他担任市长期间，警察局只听从市长的命令，而这位市长却提倡警察使用暴力，并使他们免于责罚，以此来支持他们的暴行（斯科尔尼克和法伊夫，1993：135）。类似的问题不仅仅出现在费城。斯科尔尼克和法伊夫曾详细探讨过发生在洛杉矶和密尔沃基的类似权责困境。在上述情况中，保密性和与外界隔绝的状态是警察文化的主旋律。使警察机构的保密性和孤立状态合法化，将有效地帮助警察免受公众问责——这就是松散耦合文化的负面影响。

在警察的工作实践中、在与上级斗争的日常活动中，警察的神秘面纱得以揭开。这张面纱一旦被揭开，便无法再合上。也许揭开面纱是值得的，但并不是合理的。如果只是判断这种保密性是好是坏、是对是错，那我们就错失了问题的本质。它是文化的产物，它产生于这样一种文化背景：高度重视民主程序和警察合法性，惩罚犯错的警察。保密性是一系列的工作原则，这些原则使警察与他们的权责松散耦合，允许他们完成自己的工作并掩藏他们的把柄，以便他们可以继续完成本职工作又免受干扰性监督。只要警察依据美国正当程序和责任执法，警察文化就将继续拥有保密性特征。

278

个人主义与个人责任悖论

每一个警察局都是一个制度化的机构（克兰克和兰沃西，1992）。也就是说警察机构之所以存在，是因为它们承载着重要的、在市政管理职业环境中行事的方式（迈耶和罗恩，1977）。可以说，警察这一职业实际上体现了在实践上深深植根于整个美国的重要的价值观。

警察机构承载着多重价值观。它们负责维持整个社会最根深蒂固的道德情操：错误的违法犯罪行为必须受到刑法的制裁。警察机关所坚持的是最传统的价值观，也是为大众普遍接受的价值观。因此个人主义与个人责任的道德准则成为警察工作的核心特征也就不足为奇了。几乎在所有的刑事司法文化中，这一道德准则都是理解警察的思考和行为方式的关键。

在警察的制度化职业环境中，警察对自身及其工作持有强烈的个人主义观念。值得注意的是，他们并没有把自己视为官僚机构的小职员，盲目地执行上级的指示。相反，他们的工作秉承个人责任理念，他们的职责是依靠自己的能力掌控其辖区范围内的一切情况以及管控辖区内的人文环境。他们必须无条件地对辖区负责，因为不能完成个人责任是很丢面子的事情，那样他们就会被视作不合格的警察。

279

然而，街头警察所秉承的个人主义却是矛盾的。个人主义是美国最基本的价值观，但对于拥有众多制度化价值观的警察而言，个人主义限制了基层警员对普通公民的管控。警察强烈的个人主义性格阻碍了上级对他们的行政监督。他们拒绝被官僚控制，无法忍受伏案工作，讨厌人们称他们为"职员"（company men）。

在本章，笔者提出，警察所处的工作环境促成了警察个人主义的形成。与其他主题一样，个人主义与警察工作中的具体方面息息相关，这些方面包括警察执行巡逻和侦查活动的方式。个人主义是一种敏锐的松散耦合现象，它能够防止密切的管理监督。警察夸耀他们的独立性，同时拒绝官僚对他们的行为横加干涉。

20.1 个人主义是一种根隐喻

在各个领域的科学探索中都存在根隐喻（Root Metapher）这种基础的类比方式，它对一个领域如何看待自己的科研工作至关重要，因此根隐喻对该领域的所有科学研究都有些深远的影响。以社会学为例，大量社会学理论都类比了植物和植物生命。诸如"功能性的""城市是一个社会有机体""生态区"和"整体大于部分之和"等观念，以及"生长""适应"这些术语都揭示出这种强大的隐喻存在普遍。我们将其称为"根"（root）隐喻（这就是一种植物类比），因为它"丰富多产"（再次使用植物类比法），即能够衍生出大量有关社会各个部分之间关系的思想，并对个人和政府关系有诸多启发。

从民主进程的本质上来讲，个人主义是一种根隐喻。它的类比形式源于人类身体独立性这一思想。"个人"一词用来表示彼此独立的人。由此类推，如果我们是生理上独立的生物，那么我们在社会上是否也是独特且唯一的，每个人是否只对自己的幸福负责?[1]

有种观念认为：个人是负责任的生物，因此会对自己的行为负责。

---

[1] 参见莱考夫（Lakoff）和约翰逊（Johnson），1980，有关物质自我与我们想象社会和物质世界的方式之间的隐喻关系的讨论（for a discussion of the metaphorical relationship between the physical self and the way in which we envision our social and physical world）。

这种观念渗透在现代生活的各个角落，是引发关于政府机构、责任和义务的深度讨论的永久缘由（哈蒙［Harmon］，1995；麦基翁［Mckeon］，1957）。如今人们讨论个人社会责任，讨论为改善福利事业作出的努力，讨论经济理论；简言之，通过这些政治、社会、学术讨论，我们发现个人责任与社会需求是相互对立的。

280

个人主义与个人责任严重影响了警察解决关键问题的方式。以警察腐败问题为例，警察机关应对警察腐败问题的方式，被描述成"烂苹果"（rotten apple）理论，那些"烂苹果"警察是某些部门腐败开始并持续发展的原因。因此根据这个理论，只要清除组织中几个腐败的警察就可以铲除腐败现象（纳普委员会［Knapp Commission］，1986）。如果腐败问题或其他的机构问题过于泛滥，一贯采用的政治做法是让机构领导对所有问题负责，并任命承诺能肃清腐败的人替代他的职位（克兰克和兰沃西，1992）。

另一种观点认为腐败可能并无法消失殆尽，因为它在社会环境中仍具有某些积极影响，警察也正是在这样的社会环境下才能发现自我。但警察和改革者等人对此观点持完全反对的态度。布雷西（Bracey，1976）表示，尽管警察机构管理层、社会媒体、市政府都竭尽全力铲除腐败现象，但如今一些重要部门的腐败现象仍然层出不穷。这是因为，腐败在某些方面极大地促进了那些有影响力的组织之间的和谐共处，如果没有腐败，这些组织间就会公开产生冲突。布雷西提议让国家建立一个研究项目，来调查腐败的原因及其解决办法。然而她的学术研究却被抛之脑后、束之高阁，最终无人问津。这实在令人惋惜！

20.2 个人主义与问责

在警察机构内部，个人责任的隐喻在基层警员的问责制中得以显现。问责是指街道警察向上级权力机关就其工作中的行为进行解释。警察机构对问责机制进行了细化：它们试图通过军事化指挥系统、内部事务单元、精细的机构规则和复杂的标准操作程序来控制警察的行为。除了监狱系统，很难想象还有哪个组织能比警察机构的控制更为严苛，或者像它们这样即使受到宪法限制仍然取得成功。

　　警察机构密切关注每个基层警员的个人责任，并让他/她负责各种不同的道德行为。然后由此产生的绩效压力和警员的自尊心会导致警察们不得不违反那些道德标准（曼宁和雷德林格尔［Redlinger］，1977）。在这个方面我们的偏好，即对个人责任的注重，完全无法说明警察忠于281　本职工作需面临的道德问题，也无法解释机构因素如何降低个人的道德标准。有人认为警察面临的一些问题可能会破坏他们为遵守道德所做的最大努力。但这种观点很少得到认可。

　　曼宁和雷德林格尔（1977）曾研究过机构压力如何导致警员违反道德和法律的问题。他们发现警察机构的权力和权威对缉毒行动有诸多影响。他们探讨了各种机构和道德压力如何在缉毒行动中累积，最终促使执行任务的警察走向腐败。迫于抓捕罪犯的行政压力，警察不得不利用尚未确定可信与否，或者缺乏诚信概念的线人。线人颠倒了制裁的层级：他们用情报换取减刑或毒品；如果被指控犯罪，他们就会和检方周旋，找到最适合交易的人。警方绩效优异，便可获得回报，例如加薪、维护自尊、获得机构认可、升职，即使警察担心自己侵犯了嫌疑人提起正当诉讼的权利，这些回报也会打消他们的担忧。该工作的重要性在于它承认个人倾向的局限性，在不断积攒的压力下，警察变得不正派，他们会实施与毒品有关的犯罪，包括窃取、使用和销售毒品。机构给予他们逮捕罪犯的压力，警员个人又希望得到机构认可，因此他们便抛弃了个人的道德底线。

　　接下来的章节分为两个方面，分别探讨警察工作的个性化概念及其给警察问责制带来的困扰。

20.3　布朗：有主见不随波逐流的警察

　　1981年，米歇尔·布朗（Michael Brown）出版了一本见解独到的著作，该书论述了警察如何看待他们的工作。他在对洛杉矶警察局及洛杉矶县里的两个小警察局进行研究后发现，个人主义在街头警察工作生涯中起到了重要作用。

　　布朗注意到，个人主义是警察文化中的核心价值观。他认为，个人主义产生于工作的两个方面。一是对自主意识（inner - directed）与进取心的切身追求。他认为有主见的巡逻警察"是打击犯罪的斗士"。布朗重视"好的机会"，坚信"警察工作是警察与坏蛋之间的博弈"（布朗，1981：84）。

　　布朗的研究结果对威尔逊（1968 年）的理论提出了质疑，威尔逊认为，警察是"半专业人员"（subprofessionals，常常指在专业人员直接督导下的次专业人员），或者说警察最看重的还是他们这份工作的保障。与之相反，布朗认为，警察在追捕犯罪中成长，"很明显所有人都赞同这些例子，他们的工作就是抓捕坏人"。

　　　　这一角色最明显的表现形式是，（警察会）潜伏在大街小巷寻找歹徒，持续不断地监听电台中过于罕见的"热线"。一旦监听到正在进行的武装抢劫或盗窃行动的电话，正在执行任务的巡逻车，以及其他未执行任务的警队，都会及时赶到现场（布朗，1981：85）。

　　布朗认为，个人主义使警察的自治合法化。警察创造了个人主义的优先权，并使他们的工作与这些优先权相适应。例如，一些警察试图严格执行所有法规，而有些警察则会选择性地执行。布朗总结道，"一旦机会出现，个人主义使每个警察都可以作出选择"（布朗，1981：86）。

　　个人主义和忠诚在队友之间体现得非常明显。警察会在可疑情形下互相支持，为彼此的错误作掩护；此外，警察始终觉得，整个辖区发生的事情，都是管辖这个片区的警员的责任，而且这份责任又捍卫着他作出上述决定的权利。在布朗看来，个人主义和忠诚就像手心手背：警察文化需要忠诚，但也允许自治。因此，个人主义与团结这一文化主题紧密相关。

　　其他研究者注意到警员的自立在工作中尤为重要。比特纳（1990年）认为警员的个人责任感与他们的领地责任是相互结合的。比特纳发现，责任是一种地缘现象：警员们不会插手其他警员辖区内的事情，哪怕是再微不足道的介入，除非他们受到其他警察的邀请。不论是单独执行任务还是与队友一起，他们都会尽量保持自立（亨特和马格纳

[Magenau], 1993)。在处理危险纠纷时同样需要自立；即使危急情况下需要呼叫后援，他们也坚信自己辖区内发生的任何事情，都属于他们的个人责任（布扎，1990）。

20.4 曼宁：企业家精神 vs. 行政管理

曼宁是几位为数不多的对警察文化研究得如此清晰、详细的学者。他在很多文章中深刻阐述了警察文化的各个方面，以及街头警察的价值观。他发现，警察强大的个人责任感影响着他们的自我认知，以及他们对待工作的方式。曼宁认为，警察的个人责任感体现在警察规则与日常工作特征的矛盾之中。

曼宁这样描述伦敦警察："警察的工作涉及特定的人群及其问题，它是一种具有个人主义和企业家精神的活动，是一种现实的、面对面的活动。"一位接受曼宁采访的伦敦警察这样看待他们的工作："警察的工作不就那样"。此外，警察工作的其他方面也是千篇一律，令人疲惫。

> 事实上，只有警员的日常活动才最能反映出警察生活的真实形式和功能。文书工作、出庭、行政任务、撰写报告（包括日常出勤表）都是实实在在的警察工作（曼宁，1978c：77）。

警察在完成每日本职工作时，还必须努力遵守规章制度、规范自身行为。管理人员对警察工作所持的衡量标准又是截然不同的。

管理人员认为，实施组织政策、高效完成组织目标、维持等级制度以及保持纪律不仅是组织的要求，也能帮助警察增加、给他们带来满足感（曼宁，1978c：77）。

这种责任意识与一线警员独立的、个体化的处事特点截然不同。

街头警察往往有他们自己的工作方式，这样一来行政规则和部门政策对他们就失去了约束效力。警察采用战略手段保护自己，不受他人控诉，必要时还会进行反击（曼宁，1978c：83）。曼宁认为，依据警察工作中的个人主义观点，上述对待规则的态度也是警察的一种基本文化：

> 警察机构中的规则运转发生在平行层级之间，同一巡逻车内的

队友、同一办公室的同事，或者是同一组便衣警察之间。因此，下一级的警员非常清楚规则的运行情况，他们会保护自己，防止这类事情再次发生（曼宁，1978c：87）。

警察派系的形成是一种松散耦合机制，虽然烦琐的部门政策手册和标准操作程序（SOPs）仍然存在，但是他们可以借此躲避行政监管，他们的个人主义观念在工作中也可得以保留。

在曼宁（1979 年）的著述中，把警察工作比喻成"侦探大师"（master detective），他这样描述警察工作中的个人主义概念：

284

> 侦查工作中有一个传统的比喻叫"超级侦查员"（super investigator），这位侦查员需要处理犯罪案件，搜集线索并寻找案件有关人员（目击者、嫌疑人、线人）、作案动机、作案时间、作案凶器和其他物证，整合事实后准确得出结论，给罪犯定罪（曼宁，1979：665）。

曼宁在相关研究中比较了警察机构和警察个人对毒品案件的处理方式。根深蒂固的个人主义影响了毒品案件在同一警局中的任务分配方式。这些案件都被作为特殊任务单独处理。它们没有官方的开案和结案程序，只是被分配给独立的侦查员。警员们对自己处理案件的能力感到骄傲，同时也从其他的警探那里获取案件线索，警探希望案件彻底终结。这些案件实际上是"自行开始、自行判定、自行结案"。线人也只有几位特定的侦查员知道。个人处理案件的模式中不存在任何组织合作处理案件时可能会有的优势。

曼宁对比了以个人为中心的调查模式和以组织为中心的调查模式，他发现两种模式在案件处理过程中存在显著差异。对于以组织为中心的调查模式，案件按常规方式分配，上级会提前给予进行毒品买卖和突击抓捕的许可，如果要用线人，也需提前获得批准，案件的处理评价会记录在中央文件中。就效率和成果而言，以组织为中心的模式更胜一筹，但从侦察员的角度看，以个人为中心的模式更符合警察文化常规。

曼宁对个人模式和组织模式的区分，有助于理解个人主义对警察工作的影响程度。组织模式强调制度控制的效率，在这种模式下，个人在组织中被赋予准职业地位，组织计划和组织结构与组织中各成员的行为相互协调（实际是为了"控制成员的行为"）。

在警察的个人主义信条中，组织模式会造成组员情绪上的不满。警察运用自己的能力与技巧发现并抓捕罪犯，只有在这种状况下才能激发警察的身份感，或者更确切地说，实践警察的身份。他们愿意观察、感知、品尝、嗅探周围的世界，并凭借自己的第六感行事。他们讨厌在办公室的小隔间消磨工作时间。警察们时刻记得前线孤军奋战的警长用他的六响转轮枪保卫道奇城的形象。他们不会成为机器中的小齿轮。

285　　对警察而言，他们思想上的敌人显而易见：一是在公共部门随处可见的官僚机构，因为大多数人深信官僚机构能提供最好的公众服务。然而，他们骨子里却很保守，他们认为个人权利和个体责任对美国保守主义异常重要。因为他们常常要面对突发事件，需要思维敏捷，决定迅速，并具有"快枪手式的"处事风格，这样的工作环境成就了他们的个人主义。此外，现代警察的改革侧面要求他们在日常活动中随机应变，例如，为了提高组织效率，美国巡逻车的警员由两人减为一人，增加了单个警察现场解决问题的负担。

众多公共部门坚持认为，警察这个职业群体对传统的个人主义自由权构成了潜在威胁。因此如果再将警察视为美国个人主义的保障，未免有些奇怪。然而正是他们严守个人势力范围的意识，以及对辖区的责任感，才能挑战并牵制在过去一百年里逐步渗入警察行业的大量官僚权力。

如今，个人主义的思维方式在警察管理理念中再一次奇迹般地卷土重来。正如斯科尔尼克和贝利（1986 年）所描绘的新型治安那样，各警察局普遍推行的社区化治安提倡创造性的、定制化的警察工作。前文提到的个人主义隐藏在美国警察中，并在当今时代再次受到青睐，成为现实化过程中的奇迹。

20.5　制胜绝招与问责制悖论

作为本章结尾，我将从博弈论（games theory）的角度阐述责任问题。从这一角度，我们可以发现问责制实行过程中所产生的更深层次的问题。

一直以来，警察机构在问责方面都表现欠佳（卡普勒、斯鲁德和阿尔伯特，1994）。事实上，在美国警察机构的整个发展历程中，问责制都是一个核心问题。笔者将在这一部分从博弈论的角度探讨问责制问题，从而证明问责制不过是痴心妄想，也就是说，在那种引起市民沮丧和怀疑的环境中，问责制不可能存在。我们来看看以下对于博弈的描述（哈蒙，1996：182）：

> 我们每个人在每个阶段都试图使自己让人难以捉摸；并且我们也认识到，其他人在作出预测时也努力使自己变得不可捉摸（麦金太尔，1984：97）。

286

哈蒙（1955 年）进一步指出，在普通的你来我往的社会和工作关系中，往往同时进行着好几种博弈。博弈方彼此的关系常常不可捉摸——获胜者通常会故意隐藏他的胜利，因为他们不想把获胜的策略展示给竞争对手。

这种博弈的概念特别适用于街头警察的工作，警察们寻找不法分子和违反交规者，调查其可疑情形，盘问有敌意的人，努力区分想隐藏不法行为的嫌疑犯和想过清净生活的普通市民。这场博弈在危机四伏的交际场上进行，在这种情形下嫌疑人的一举一动、违法行为或无辜（以及潜在的危险），被一点一点地揭露出来。警察的下一步行动则根据他们发现的嫌疑人的行动情况而定。

当然，这场博弈的问题在于，警察不可能提前知晓嫌疑人的行动。简单地说：如果警察并不清楚该做什么，那他如何对自己的行为负责？这就产生了一个悖论：警察问责制度越有力、越详细，警察越有可能去违反问责制，警察文化与管理文化越有可能形成松散耦合，以保护警察免于承担责任。

然而，警方管理层如何解决上述悖论本身就是警察问责制的主要问题之一：他们试图通过明令禁止的方式来控制警察的行为。标准操作程序手册详细规定了他们在具体情况下禁止的行为，却并未提及应该采取何种行动（沃克，1990；威尔逊，1968）。尽管如此，标准操作程序手册也提供了警察对其行为负责的主要方法；手册中还列出了违反规定的基本处罚。因而，警务人事系统可以利用这些惩罚政策来强制执行部门程序和政策。坦白地说，该系统旨在让警察在面对不可预知的情况时，以可预知的合理方式行事。

内部事务审查委员会以及公民审查委员会在问责制上产生了类似的问题。两种审查机制遵循相似的逻辑：在严厉制裁的威慑下，警察便会举止规范。但是，只有当警察处于可预测、可控制的情形下，问责制这类威慑性的制裁才能对警察起到约束作用，然而实际情形并非如此理想。利用惩罚的威慑作用对警察施加监管，必然会加剧街头警察文化的排外性，用他们的话说就是，更有利于掩饰自己的过错。

287

个人责任对于警察文化的继承与发展意义重大。首先，它将问题指向个人，而不是结构或组织根源。正如纳普委员会随后在审查中所提到的，纽约警察每20年就会遇到一次突发的、引起高度关注的腐败事件，该委员会也因为揭露广泛的不法行为而得名。少数人被惩处后，一切便回归正常，直到下一次腐败风波席卷纽约时报头版头条。对个人责任的高度关注阻碍了对问题进行结构性评估，而这些评估本可以为问题的解决创造条件。

第二，为避免自己被外界刺探，基层警员必须找出新的对策来保护自己。控制手段是针对个人责任而言的，不可避免地会具有惩罚性。当然，警察都会极力进行自我保护。竭力应对外界施加的责任往往会产生个人责任的悖论：在警察和市民的冲突中，警察所承担的责任越多，遵守行政制度的难度也越大。因此必然会产生这样的悖论：我们企图通过行政手段和以公民为主的理念来控制警察的个人责任，这反而会不断强化警察文化，同时削弱管理人员让个体警察对其行为负责的能力。

288

真相游戏

主题：欺骗

　　我年轻时常玩真相游戏，游戏的目标很简单：我必须向一位虚拟的法官说明威廉·摩根警官是怎么发现那些正在实施犯罪行为的人。非法的搜查逮捕会导致案件被驳回，如果法官认为我没有足够的理由控制和拘留犯人，并调查犯罪嫌疑人，那么游戏就宣告失败。

　　不论是在虚拟游戏还是真实情况中，我通常都是真相游戏的胜利方。人们会说，我这个昔日的警察在法庭上举止得体，能言善辩。我有一张很朴实的面孔，一双无辜的大眼睛。陪审团都喜欢我（温鲍，1973：3）。

约瑟夫·温鲍（Joseph Wambaugh）在上述虚构情节中，展示了一位街头警察如何让自己的直觉和令人讽刺的常识符合正当程序法中的法律约束；警察要如何说服陪审团，使其相信他所说的情况，尽管不清晰，但却是真实的。他接着说：

　　我可以向假想的陪审团解释我的直觉，但却不能向真实的陪审团说明。此时的状态，就像是你感觉自己捕获了一只猎物，却不知道该如何解释。你可以感受真相，也能分辨真相。我想只能试着将这种状态告诉法官，试着解释清楚（温鲍，1973：3）。

真相游戏有很多种，例如可疑的批文、逮捕时间、骚扰、非法搜查、挑选法官、草率审查和警察伪造篡改证据等，这些都可以用来规避"第四条修正案"的正当程序规定。在本章中笔者将讨论真相游戏的这些方面，以及它们在警察文化中的地位。

为什么会产生真相游戏？萨顿（Sutton，1991 年）详细讨论过真相游戏的各个方面。为了获得地方行政官的授权，警察们设计各种托词并力证其特殊性及理由的合理性。正常的搜查过程需要经过一系列行政流程，但是一些警察没有耐心等待行政审批，因为他们只想打击罪犯，而不是等待上级签字和安排。对于年龄偏大的警察来说，遵守行政程序尤其困难。萨顿解释说，年轻的警察一般会遵守正规程序，因为他们在这种程序中长大。然而，"如果他们习惯了二十年前的法律，他们一定会无视搜查令，并对此抱怨不休"（萨顿，1991：435）。

这种冲突不仅仅是时代变化的缘故。萨顿认为，警察奉行"犯罪控制"（crime control）的价值观，而法院追求司法公正，这两者之间才是最根本的冲突。警察认为最重要的是逮捕罪犯和定罪，而法院的司法行政模式却强调，法律需要衡量警察的行动与非法侵犯公民隐私之间的利弊。

警察利用各种方法绕开严格的正当程序，同意权就是一种。同意权是授权要求的一种例外。如果警察没得到授权，他们通常会用同意权做挡箭牌。萨顿引述了一段法官和警察之间的对话，对话中的警察就是利用同意权进入他人住宅的：

法官：你说你想进去搜查，主人是怎么说的？

警察：他说"请进"。

法官：然后呢？

警察：我就进去了

法官：那你看到桌上有什么？

警察：我看到一盘司海洛因，50 个避孕套和一架天平。

法官：所以你的意思是主人同意你进去？

警察：是的，法官大人！（萨顿，1991：438）

萨顿发现，很多法官其实也怀疑警察的证词。然而他们意识到自己权力有限，而且警员之间会互相包庇，对此他们也无能为力。此外，一些法官默许警察使用污点证据，并与警察串通一气，使用非法证据。

290

21.1 真相游戏的维度

贝克、弗列里（Friery）和卡特（1994 年）归纳了三大类警察谎言。被接受的谎言（Accepted lies）有助于警察完成任务，对警察来说必不可少。可容忍的谎言能够简化警察对自由裁量权的解释。离经叛道或异常的谎言（Deviant lies）则违反了程序法、实体法和部门规章，包庇警察实现非法目的。贝克及其同事在调查中发现，83% 的受访警察可以适当地接受谎言和欺骗行为；58% 的人认为，如果异常的谎言是出于合法目的，也是可以接受的。该项问卷调查数据揭示出了警察文化中的神秘因素——欺骗。调查结果表明警察们都普遍支持欺骗行为。因此，真相游戏中为了合理目的而颠覆真相，既符合常理，也契合警察文化。

谎言帮助警察实现多种目的。一些特定类型的谎言甚至已被视为文化的组成部分（曼宁，1978 年）。谎言这种语言策略也是一种警察文化工具，它可以用来处理一些非常棘手的纠纷。曼宁（1978：248 - 249）曾列举过警察说谎的几种情形：法律的限制或公众态度阻碍了警察实施他们认为合理的行动时；警察按命令必须成功调停纠纷时；巡警努力避免纪律处分时。有时坦白真相会触怒上级，说谎就可以庇护自己或同事。例如，宽慰性谎言（Placebos）——一般都是不痛不痒的善意谎言，往往是为了保护受骗的人；而蓝色谎言（Blue lies）——用来控制个人行为的谎言，则旨在增强警察对辖区的控制能力。

斯科尔尼克（1982 年）发现，在某些机构中，法院、被告、辩护律师，甚至检察官撒谎已然成为一种惯例。他认为，欺骗是一种具有文化根基的常态，对于警察工作也至关重要。^① 斯考尼克提出，谎言有助于警察缓解犯罪控制与正当程序之间固有的紧张关系。欺骗行为分为证明型、研究型和质询型三大类，它们使得警察既能专注于犯罪控制，又警惕正当程序的威严。所有这些只有一个目的：提高犯罪嫌疑人在法庭上被定罪的可能性，从而使逮捕合法化。

291

21.1.1　逮捕谎言

谢维尼（Chevigny，1969）认为，警察必然会有一些证据不足的逮捕行为。但是当检察官对逮捕行动进行审查时，警方必须给出合理的解释。他认为，行为不检、抗拒抓捕和行凶殴打这三项罪名，都是警方用来掩饰违规抓捕的合法借口。这些掩饰罪名可以促进警察内部团结，因为所有警察在处理责任警察－市民间模糊的冲突时，都会使用上述谎言来规避自己的违规责任（CYA）。^②

21.1.2　媒体谎言

警察可能会为了加强犯罪控制而撒谎。下面这则故事就是如此，一位警察讲述了他为了执行逮捕、发现更大的阴谋而向记者隐瞒信息的故事。该故事以一起交通事故开始：

> 一人刚从马路南面的银行取了 5000 美元现金，共计 50 张面值为 100 美元的钞票。他准备将这笔钱存到马路对面的另一家银行。过马路时，他低头忙着数钱，不幸撞上了一辆小轿车，当时车里有 4 个人。就在车祸发生的瞬间，该男子手里的钞票都撒在了半空。汽车司机见状紧急刹车，立刻下车朝着被撞倒的人跑去。此时，副驾驶上的乘客打开门，四处看了看，看到一辆警车，便压低帽沿径直走开了。坐在司机后方的乘客打开车门，看到正赶往现场的警察，便向司机走去，此时司机正弯下腰查看倒在地上的人。坐在右

---

① "实际上，在不采用欺骗手段的情况下，不可能强制执行经过协商一致的有关贿赂、贩毒、卖淫等方面的刑事法律。"（斯科尔尼克［Skolnick］，1982：53）。

② 擦干净自己的屁股（cover your ass），意即不要让人抓住自己的把柄。

后方的第四名乘客带着手提箱走下车门，朝车前方的人行道走去，这时他看到了地上散落的百元钞票。于是，他向后退了几步，蹲下身捡起身边的钱，塞进自己的口袋，然后迅速走向人行道。正当他走到一条东西方向的街道时撞到了一位巡警，警察让他转过身去，并将手提箱、钱等所有东西都放回车内。

随后警察调查发现，那个手提箱里装着钱和大麻，而且汽车后备箱里有很多这样的手提箱。随后新闻媒体采访了这个作者。

> 当我面对摄像机回答记者的提问时，一个咄咄逼人的记者问到了第四个乘客，"就是那个走掉的人……"，我立即回答说没有第四个人，而且据我们所知此事已经结案，车内三人已被逮捕，相关损失也已追回。其他在场的记者记下了我所说的情节，但是我注意到向我提问的记者朝我使了个眼色。

新闻播出后，"一个戴着男士小软呢帽，又高又瘦的男子来到警局"，声称自己是其中一个被关押的人的姐夫，他想知道自己能为弟弟做些什么。因为此人的相貌与犯罪嫌疑人相符，开篇的那位警察（上文的故事叙述者）"问了他几个无关紧要的问题，主要包括他们的家庭关系，必要的身份证明，包括名字、住址以及他之前在纽约是否被捕过，等等。我让正在调查其他案件的一个缉毒队仔细观察了这名男子，直至他离开警局"。

> 由于对此人的追查完全对媒体保密，直至几个月以后这起大阴谋案破案，我再次想起了那个记者，多亏了他在记者会上迅速明白了我的暗示（克莱因［Klein］，1968：158 - 161）。

上例中只是轻微的，甚至是无关紧要的欺骗行为。该事件表明，欺骗也是警察的一种松散耦合主题。为了扩大他们的工作权力，警察在面对媒体时，维持着他们代表真相的身份。欺骗行为往往与具体的警察行动结合在一起，并向强大的体制机构——媒体隐瞒了真实的警察行为。

21.1.3 逮捕证谎言

美国宪法"第五条修正案"规定，警察需获得搜查令才可对住宅进行搜查。搜查令须经特别授予，并标明搜查地点。警察必须宣誓，保证搜查令的真实性。然而，很多警察并不清楚他们要搜查什么，搜集的情报也并不可靠，但他们必须相信告密者。警察还必须向法官保证情报的可靠性，并且声称这些情报是由他们自己搜集的。这已经构成伪证罪。

伪证罪与毒品犯罪联系尤为紧密。为了拿到搜查令，警察必须向法官保证他们已经彻查过这些信息，而且搜查行动也是合理合法的。然而在实践中，却很少对情报信息进行调查。因为警察想要调查就必须要去案发现场，这样一来会打草惊蛇。

293

因此，警察往往会过分依赖告密者的信息。他们不必向法院指明情报来源，也不必说明告密者如何得到消息。警察通常会信任告密者，但是告密者也可能为摆脱警方的控制而随意提供信息。这样做的后果是，"所有牵涉其中的人，包括那位警察、警司（sergeant）、警督（lieutenant）、同意搜查令申请的警监（captain）、助理地方检察官以及授予搜查令的法官，都会知道这位警察做了伪证"（鲁宾施泰因，1973：385）。

鲁宾施泰因（1973年）认为，为了获得搜查令，作伪证很常见。尽管搜查发现的信息价值尚有争议，告密者的故事情节也多有虚构，但警察仍可以获得一些与犯罪活动有关的信息。犯罪信息往往由参与犯罪的人提供。告密者的动机也值得怀疑——有可能是出于卑劣的报复，或者企图中止犯罪过程，或由于分赃不均等。借用军事上的一个隐喻来说，如果侦查员是战场上嗑了药的步兵，那么告密者就是先锋。诚然，这并不是一个好听的比喻。

伪证就是一张扭曲事实的网，法庭终会将它抽丝剥茧。鲁宾斯坦曾提到，在一个赌博案中，警察因作伪证而获得搜查令的事实被辩护律师揭露。经过反复讯问，人们发现，搜查令中所声明的——被搜查住宅已处于监视状态以及告密者也与该警察建立了工作关系——这两项均不属实。该案件随后被法院驳回。为了尽可能减小伪证被发现的影响，警司在质证阶段需依靠别的警察，保证他们不会在听证席上揭露伪造证据一事（鲁宾施泰因，1973年）。

警察会灵活安排工作，寻找理解警察工作并允许在搜查令上作变通的法官。搜查令要求必须有明确的搜查地点及目标。且法律规定，搜查令需经法官签字，以确保法官充当了一个独立公正的见证人，证明此次搜查存在合理理由；确认犯罪行为已经发生，并有确切的证据证实应该搜查此地。[1] 警察相信，他们可以找到愿意签署可疑搜查令的法官。即使这样，这位签署了可疑搜查令的法官仍然会告诫警察："这张搜查令并不具备法律效力，所以不许开枪伤人和杀人，搜出街上的毒品即可!"（萨顿，1991：439）。

21.1.4　证词谎言

更麻烦的一种欺骗形式就是警察以证人的身份作伪证。为了实现刑事归责，警察不惜耍花招，选择灵活变通的法官以获得行政搜查令。但警察作伪证，是为了获得有罪判决而故意违反法律。作伪证的目的很明确，就是为了使那些存疑的案件获得有罪判决。作伪证的现象常见吗？贝克（1978 年）曾调查过一个南部小城的警察局，结果发现，警察作伪证的现象非常普遍。大约 23% 的警察承认他们曾在法庭上撒过谎。此外，只有 28% 的人表示他们会举报其他警察的伪证行为。这种普遍性表明，赞同作伪证已成为一种文化现象。

294

21.2　斯科尔尼克：马普案与真相游戏

斯科尔尼克（1982 年）曾在文章中发人深省地讨论了警察的证词欺骗行为。随着 1961 年马普案的判例（Mapp decision）[2] 推动了非法证据排除规则的实施，哥伦比亚大学法学院的学生试图评定这项规则在纽约造成的影响。非法证据排除规则禁止公开通过违反美国宪法"第四条修正案"规定所取得的证据。在马普案发生之前，通过非法途径取得的

---

[1]　许多研究法庭运作的学者们稀里糊涂地认为，警官们不得不争取获得逮捕或搜查证，即便是他们知道在等待法官签署逮捕证或搜查证期间证据可能会消失。实际上，这种情况是不存在的，是一种不真实的看法：由于警官担心证据受到破坏或者被雨水冲涮掉，或者其他任何方式的毁坏，在他们等待搜查证期间，会采取各种方法将房屋或者住宅保护起来。而且，如果他们在采取措施确保房屋安全的过程中，发现有违法犯罪行为或活动，根据搜查证的要件要求，他们就会实施合法的拘捕。

[2]　367 U. S. 643（1961）.

证据在法庭上仍然有效。但马普案之后，非法取得的证据不再有效。纽约是最后将非法证据排除规则列入州法律的几个州之一。哥伦比亚大学法学院的研究结果表明，马普案并没有对警察改革产生实质性影响，相反，为了规避非法证据排除规则，警察从一开始就伪造证据。这一结果充分体现了警察体系的松散耦合程序，并且该程序可以随着正当程序的变化而调整。下表展现了斯考尼克的研究结果：

证据发现方式	马普案之前		马普案之后	
	数量（%）		数量（%）	
毒品调查局				
藏在人身上	35	（92）	3	（08）
扔在地上	17	（28）	43	（72）
制服警察				
藏在人身上	31	（77）	9	（23）
扔在地上	14	（40）	21	（60）
便衣警察				
藏在人身上	24	（86）	4	（14）
扔在地上	11	（39）	17	（61）

来源：斯考尼克，1994：122。

　　该表格显示出马普案发生前后证据搜集方式的变化。为了衡量比例差异，笔者在表格中添加了百分比数值。数据显示，马普案件前后调查结果差别显著。马普案发生前，缉毒局逮捕的人中，仅有28%的抓捕行动当场缴获了毒品。而马普案之后，这一比例上升至72%，几乎是此前的3倍。制服警察和便衣警察当场缴获毒品的比例较小，但是马普案发生前后，二者比例之和增加了近50%。如果像其他人所说的那样，罪犯为了钻法律的空子会理性地改善其作案方式，但数据为何显示，这些罪犯改善作案方式却大大增加了被捕的概率？

　　斯科尔尼克总结说，警察为了规避马普案的非法证据排除规则，极力伪造证据。这种证据伪造被形象地称为"掉落罪证"（dropsy），它是指因持有毒品被捕的人，不会把毒品放在身上，而是将其丢弃。而且，他们把毒品丢置在身边，容易被警察看到的地方。也许制造这种伪证最大的责任不在警方，而在法院，因为它们竟然将这种明显虚构的事实视为警方合理合法的逮捕理由；它们竟然相信，吸毒者在最后一刻会像躲避瘟疫一般，扔掉这可恶的违禁品，而且是扔在大家都能看到的地方，仿佛这样便能和毒品撇清关系，就好像警察没有看到他所做的一切一样。

21.3　警察的主动性和真相问题

毒品犯罪案件的证据搜集给警方带来了很大困扰。由于缺少原告和主动作证的证人，警察不能和以往一样被动地等待市民报警或举报犯罪。被动是指当有市民报警求助或举报犯罪时，警方才进行犯罪调查。被动型警务简化了证据搜集程序。在暴力犯罪中，报警的人通常是目击者或受害者。证人的出庭，受害者的证实，以及证明犯罪发生的能力，都大大提高了嫌疑人被捕并定罪的可能性。此外，巡逻制度就是一种被动型警务。警察驾着警车在指定的区域内巡逻，但没有特定的目标。这种巡逻方式又被称为"随机预防性巡逻"，调度员将市民的报警电话转达给他们之后，巡逻警察对紧急电话迅速作出处理。

积极型警务工作却截然不同。积极意味着警察主动行动，去发现犯罪信息并寻找抑制犯罪的策略。无受害人犯罪——即没有受害人向调度员报案，而是调度员反过来派出巡逻车主动打击犯罪——需要警察个人保持对犯罪的警觉性。无受害人犯罪主要涉及毒品、赌博、卖淫以及其他道德方面的违法行为。警察必须积极主动地执行这些方面相关的法律，也就是说，他们必须自己去寻找犯罪线索。可是这样非常困难——有谁会主动告诉警察他们违反了法律呢？

相比被动型出警，与公共道德相关的积极型出警所涉及的正当程序要复杂得多。这一点只要分析检方作出的撤销案件的决定便可发现（沃克，1994）。仔细审视严重的违法犯罪，沃克发现，检方往往会在庭审前因为一些相对简单的原因撤销案件，比如缺乏目击证人和受害者。因为此类案件中，涉及正当程序的问题少之又少，以至于无法统计，其数量甚至不足 1%。

296

这类无受害人的道德案件没有原告怎么办？瓦克在仔细研究检查机关自由裁量的毒品案件后发现，大约有30%的弃案因正当程序原因被驳回。其含义很明了：在正当程序制裁下很难违反道德。因此，为了惩治毒品犯罪，警察除了违反宪法对个人隐私权的保护外，别无选择（参见斯科尔尼克，1994：269－295）。

21.4　曼宁的悖论说

警察打击犯罪活动时往往需要顶住巨大的公众压力。近年来，在应对毒品犯罪方面面临的压力更甚。然而，警察实际执行某些任务的能力有限，导致执法理想与现实能力不相匹配。曼宁（1977年）将这种窘境描述成理想与现实之间的冲突，他这样说：

> 当正式组建的管理机构面临社会期望与现实可能性之间的矛盾时，它们往往会逃避社会对于道德、法律以及社会秩序的集体定义（曼宁，1977：5）。

值得关注的是，曼宁用了"逃避"这个词。为什么逃避，往哪逃？问题的矛盾在于，公众对警察禁毒活动的支持有助于警察团结，而警察团结又能帮助他们躲避公众的监督。也就是说，公众对警察的支持反而加深了警察隐藏其禁毒行动的程度。

笔者将从警察积极主动开展的禁毒活动入手，讨论这一复杂矛盾。警察每天被各类公共信息轰炸，例如要求他们"整顿我们的城市""保证孩子出行安全"，这些信息对警察造成了不小的影响。公众的这种高尚情操（high－minded sentiments）①迫使警察意识到，他们必须采取一切手段严厉打击毒品犯罪。公众吸食和销售毒品的问题一直是几十年来政治上最引人注目的问题，而且一直是各阶层竞选策略中永恒的话题。

---

①　"确保孩子们出行安全"这句话想表达什么意思？出行安全意味着什么？当我们在大街上行走时，面临的最大危险是快速行进的机动车辆而不是毒品，美国的中产阶级是很少在大街上行走的。相反，我们的孩子们正是导致各种麻烦的问题根源——他们是最有可能卷入酒后驾车（DUI）、交通安全事故以及犯罪活动的一个群体。

不幸的是，警察对毒品也无计可施。他们只能在市中心大肆抓捕吸毒的人，但毒品仍然泛滥成灾。警察无法阻止毒品的使用和贩卖，他们为数不多的行动也总是与法律相对立（马克斯，1988；斯科尔尼克，1994；米勒，1987）。没有原告，警察的法律选择也因此受到限制。因为没人会向警察投诉说他们的毒品不够带劲，或者他们的大麻是用牛至制成。

如果警察想在缉毒活动中有所成就，他们还必须了解毒品交易。仅从小商贩那里购买少量毒品作用并不大，他们还必须成为毒品销售链中的一环。整个过程需要他们自我探索，亲力亲为。警察需要了解毒品的气味和口感，这样才能辨别出好的货品。此外，他们还要随时准备向毒贩介绍新买家，并参与买卖（卡尔德诺，p. c.）。

很显然，多数市民认为这样的缉毒行动并不值得赞美，因为这是不合法的。因此，警察必须避开公众的密切关注，因为这样（1）会暴露他们频繁违反法律的行为，而且（2）他们正在做的正是公众想要他们做的——抓捕毒贩，而警察唯一的方法只有伪造证据，使用"掉落罪证"，作伪证诱捕他们，总之就是要做到在犯罪方面比真正的犯罪分子更老练。简单来说，警察所做的正是我们期望他们做的。并且他们还要尽量避免在执法中因违法而遭受惩罚。

所以，主动地干预毒品犯罪驱动着警察文化中的松耦合元素的发展。只有避开管理阶层、公众、媒体代表等外界社会的监视，警察才能完成我们的期许。正如曼宁所说，他们必须逃避公众对道德、法律以及社会秩序的集体定义。每次警察逮捕毒枭，掩饰自己的非法行为，我们都要这样自我安慰：我们总是公然地抱怨宪法如何纵容犯罪，却没有意识到这种抱怨对警察行为的影响。我们没有必要考虑它对美国民主的影响，因为当警察需要掩饰自己的错误时，正当程序就变得越来越无关紧要。同时警察文化也变得愈加神秘，在警察和公众之间树立起一道强大的屏障，将他们与公众隔开，完成人民期待他们完成的任务。

290

21.5　曼宁与雷德林格尔：禁毒的道德标准

警察为了禁毒而违反刑法，他们所承受的压力不可小觑；这些压力与禁毒活动息息相关，并极大地影响着禁毒活动。曼宁和雷德林格尔（1977 年）理性地描述了这些压力，剖析了真实案件中警察因违反法律和阻碍司法公正所承受的压力。违反法律的压力是一种内生压力，它从机构的最底层开始积累，比如基层警员或警探。这些内在压力来自警察对于高薪和晋升的追求、警察机构的各种隐性和显性指标（曼宁和雷德林格尔发现，所有单位都有隐性指标）、行政指令、警察想通过工作绩效（即落网毒贩人数）来维持对自尊的渴望，以及他们可以实现的一些不合理想法。[①] 而警察为了保护线人，或者为了获得情报而威胁要起诉他们，又或者为了提高自己的抓捕人数而隐瞒其他警察负责的案件信息，这些动机都会阻碍司法公正。

破坏司法公正所需承担的压力很大。政治上那些大力打击毒品犯罪的陈词滥调，被一级又一级传达下去，默许警察可以为了抓捕罪犯而违反法律。媒体和检方不断敦促警察去抓捕罪犯。社会团体甚至将意识形态置于法律之上。大陪审团鼓励高调的突击搜查，以让公众知道警方对于犯罪已经有所作为。来自各方的压力汇聚在一起，形成了警察如今的工作环境，该环境甚至"强调了违背执法具体要求的好处"（曼宁和雷德林格尔，1977：157）。

破坏司法公正并迫使警察违法的压力多种多样，机构贪污腐败的形式也是如此。警察受贿或保护告密者，都会让"案情恶化"。

一个经验丰富，足够老道的警察，完全可以写出看似缜密确凿

---

① 在某种程度上说，法院支持和维护警察的行为也是有其标准和底线的，这就是所谓的"良心震惊"（shock the conscience）检验标准。这个标准是在洛克赫因诉加利福尼亚州（Rochin v. California）一案中所确定的，该案中警察涉嫌非法进行无证搜查，因怀疑犯罪嫌疑人将毒品吞入腹中，警察强行其呕吐，最终导致嫌疑人非自愿地将胃内容物呕吐一空。然而，良心震惊检测仅仅是一种道德评判，并不能指导法院在某个具体案件中的裁判行为。基于这一原因，最近一些年来，该标准已经很少被法院所使用。

的供词宣誓书，但同样他也可能动摇，配合负责逮捕的警察的合理证词，并写出偏向被告的宣誓书……纳普委员会了解到，向警察行贿，让他们在宣誓词中撒谎，并拿到机密的警察记录，这种情况非常常见……（曼宁和雷德林格尔，1977：157 – 158）。

299

警察可以通过多种形式参与到贩毒活动中去。警察的工作环境使得毒品唾手可得，因此他们也可能会沾染毒品。这种想法很自然：毕竟，缴获毒品是他们的工作。曼宁和雷德林格尔发现，在一些案件中，警察会参与贩毒活动。他们解释说，私下交易严重违法，但却是警察潜伏工作的基本要求。

从本质上讲，非法搜查与逮捕是现代缉毒活动带来的负面影响。警察可以毫不费力地"发现"毒品，并以此作为后续搜查工作的基础。毒品的味道也可以成为合理依据，即使之后出庭时无法证明气味的存在。警察们通过脱落的"毒品粉末"（flake）或植入（add drugs）碎渣进行栽赃或"衬垫"（pad）（虚报发现的毒品数量）以加重被指控罪行的严重性。曼宁和雷德林格尔曾采访过一位华盛顿的警察，他承认他所逮捕的嫌疑犯都曾被栽赃。最后，告密者的参与对警察局也有一些影响。告密者扭转了刑事制裁的正常顺序——告密者可以与检方谈判，要求取消对他们的指控，从而获得自由。

那么我们应该怎样看待曼宁和雷德林格尔（1977 年）对缉毒行动的强烈谴责呢？有人可能站在道德的高地为警察辩解：要防止毒品流入市面，就必须对警察有所宽容云云。当然，这种道德高度忽视了所有重要的问题。如果警察必须制止违法行为，那么首先他们自身不能违法，也不该参与毒品犯罪。否则，他们就是把毒品放入糖果店的罪魁祸首之一。

当然，可能还有人会认为这种违反法律的警察就是所谓的"烂苹果"，应该把他从警察队伍中清除。然而，与禁毒活动有关的压力来源于警察系统的监管过程，并由通过指挥链传达的政治压力转化而来。

以法律之名违反法律的隐性压力，对警察的亚文化有强大的带动效果。警察必须使自己免受密切关注，建立躲避外界监督的屏障。因此，在高尚的政治哲学驱使下，警察变得更加神秘，主流警察文化也逐渐消失。而毒品操作者通过假装抑制毒品市场稳定制造了这样矛盾的错觉，从而扩大了毒品市场。

21.6　兰沃西：欺骗与构造犯罪

除了主动打击犯罪时会违反法律，警察偶尔也会为了揭露不法行为而实施犯罪。我们暂且不谈，如果没有警察怂恿犯罪，我们会不会过得更好这一问题。警察会巧妙地利用其执法技巧，以及自身对犯罪的了解，设计情境诱使犯罪发生。通过诱捕行动，警察诱使他人犯罪并记录其犯罪行径，从而提高定罪的可能性，否则这些案件将难以查明和起诉。

警察经常会实施诱捕行动处理盗窃案件。犯罪报告以及受害研究定期报告显示，警察很少接到盗窃案报案，即使接到报案，也通常不会实施抓捕。警察实施抓捕与举报盗窃的比率大概为1:10。而真实发生的盗窃案中，警察实施抓捕的概率约为1/20；据估计，真实的盗窃案被定罪的比例大约为1/100。换言之，传统的被动警务对预防盗窃不起作用。

一些警察机构正在探索积极主动的方法来治理盗窃。越来越多的警局开始采取反销赃行动，也就是通常所说的诱捕行动。在这些行动中，警察往往扮演销赃者，他们秘密录音，使用多种隐蔽的识别技术，来确认被盗赃物。在诱捕行动结束时，盗贼被捕，如果运气好的话还可以缴获大量赃物，将其归还给合法所有人。

1985年，阿拉巴马州伯明翰市警察局率先采用了诱捕行动。为了追捕被盗的汽车，警察设立了虚拟店面诱捕销赃者。该行动最终追回90辆失窃汽车，并抓捕了66名罪犯。行动持续到1986年2月底，取得圆满成功。

兰沃西（1989年）决定对这项活动进行评估。他特别关注的是诱捕行动对当前汽车盗窃情况的影响。他的调查结果远不如警察局的结果乐观。在诱捕行动实施期间，被盗的汽车数量平均每天增加4.46辆，但行动结束后却又回落到原有水平。尽管他承认该调查结果微不足道，但是结论却很明显——诱捕行动似乎导致了汽车盗窃案数量的增加。从警局公关工作的角度来讲，这是一项成功的计划，但考虑到增加的盗窃事故数目，它显然是一项失败的计划。正如同那句医生常说的话，"手术很成功，但……"。

此后，兰沃西和勒博（Lebeau）（1992 年）又发表了一篇文章，对诱捕行动前后汽车盗窃案的案发地点分布情况进行了研究。研究发现，窃贼竟改变了一贯的作案地点。兰沃西和勒博通过分析犯罪模式发现，诱捕行动让窃贼改变了作案地点，也就是说，罪犯将作案地点转移至诱捕店面周边。他们发现，"盗窃地点聚集在诱捕店面周围，而不是离散分布"，"门面附近小偷的密集度迅速增加"（兰沃西和勒博，1992：547）。简言之，诱捕行动导致了一批非目标嫌疑人实施犯罪。

有人可能会认为，法院不会再支持警察参与犯罪活动。但是，事实通常并非如此。只有当政府对全然无辜的人采取行动并引诱其犯罪时，才算违反法律的正当程序，因为如果没有政府的干预，他不可能实施该犯罪行为（西尔弗［Silver］，1988）。法律允许警察引诱他人犯罪，如果诱捕行动成功，这种诡计也就取得了效果。为了获得成功，警察鼓励使用欺骗、撒谎或耍花招的手段（马克斯，1988）。警察机构负责人如果认为欺骗有必要，也会在很多情况下设下圈套，比如窃听、秘密调查等（布扎，1990）。

21.7 克洛克卡尔斯：做好人与做坏人

钓鱼行动或者诱捕行动（sting operations）本身就是一种悖论。克洛克卡尔斯抓住了这一矛盾及其产生的松散耦合结果："警察表现得越像反派，他们就必须表现得越像正派。"也就是说：

> 在警察执行诱捕行动的过程中，他们所扮演的角色要求他们做的事有悖于传统意义上的正派行为：撒谎、欺骗、隐瞒和背叛等。诱捕行动结束后，公众会要求他们对自己的这些行为作出解释（克洛克卡尔斯，1991b：258）。

克洛克卡尔斯所提到的对公众的解释，是一种高度道德化的社会关系活动，它强调警察工作的效率和成果，强调警察的解决办法给社会带来的好处，强调他们对铲除社会祸患所作的贡献。这样的行动结果就像一场戏，仅供公众消费（曼宁，1977）。

克洛克卡尔斯认为，有必要以一种公众都能接受的方式总结一下这种行动。诱捕行动结束之时，就是"警察使他们的行为符合公众尊敬的形象规则，并留下高效执法印象"之时（克洛克卡尔斯，1991b：258）。克洛克卡尔斯对两份联邦文件的犀利批判，揭露了这一戏剧化过程，文件题为"以攻为守"，总结了自1974年起发生在美国39个城市的62次诱捕行动。针对高调赞扬诱捕行动抑制犯罪的观点，克洛克卡尔斯仔细地审查了调查数据，并发现该观点站不住脚。他在文章中正面指出了诱捕行动的六个缺点：（1）诱捕行动声称的"很高的定罪率"并不比普通抓捕行动的定罪率高；（2）官方声称嫌疑人年龄较大，因此他们很可能是职业惯犯，这是避免抓捕未成年罪犯和撇清当地社会支持的幌子；（3）每五个人中就有一个是买卖赃物的人，这种说法夸大了事实；（4）对于数据的解释过于主观；（5）鲜有证据证明失窃财产会返还给原始所有人，但官方声明却恰恰相反。

克洛克卡尔斯的分析中，还有一点没有提到。执行诱捕行动的警察，在与公众接触时通过无所顾忌的欺骗，期望能够发现犯罪行为。提倡警察在与市民接触时使用诡计和欺骗手段的做法是不可理喻的，尤其是在涉及诱捕行动的案件处理时，认为警察可以试图引诱犯罪行为并秘密记录，随后又成为法庭上引人注目的主导者，这种想法是完全错误的。况且这种想法也将置警察的工作、案件本身，甚至是警察的职业生涯于巨大风险之中。然而，法官却对此持积极态度。

如果警察因为制造犯罪而受到奖赏，我们是在给他们传达怎样一种信息呢？警察们正在学习如何玩弄真相游戏——首先是和罪犯，然后是和法官玩这种游戏。在与罪犯的游戏中，首先要使罪犯相信，警察和他们是一伙的。在与法官的游戏中，要让法官相信，警察是诚实的，是虔诚的真理探求者。如果他们在与任何一方的游戏中失败，他们就输掉了整个游戏。工作性质包装下的真相游戏是引发道德混乱的始作俑者，这也难怪警察隐藏自己，怀疑法院，怀疑罪犯，怀疑公众。他们的隐秘性使我们不用去确认他们是否在按我们期望的那样做，否则我们就会对其进行惩罚。

警察威慑与温和的法律制度

主题：威慑

1979 年的电影《外星人》讲述了这样一个故事：一组太空旅行者在静谧的宇宙深处，偶然发现了一艘被遗弃的太空飞船。船上有一个力大无穷的外星人，极其残暴。它的唾液能将金属融化，它有着细长的头颅骨，奇异的面孔下隐藏着两对下巴，里面的那一对上长着长长的触角，一直向外延伸，远远超出外面的那对，它就是用这触角痛击、撕裂猎物。它长相酷似爬行动物，移动速度惊人。它极其聪明，发动攻击时身体各部分相互协调，然后以迅雷不及掩耳之势一招致命，杀伤力极强。

它很聪明。它和外星人同伴原本驾驶着一艘被遗弃的太空船，该船是依照他们狰狞的面孔设计的，但经过一系列事故之后，这艘船已严重损毁。令人难以置信的是，船上的外星人竟幸免于难，直到它们被安全转移出飞船，它们才开始袭击人类。

我曾认真思考过外星人。这样的生物会有思想吗？它会想到自己的生命中蕴含着各种机会、目标和光明前途吗？它会衡量不同的选择，然后找出对它最好的吗？它会为了实现个人利益，在社会契约的约束下与自己的同类一起工作吗？它会理性地考量痛苦与快乐之后作出选择吗？

它会认为自己有选择命运的自由且不受其本身强大的破坏性生理机能的影响吗？它是否认识到自己惊人的杀伤力，或认识到自己的身份关系到人类未来的安宁？它是否相信自己在本质上是善良的？它是否会欺骗自己，相信自己是一只平和安全的生物？

这是警察拥有的一种认识。太在意我们导致他们愤世嫉俗。他们清楚地认识了我们的本质：危险、善变、暴力、野蛮、狡猾，带着一副自我欺骗的文明面具，揭开这脆弱的面具，实则是一个战胜世间一切爬行动物、哺乳动物和肉食动物的残暴者。他们知道只有一种办法能控制外星人。那就是直接的压迫。只有这样，它才能认识到我们的厉害。只有暴力才能震慑外星人，而不是寄希望于理性或深谋远虑。超强的火力才可以威吓外星人。在外星人反击之前，迅速展开势不可当的攻势。

采取震慑措施是警察的主意。震慑并不源于威胁或是劝告，这两种方法都没有效果，反而暴露了弱点，即缺乏足够的力量制止错误的发生。我们通过武力震慑他人的同时自己也被震慑。因为即使我们思想高尚，本性善良，到最后我们都会意识到武力才是最有效的。震慑的作用迅速、猛烈、一针见血。只有这样才能对付处于进化阶梯顶端的贪婪之狗。震慑并不会以惩罚作为威胁，而是终结威胁。因为其他所有的手段都没有效果，不堪一击。

以下是一位受访警官对《警察》（Cops）这本的评论：

> 人们不理解的是，现在有些街头罪犯不可救药地享受他们的罪恶，以人们的痛苦、哭喊和求饶为乐，从中获得高潮和快感。他们以此为乐，乐此不疲。
>
> 你吓不倒他们，对他们束手无策，但无论如何，你必须打败他们。你和他们谈论道德？他们根本就没有丝毫道德可言，更没有是非观（贝克，1985：298）。

缪尔在描述约翰·拉索警官（John Russo）时把握住了震慑的精髓。拉索警官所描述的外星人不是所有公众意识中的坏人形象，而只是个别的坏人。拉索看到的世界是这样的：

> 世界分成两个阵营，一边是建造者，他们"喜欢看到进步"；

另一边则是"夜行者",即捕食者和破坏者。正派的人是"有家室的人",他们奔波忙碌,有抱负,讲自尊,对工作负责,可以对付恶棍,懂得枕戈待旦,未雨绸缪。而反派就是他们敌人……(缪尔,1977:22)

警员们认为,法律制度没有震慑作用,它温和无力,虚张声势,只会劝告和威胁。没有人比基层警员更恼怒法律制度在消灭坏人时的无力。克莱恩讲述了一则故事:

306

> 在不到两天的时间里,地区助理检察官上报了一个本无可争辩的案件。但在接下来的两周里,辩方就将法院变成了一场嘉年华,即使是经验老到的检察官也从未见过这种场面。虽然辩方律师决不会质疑民众上诉中的主要犯罪事实,但地区助理检察官提出异议,于是首席法官允许其借用一切可以想象的、但又无关紧要的证据为被告辩护……辩方律师想方设法在法官面前将被告塑造成一个可怜的角色,在审判的过程中,法官的指控和辩方律师的态度一致,最后毫无疑问,被告判决无罪,裁决其为正当杀人。

> 但是不久之后,当法官退休成为被告律师的合伙人,一些刻薄的人就开始胡乱地推测(克莱因,1968:124)。

范·马安伦(1978年)对法庭的弱点作出了以下两种推论。

22.1 推论1:法律制度不可信任

这一主题的出现远远早于正当程序保护的出现,还可能是所有警察都认同的国际性主题(谢维尼,1995)。

> 一般来说,在这座城市,罪犯很快就能被发现,但并不意味着对他们的处罚同样迅速而有效。如果罪犯像惧怕警探那样忌惮司法系统,他们就会对纽约敬而远之。但以目前的情况看,"犯罪分子"必定会感到欣慰,因为他会发现,在他后续和警察周旋的过程中,侦查机关很有可能会因缺少及时性和严肃性而降低警惕;总之,他非常确定,法律对自己的惩罚不会那么快到来,甚至不一定会到来

（科斯特洛［Costello］，1972：411）。

这段关于纽约警探的描述最先发表于 1885 年，其传递的观点与当代人对正当程序的抱怨极其相似：缺少法院支持、没有迅速的审判、坏人当街横行。在 20 世纪 60 年代沃伦法院审查正当程序问题之前，这种警察文化已经存在了整整 75 年。

如今，对法院的不信任已经根植于警察文化之中。曼宁（1978b：12）这样看待警察文化："法律制度靠不住；警察可以对犯罪与否作出最佳决定。"这一观点说明了很多问题。法律制度不可靠是指它不会支持警察。与控方的自由裁量权相比，法律制度很好地完成了它的本职工作——根据证据和证人对案件的可行性作出评定。然而，这不是警察的文化标准。警察的标准来自于文化自身。

> 警察最重要的工作标准是其职业文化理想。警察根据职业传说中的理想警察形象来评判自己。一位"优秀警察"的所作所为就是他们心中无所不在的职业标准（曼宁，1978b：11）。

何谓标准？即将坏蛋从大街上驱逐出去。如果法律对他们起作用，那就使用法律，否则，就使用警察拥有的一切工具赶走罪犯。理想的警察比法律狡诈得多。警察很清楚谁是坏人。但如果法院并不认可他们的观点，那无论对于法院还是公众来说，都将是个遗憾。这就是警察的标准。

22.2 推论 2：重罚会起到震慑作用

曼宁（1978b）在同一项研究中引用了这一推论：重罚会震慑罪犯，使他们害怕再次违法。这不仅是指法院规定对罪犯的惩罚，它还说明警察对待震慑的观点与法院完全不同。对于法院来说，震慑作用的重点在于依据州法律对犯罪行为予以严惩。法院对罪犯的震慑以公平、可控地实施法律为前提。而对于警察而言，他们对罪犯的震慑就显得很私人，通常是迅速地采取切实有效的强制手段以控制犯罪行动。我们来看一下缪尔对拉索警官的另一则描述：

拉索对震慑理论有着全面深刻的理解，因为他曾在镇上两所最"粗暴的"高中待过，也曾坐在父亲的腿上听过父亲的教导："永远不要让任何人欺负你，否则他们会变本加厉。"他懂得了树立威严形象的重要性："炫耀武力就是一种威慑"（缪尔，1977：25）。

法院无须对暴力犯罪的嫌疑人炫耀武力的行为予以回应，也不必担心如何控制无法预料的局面。因为法庭工作组，即法官、公诉人员、辩护律师之间组成长期行政隶属关系，通过辩诉交易，扫清了他们决策过程中可能出现的大部分突发问题。犯罪嫌疑人一旦被带上法庭，就很难再构成什么威胁。在这个过程中，法庭工作组的震慑力量来自刑法对特定罪犯以及忌惮刑法之人的适用性。震慑作用体现在辩诉交易中，它确保几乎每个被控诉者都受到一定的惩罚，继而免去了审判的烦琐流程。辩诉交易实施以后，95%的公诉案件都以被告人认罪答辩而结案。这种做法符合法律规定。

308

对于警察来说，震慑并不是一种形式化的理论。而是切实解决问题的方式。它体现于警察执勤时的强硬态度。危险、棘手的罪犯会被孤立、骚扰、逮捕（范·马安伦，1978 年）。只有比罪犯更强硬、更敏锐，才能震慑罪犯。震慑是一种通过绝对的强硬和压制手段打击犯罪的具体能力。如果法院效仿警察的震慑方式，那么他们一定能切实打击犯罪。

22.3 分配正义与法庭正义

威尔逊（1968 年）发现，警察和法院之间存在根本性冲突，他将该冲突定义为司法模式的差异。威尔逊指出，法院在法律正义下运转。检方会预先估量定罪的可能性、证据的可靠性，以及证人的出庭概率，再决定是否继续对案件提起上诉。如果当前实际条件不利于定罪，那么检方将撤回诉讼。

在涉及公众秩序的情形下，警察往往会依据分配正义（distributive justice）与应报正义（retributive justice）原则，作出逮捕决定。尤其是在轻微的冲突中，如果没有更好的办法解决市民引起的麻烦，警察一般会作出逮捕的决定。但威尔逊指出，当有人无法接受警察提出的解决办法时，逮捕便是最后的手段。在这种情况下，被逮捕的人通常并不是罪犯，此时他们已经意识到自己深陷麻烦，于是便会努力与警察友好相处，以将自己的危险降到最低。而在其他情况下，被逮捕的通常是"一群试图证明自己可以任意摆布所有人的白痴"（范·马安伦，1978：221）。

在这些冲突中，实施逮捕是因为警察认为有人理应被逮捕。法律方面的考虑是次要的，有时甚至是无关紧要的。更准确地说，从分配正义的角度来讲，那些"最需要正义"的个体恰恰是不会被检方继续跟进的案件当事人，因为检方更看重证据。因此，检方常常忽略那些对警察具有重要道德意义的案件，尤其是与"坏蛋"有关的案件（范·马安伦，1978）。

联邦最高法院常常因犯罪嫌疑人被逮捕后却没能够对其定罪而备受指责。由于正当程序的原因，最终成功定罪的案件比例极低，在所有暴力犯罪和财产犯罪中，这个比例只有不到1%，这着实让人震惊（沃克，1994 年；马圭尔和帕斯托，1995 年）。如果警察文化建立的基础是对其工作环境的具体评估，他们又怎么会坚信自己受到了法律的束缚？

警察对法院的看法并非基于法院对实际案件的负面影响，但警察的拥护者却会以此作为他们的论据。事实上，警察对法院的观点源于 20 世纪 60 年代的沃伦时代，那时法院竭尽全力控制警察的行为。警察认为法院的决定背叛了他们的信任。这种被出卖的感觉，在他们每次宣读犯罪嫌疑人的权利时都会重温。一些警察至今仍对这种背叛感深有体会。

我们难以充分估量沃伦法庭给警察带来的苦恼，以及它是如何援引"宪法第十四条修正案"来为各个州分别提供正当程序保护。下面这则故事体现了警察在判决中所体验到的背叛感。这则故事中，一个 14 岁的小男孩制造出一种武器，但因要价太高而被杀害。事后，警探发现了两个男孩，一个 11 岁，一个 13 岁，以及一把 0.22 口径的步枪。

> 首先我试图询问那个 11 岁的小孩。最开始我问了几个问题，包括姓名、住址、年龄、学校以及和谁一起生活等，他不情愿地回

答了这些问题。但是之后，他对所有问题的回答都是"我什么都没做""我什么也不知道""我不会告诉任何人，我什么也不会说，你不能强迫我。我还是未成年人，你也不能动手打我"。

接着我们开始询问那个 13 岁的男孩，他把整个事情经过都交代清楚了。

依据规定，青少年被捕的时候，必须通知家长，犯罪事实确定时，家长应当出庭。听说自己的宝贝儿子被指控射伤其他孩子的眼睛，那个 11 岁男孩的母亲非常愤怒，将儿子紧紧的抱在怀里。他的父亲呆呆地站了一会，完全不相信这是事实，但是认识到罪行的严重性后，他从惊恐中缓过神来，我劝说他让孩子说出事实，他把妻子推到一边，狠狠地在孩子脑袋上打了一下，把孩子拖到了审讯室的一个小角落里。转过身，打算教训他，当他举起手，威胁男孩道："说！"没过多会儿，孩子颤抖着把整件事情都招了。

面对威利所说的"我什么都不会讲"，对此，即便是联邦最高法院也无能为力，因为这就是法律（克莱因，1968：61）。 310

轻微的不公与永远的怨恨[①]

主题：正确的废话

一些研究警察的观察者发现，基层警员对机构内部的行政人员极其不信任。他们从未真心地对领导表示恭敬，每值换班前后，他们便在更衣室（他们从不认为自己是在背后嚼舌根）里释放自己的真情实感。他们心底对领导的态度从来都算不上友好。

试想这样一种情景：两位警员走进更衣室，他们的谈话间充满了轻蔑和讥笑。他们抱怨最新的政策指令，抱怨缺乏领导的支持，抱怨任务分配不公，抱怨那些冒失鬼加入了错误的派系，还要忍受领导的不公平待遇，当他们抱怨这些时，还要提防有人进来。更衣室成了警员们发散负面情绪的阴暗之地。

但这种情绪很少被外人发现。观察者用一些文化格言来描述这种情绪，比如"不要指望老板会关心你的利益"，或者"时刻注意给自己遮丑"（罗伊斯－扬尼，1983：16）。尽管这些格言措辞强硬，但依旧不能完全体现出警察对机构行政人员的真实情感，以及对控制警察行为的那些规则的真实情感。下文是一位警察对警察局主管部门"常规训令"的

①　福塞尔（Fussell），1989：80.

描述：

> （现代警察建立后）140 年来都是一团糟。每次一出问题，他
> 们就制定新规则。所有正在执行的指令都是源于某些人之前犯的错
> 误。你不可能每天连续工作八小时，还压根儿不违反纪律守则……
> 但是只要不出什么岔子，就没人在乎这些规则。我们在处理琐碎事
> 务时往往比较随意（曼宁，1978c：79）。

311

"老板不会关注我的利益"这句格言并没有抓住上面这段话的深层
含义。这段话描述的是某人不断遇到麻烦，并为琐碎事情而困扰的情
形。说话者语气忧伤、相当厌烦，暗示他的工作正被各种细枝末节淹
没。这位说话者一直在忍受无休止的废话。

如果有哪个词语能体现基层警员对管理人员滥用权力、制定规则的
复杂态度，这个词就是——都妈满嘴的胡说八道，纯属"连篇废话"。
其他任何一个词都无法体现出警察对其工作环境中存在的普遍特征所抱
有的兼具恐惧和讽刺的情感。警察们日复一日，没完没了地点名、反馈
调度员、填写文书、为长官跑腿以及适应新的政策指令等，总而言之，
基层警员就是在应对源源不断的废话。

使用低俗词汇作为描述警察工作的民俗学方法，早已有一个构思巧
妙的先例。范·马安伦（1978 年）让"混蛋"（asshole）一词广为流
传，它主要用来描述警察从自身职业角度出发如何看待一些特定类型的
市民。他认为，将"混蛋"一词作为一种分析方法予以使用，是非常必
要的：这一词语对于警察而言几乎已是约定俗成，而任何为满足学术目
的而使用其他词语替代"混蛋"的行为，都是一种欺骗。

范·马安伦发现，从民俗学的角度来看，使用"可恶"（suspicion）
一词替代"混蛋"就是 种背叛行为。它并没有清晰地传达出"混蛋"
一词的含义：既尖锐又邪恶，充满低俗意味。警察将一些市民描述成
"混蛋"，因为对于警察来说他们就是这样的。用其他词既不能显示这一
词语的本质、目的，也不能显示它的贬义力度。

在描述基层警察对于政要的态度时，一个同样低俗的词语叫作"废
话"（bullshit）。没有别的词能更好地反映警察对于管理层行使职权和制

定规范的态度。"废话"一词对于文雅的读者来说似乎有些粗俗，但却恰到好处地表达了警察对规则重重的行政环境的态度。"废话"，意指任意行使职权，是美国警察局等级结构中，不可避免又随处可见的文化特征。它在本质上属于军事指挥系统——的确，它的优势就在于，它根本

312　不给低级别警察任何喘息的机会。因此它发挥了其应有的作用。

23.1　军事指挥系统与废话的产生

据我所知，警察学研究尚未涉及"废话"一词的分析价值。另一个与其十分相近的词——"鸡毛蒜皮的事"（chickenshit）——作为一种广受称赞的文学手法，被用来描述第一次世界大战中士兵和军官的关系。保罗·福塞尔（1989 年）在其名为《战时》（*Wartime*）的著作中，抓住了"废话"一词的本质特点，及其与指挥系统的联系。他对"一战"期间为英国服役的士兵态度的描述，刚好与新征入伍的警察相吻合。福塞尔引用了一位年轻的英国皇家空军的话：

> 我已做好赴死的准备
>
> 准备坦然地放弃一切
>
> 为了有价值的事业献出我的生命
>
> 我从未经历过的
>
> 是等待日出日落的寂寥时光

但是比"乏味和无能"更糟糕的，是"轻微的不公正和永远的怨恨"，这才是真正让他痛苦的地方。也正是这一点让他明白，他所做的牺牲"远远超出我的预期"（福塞尔，1989：79－80）。

福塞尔对此的描述是"鸡毛蒜皮的事"，指的是：

> 让士兵的军旅生活比正常情况更加糟糕的行为。强壮士兵对弱小士兵进行轻微的骚扰；为了争夺权力、威望而进行公开混战；伪造纪律来施虐；不断地因旧恩怨而报复；坚持法令的字面含义，而不是实质意义……这些鸡毛蒜皮的事情立刻就能被发现，因为它们与战争的胜利毫无关系（福塞尔，1989：80）。

　　福塞尔对"鸡毛蒜皮之事"的阐述，抓住了"废话"一词的精髓，描绘了高级官员与基层警员在警察工作中的关系。拉贡内塞（1991年）曾经是纽约市的一名警官，他体验到了"废话"的滋味，这也是他早期在警局学习经历的一个标志。以下是他首次执行逮捕任务的经历之一，那次任务之后，他开始了解警察局和法院中，不同等级地位之间的不公平待遇。在作出他认为正确的决定后，拉戈内塞警官根据法官、警探、值班警察不同级别的废话，对地位的差异有所了解。

　　拉贡内塞曾有过这样的经历：一家电话公司遭遇罢工，他被派去其中一个办公室执勤。一个女人走近告诉他说，街角有人在卖毒品。他知道自己不能离开执勤岗位，但又觉得这确实是抓捕的好机会。于是，他逮捕了那个人，随后将其送去拘留所。在拘留所，他刚好遇到了自己的上司。　313

　　　"你不是应该在罢工地点值班吗，在这儿干什么？"
　　　"警官，有人告诉我……"
　　　"你本来就是被派到罢工地点，该死的，你就应该在2-3区守着，等到有人换你的班，你才能走。"他停顿了一下，然后挖苦地说道，"难不成你还想当超级警察啊？行啊，我让你当"。

　　拉贡内塞警官随后将被捕的人送到了侦查大队，在那完成审讯重罪犯的文书工作。包括提取重罪犯的指纹、讯问罪犯，然后由侦查人员填写逮捕报告。之后拉贡内塞警官把罪犯带到市区，试图在夜间法庭审讯罪犯。拉贡内塞警官继续讲道：

　　　等到罗德里格斯（Rodriguez）（被拘留者）被关到了法院的候审室之后，我才在拥挤的起诉室里四处看了看，结果发现来自曼哈顿各个地方的警察都在那里等待着法院审判罪犯。

　　　周五，我在起诉室里等了足足9个小时。周六、周日又等了两天，直到周一上午11点，法庭才传讯乔斯·罗德里格斯。

　　而下面发生的事情，让拉贡内塞警官亲身体验了非正式的法庭等级制度：

我一早就到了法院，看到了最前排写着"警官座位"，我便走过去坐了下来。一个法警立马走到我身后，拍拍我的肩膀说："你不能坐在这里。"

"但是那标志上写的是警官座位，我就是警官"，我说。

"第一排是留给侦探的。"

我耸了耸肩，挪到了第二排。

"这里也不能坐，这排是便衣警察的。"

"好吧，那你告诉我，我可以坐哪里？"我问他。

"第三排和第四排是律师席位。你可以坐在第五排。"

审讯终于开始了，没一会儿我听到 2 - 3 分队一个警探的名字，他带着乔斯·罗德里格斯的案件编号。我喊道："嘿，那是我抓的罪犯。"

我很震惊。我回到 2 - 3 分队，把整件事情告诉给我的上司维恩·麦卡恩（Vin McCann），我说，"那个警探抢了我的功劳"。不久后我才明白，只有当警探没办法窃取警察的劳动成果时，警察才能执行抓捕任务。

虽然抓捕了乔斯·罗德里格斯，但我不仅没有赢得奖励，反而受到领导的惩罚，他处处刁难我……几周以后我从罢工的执勤岗位离开，林奇（Lynch）派我去每一个他能想到的糟糕的岗位上工作。他的开场白总是这句话；"你不是想成为超级警察吗？"然后他还会说些类似这样的话"去看守第九十层被烧坏的房子及其涉及的法律吧"（拉贡内塞，1991：23 - 25）。

有人可能会疑惑，究竟是军事指挥系统中的什么因素导致了废话的激增。我推测，该因素既不是那种以独裁者的心态向下属下达各种琐碎命令的丑恶趋势，也不是那些狭隘、残暴的个人可以偶尔在军队或警局中得到晋升的自然趋势。这种领导形式已经根植于平民生活之中，并企图控制当代社会各个领域的上层官僚阶级。然而这种领导形式并不是罪魁祸首。在警察局中，等级制度本身才是造成废话泛滥的真正根源。

警察机构是准军事化组织。与军事组织一样，一名正式警察的职权大小并不取决于他/她所执行的任务，而是这位警察的职位级别，这一点与普通民众的认识恰恰相反。警察的级别从最底层的基层警员到最高级别的局长，中间包括警司、警督、警监以及副局长。在这种等级结构下，所有基层警员的地位都低于警司，警司的地位又低于警督，以此类推。

军队和警察机构还有一个共同点——两个机构中处于最底层的人，即军队中的步兵，警局中的街头警察，才是真正从事这些机构本职工作的人。将军不会亲自上前线作战，局长也不会亲自抓捕犯人。当然，喜欢抛头露面的局长可能偶尔在抓捕著名罪犯时露个面，将军为了促进自己的政治事业发展，也可能时不时地去视察前线部队。但毫无疑问，大家非常清楚军队和警察机构中是谁在完成机构最本职的工作，是谁为工作流血牺牲。那么，局长和将军究竟做了什么呢？

我猜如果你这样问他们，领导们会说他们负责召开战略会议，制订、维护组织计划，选定战略步骤，实施全面的质量管理，组织上下级会谈，接见重要来宾，处理其他重要的行政活动。但是领导在管理警察机构中到底起到多大作用？美国历史上令人震惊的警察腐败现象无声地证明，警察局长其实并不能控制基层警员的行为，甚至都不知道这些警员的所作所为。确实，和我们一样，局长试图从多余的电话或当地新闻（如果情况糟糕的话，就只能看 CNN 新闻）中发现问题。那么他们又该如何维持自己作为机构管理者的假象呢？也就是说，警察机构的领导其实已经本末倒置。

315

这些领导通过改变机构的工作重点来维持控制的假象，原有的工作重点是目标导向型绩效措施，例如控制社区的犯罪水平，现如今转变为从细枝末节和繁文缛节上关注组织内部的有序形象。事实上，局长对犯罪行为的控制力极其有限，也不能管控巡逻警察的行为。因此，这些高级管理人员只能管理警察的秩序。他们可以掌控警察局的内部程序，却掌控不了最终的工作结果。

例如，长官不可能去探究某位警员是否是在合适的时机逮捕犯人。然而，如果有人的皮鞋不够亮，那么任何一位高级警官可以在任何场合训斥他，比如在点名的时候、换班的时候或视察工作的时候。类似的程序控制包括规范警察的到会情况、文书工作能力以及制服的整洁度。由于缺少可检验、有意义的组织绩效标准，"废话"因而成了管理机构系统程序不可避免的副产物。警察机构领导层通过严格要求下属遵守政策法规、对文书工作的极度重视，以及偶尔对人事晋升和奖惩情况的掌控，实现他们对内部系统程序的控制。

军事指挥系统控制下的机构泛滥着废话，这与其人事系统的职位级别（rank－in－position）有关。在指挥系统制度中，权力与个人级别密切相关。而在官僚机构中，个人权力是处于特定职位上的某个个体的一种属性（盖约特，1979 年）。在这种人事制度下，军事结构中的垂直权力结构提供了废话的主要组织原则。该原则是指通过指挥系统自上而下的扩展纪律性。警察机构中的信息不对称促进了该原则的发展——高级警官都经历过基层警员所经历的事情，他们知道事情如何发展（曼宁，1987c）。简言之，用大家熟悉的话来说就是"上级犯错，下级顶包"（shit flows downhill）。下面这个故事，摘自纽约警察的一份调查报告，描述了行政警官是如何热衷于那些"废话"：

> 他们总是在我们面前唠叨，帽子要戴正，衬衫扣子要扣好，然后派我们去清理垃圾堆、瓶瓶罐罐、大小便……还有从大楼里扔出来的砖头、瓶子（我们开车经过时，这位警官指给我们看）。这还只是大楼里面，我还没说到那些小巷子呢……他们就是担心被人拍到我们没戴帽子，没扣制服领子，因为这样会败坏他们的名声（罗伊斯·扬尼，1983：37－38）。

316

23.2 官僚主义与废话的产生

在准军事化机构中，控制员工行为的一个副产物就是废话，这实在让人恼火。这些也是官僚机构附带的问题。曼宁就曾经发现（1978 年）官僚机构滥用职权的行为。①

---

① 曼宁（1978：87）指出："警察组织的准军事化结构这种特征，会产生潜在的变幻无常的权威，警察人员可以利用这一特性来自行定义合适的和恰当的工作内容……规制合法的惩罚以及为行政管理行为提供合理化的理由。"

　　所有官僚机构都存在一个典型问题，即它们更重视问题的表象，而不是问题本身。官僚机构的特征之一是转移目标。官僚组织往往会偏离目标，转而注重形式化的行动，用手段代替结果。总的来说，官僚机构过于集中精力去追踪、防御、处理，甚至是制造一些紧迫问题，从而忘记了自己的目标。所有官僚机构都重视效率这一价值观，因为它使机构转移目标的趋势更加迅速。效率是官僚机构的重中之重，也是它们的最终目的。因此，他们大费周章却没有任何实质性成就（曼宁，1978：21）。

　　目标转移体制使得警察被纪律任意约束，而警察的工作环境充满变数、需要酌情行事，这就违背了效率这种管理理念。警察机构惩处违规的警察，却没有明确规定警察应该做什么，应该怎样做（曼宁，1978年）。当然这也是一种纯粹的废话。

　　官僚机构、指挥系统以及废话之间有着一种历史联系。当所谓的"奥威尔式新语"——官腔潮兴起时，警方高层于1893年发动了警察职业化运动，企图更好地控制基层警员的行为（福格尔森，1977年；沃克，1977年）。21世纪之初，改革家们倡导推行指挥系统的问责制，并提高官僚机构的办事效率，以减少对基层警员的政治影响。希望这些进展可以对基层警员的大量贪污行为起到震慑作用，使他们切身体会到惩罚的威胁，意识到严肃的犯罪控制任务的道德价值。

　　警务人员所倡导的组织规划理念，与法律和医学中所体现的一般专业理念完全不同（参见霍尔，1968年）。相比警察职业中创造性的、去中心化的决策过程，警察专业化进程更类似于乏味的官僚化（布朗，1981年）。然而，20世纪30年代和20世纪60年代的警察改革者发现，自己已经陷入绝境，于是他们便希望深入研究，以摆脱困境。随着接二连三的警察专业化运动的兴起，问责程序变得更加严格，因为管埋人员想将基层警员的自由裁量决定权置于他们的控制之中。曼宁（1978c）发现，这是一项不可能完成的任务。认为警察在某些事件中可以被控制，或者说领导可以让警察与市民的冲突结果变得可控，这一系列想法纯粹是胡扯。最终只会导致基层警员和管理层之间的分歧不断扩大，这一点无论在过去，还是在将来都不会改变（罗伊斯·扬尼，1983年）。

317

管理人员只好寻求用新技术来扩大官僚干预，减少警察的唠叨、埋怨，并伺机报复。最终导致废话永无止境。

23.3　废话的测量

1991 年，我和麦克·卡尔德诺（Mike Caldero）合写了一篇评估警察压力的文章。我们发现废话普遍存在。文章的调查结果表明，中型部门和大型部门一样，都存在废话。

为了评估警察压力的来源，我们对中西部 5 个中型警察局进行了调查。一般来说，警察的压力主要源于日常工作中的危险，其他原因都是次要的。我们的研究结果与传统观念形成鲜明对比：当问及他们心中的压力来源时，基层警员一致认为压力来源于行政管理部门、高层领导、中层管理人员以及相关法律法规。"你的压力主要来源于什么？"这个简单的开放式问题共收到了 167 份书面回答，其中 114 位警察认为是警察机构本身，特别是高层领导。

> 如果你需要确定到具体的人，那就是管理警察局的领导……局长以及他的跟班在背后中伤你，没有真正地把你当人看。你不是想知道吗？我们局就是这个样子（克兰克和卡尔德诺，1991：347）。

管理层通常与基层人员脱节。

> 一个警察这样写道："警察局的整个最高管理层都是一潭死水！"还有人这样写道，"我们应该辞退那些落伍的人，让那些有学识有能力的新领导晋升上来。"（克兰克和卡尔德诺，1991：343）

偶尔也会有人专门指责局长。一位警官写道：

> 压力的最大来源是局长办公室和城市执法中的废话。我这里所说的废话是指他们提出来的、用来限制我们工作的那些繁文缛节。也指他们占一些人便宜，却去讨好另一些人①（克兰克和卡尔德诺，

---

① 本部分的部分引文，来源于克兰克和卡尔德诺研究报告中引用受访者的原话，该研究报告没有公开发表。

318

1991: 344）。

中层管理人员和警司也难辞其咎。一位警官回答道：

> 警司的过度监督。他们遇到一些小场面，就虚张声势，发布一系列让他们自己显得重要的命令，之后就消失得无影无踪，留下基层警员收拾他们制造的烂摊子（克兰克和卡尔德诺，1991：344）。

还有人只是简单地回答道："总有一些懦弱的人会在背后给你捅刀子，让你产生压力。"

警察们经常会引用那些与他们基本需求根本不相关的法律法规。

> 如果法律法规没有给予你根据实际情况自行解决问题的自由权，那么它们就变得极其不利。警察如果因害怕违反规定而无法高效地完成任务，那么对于依靠他们的公众来说，他们就变得毫无用处（克兰克和卡尔德诺，1991：345）。

有一位警察在回答中直截了当地道出了心中的不满和沮丧：

> 我只希望我们可以忘记我们是在哪抽的烟，如何停的车，然后尽快回到工作中来。办公室里那些戴着金色徽章的领导似乎忘记了，我们这些在街上巡逻的警察，才是真正干活的人（克兰克和卡尔德诺，1991：345）。

废话往往会使某些警察受到不公平待遇。以下这段引文揭露了一种废话形式，它与福塞尔所描述的鸡毛蒜皮之事非常类似，也就是，只专注于那些与犯罪控制无关的职权。

> 不公平之所以存在，是因为管理者们早已提前知晓，他们要提拔哪个部下，降级哪个警官，而不考虑这些警察的能力如何。领导的奖励和评价完全可以成就或毁灭下级的事业。管理者们没有对警察进行监督，因此不知道他们表现如何。他们只是在一天结束的时候数数罚单，读读报告。罚单和名声变成了唯一的评价标准。

319

> 有关这一点的确切证据，都记录在警察的晋升档案中。这些不断寻求晋升的警官唯一突出的特点，便是对自己的领导顺从迎合，同时对其所谓的"下属"和曾经的同事傲慢无比。若非懒散懈怠，

表里不一，这些只会端着咖啡杯"指点江山"的领导的创造力不会匮乏到这种令人可笑的地步（克兰克和卡尔德诺，1991：344）。

另一个警察抱怨道：

> 我们领导总喜欢做事后诸葛亮。普通的命令、政策、程序并没有对所有警察都公平地执行，其中一些反而更像是局长为撇清自己的责任所做的努力。事实上，警局的内部调查更像是政治迫害（克兰克，卡尔德诺，1991：347）。

在我们努力查明警察压力来源的过程中，竟意外揭露出另一种现象，这种现象对理解警察文化至关重要，那就是：废话的盛行。

23.4 训练与废话

要使废话产生最大的心理影响，就需要让接受者先学会畏惧废话的必然存在，并时刻小心提防，同时还要认识到这样一个令人绝望的事实：即使是那些完全琐碎无害的事情也有可能引发严重的、连续不断的报复行为。他们必须要懂得，好人不一定有好报，还必须为他们的团队掩饰错误。他们必须充分警惕哪怕最细微的废话，这样真有什么情况发生时，他们就能充分感受到废话的影响。这就是为什么从警察学院的专业训练开始就有废话的存在。

下面这段引文清楚地呈现了学院专业训练中的废话。

> 一个新兵很快便会知道，上课迟到一分钟，列队时漫不经心地说了一句话，或者被发现跑步时吊儿郎当，都可能受到记过处分，也可能由此被罚多工作一天，或者写一长篇检查，标题就叫"论保持外观整洁的重要性"（范·马安伦，1978：297）。

警察在结束军事训练后要接受职前训练示范，这并不足为奇。职前训练主要开设一些无聊至极的课程，强调训练的重要性，讲解作战重点等。在此前提下，福塞尔所描绘的军事上的"鸡毛蒜皮之事"，以及警察的"废话"不仅仅是一种比喻；它们源于同一主题——军事训练模式的采用。

哈里斯（Harris，1973 年）发现了受训人员遇到的废话中存在的细微差别。废话通常会以维持整洁、优美形象的借口出现。

> 皮鞋不仅要擦得干干净净，还要油光锃亮。头发不仅要整洁清爽，还要每周一剪。制服也是，除了保持整洁，每天穿过后还要熨平整（哈里斯，1973：282）。

下文讲述了一位学员在参加警察预选面试时，因没能达到专业"废话"规定的标准，而被给予了负面评价。

> 在预候选面试过程中，只有一个新兵拿到了决定性的负面评价。他的评价报告是这样的：胡子没刮，头发没剪，头发长到盖住了耳朵和领口（他的发型很潮）；他身上没有一点军人风度，面试时懒散地坐在椅子上；他缺少其他候选人所展现出的那种热情（哈里斯，1973：282）。

警察学院的教员认为要树立高度优雅、专业的警察形象，必须注重细节。海瑞斯没有意识到，职员们将其对废话的敏感度训练隐藏在"职业化"的保护伞下。其中一个职员告诉海瑞斯，"这种细小的困扰只是为新人准备的，他们很可能是第一次穿制服，因此更注重自己的外表"。然而，任何服过兵役的警察都认识到了虚伪外表下职业化的真实面目，这种职业化准备将新兵安排在准军事化等级结构中，这种等级结构中就充满着各种必不可少又难以应付的废话。

23.5　在废话下生存

基层警员对于无所不在的废话有着不同的应对方式。他们的调整模式使得自己在充斥着各种规则和程序的环境中坚持下来。以下展示了四种调整模式：掩饰过错、保持幽默、结成派系、冷嘲热讽。然而，一些没能调整好自己的人，不得不痛苦地放弃警察职业。为了逃离废话而主动辞职，实为下策。

23.5.1　将自己的屁股擦干净（CYA）

另留下把柄（CYA，cover your ass）的意思很简单，即将自己的屁股擦干净，掩盖你的错误。新兵完成训练之后，大部分人都知道如何掩饰自己的错误了。这是难忘的一课。换句话说，就是"小心你的背后""隐藏你的优点""保持低调"。掩盖自己的错误这种调整模式已经引起了广泛关注。范·马安伦发现：

> "掩盖自己的错误"观点已经渗透到所有巡逻警察的工作中。从某种意义上讲，它代表一种官僚的多疑倾向，这种现象在警察界近乎猖獗（范·马安伦，1978：127）。

掩饰错误只是一种行为反应，不会遭到纪律处分。它本身带有文化倾向，有助于加快工作速度，同时又能避免管理人员的过度关注。范·马安伦的一位受访者对新兵提出了如下建议：

> 你必须学会放松。警察局并不在意你，公众也丝毫不会怜悯你们这些巡逻警察，因为遭殃的总是你们。唯一关心你的就是你的战友。所以在这里不要紧张，放轻松，这样事情才能更加顺畅（凡·曼恩，1978：122）。

这一主题在罗伊斯·扬尼（1983 年）有关管理者与警察文化差异的讨论中也有明显的体现，他认为管理者与基层警员的关系是对立的。威尔逊（1968 年）在讨论管理者对传统警察机构进行职业改革所遇到的问题时，也提到了两者之间的冲突。

23.5.2　幽默和废话

警察不是废话的盲目接受者。他们会使用一些策略，避免自己受到更多的负面影响。其中一个办法就是保持幽默（波格莱宾，普尔，1988年）。波格莱宾和普尔认为，使用幽默的挑衅策略，可以让低级别警察通过可被接受的方式反对局里的政策法规。幽默可以让管理者避开废话，提高基层警员的社会团结性，缓解指挥系统中的压力。在下面的案例中，一位警司遭到了警官的指责：

> 新任警司努力参与巡逻警察的每一次执勤任务，但他逐渐感到
> 疲惫厌倦。而基层警员却认为这位警司侵犯了自己的领地，并横加
> 干涉自己与嫌疑人、市民之间的交涉。一天晚上，一名警官在给该 322
> 警司作汇报时，便使用了较多的幽默挑衅策略：

> 嗨，长官！我接到投诉说东边那些骑摩托车的人音乐声太吵，
> 您在哪儿呢？我觉得如果你打开警灯和警报器的话，也许赶过来还
> 来得及。因为那边距您那儿就五公里。当然如果您再快点，跑到 90
> 码，您完全可以赶过来帮我（波格雷宾和普尔，1988：193）。

另外一个例子，也是狡猾地攻击了上面那位警司，因为他对值班电
话监督过度。警察们使用这种尖刻的幽默形式讽刺警司一些恼人的
行为。

> 我们都注意到，目前政府希望我们缩短开车时间，以减少天然
> 气费用。警官，您今晚一定超过 1000 公里了。您最好注意一点，
> 要不然市政府官员会来找您麻烦的。您也知道我们城市现在正是实
> 行紧缩管理的时候，所以您得给政府省钱啊（波格雷宾和普尔，
> 1988：194）。

这些幽默其实是在佯攻军事指挥系统中的固有废话。它们揭示出市
政警察部门在职权结构上的局限性。与军人不同的是，基层警员面对管
理人员的随心所欲时，并非任其摆布。在工人代表、警察权利法案，以
及强大的人事制度的保护下，警察有一定能力应对上级扔给他们的烂摊
子，并将这些烂摊子重新又推给上级。

23.5.3 结成党派

警察经常会组成派系以躲避行政机关的废话。曼宁（1978c）描述
了两种防护性派系的形成，分别是：纵向派系和横向派系。纵向派系在
低等级警察和高等级警察之间组成，它可以简化机构程序。纵向派系主
要处理"重复出现的情况，如果通过正式流程来解决这些问题，既费

时，又费力，还会引起各种关注"（范·马安伦，1978c：84）。

纵向派系涉及警官和警司的勾结、串通，他们往往不会记录（这里指永久记录）巡逻时接到的特殊类型的电话，或者处理特殊财产的警察。如果他们通过非正式方式处理财产和电话，高级警官就无法根据书面记录监督下属的表现。

横向派系是为了使基层警员免受领导的监督。这些派系成员包括同一辆巡逻车里的队友、同一储备室里的工作人员、便衣警察队伍中的成员，以及受到相同问题困扰的警察自发形成的团体。此类组织旨在互相帮助，解决彼此的问题，保护对方不受上级任意制定的规则的限制，而且还会经常篡改书面记录。在以下引文中，威尔逊描述了横向派系的形成：

> 警察建立派系、小集团以及兄弟联盟的趋势与日俱增，原因之一是保护警员免受专制权力的控制以及外界的影响。管理人员的能力应该得到认真核查，因为如果他强势权威，那么他"一心只想控制我们"，如果他胆小怕事，那么他就会"在外界压力面前屈服"（威尔逊，1968：73；同时参见曼宁，1978c，脚注11）。

组织内部或各层组织之间分布的废话，尽管大多数人都体验过，却鲜有人能真正理解。曼宁（1978b）曾提出警察文化的三级概念，在此概念中，中级管理层的文化特权集中在行政问题上。如果中级管理层处理行政问题时娴熟老道，那么大家便认为，警察机构中的废话会逐渐消失。但有人怀疑，这种管理者的老道可以让废话在等级结构中传递下去。如果将中级管理人员和行政人员所经历的废话也纳入研究范围，将有助于我们增强对这方面的理解。

23.5.4 冷嘲热讽

1967 年，亚瑟·尼德霍夫（Arthur Neiderhoffer）记述了他在纽约市警察局工作期间观察到的各种冷嘲热讽。他认为这种态度是许多警务问题的根源。由于缺乏约束，持续的冷嘲热讽状态使警察失去了工作的信念，最终与工作愈发疏离、对工作产生不满，甚至引发贪污腐败。冷嘲

323

热讽的态度在警察职业初期萌芽，并在第四年到第五年达到最严重的状态，此时，警察最易受腐败的诱惑。但如果警察可以安全熬过这一阶段，他们也许能重新恢复对警察工作的道德感。

尼德霍夫提出了一项冷嘲热讽指标，它包含 40 个参数。这项指标随后也在其他研究人员的努力下得以完善。雷戈利及其同事重新审视了尼德霍夫所提到的衡量尺度，并进行了大范围的试验（例如雷戈利[Regoli]，1976 年，1977 年，1979 年；雷戈利等人，1978 年；普尔和雷戈利，1979 年，1980 年）。该研究利用因素分析方法，探究是否能将尼德霍夫繁琐的 40 个测量指标再细分成更小、更准确的维度。雷戈利所面临的难题之一，便是确定出尼德霍夫模糊标准中有关冷嘲热讽的各个方面。

雷戈利将他所认为的维度分别定义为"对警察工作理念的冷嘲热讽"（雷戈利和普尔，1979：39）、"对机构功能的冷嘲热讽"（雷戈利，普尔，1979：233），以及"对警察机构的冷嘲热讽"（雷戈利，普尔，1979：203）。雷戈利不断重复"冷嘲热讽"这一内容，这表明他在利用警察机构中的文化情感共性（兰沃西，1987）。我认为，他所说的"部门冷嘲热讽"，就是针对部门废话的一种冷嘲热讽。

威尔特（Wilt）和班农（Bannon）（1976 年）也曾探究过，警察的冷嘲热讽是否是一种文化现象。他们认为警察的冷嘲热讽会利用警察文化中的行话，这些话精准地描述了他们对行政人员的无奈。冷嘲热讽最早出现于警校专业训练中，是在塑造学员的语言和态度过程中出现的。这种冷嘲热讽事实上是经过模仿之后的社会化现象。他们发现，新兵极力模仿有经验的警察，以掩盖他们的新手地位，这就自然而然地加强了教学人员的影响（威尔特和班农，1976：40）。新兵为了使自己更像有经验的警察，也会迅速学习如何掩盖自己的错误，这样就进一步强化了老师对他们的影响。维尔特和班农的分析确认了，如何处理部门中的废话（也就是他们所说的冷嘲热讽）是文化传播的产物，它在警察职业初期就已出现。

324

23.5.5 主动辞职

军队并不适合所有人。即使有人已经进入部队服役，或者一心投入警察工作，有朝一日他们也可能放弃自己曾经宣誓过的警察身份。这种损失是巨大且不幸的；不仅因为警察局培养一名警察所投入的大量财力会因此功亏一篑，公众也会因此损失一名忠实的公务员。令人遗憾的是，有的警察选择辞职并非因为职业危险，而是因为废话。

一般而言，警察的人员流失，是因为警察的工作期待与日常真实工作之间存在巨大落差。有人提出，警察工作中的压力和危险是导致警察辞职的原因（辛格尔顿［Singleton］、特赫兰［Tehan］，1978 年；赖泽［Reiser］，1974 年）。然而，警察辞职可能与警察机构内部的压力有关。一些人宁愿放弃警察的职业，也不愿忍受指挥系统利用职权制造的行政废话和规则类废话。

斯帕格尔（Sparger）和吉亚科帕斯（Giacopassi）（1983 年）在一篇文章中表明，警察因为废话而辞职的现象并不罕见。他们在孟菲斯（田纳西州）警察局通过开放式问卷调查的形式调查了该局警察辞职的原因。传统观念认为职业的危险性是导致警察辞职的原因，但调查结果却恰好相反。

斯帕格尔和吉亚科帕斯发现，几乎所有的辞职都源自警察局自身的问题。以下是发生频率最高的四个理由，按出现频率由高到低分别是：（1）意识到缺少晋升机会；（2）部门政治；（3）努力得不到肯定；（4）薪金、福利问题。下文引用了一位老警察的话，话语之间流露出满满的沮丧：

> 遗憾的是，你不会因你的智慧、机敏、能干或领导力获得升职。你要想晋升通常需要与他们为伍，还要跟对人。不论你的工作做得多么出色，不论你多么一心一意地投身警局，你所拿到的报酬都和你身边游手好闲，整天处理自己私事的人一样多（斯帕格尔和吉亚科帕斯，1983：116）。

另外一位有 13 年军龄的警察，因为部门政治而辞职：

> 政治的原因。尽管在我们单位，我几乎所有的项目成绩都是第一（逮捕人数，追回被盗财产等等），但是我认识到我支持了错误的政治候选人。辛勤工作，为工作献身都不会让你在事业上获得成功，选择正确的队伍才是关键（斯帕格尔和吉亚科帕斯，1983：116）。

此次调查的结果与前文克兰克和卡尔德诺的发现极其相似。如果让警察用自己的话说明他们压力的来源和辞职的原因，一个无可争辩的回答便是警察局本身。废话在警察职业中，似乎无处不在。

23.5.6 废话在何处？

警察正处于紧要关头。依据社区警务规则，警察局正逐步采取新的理念、策略和战术。不过，实施基层警员问责制的实际影响（以及废话的影响）还尚不清楚（参见克洛克卡尔斯，1991 年；马斯特洛夫斯基，1991 年；克兰克和兰沃西，1996 年）。我将在总结的内容中对社区警务和废话的关系作出推测。

326

如今社区警务倡导清楚地表达职责，重申巡逻警察在辖区的权利与义务。改革者声称，地方社区对警察的需求，为他们提供了可以正当干涉公民事务的理由。为了尽到保护社会的职责，警察局在服务社会时不应拘泥于地域限制，并鼓励、支持警察关心公民事务，同时在警察执行日常任务时，赋予其更多自由。给警察更多的自由（以满足保守派的要求），同时要让他们时刻关注公民的需求（以满足自由派的要求），这样的社区警务听起来像是一个全新的理念，因为它承诺能够真正地对犯罪行为有所作为。但并不是每个人都赞同这种理念。

卡尔·克洛克卡尔斯（1991 年）对社区警察运动提出了强烈质疑，他认为社区警务这种论调完全就是在为使用暴力作掩护。他开始重新审视比特纳（1970 年）的结论，即警察角色的核心是暴力，而这一事实本身就令社会反感。

克洛克卡尔斯认为，社区警务不过是神秘的警察历史中一个新花样罢了，他们的目的是掩饰、蒙蔽自己的暴力行径，并使该行为合法化。

克洛卡斯明智地意识到，社区警务完全有能力包装警察的工作，即用"极其有力且绝对正面的抱负和价值观"包装"可自由使用暴力，必要时使用致命招数……"的现实（克洛克卡尔斯，1991：531）。马斯特洛夫斯基（1991 年）还认为，社区警务运动引发了诸多重要但尚未确定的问题。大胆的犯罪控制建议背后掩藏着蓄意冲突。尤其棘手的是社区警务在控制基层警员行为方面所产生的影响。他解释说，即便是现代的官僚体制也无法遏制警察滥用权利，这种制度中充满了各种社会经验，这些经验又渗透到警察文化，以及警察日常工作中的自由裁量特质中。我们是否可以认为，警察胡作非为行为的增加，不会诱发各种规章条例的增加？事实却是，社区警务很可能会导致警察机构中废话增加。

我和鲍勃·兰沃西（1996 年）在最近一篇论文中谈到，社区警务运动并不会使官僚控制落空，反而很可能导致官僚控制愈加严重。从实际水平来看，警察在处理社区令的授权时，很可能不再遵循标准的操作程序。如果真如我们推测的那样，不同的社区对可接受的行为有不同的标准，那该怎么办？这些潜在政策问题就如噩梦一般。

327　指挥系统以及标准操作程序等当代高度制度化的问责机制，不会随着警察机构办事方式的消失而消失。相反，警察角色的任何延伸都很可能同时伴随着问责结构的扩大。社区警务的合理结果（至少对于基层警员来说是合理的），就是官僚机构中的废话显著增加，同时文书工作中的问责也更加严格。

为了使警察免受行政监督，警察文化可能扩大保护范围，使警察免受废话的影响，因为这些废话正在加大力度，让警察为界定不明的工作承担责任。换句话说，问责制的扩展源于以社区为导向的警务工作，"更多的废话"，可能会产生令人失望的效果，使得警察文化中废话的存

328　在更具神秘性。

第五编　死亡与警察文化

成为一名警察意味着什么？它不仅意味着拥有一份朝九晚五的工作，有一份可以养家糊口的薪水。它更是一种生活方式，一种思考世界的方法，一种理解和传播价值观的方式，一种接续传统的途径。但是，文化不仅仅是与职业活动相关的主题（特征）的集合。文化中，在那些极具特殊意义的时刻，诞生了各种仪式和典礼（特赖斯［Trice］和拜尔［Beyer］，1984）。①

重要的仪式共同彰显了文化象征，并唤起人们对警察的感情。仪式可能包含象征性的因素，但是又不止步于此。仪式表达了文化里最基本的元素。它们是感性的，它们传递意义，但更为重要的是，它们提升了文化本身。尤其是重要的象征，它们本身就存在着意义。

在这个总结性的章节里，我将特别提及葬礼仪式。在警察局里，悼念警察死亡的仪式是情感表达最强烈的事件。这些事件是对文化的认同，虽然带给人沉痛的打击，但却将同一文化下的成员聚集在一起。本编将集中讲述警察中的葬礼仪式，旨在传达强烈的情感。我将从传统社会学的角度审视警察仪式，评估他们给局外人带来的意义。我也将这视为一场室内剧，因为他们唤起了参与者强烈的感情。

本编以关于"什么是仪式"的讨论作为开始。人类学文献已经给这一话题提供了大量的资料，但遗憾的是，这些资料一直被刑事司法研究所忽略。这种文献资料传达了对具有强大力量的葬礼仪式的见解。一开 329
始，这方面的讨论有些抽象，在此，我恳请读者见谅。我借鉴了凯瑟琳·贝尔（Katherine Bell）大量有关仪式和权威方面的卓越研究，对此，我要向她致以最诚挚的感谢。我希望本文关于仪式的探讨，能为研究影响警察文化的力量以及描述警察文化如何在最悲伤的时刻得以延续提供一些见解。 330

---

① 例如，徽章不需要唤起对那些已经牺牲的警官的记忆——徽章说明了一切。它的力量不仅在于它所代表的东西，而且在于它是什么。在语言学术语中，徽章是一种转喻——隐喻的一种类型，它的某一特定部分体现了一个整体的意义。

关于仪式的思考

我们所生活的世界和想象中的世界最终趋于一致（格尔茨，1973：91-92）。

上面这句话证明，想象完全有能力将现实中的日常生活变为人们期待的样子，这就是仪式的本质。典礼仪式不仅仅是对特定世界的肯定，更是构建特定社会的工具。仪式可以区分群体成员和群体边界，标识出局外人，提供等级意识，惩恶扬善。如果文化是一个群体成员共同生活的方式，并为这个群体的世界赋予一定意义，那么仪式便是想象中的世界，这个世界被强大的象征物唤醒，并以仪式的方式组建而成。仪式本身就是强大的事物，它使普通的日子具有意义并值得庆祝，给老旧的象征物注入新的活力，并确定群体权威的重要模式。

人们普遍注意到，仪式是一种重要的文化产物（格尔茨，1973年；迪尔凯姆，1965年；特纳，1974年）。仪式是一项行为，一项特殊类型的行动。仪式是保险丝，将文化信念和道德与群体行为连接在一起。迪尔凯姆（1965：463）也意识到了这一点，他将仪式描述为"集体信念和共同理想产生、实践和确认的方式"（贝尔，1992：20）。换言之，仪式通过道德和宗教意义展现了群体的团结一致和多样性。

研究仪式的文献资料非常丰富，但出人意料的是，虽然刑事司法方面的仪式和仪式活动本应纷繁多样，但实际上却相当匮乏。简要回顾有关仪式活动的研究理论，我们发现，有关这个话题的观点非常多。这个简单回顾并不全面，因为其领域过于宽泛，极易导致内容突破本书所谈论的范围。从这些文献中，笔者摘取了最能够解释警察仪式的研究成果。

24.1 仪式体现现有的社会关系模式

自从迪尔凯姆（1965年）的著作问世后，仪式促进社会团结的思想成了诸多仪式研究的基本原则。仪式也提供了"对社会福利的共同信心"以及"对救赎性活动的个人参与感"（贝尔，1992：213）。这在诸如警察等由同类人组成的群体中尤为突出，他们非常清楚自己的身份象征（贝尔，1992：213）。群体成员的行为可以象征性地体现群体价值观和处事方式，因此仪式促进了群体成员之间的认同和团结。

但是，美国是一个有着多重格局的复杂社会，那么如何在这样的国家中理解"仪式构建社会团结"这方面的作用呢？美国社会及其多样的子群体被广泛复杂的权力模式所包围。市政警察局受到成分复杂的制度环境的困扰，这些组成部分包括法院、市长、工人组织以及市议会等等，警察的大部分工作与这些群体有关。在复杂的社会背景下，有助于团结的仪式也成为权力的仪式，它体现并确认了区分圈内人和圈外人的影响力模式和敌对模式。仪式渗透进了参与者和拥护者对现存权力模式的观点中（卢卡斯，1975年），即赞扬某些群体，谴责其他群体。因此，仪式通过道德禁止令和情感满足来灌输文化下的权力模式。现有事物的秩序是通过仪式活动对道德强化的再确认。

比如，警察下令让机动车主在路边停车时，车主会试图加速来甩开警察。这种情况偶尔会造成高度公开化的高速追捕事件。警察很少认识到这一点，因为在巡逻警察所在的辖区，追捕并惩罚这样做的机动车主是他们的惯例。此种行为非常常见，但是大多数警察局却不愿承认。此类打击活动具有极强的仪式性成分。他们利用国家权力打击试图逃跑的机动车主。这类打击活动不是心血来潮，而是有意为之。他们显然是在强化的道德水平上建立起警察权力——警察实行权力让机动车主停靠路

边的正当性。此类打击行动也是团结人心的仪式——它使对权力持有共
同道德态度的警察团结在一起。

332

24.2 仪式构建涵义

仪式不仅仅体现已有的涵义，而且构建新的意义。仪式将一个群体
所拥有的信仰团结在一起，有时称之为世界观，并通过自我确认的方法
将这些信仰表现出来。因此，仪式就是那些能体现出文化身份并为之庆
祝的活动（特雷西和拜尔，1984 年）。仪式有文本构建的特性，它与象
征物的基础部分一起发挥作用，文化主题在发展新兴含义的过程中得以
构建和体现出来。仪式与文化特征相似，它在涵义构建的过程中，再现
了其参与者的社会生活经历。

人们不能随随便便地创造一个仪式理论。仪式是一种特质，用布迪
厄的话说，仪式是一种社会广而告之的"意识"。仪式意识是通过社会
习得的，并在仪式活动中显示社会本身的微关系。要想理解仪式，人们
不应当构建一个理论，而是应该剖析仪式本身，观察其各个组成部分，
以便更好地理解仪式各组成部分如何体现社会关系的运作。只有当人们
仔细审查仪式的各个组成方面，并将它放置在更为宏大的文化生活背景
下进行思考，才能理解仪式所承载的意义与这些意义所呈现的权力
关系。

以警察的葬礼仪式为例。观察者要想理解葬礼所带来的震撼性的回
忆作用，就必须注意葬礼上使用的象征物、出席的各个警察部门的构
成、护旗队的装扮和所佩戴的徽章、挽歌中使用的词语和传达的哀思，
以及警官在葬礼前、葬礼中和葬礼后的实际活动。警察葬礼的理论，通
过具体实施的行为和象征性的意义得以建立。通过将葬礼的各部分和警
察工作的鲜明特征进行联系，我们能够理解这位牺牲的警察的葬礼向其
他警察所传达出的涵义。

有时候仪式会向老旧的群体价值观注入新的活力。象征物向参与者
传达的涵义在葬礼上得到刺激。象征物加速出现，因赋有涵义而焕然一
新，饱含着人们的真情实感。群体关系因此体现，其含义也得到强化。

在仪式活动中，人们辨别出敌人，还要打击敌人。葬礼挽歌和相关的新闻报道会描述"杀害警察的人"将如何被绳之以法。接下来便是仪式性地展示被害警察的警服，这是对警察制服和公章所代表的公正性的有力声明。此外，当很多警察局出席葬礼时，应格外注意，各个警察局的警察代表必须衣着整齐，徽章要擦拭得锃光瓦亮，以展现出各警察局的纪律风采。因此，警察局的象征标志在他们的共同经历中得到凸显（在这里大家都是警察），也在各自独特的标识中得以显现（我们是这个警察局的警察）。

333

仪式所承载的意义回归到日常活动。在很多方面，仪式程序不仅仅反映了日常社会生活，更是引领生活向前发展。仪式充满生机活力，使人们单调乏味的日常生活得以维持。在仪式中，文化怀有自己的梦想，而在日常生活中，人们实现这些梦想。在这个互相循环的过程中，日常生活活动与仪式在现实和想象中互为实现，互相创造。

范·马安伦在题为《混蛋》（*The Asshole*）的一篇文章中，描述了日常生活与仪式如何在现实和想象中互相实现、互相创造。这篇文章在本书开始已经讨论过，在此不再赘述。文中的混蛋是指不认可警官对事情状况的判断，并挑战警察权力的一类人，他们常把"你们为什么烦我？"挂在嘴边，或者其他类似指责警察的话。我认为范·马安伦的"贴标签"过程更能让混蛋承认自己的确是混蛋。在警察环境下，作为仪式参与者的坏人需要发自内心地承认其错误或违法行为，这一点司空见惯。只有当这些坏人从内心上承认错误，仪式才能真正结束。诸如殴打或其他形式的"街头正义"（street justice）结束了仪式活动。因此，仪式证明了警察日常工作的重要性——维护秩序安定、惩治坏人，并赋予警察日常工作以重要的意义。

仪式活动加强了群体象征相关联的感情。仪式中象征物的角色不可小觑。仪式是文化象征物的载体和有力的促进剂，但是相比之下，仪式作为信仰传送带的功能就没有这样强大。仪式活动所体现的强大的象征意义，确定了重要的文化禁忌，但是在促进信仰方面却略逊一筹。仪式在反复运用一些象征物的过程中，赋予这些象征物以感情内涵（格尔茨，1988 年）。诚然，仪式非常强大的一个方面便是其感情强化象征物含义的作用。据此，仪式与原有的"仪式"概念有着很大的不同，原有的"仪式"是指人们在生活中不断重复的、有结构但不具有任何具体含义的活动。仪式活动中的象征因素会产生新的意义，赋予群体特征新的定义（特纳，1974）。仪式是群体在某个社会"自由落体"时期，确定其世界观以及寻求日常行为新意义和符号象征的活动。

在仪式活动中，价值观和行为准则逐渐"饱含感情"（特纳，1967：30）。工作赋予的社会地位关系演变为仪式中令人向往的感情状态。连接群体成员的纽带变成了仪式庆典中的组成部分。当人们庆祝人际间的关系时，作为人际关系特点的个人之间的冲突和纠葛被搁置一边，群体目标得到提升。这时，仪式不仅仅证实了群体凝聚力，同时也创造了群体凝聚力。①

仪式活动也划分了社会地位，它将社会地位中的习惯差异搁置一边，而将整个团体视为一个整体。② 例如，特纳将工作生活与社群状态相区分。他指出，工作生活中已有的社会结构模式成为群体成员关系的特点。而在社群状态中，团体活动在体现社区集体性的同时通过仪式消除了社会差异。他将这种时期称为一种社会反结构，也就是把正常的规则和责任放置一边以庆祝群体共同性的现象。在这段时间内，个体会搁置社会差异，然后共同庆祝文化中共有的象征性组成部分。对特纳来说，这段反结构的时期极具创造力。这不仅是在庆祝已有的群体含义，更是分享和创造共同神奇和文化的大好时光。

这种仪式活动在温鲍（1975）对"诗歌班"练习的描述中有所提及。温鲍指出，诗歌班练习是指下班后的一段时间里，警官们聚在一起，醉醺狂欢，庆祝他们的男子气概。麦克纳尔蒂（1994）观察到，诗歌班练习具有仪式性质。她重点关注诗歌班练习给人们带来的构建和交流常识的机会。当然诗歌班练习还有其他的仪式性含义。在节日聚会

334

---

① 特纳（Turner，1974：50）指出："……最好是把结构看作一种限定，而不是理论上的出发点。我所称的反结构的组成部分，如交融性（communitas）和阈境性（liminality），是产生根隐喻（root metaphors）、概念原型（conceptual archetypes）、范例、模式以及其他的环境条件。"

② 参见贝尔（Bell，1992：37），对这种仪式性活动概念的一种批判。例如，她指出：这种"仪式解决社会基本矛盾的观念，可以看作使整个仪式研究的工具合法化的一种神话。"

中，人们划分出社会地位，将规则和责任搁置一边。仪式强调统一性，而在日常的工作生活中，警察所共享的特殊身份恰好使其具有统一且独特的社会地位。

仪式就是"事物本身"。1980 年，格尔茨针对仪式的本质提出了一个有意思的评论。他说，"仪式就是事物本身"。这个有趣的想法表明，仪式并不仅是简单地起着传达信息的作用。他认为，仪式的作用应该更为基础：仪式不是展示政治和权力。仪式不是简单的共同信仰的文化载体，它在更基础的层次上发挥作用，它能识别异教，并对其发挥作用。在仪式活动中，可能会出现构建信仰的创造性过程，但是仪式本身不是系统性信仰或综合性世界观。

什么是"事物本身"？很简单，是权力（格尔茨，1980：135）。仪式是社会权力的活动，是对已有权力模式的陈述。正如贝尔所说，仪式不是"掩饰权力的运用，也没有指向、表达或者象征任何超出其自身范围的事物"（格尔茨，1980：195）。权力没有超出它的效力范围。仪式就是权力。[①]

贝尔（1992）在其近期的著作中提出，仪式就是权力本身。她关注仪式化的过程，并认为仪式化是一种行为方式。这种行为方式解释并强化了社会中特定形式的权力分配，并巧妙地揭示了控制模式和从属模式。

仪式成员仅仅通过参与就能够实现主导模式和从属模式。此外，这些仪式的制定与社会既有的权力模式并没有差异，因为它们本身就是权力模式。这一点具有多重目的。仪式通过将既有的关系具体化来强化社会团结。仪式保障了社会群体的富足和生存。所有仪式参与者均证实了社会力量和他们自己的力量。正如贝尔所说：

> 那些向自己的上帝祈祷的男女老少，为了自己的救赎，盗用霸权秩序的方法，这些人可能变得更强大，因为这些行为正是对权

335

---

① 贝尔将他的观点进一步拓展为以下的内容：仪式活动不是为达到更为基本的诸如权力、政治以及社会控制目的的一种"手段"，在通常情况下，它被视为是在仪式活动举行之前或者存在于仪式活动之外的一种社会存在。它把解释性分析（interpretive analysis）置于一个新的基础上，认为仪式实践本身就是权力关系的生产和谈判（贝尔，1992：37）。

力、人性和行为能力的定义（贝尔，1992：218）。

总之，仪式是文化的一个重要组成部分：它们强调并作用于威胁和抵抗的象征，它们强化了成员的感情纽带，它们排除异己，强化既有的权力模式，加强团结并诠释权力。

仪式是强大的"事物本身"，发起者和对象皆为警察，因此也可称作"警察用品"（cop things）。它是葬礼的一部分，也是警察文化的重要主题。这样我们就能理解本书扉页警官 T－恤衫上印着的"这是警察用品：你不懂"。这不过表明，文化主题和仪式活动最初指向警察本身——尽管它们可能承载着重要的象征意义，而这些象征意义对局外人来说可能又具有诸多含义。但是，这些意义最初的目标对象就是警察。警察葬礼是最为重要的，也是所有仪式中最能触动情绪的。

在像葬礼这样的仪式活动中，文化象征并不仅仅反映了该组织内在的权力和权威。正如格尔茨在其著作中写道，这些象征是在仪式活动中表现出来的权力。它们不仅仅赋予活动以意义，它们本身就很有意义。敬畏神明的得到擢升，亵渎神明的被人唾弃。[①] 它们就是事物本身，经由警察之手，便成为"警察用品"。

接下来的两章将探讨丧葬仪式的各个组合要素。本编讲述因公殉职的牺牲事件给当地警察文化带来的影响，以及警察机构如何回应此类事件。第一章节叫作文化掠食者，讲述警官殉职事件如何逐渐削弱警察行动和警察思想的文化根基。警官殉职事件将在一段时间内给警察局的其他警察产生深远影响，扰乱他们的思想，这沉重地揭露了文化对警察之间社会关系的重要性。从微观角度来看，警察的牺牲也是文化的死亡，

336

---

① 在本书中所描述的仪式形象，与当今组织理论（organizational theory）中所广泛使用的仪式概念有着根本性的区别。理论家们试图寻求在高度制度化的组织中，解释的方式能够适应他们的环境条件，指出仪式结构在仪式活动中的重要性。尤其是组织结构，凭借其功能，在制度化环境中映射出了宽泛的价值观。通过适用此类结构，组织因而获得了合法性并增强（或者维持）了获取各种资源的能力。在某些情况下，这种结构被描述为具有组织活动的仪式特征。这些特征和我在这里所审视的仪式有很大的不同。我没有把考察的重点放在某个组织结构上，而是着眼于其成员所承载的某一种文化，而且，这种文化是该组织在其制度环境中为获得合法性的努力而作出的回应中出现的。例如，仪式的结构，例如一个积极行动单元，均可被用来在一个拥有大量非洲裔美国人和历史上长期存在警察问题的城市获得组织合法性。然而，在警察文化中，以这种方式雇用的某个人，可能会遭遇组织成员的某种形式的种族退化仪式。

这一点无可争议，而且这对当地警察局的影响力也不容低估。

最后一章讲述警察葬礼。我认为，文化在葬礼仪式中重获活力。仪式举行的过程就能让文化重获生机。葬礼是为死亡而举办的，但是我们又不能囿于这些含义。葬礼重新点燃了群体的活力。葬礼上显著的象征符号颂扬了警察群体成员必备的"警察身份"。盾形徽章上的黑色带子是终极奉献的标识，也是地位提升的有力象征。所有警官都平等地面对伤害和危险所带来的威胁，这样也使得警察更加团结。出席葬礼的大部分警察来自不同的警察局，他们穿着蓝色制服，这本身就证明了仪式就是"事物本身"。正如人们所说，我们在一起，团结又强大。一位警官的殉职将我们聚拢到一起。葬礼是对团结的声明，也是对警察文化内部力量的声明。这是献给警察的。葬礼过后，文化得到重申，也成为一种值得信赖的力量。

337

文化掠食者*

主题：死亡

死神永远在等待，永远处于饥饿状态。

文化深不可测，它是一种促进团结的神秘的凝聚力，普遍存在于所有执法机关。文化不可见，但可以为人感知。在美国，再没有其他任何一种职业可以像执法机关一样受到文化的庇护，从文化中获得活力。在奉行资本主义的美国，警察是一种特殊的职业，因为其忠诚度和团结度不是用资产负债表来衡量的。作为全美国最让人敬畏的职业，警察似乎已经找到了我们一直追寻的东西——一种归属感，一种集体身份认同感。

警察的团结来源于其独特的工作性质。工作的不确定性与危险性，以及逮捕并动用武力的特权，将警官们牢牢地团结在一起。警官们对工作的忠诚度与公民的安全息息相关，他们不遗余力地搜救每一位事故幸存者、调解街头冲突、帮助陷入困境的公民。警察们认为单独行动的时候，只要运用他们的专业技能和幽默常识，就可以避免意外的发生。警察文化的表象需要警察们相信这一点。可惜他们错了。

---

* 本章节作者为罗纳德·埃文斯（Ronald Evans）和约翰·克兰克。

死神就在那里，不来不去，永远渴望着。在隐喻层面上，死亡对文化的冲击，就如警官遭到杀害一样。在警察文化最残忍的矛盾中，尤其是将警察们团结在一起的信仰，会在一名执勤警察殉职时彻底瓦解。警察的死亡是对警察文化最核心部分的否定，即否定了只要一位警官在行动时，结合了他所受到的训练、他本身的智慧与专业技能，便足以应对未知的处境这一传统信念。从平安的日常工作转瞬变为生命威胁，这一转变讽刺而又彻底，否定了一切文化上安全的避难所。在职警官的职业前景完全不容乐观，缺乏安全保障。他们通过自己特殊的讽刺方式所发掘的领域，不受他们支配，而是由死亡掌控。

警官遇害给警察文化当头一棒。警察不得不面对他们无法占据优势的残酷事实：他们没有足够的能力察觉未知的灾难，他们的手段和体格其实并不比犯罪分子强硬，况且在无边无际的事物面前，道德微乎其微。一例警察遇害便重申了一个简单而残忍的事实，即蓝色警服下的肉身无法与铁棒钢刀抗衡。警察文化最终还是处于弱势。而最后一个原因便是，警察文化不过"小荷才露尖尖角"，毫无历史积淀。不确定性不仅仅意味着警察必须战胜野蛮，掌控涌动在社会边缘的暗流。有时也意味着死亡、固执与暴力。

警官的牺牲在严密的警察文化背景下会产生深远的影响。警官牺牲是无视警察文化的一种报复，至少暂时如此。警察们退回自己的阵营，幸运的人会被派回家中，而不幸的则奔赴死亡的前线。每次暴露街头都是与死神的会面。未知是黑暗的，不确定性在所难免。一些情形对警察来说毫无安全感可言，恐惧与自裁吞噬着他们。死神就在那里，而他们不得不奔赴死神。这种可能性极高。当一名警察殉职，整个警察中心都会动摇。

一段时间后，警察文化将以一种强大的势力重返警察的生活。公开的葬礼仪式向殉职警察们致以敬意，并重申了警察文化的地位。警察葬礼唤起了团结精神，重申了人类社会的道德观，表达了局外人对警察的敬爱与需求。

葬礼是对警察团结精神的有力肯定，并且会将警察们团结在一起，这一点上只有警察组织能够做到。警察群体和国家的有力象征会逐渐治

339

愈警察的伤痛。葬礼过后，文化在团结精神的展示下得以重生；警察幡然醒悟，凭借训练与专业技能、忠诚与道德，还是无法避免不可知的灾难，意识到这一点，他们宛如凤凰涅槃。时至今日，死神还是高高在上。警察文化被击溃了，被养育它、丰盈它的价值观所击溃。除非隐居深山，否则毫无和平可言。危险无处不在，伺机而发。

暴力死亡并不常见。 暴力死亡并不经常发生在警察身上。因为美利坚合众国的警署成员数目与日俱增，恶意杀害导致警察死亡的比率有所下降。据统计，每一万名警官的死亡人数中，因犯罪分子恶意杀害而死亡的比率已由 1973 年的 3.4% 下降至 1993 年的 1.1%（弗雷德尔[Fridell] 和帕特，1997：581）。警官被犯罪分子致死的比例其实只比万分之一多了那么一点点，这个比例看起来微乎其微——但除非你是一位警察，否则你不能真正理解个中辛酸。

警察遇害的现象在执法机关中广为人知。从 1995 年 1 月到 11 月，一共有 63 位警官遇害。最可怕的是在一次逮捕中，匪徒夺走了 22 名警官的生命：其中，7 名警察在逮捕抢劫犯时遇害，9 名警察在执行其他逮捕任务时遇害，3 名警官在逮捕盗窃嫌疑人时遇害，还有 3 名警官调查毒品买卖案件时遇害。63 名警官中幸存的又在以下事件中丧命：15位警官在调查可疑分子时遇害，5 名警官在接听骚扰电话时遭受意外，10 名警官遇伏击身亡，8 名警官在车站点殉职，最后 3 名警官在对付一名收监犯人时不幸英年早逝。在这 63 位遇难警官中，有 40 位死于手枪袭击，12 名死于来福枪，3 名死于霰弹猎枪，1 人被匕首刺毙，6 名死于俄克拉荷马市爆炸案，还有 1 人因摩托碾压致死。

警察遇害的频率不高，这也算不幸中的万幸。一项统计数字可以说明警察受同事死亡的影响。一件警察遇害案会侵蚀原本团结的警察文化，与殉职警察关系最密切的人因此开始了一次心灵之旅。这次心灵之旅将探索死亡的意义，以及再次肯定警察文化的微弱意义。这种意义将体现在集体哀悼仪式中，是对关于"成为一名警察是什么样子"这个问题的解答。

警察文化加深了死亡对于生者的影响。 为了理解死亡对警察文化的影响，我们需要认识警察文化下存在着有力的统一力量。有些人成为警察之后，却忽视了警察文化的细微差别，这些人很快就会被发现并贴上

340

标签，最后被解聘。这些人会在晋升时被忽略掉，也会被排挤出警察生活的社交圈子。对于那些坚持下来的警察，警察工作便成为一种生活与思考的方式，这种方式围绕着核心价值观——生存、打击犯罪、常识、不退缩、应付上级和固守常规且不信任他人。

警察看待世界的角度是最具凝聚力的统一力量，也是他们独特的视角。警察知识是一种文化现象，基于讽刺性常识，在普通的日常生活中发展而来，并被同事强化。这种知识是一种既实用又有价值的语言。它包含的故事、仪式、暗喻与讽刺对于警察文化非同寻常。这种知识不能在课堂上生搬硬教，也无法从书本或者刑事司法课程中学到。象征警察文化发展的事件便是街头工作经历，它有着丰富多样的意义。它是一种能力，使人能够从看似正常的情况中甄别出异常，也使人能够凭直觉知道哪里不对劲。

从与实习警察和正式警察的交流中我们发现，"街头工作经历"成了一套文化工具箱，是一间囊括了关于警察工作内容的课程、故事与格言的杂货铺（麦克纳尔蒂，1994 年）。本土文化知识一直通过"战争故事"、其他警官的工作经历和日常生活活动进行传播。传统文化则一直在扩大并不断变化（克兰克，1996 年）。

341

新上任的警官刚开始接触警察工作时，工作传统和工作常识对警察身份更为重要，甚至超过那些规则条例、官僚政治和规范警官行为的正当程序法。规则与法律是紧密相连的，它们的目标都是规范警察的行为。文化知识博大精深，意义隐晦，富有实践意义且包含人类情感（希林和埃里克森，1991 年）。久而久之，文化知识给日常生活注入活力。在情感上，警察通过共同经历和团结的象征结合在一起。这是一种融进警察世界观的亲密感，是警察文化的核心，与警察文化密不可分。

死亡侵蚀警察文化。警察的死亡导致团结的破裂。"团结"因此被打破——文化载体、故事叙述者、同事、混蛋、同伴、制造麻烦者、恶作剧源头、背后捅刀的人、胡说八道的人也都一同消失了。死亡并不打算以警察成为英雄为代价换来对文化的证明。死亡本身通常比英雄主义要残忍得多。下面来看一个殉职警察的故事：

> 搜寻了两小时后，他们在一块废地的杂草丛中找到了她……罗萨达的徽章压在身下，手铐不翼而飞，项链则丢在不远的空地上。

38mm 口径的左轮配枪不见了。她的头部中了两弹。

这并不是大多数警察想象的英勇殉职的画面，甚至都没有丝毫光环的衬托。但是罗萨达警官的死是一例典型的悲剧。她正在执行任务，暗藏的杀机不期而至。她失去了对情况的掌控，随后遭到谋害。死在荒弃的垃圾堆和碎石堆里一点也不光荣美好，但是这比许多警察想象中的浪漫主义枪战要常见得多。他们把那种英雄式的死亡幻想成自己生命的美好结局（贝克，1985：338 - 339）。

这种死亡毫无意义，只在某种程度上巩固了文化价值。死亡是阴冷的，在充满垃圾与碎石的荒郊中，死亡就是悲凉的瞬间。不论警官学习过什么样的技能都没有用。她的枪械不足以自卫，而且，事实上，她的枪械甚至反被歹徒利用，最终杀害了自己。

对当地组织文化中的其他成员而言，警察遇害标志着一段愤怒与迷惑的开始。复仇成为警察们即刻强烈的情绪反应。总会有人要受到谴责，对于杀人凶手的搜寻同样也是冷酷无情的。有的时候，行政机构受到责备，被杀害的人也要被仔细审查——他们做错了什么？甚至在警察殉职的事件中，他们也很难承认有些情况是难以控制的，即使尽了最大的努力抗争，死神有时也会取胜。警察机构很少不把责任归咎于受害者（布鲁克斯，1975 年）。

警察死亡的影响不仅仅是简单的对嫌疑犯的复仇。不论是否是英雄式的死亡，一位英雄已逝，导致警察的文化主题，即秩序规则，就会备受怀疑。警官在死亡中寻找意义。这个时间可以持续数日，直至葬礼结束。在这段时间里，警官们也许会搁置他们传统的军衔和身份差异，团结在一起。通过军衔和文件，管理层文化也得到认可和接受，但是接受的过程是残酷的，笼罩在怀疑和恐惧之下。如果执勤警官把死亡责任归于管理错误的话，这种团结也会分裂。团结的面具会一直维持到犯罪分子被抓获或那之后的一段短暂时期。

警察殉职事件能即刻引发情绪感染。对于那些与殉职警官亲近的人，情感上的分离是必然的，尤其是在那些较小的部门，其内部的团结往往坚不可摧。有时殉职警官的亲密伙伴还会遭受后续的压力和其他心理紊乱。他们中的大多数将会反复回忆死亡的画面，寻求解释，并且不断自责内疚。这个过程被称为"过渡屈从"（transition resignation），此

342

时警官们正在寻找那些无法解答的问题答案："我原本可以为改变结局做些什么？"以及"为什么我选择偷生？"那些参与有生命危险的活动的警察可能受到心灵创伤，他们的亲人和关系最为密切的同事也会经历一段痛苦而漫长的过程。

一位警官的死亡引发了警察对于公众的疏远。警官会将他们的愤怒倾泻在被告、社会团体和他们眼中的局外人身上。"我方－他者"的意识从未如此强烈。警官们怨恨媒体，憎恶任何不利于遇害警官、部门或者他们职业的宣传言论。任何关于逝者不高尚的评论都将被视为背叛。警察不容许任何媒体玷污和抹黑遇害警察，对那些无法理解他们情绪的人，他们也同样无法容忍。

25.1 死亡连接起来的机构

25.1.1 警察与家庭

二分法频繁地被用于分析社会控制过程，即正式控制（或法律、法律程序）与非正式控制，非正式控制通常指更为间接的行为控制方法，且由家庭、教堂等机构执行（例如，可参见卡明［Cumming］，卡明和埃德尔［Edell］，1985 年）。二分法作为一种控制手段，注重分析机构控制间的异同性，从而避免机构性重叠的领域。其中一个领域是警察与家庭，二者在警察遇害及葬礼时，形成了非常有力的联盟。

343

25.1.2 募捐

当一位警官遇害，一系列的事件都将警察局与遇害警官的家属联系到一起。这些活动主要针对遇害警察的家属，有时也包括受惊吓的幸存警察的家属。在起着桥梁作用的仪式中，警察局以一种实际的方法，告诉家属，警察和家属有着类似的价值观和道德感。警察的"保护伞"将会通过各种方式帮扶遇害警官的家庭。

在英格兰与美国，无论是在警察遇害时，还是遇害后，人们都自愿为遇害警察的遗孀孤儿募捐，并确保已故警官的家属的安全。对于那些参加葬礼的人，他们会想"这将是我被铭记的形式"，而警官的家人也将因此被铭记（曼宁，1977 年）。正如一位观察员在参加过一位美国警察的葬礼后写道，"鉴于警察局收到的善款和人们对警察遗孀和孤儿的关注，有些人会认为，参与募捐是在为这个巨大的群体保险计划支付保险费"（范·马安伦，1976：9）。

募捐是把殉职警察家属和警察联系起来的一种有效的仪式。募捐活动给所有参与捐款的警察一个暗示性的承诺。这种与死亡进行交易的矛盾行径促就了警察的团结。荣誉上的纠纷比以前减少了，并且警察应得的钱财和其他权利得到公开解决。在个体警察殉职案件中被摧毁的关于警察坚不可摧的传说，却在整个警察团体中通过共同祭奠得以重建。共同祭奠殉职警察也把警官聚在了一起。因此葬礼成为重振警察文化的有效传统。

25.2 警察幸存者关切联盟（COPS）

在美国的 58 个社区中，公民组建了一些协会为执勤中遇害警官中的幸存者提供经济补助。这些协会最初被统称为"百团俱乐部"（Hundred Clubs），它在 1952 年底特律市一名警察遇害后成立（查普曼，1986 年）。1984 年，为了向警察家庭提供帮扶，110 名执法人员被害案的幸存警官组成了"警察幸存者关切联盟"（Concerns of Police Survivors，COPS）。① 这也是第一支帮扶幸存警官的全国性组织，他们帮助接受治疗的幸存者，并且为有警察殉职的机构提供指导（哈迪克斯［Haddix］，1996 年）。

警察幸存者关切联盟（COPS）的建立是为了照顾许多受害者家属的感受——他们感觉已被"警察局完全抛弃"（索耶［Sawyer］，1993：1）。他们的抛弃感有两个来源，一是他们对于某些机构本身的恐惧与疑惑，二是由于处理此事的警官和有关部门所表现出的麻木不仁。由于处

344

---

① 警察幸存者联盟（COPS）的正式目的是：关切和管理在日常警务活动中牺牲的警察的家庭的需求。为牺牲警察家庭在情感抚慰、经济需求以及法定福利保障等方面伸出援助之手，提供持续稳定的帮助。让那些特征警察的家庭亲人们知道，当他们处于失去亲人备感无助时，COPS 也感同身受，能够提供他们需要的各种帮助与抚慰。COPS 主要关注执法职业存在的问题，这些问题直接或者间接地导致那些尽职履责的警官们失去生命。

理殉职案件的政策迟迟不能出台，家属的这种感受也愈来愈深：在警察幸存者关切联盟（COPS）建立之时，美国足足有67%的执法机关缺乏处理殉职警察事宜的正式政策。不论是否故意为之，机构迟迟不采取行动的做法受到遇害者家属的诟病。请看下面的例子：

> 我不得不威胁警察局要对他们提起诉讼，这样他们才能和我谈，告诉我发生的一切。我才得以看清事实，他真的无法挽救自己生命的事实，这让我稍微心安了一些。但是，经过这些，我不得不怀疑警察局对我有所隐瞒（索耶，1993：8）。

这种情况并非罕见。在爱达荷州的刑事司法专家座谈会上，警方要求受伤警官的妻子等候两个小时才可以见到她的丈夫（雷纳，1996年；索耶，1993年）。可他已命悬一线，警方却要求她在牧师来了之后才去见丈夫。牧师到来后，这名警官已经与世长辞。这名妻子本可以和丈夫共度生命最后的几个小时，而不是让自己的丈夫孤独地走完最后两个小时。

美国大部分警察机构缺乏充分的资源来提供工伤补贴。然而以下问题可能最难解决：在狭小的公寓里，一位警官的死亡给其家庭成员的幸福生活带来毁灭性打击。在一个小型社区中，一位警官的逝世将让所有公民心神不宁。

幸存的警察也提到了媒体的冷漠无情。

> 我刚在杂货店买完东西，突然听到汽车广播中媒体冷漠地报道警察被射杀的案件。正是这位报道的记者告诉我，我的丈夫因公殉职了！最后我的邻居在离家几个街区的马路中间找到了我，当时我在车里歇斯底里地哭泣（索耶，1993：4）。

345

以下案例说明了此类事件如果处理不当，将如何造成令人痛苦的后果：

> 一位囚犯偷了钥匙，从狱警那里拿到一把枪，杀害了另一位才刚上任3个月的狱警。媒体用扫描仪获取了现场画面。他们尽力去掩藏尸体，但殉职警察的鞋子还是露了出来。警官的妻子看到新闻上的鞋

子，跑到案发地发现了她的丈夫那天就是穿的那一双电视上看到的鞋！这就是她发现自己丈夫遇害的全过程（索耶，1993：6）。

一则关于警察殉职的告示使人情绪紧绷，并且这个告示对于发布者来说也是一种折磨。在努力平复悲伤的过程中，一些警官可能作出一些他们无法履行的承诺。雷纳（1996年）描述了一则这样的告示：一位负责宣告警察殉职的警官曾经承诺带遇害警察的儿子去钓鱼。这个孩子每个周六都站在门口，等待着那个再也不会露面的警官。

警察幸存者关切联盟（COPS）为机构和殉职警察的家庭提供了全面的帮扶。紧急应急队在公告中提供帮助，在过渡阶段提供支持，并且帮助安排葬礼。他们定期会见警察管理层，讨论因公殉职的有关事宜。他们通过发展家庭扶助队伍，为幸存的警察提供有组织的帮助。这个队伍包括以下独特内容：指挥联络工作、促进协调工作（包括财产协调工作）、牧师宣告、家庭联络。这些内容中的每一项旨在帮助和抚慰已故警察的同事和家人。为进一步的帮助殉职警察家人，警察幸存者关切联盟为殉职警察的未成年子女、成年子女及其配偶提供奖学金项目。

死亡带来繁文缛节。遗嘱、保险单、葬礼时间表和分割财产计划，这一堆细节工作压抑着悲伤情绪。已故警察同事与家属一同应付麻木不仁的官僚主义上层建筑。部门必须处理机密性的紧急告示表、家庭成员告示、父母和未成年子女信息。有人建议警察推行一种"死亡福利包"，包括人寿保险、幸存者死亡赔偿或者由退休计划偿付的退休金、州政府或联邦政府补助以及社会安全或者劳工组织的补助计划。

这一堆细节工作的完成，也起着一个潜在的非官僚性质的作用：使家属们想起警察工作的责任。这样，官方对警察殉职的预期应包含以下两点。（1）在行政层面上复制了警察文化的主要特点：未来的不可预测性和警察工作的危险性，同样，世界也确实充满危险；（2）在受害者家属中再现这些文化特点，也对当地机构文化中其他警察的家属起到了同样的作用。

死亡具有象征意义。在葬礼前和葬礼上，警方展现了警察殉职所包含的象征性含义——社会本身是脆弱的。曼宁（1977年）注意到了这种现象，本书许多关于这部分的内容都直接摘自他的著作。警察遇害是一种具有感召力的象征，由政要、媒体、政客展示出来，也是犯罪分子对社会的沉重一击。如果保护者自己易遭受迫害，如果连这神圣的旗帜和手枪、手铐这些庄严的象征都不能保护他们自己，那又何谈警察保护公众呢？"蓝丝带"（thin blue line）这个词唤起了警察象征性的道德监护责任。警察遇害是罪恶最纯粹的表达，是对社会本身的冲击。外界无条件的支持，尤其是媒体和公众官员的支持，证实警察的道德正义性和社会治安的脆弱性。下面是警方及消防队专职教士约瑟夫·杜利在一个警官葬礼上的发言。盖尔·科布（Gail A. Cobb）是美国第一位执勤殉职的女警官。

> 执法不仅仅是一种工作。它是一种生存方式，一种承诺。如果有把警察家属或者警官团体聚拢在一起的东西，它便是现在这种场合……警察家属知道这一刻随时会发生。对你们当中任意一人的袭击，都可能成为对国家及国家所代表的一切的袭击……在警察工作中，没有躲避犯罪分子枪口的避难所（《华盛顿邮报》，9 月 25 日，1974：1，引自曼宁，1977 年）。

他的言辞体现了警察象征的情感力量。他言辞激烈，坚信犯罪分子对警察发起了战争。当杜利教父指出袭警即袭国时，他承认了警察的脆弱性以及其维持的道德秩序的脆弱性。

他的发言也揭示了警察孤立于公众的特点，即警察的与众不同。警察总是要面对公众，如同冤家路窄，并且在执行危险工作时，警官们总感到孤立无援。友谊、支持和危险中的人身保护等文化支持，只是一种内部现象。警官的遇害针对的不只是警察，同样也针对公众。但这并不意味着它不受那些有着政治意图的人和谋取新闻报道价值的人的操控。

在葬礼上的礼貌表现是恰当的——没人愿意用严酷言辞给逝者的亲友带来痛苦，更何况这样的言论会被人们认为是心胸狭隘。政客不敢在 347 这个时候离间警察及其支持者。下面是一位当选的警官使用具有感召力的警察象征的事例。

在 1995 年 3 月 7 日，在纽约州奥尔巴尼令人动容的葬礼上，乔治·帕塔基市长将死刑写入法律；这是十八年来纽约第一次有权力对罪犯处以极刑。帕塔基市长用肖恩·麦克唐纳警官别在腰间的金十字架笔签上了自己的名字，用雷蒙德·卡农遇害当晚夹在备忘录上的黑色圆珠笔签上了他的姓氏，这是一项值得记载的仪式，这项仪式有着重要意义，即允许对杀害警察的罪犯判处死刑。劳拉·卡农把她丈夫的黑色皮质备忘录抱在胸前，啜泣不已；肖恩·麦克唐纳的遗孀珍妮努力望着天堂的方向，却无法阻止眼泪夺眶而出（凯茨，1995：98 - 99）。

死亡将警察和社会中更广泛的因素联系起来。仪式性的集结引发了宗教关注、感情的流露和社会各界的帮扶。通过所有高尚的报纸与媒体的辞藻，公众为警察提供了大量真情实意的帮助，并且对为了公众安全而牺牲的亡者家属表现出同情。死亡和葬礼是警察的事情，但是它们也是公众的事情，人们悲伤地感怀着死亡和葬礼。

25.3　警察死亡与政府

警察与政府间的关系含糊不清。对于大多数公民，警察是他们经常见到的政府代表。然而，市属警察和市政府之间的关系却十分微妙（沃克，1977 年）。警察们倾向于根据当地社会团体的需要和他们自己的方法来执行正义，而不是根据州法令和市政条例（威尔逊，1968 年）。一些公民甚至认为，如果发生军事接管，市政警察局将成为第一反抗力量。然而，联邦政府还是建立了一系列标志性的条款，在警察遇害时，来表示他们对当地警察的帮扶。

一项重要的、标志性的贡献是位于华盛顿的全国执法人员纪念碑（National Law Enforcement officers Memorial）。近一万四千名遇害警官的名字被镌刻在这块碑上。这块碑建成后的四年里，近一千三百名遇害警官的名字被添加在上面（全国执法人员纪念碑基金会，1996 年）。对好奇又真诚的观碑者和前来祭奠的警察及家庭来说，这些碑蚀刻的名字激起了他们内心深处的千思万绪。这种具有感召力的死亡象征引发了人们

348

内心的思考：他们是否备受煎熬？他们遭受了怎样的痛苦？他们感到恐惧了吗？他们在生命的最后时刻，有没有回忆起致命的错误，或者在弥留之际给亲人留下诀别？他们是否知道自己身处险境、死神降临？他们是否想到死神会放过他们？这种象征极尽英雄化——这些情况下的人们一定非常勇敢，将生死置之度外，他们为了完全陌生的人深陷龙潭虎穴。这样一来，纪念碑让公众注意到了很少受到关注的警察文化的情感领域。

纪念碑为期一周的纪念仪式通常设在春天。五月，国家警察周活动在华盛顿举办。参加仪式的各兄弟机构组织络绎不绝，诸如警察共济会、警察协会和幸存的警察家属都参与到其中来。这一周内有穿着警服的人员骑着警用摩托从五角大楼来到全国执法人员纪念碑，参与烛光守夜、幸存者研讨会、警察游行、纪念碑一日游和纪念碑仪仗队列队的活动。无论是从个人角度还是集体角度看，这是一个苦甜参半的仪式——举国上下，为死者鸣丧，为生者祈福。

政府也通过颁布《公共安全官员福利法案》（*Public Safety Officers' Benefits Act*）来保护广大警官的利益。1976 年，国会批准通过了对那些给符合条件且维护公众安全的幸存警察提供一次性财政补助的法案，因为他们的死亡会是任职期间受到创伤性伤害的最直接后果（司法援助局简报［Bureau of Justice Assisstance Fact Sheet］，1995 年）。因此，如果某位警察因公殉职，他的家属会得到经济补助，这让他们心理上得到宽慰。这项帮扶政策通过向亡者家属提供联邦经济支持的善行，壮大了警察文化。

25.4 死亡与管理高层

罗伊斯－扬尼（1983）用敌对的术语描述了街头文化和管理层文化，以两种文化之间频繁的敌意相争为特点。警官殉职不会改变这种基本敌对性，仅是将其搁置一边。死亡把所有警官团结起来，不论警衔高低。然而，那些经历了同事死亡的警官，对管理文化和街头文化存续的问题作出了评论。①

麦克默里（1990）发现了街头管理文化之间的敌意。他的研究着眼于袭击，并考虑到反警官的暴力对基层管理关系的影响。在对受袭警察的态度研究中，麦克马瑞观察到，警察机构对袭警的反应取决于被袭击的警察是街头警察还是管理层。警察行政人员认为，他们对袭警问题比较敏感，但是在职警察却持极为不同的观点，他们对行政部门的麻木表示担忧。遭到袭击的警察经常会经历麦克马瑞所说的"二次伤害"，即刑事司法体系和社区的麻木和毫无反应。当警察按照要求，排列出遭受袭击后最烦恼的事，有22%的警察提到"管理层无任何支持"。

下面的论述来自麦克默里的受访者：

受访者1：监管人员需要在创伤后事件中接受训练，学会危机干预，最为主要的是，学会倾听。

受访者2：警察局很擅长消磨时光，做官样文章。但是他们不关心警察的心理。

受访者3：似乎每个人都抛弃了你，你会因你犯的错误受到责备，你得到的所有帮助似乎只是一种形式。

受访者4：警察局根本不关心警察（麦克默里，1990：46）。

受访者表示缺乏支持性服务，特别是心理咨询和休假方面。很多警察在享受这些服务时并不心安理得，因为他们害怕被贴上标签，又害怕提供服务的诊所泄露他们的信息。警察眼中麻木的管理层主要出现在高层管理阶层。82%的受访者称，他们在遭受伤害后，立刻得到了督查警官，特别是警司的帮助。

---

① 在美国，平均每年有143名执法警官在其履行职责的过程中因公殉职。这些伤亡事件不管是因为对抗性冲突行为导致的或者是意外事故导致的，每一起伤亡事件所造成的创伤，不管是对遇难者的家属来说，还是对在警察部门工作的同事们来说，在事情发生之后都可能会持续好几个月，甚至几年。而且，绝大多数执法部门从来没有经历过执法人员在履行职务时的伤亡事件。也许正因为这一缘故，许多部门至少三分之一的执法部门没有任何处理此类高度敏感问题的相关政策。因此，难怪许多部门在处理一线警员因公殉职事件时，经常会出现最初的应对举措失当，不能满足幸存者家人的各种需求（哈迪克斯［Haddix］，1996）。

25.5　同侪支持：疏导情绪还是公开伤疤？

许多大型法律执行机构建立了同侪支持小组（peer support group），负责为因公殉职人员的同事提供咨询。同侪支持小组由警官志愿者组成，他们来自各个等级，接受过专门训练，能够应对严重状况，提供经受心理创伤后所需的治疗以及过程中的咨询服务。尽管他们缺乏更加专注或长期的正规心理治疗训练，他们仍能提供短期的心理治疗服务。然而这些同侪支持小组也存在担忧：不具有法律上优先与组员交流的权利，而且正如上述例子，警官也担心交流的内容可能被当作法律证词；另外，警官担心他们内心对死亡的恐惧会被公开记录下来，并且在法庭诉讼中进行详细分析。

应对同事的死亡对警察来说实属不易。执法机关中，因公殉职警察的同事通常不知道找谁帮忙，也不知道如何寻求帮助。他们可能没有意识到要寻求专业帮助，或者不知道能够得到这样的帮助。他们害怕被谴责。警察深受男性文化、个人责任、体力和对未知事物的控制的影响，因而尤其难以理解死亡带来的心理问题。

警察通常会担心，任何形式的哀悼或者悲伤都会被视为软弱，这也是符合常理的。他们会担心别人认为他们作为同事不合格，又担心别人在寻求专业帮助时，觉得他们不可靠。法庭和相关部门会调取他们的记录，并进行核实，而其他人则会把特殊求助和咨询当作软弱的表现。这样一来，在因公殉职案件中，他们既不信任法庭，也不相信相关的管理部门。

试想下面这个例子。在北达科他州的一起案件中，五名联邦警察对抗八名反抗税收的武装人员。双方交火不到 10 分钟，两名警察被杀，另外两名警察受重伤（科科伦［Korcoran］，1990）。此后一名监管人员对其中一位幸存者进行专业性个人帮助。由于人事政策对救助机构进行限制，必须按照"适宜时间限制"的规定，行政假期最长 30 天，因此，此项治疗需要秘密进行。这样一来，专业咨询费用就需要由警察的个人保险支付。

350

当幸存警察重返职位后，管理层听到传言，知道该警察在恢复期间接受了专业治疗。由此，他的名声大坏，被贴上了"软弱"的标签。即便是他的第一监管员承认自己参与了咨询工作，这位警察软弱的形象也不会发生丝毫改变。那些接触过重伤事件的人，通过传统的执法机构帮助机制为他提供救助，但是这样并不起作用：在警察局，软弱的标签难以去掉，甚至可能是最难去除的标签。这个懦弱的烙印会一直存在，直到4年后退休为止。管理层公开了这位警察接受治疗的情况，这阻碍了他的心理恢复，导致他不得不提前退休。

本章节大部分内容对警察行政部门的评价都不甚友好，这也理所当然：对殉职事件的帮扶出现经常性缺失，对事件反应迟缓，缺少计划，以及相关政策缺位等问题层出不穷。官僚形式的管理方式依旧盛行，因为他们似乎承担了理智解决机构问题的承诺。但是，他们自身能力有限，甚至无法应对片警时常遇到的那种更情绪化、人性化的问题。此外，行政管理层需要面向未来，尽管前路坎坷，警察局必须勇往直前。当一位警察遇害时，世界需要停下脚步，只需要暂时即可。

本章所引用的关于警察幸存者关切联盟（COPS）和国际军事体育理事会（International Military Sports Council，CISM）的文献，都是为了增进未来警察行政部门的灵敏度和准备程度。我们将以一个颂扬这种精神的故事作为本章的结尾。

维薇安·李（Vivian Lee）的丈夫在执勤时遇害。她一直想去华盛顿，看看警察纪念碑镌刻的丈夫的名字。最终，她如愿以偿。她在纪念碑上找到了丈夫的名字，看到旁边贴着一张便条。那是他们女儿写的一张长长的便条，诉说了她对父亲的思念，以及她多么渴望父亲能够参加她的高中毕业典礼。此时距离维薇安·李的丈夫去世已经10年，维薇安回去后，给警察局打了电话，随后警察局就派出6名警察，他们坐在维薇安女儿毕业典礼的第一排座位。毕业典礼仪式结束后，他们给她送上一束鲜花（雷纳［Rainer］，1996年）。

351

352

告别警察职业[*]

主题：警察葬礼

当一个新警员踏入警察机构大门的那天，他就离开了社会，进入一个不仅给他一份工作的"岗位"，这份工作还定义了他的身份。在职期间，他接触到各种警察仪式和小镇里的荒唐事，直到他像领取赎金一样领着养老金和退休金，才成为一名警察（埃亨［Ahern］，1972：3）。

詹姆斯·埃亨（James Ahern）的上述语录常被人们引用，因为它抓住了警察工作的精神核心。在比符号象征更基础和比信仰更基本的层面上，警察有着一个共同的身份。他们的自我意识逐渐兼容为一种群体身份，如同一个蓝色的海洋，只容忍很小一部分个体的个性存在。从他们加入警察队伍起，他们便视自己为警察。他们戴着警察的面具看世界，也懂得在下班后摘下面具；他们甚至在离开警察岗位后的很长时间内还戴着这面具。他们都梦想退休后，到太平洋西北部或者蓝岭山的一个农场或者小牧场生活，抑或到北冰洋海岸间的航道，搭载一叶扁舟。比起在职期间殉

---

    * 本章作者为史蒂芬尼·罗德、约翰·克兰克和罗纳德·伊万斯。本章的名称摘引自马丁（Martin）于 1994 年 3 月 20 日发表在《纽约都市报》（*The New York Metro Times*）的一篇题为"Good‑bye in a Sea of Blue：Slain officer Laid to Rest"（"告别警察职业：让牺牲的警官们安息吧"）的文章。

职，他们更惧怕心脏病——警察坚信，他们退休后活不了太久。

警察的特点是团结。表面上看，这是对共性的认可，他们分享常见的困难，应付惹是生非的人，在巡逻时对付和教育坏人，与理解他们言行的人聊天。从更深的层面上看，这是一种身份共享。归根结底，他们都是警察。个性上细微的差异在群体中消失：警察在彼此间找到共性。一位警官从爱达荷州的高地沙漠被调到乔治亚州大西洋岸港口城市萨凡纳市的穷街陋巷，想找出他们之间的差异不费时日。可是他们的共性不会因细微的地域差异而消失。这一点在警察的象征物上得以表现：徽章、盾形肩章、传统的兄弟情谊，以及不受推理、逻辑影响的忠诚。警察间的兄弟情谊来自警察工作对安全的需求，而且这种情谊只在内部建立。只有警察理解警察。清晨，警察穿上制服，他（她）站在镜子前，看到的镜中警察也在看他（她）。

团结是一种感情，尽管"感情"一词过于狭隘。团结不是一种标志，尽管它由强大的"警察""他者"等象征和词汇所支撑。正如道格拉斯（Douglas，1986 年）所说，团结是指个体愿意为更大的集体受苦，同样，其他集体成员也甘愿为他们受苦。产生团结的社会纽带是"不容置疑地执行任务"（道格拉斯，1986：1）。

尽管人们经常提到警察团结的影响力，但是这种影响力没有被很好地理解。其令人惊叹的力量起源于社会道德规范，警察的价值观就是建立在这种道德规范基础上的。警察的工作就是在巡逻时，对这些价值观进行蒸馏和发酵。在执法领域，体制性价值观是最不可抗拒的，我们对神圣事物的观念最为强烈，我们对正确道德的关注最为确定（道格拉斯，1986）。

当然，警察是公众道德的守卫。警察体现的是捍卫道德的正义；他们将自己视为美国生活方式的哨兵。① 任何受人信任的人，都需要或者自愿作出某种牺牲，因为他们清楚地知道社会纽带的力量（道格拉斯

① 道格拉斯指出："……正义的观念至今仍然顽固地令人感到困惑不解，并且仍然倔强地难以进行分析解读。如果我们曾经想要面对我们机构的压力，这也是最难进行这种尝试的地方，机构里的阻力是最强大的。"正如她所指出的那样，这就是迪尔凯姆（Durkheim）所说的"惊恐学说"（doctrine of the scared）。

1986 年）。当警察的工作面临着人们的质问，也就意味着人们对犯罪控制机制本身的道德性产生疑问时，警察就没有多少心理空间来对他们的工作提出诸多问题。国家要求警察在进行领地控制时保持绝对的忠诚：质问正义就是怀疑警察的工作。质问公众道德会给社会带来危险，也让自己成为众矢之的。对警察来说，此种行为不仅有害，甚至违背道德。

警察要有极高的道德规范。在文化范畴内，道德规范具有绝对性。切罗基人保尔·麦克唐纳（Cherokee Paul McDonald）在他的著作《蓝色的真理》（*Blue Truth*）（1991 年）一书中就抓住了这种精神要旨，他在封皮上写道：

> 道歉？
>
> 让我……道歉？
>
> 让我给你点提示吧：
>
> 绝不！
>
> 即使我做错了，
>
> 也是出于正确的原因。

没有人会与社会背道而驰，这是不容置疑的道德规范。而没有什么能比杀死一名警察更为严重地侵害到道德规范。

一名警察遇害，在这蓝色之海中，就如同掀起一场洋流。没有比这更为严重的侵犯，没有比这更加卑鄙的行为。它对文化的损害极大，就如同当头棒喝。在这一瞬，警察输掉了一场战斗。当坏人取胜，人们会 354 质疑警察作为社会守卫的基本合法性。

葬礼仪式是用于重建警察权威和权力的仪制。葬礼仪式在个人的层面上，向出席的警察传达了有关一个殉职警官的强烈正义感；也向非警察的出席者展示了警察是社会道德前线的火炬手，从而象征性地构建警察权威。这里所指的葬礼仪式可谓引线。在葬礼的过程和展示团结的仪式中，集体想法和信仰得到彰显。在文化层面上，葬礼是向警察象征重新注入动力。所有重要的象征都得以展现，都得到这蓝色海洋的庆祝。葬礼的每一个环节——走向墓地、对已故警察献礼、护旗队的出席——所有的组成部分都是对警察强大象征的祈祷。葬礼仪式是警察文化以一种悲剧的方式庆祝警察身份的活动。

在彰显警察忠诚度上，任何一种仪式都比不上在职警察的殉职。这种极富传统且带有象征意义的事件，用一种与众不同的方式将警察约束在一起。一位殉职警察的葬礼增强了那些宣誓保卫社会的警察的联结纽带，而也正是他们保卫的社会夺走了他们敬爱的同事的生命。团结精神在警察葬礼上得到彰显。正如格尔茨指出，葬礼仪式就是"事物本身"，是一种建立在警察文化道德和社会目的合法化基础上的权力。

警察葬礼体现出来的团结不仅仅是一个学术概念，还是一个有体有形的实体。"蓝色之海"（A sea of blue）这一比喻词恰当地表达出了那种汹涌的能量。要想体验蓝色海洋的力量，就需要从头理解其含义，对一些警察来说可能也是第一次理解成为警察意味着什么。很多警察从来没有感受过蓝色海洋的力量。但是在葬礼上，出席者无不为之动容。这种力量如此明显又动人心弦，它将穿着蓝色制服的警察以深奥的方式聚到一起。葬礼恰巧将单调乏味的时刻混合在一起，人们可能无所事事地站着，希望有人递上香烟或者啤酒，然后明白"现在我知道这是干什么了"。下面是贝克（1985 年）的描述：

> 这时，罗萨达警官的棺材又出现在我们眼前，我们静默地站着，用手捂着胸口。小号手吹响了乐章的前三个音符，这时前警察中尉说："上帝，我讨厌他们吹那个垃圾音乐。"后来，人群像放学的孩童一样四处散开，那些不需要上班的警察去了酒吧，来自其他辖区和州的警察就找乐子去了（贝克，1985：342）。

一位曾在军事葬礼中担任护枢者的同事也表达过类似的情绪。他评论说，葬礼的繁文缛节让人禁不住想早点结束。但是，当折叠好的旗帜递交到死者家属的手中时，他又深深地体会到为何自己会出席，为何会成为警察兄弟的一分子。

警察之间不可避免的社会地位差异是警察关系的特点，这些差异会在葬礼上出现，但是呈现出更大的规模，因为来自不同警局的警察，他们会区分彼此。葬礼上一个主要环节就是展示不同辖区的巡逻车和他们最新的器械装备。贝克指出，葬礼有普通的一面，也有神圣的一面：

"你出于尊敬而出席葬礼，但是当葬礼一结束，警察就开始聚在一起讨论他们最近枪击的坏人，或者是被他们揍得屁滚尿流的坏人。十分钟之后，每个人就开始参观其他州的警车了"（贝克，1995：342）。

诸如此类的行为和葬礼的程序一样，都是团结精神的表达。在葬礼上，观念、故事、传统习俗交织混杂在一起，机构内部文化也混合一体。不同警察局的人了解到了其他人在干什么。蓝色之海使不同机构的文化广泛地相互融合。在对他们来说意义非凡的日常生活中，警察们互相认可。

对于警察而言，殉职警察的葬礼有着职业上的深层涵义。对仪式的想象，对职业任务的执行和对神圣的警察象征的展示，都给以同事殉职为开端的心灵之旅画上句号。当警官一起来到葬礼，团结的仪式和大队列的象征带着个体意义。透过绷着黑纱的徽章、旗帜、挽歌以及军礼等象征，警官能够感受到自己是一个整体的一部分——他们是警察，这样极好。

尽管这些信息带有集体色彩，也具有强烈的个人色彩。葬礼仪式带给所有警察及其家庭带来安慰，同时表达对一个逝去的警察的尊敬，也是对所有健在警察的尊敬。每个人都想："这将是我被最爱我的人记住的方式"。在岗殉职意味着，警察作为集体的一分子还继续活着，直到永恒。一位英雄的逝去，给整个文化带来了鲜活生机。

葬礼是演给公众看的戏剧。很少有作者谈论警察葬礼，这的确令人诧异。曼宁（1977 年）重点关注警察葬礼中象征性的部分。尽管他认识到葬礼给文化注入了新的动力，[①] 但是曼宁更关注葬礼的文化象征。他认为，葬礼传达出的信息是针对公众的，并起着形象构建的作用。葬礼是一场戏剧：他们演绎着强大的文化主题，向公众传达重要的信息。警察葬礼中固有的强大象征强化了警察在公众中的形象、职业和社会角色。

曼宁提出了葬礼中对公众有着象征意义的五个方面。第一，在日常

---

① 他指出，整个葬礼服务，为警队"重新镀上道德纽带的烙印，阐释社会规范，作为一种与众不同的道德信念的象征，警察道德值得世人敬重"。

356　生活中，警察的存在具有正义性。警察代表着国家对公民福利的关心，代表着国家干预公民事务的权力。为了公众审查，传统的责任、荣誉、爱国精神和奉献精神得到践行。

第二，大量警察的存在提醒我们，社会控制无所不在。警察不仅大量聚集在一起，而且身着制服，每个警察局都有清晰的标识。葬礼的护旗队来自不同的警察局。有序的聚集、协调的行动、貌似排练过的动作、统一的容貌等都有助于形成公众对此的看法。不同警察局的出席以及到场的大量警察，向公众传达着这样的信息：地方警察局只是一个大群体中的一个部分。

第三，警察代表着绝对的道德规范，葬礼传达了他们加强道德规范的意愿。警察工作不受时间影响，而且不会发生变化：警察必须作好在任何时候任何情况下行动的准备。这种责任感包含的力量创造出一种神圣的形象。而警察的这种责任是国家授予的。有了国家作为警察权力的根基，警察行动和职业行为就很容易有正当的理由。杀害警察损害了国家的权威。葬礼上警察全副武装，作好了英勇就义的准备。如果有人怀疑警察存在的价值，那么就看看蓝色之海吧。

第四，警察殉职削弱了警察压制犯罪、解决问题这一基本准则。警察遇害，似乎象征着警察（和公众）输了战斗，犯罪分子得胜。警察看上去和我们一样脆弱。这样的想法不仅对警察文化来说不可接受，对将警察视为公众守护者的社会也是一样。一件警察遇害事件就如同盔甲上的一个裂隙。权力体系通过葬礼得以重新构建，警察的权威得到重新确认。在局外人看来，同事已故，其他警察从身体到精神都变得更强，似乎是在声明："要想阻拦我们，只有杀光我们。"

第五，警察殉职破坏了社会自身的合法性。当一名警察遇害，人们的怀疑会延伸到所有的警察标志，比如：旗帜、市政印章；这些标志将警察这一职业与范围更广的社会权力模式连接在一起。人们不禁会问，难道警察运用的设备和技术都是摆设吗？枪、警棍、徽章、警察巡洋舰、911系统等设施应该帮助和保护警察的。可是，如果警察的设施都无法保护他们自己，又何谈保护民众呢？

在葬礼上，这些物品都随处可见。当许多警察有力地武装起来，如此清楚地展现在人们面前，人们又怎么能质疑警察的武力呢？在游行中，警察巡洋舰让人们叹为观止，它们毫无疑问是为好人服务的。因此葬礼揭示了社会控制的最主要事实：遇害警察在精神上永存，我们会为他复仇。一名警察可能遇害，但是蓝色之海不会受阻，我们对杀手绝不姑息。

葬礼为警察而办。葬礼仪式不仅只有象征意义。警察放眼蓝色之海，看到了他们在生者中的未来。文化是最直接最有力的存在。葬礼囊括了所有警察有力和团结的象征。

葬礼仪式承载着强大的象征意义。它们是表里如一、在庄严的场合展现出来的团结精神。警察聚在一起，他们共同表现出来的团结精神就是"事物本身"。纽约市两万名警察出席葬礼不需要发出任何通知。警察怀着同样的悲伤，也重新确认警察之间的纽带。没有任何共有的消息可以比得上共有的情感。蓝色之海在失去同事的悲伤中和对自我身份的确认中团结一致。在传统习俗中表现出来的团结精神，也在警察葬礼中得到加强。

葬礼是集体悲伤。所有烦扰我们的事情中，最让人难以接受的莫过于朋友去世。人类不善于处理死亡事件。出席葬礼的警察寻求团结精神来驱除失落感。"一个警察离世，我们所有人内心都缺了一块儿。"（格林，1991 年）"当一名警察殉职时，意味着我们所有人的生命都丧失了一部分。"（施密特［Schmitt］，1989 年）"一名警察殉职，其他警察的生命也会有一部分随之而去——这太恐怖了。"（施密特，1989 年）"我们同在一艘船上，他们是朝向我们所有人开枪。我们必须团结一致。"（詹宁斯［Jennings］，1990 年）

这些话都是关于警察遇害的，但是每一句传达的不仅仅是死亡这件事情本身。一个人的死亡，所有人感同身受。一场葬礼也是有形的"事物本身"，尽管它可能是某些象征的终止。正如死亡本身，它可以是客观理智的，也可以是感情强烈的。警察殉职不是象征性的仪式所能涵盖的，人们心怀痛苦，深受困扰。因此，葬礼也让人承受折磨。

葬礼弥漫着团结、统一和友谊的气息。私人友谊不是强烈感情的前提，葬礼所引发的感情，在文化背景下是无处不在的。"我认为，你认

357

不认识他无关紧要。今天我感觉自己是葬礼的一部分，那是一种同事友谊。"（普里斯特［Priest］和詹金斯［Jenkins］，1989 年）纽约市市长鲁道夫·朱利安尼（Rudolph Guiliani）也深谙这种团结精神，他"向纽约警察局一位遇害警察的家属承诺，蓝色之海将包围着他们……并且永远不会蒸发殆尽。"（马丁，1994 年）另一位殉职警察的遗孀也得到承诺："今天当你从走出教堂的时候，我希望你能看看蓝色之海。他们全部都在，因为他们爱着你及你的孩子……我想向你承诺：尽管他离我们而去，我们永远不会忘记他。"（海维希［Hevesi］，1994 年）一位参加了殉职警察葬礼的警察也描述了此刻的悲伤，她同死者毕业于同一个警察学院，她说："我失去了一位好友，我心里非常难过。"（里德和米勒，1995 年）

26.1 团结的动力：机构参与、象征物和仪式

团结精神的表现形式超越了被害警察所属机构的管辖界限，有时超越了警察局、城市、州，甚至是国家的界限。来自四面八方的警察机构的成员舟车劳顿，共同纪念去世的同事，有时葬礼会来上千人。这其中有"穿着绿灰色制服的新罕布什尔州的警察，有身穿鲜红色制服的加拿大皇家骑警，有来自康涅狄格州、阿拉巴马州、宾夕法尼亚州的灰色制服警察，还有来自新泽西州、马萨诸塞州、密歇根州和印第安纳州的身穿蓝色制服警察。"（斯密特，1989 年）

出席的人数极多，这也加强了警察之间的团结。请注意下列对出席警察葬礼的人的描述："上千名 FBI 警察在监视嫌疑犯期间为遇害人员默哀"（史密斯，1994），"近四千名警察向遇害副局长致哀"（凯茨，1994），"两千五百名警察出席甘茨的葬礼"（罗扎诺［Lozano］，1994），以及"四千人纪念'陨落英雄'警察"（维尔戈伦［Wilgoren］，1993）。有如此庞大数量的警察出席，葬礼所流露出的支持、关心和团结令人震惊。

葬礼上的团结不能消解所有的藩篱：除了遇害警察的家属，其他公众不被允许参加葬礼。尽管警察的葬礼是一件社会性事件，但是对局外

人却传达出一种陌生感。警察对公众的疏离感一直延续到已故警察的纪念葬礼上。这种情感体现在葬礼仪仗队从葬礼地运至华盛顿市公墓的路途上（梅耶，1994 年）。在送葬途中，道路和一部分高速公路需要关闭，保障长达一英里的送葬仪仗队通过。民众与仪仗队被隔离开来，伫立在路边，他们静默地观看着仪仗队，这样的场景突出了警察和公众之间的疏远。

传统和象征意义丰富的仪式在警察葬礼中显而易见。警察的徽章上缠着黑丝带，向已故同事致哀的警察的胳膊上也绑着黑丝带。送葬队伍前进，葬礼安息号吹响，风笛演奏着"天赐恩宠"（Amazing Grace），直升机按照编队飞行，警察葬礼传统的 21 声枪响鸣响，向逝去的警察致敬（梅耶，1994 年）。人们可以看到写着已故警察徽章编号的花圈，带着白手套的警察齐刷刷地敬礼，摩托车也组成队列送葬（海维希，1994年）。这些标志的意义就是警察。警察是什么，不是用来理解的，而是用来感受的。警察出席的人数之多和警察标志的多样性所体现出的团结，给警察文化注入了生命力。

以下是对警察葬礼的各种描述。我整合这些描述的目的在于，提供对团结的文化感知，而这种文化感知是由警察传统中丰富的象征所引发的。这是警察文化的最后内容：感受这些才能开始理解。

359

> 昨天，警察鲜绿色社会成员乐队的军鼓手穿着蓝色金色的苏格兰短裙，他们用一条黑布蒙着鼓面，鼓声发出独特的呜咽声，就像远处传来的雷声（萨克，1989）。

> 在蒙着的鼓和风琴演奏出的呜咽的'天赐恩宠'中……4000名警察肃然站立，当灵车驶过，停在罗马式基督教堂前时，他们齐刷刷行军礼。一辆载着鲜花和花圈的轿车行驶在灵车前，车上的一个花圈上写着殉职警察的徽章编号。

> 经过严格训练的六名仪仗队警察，肩抬灵柩走进教堂，他们戴着白手套的手叠放在肩头（海维希，1994）。

> 在他们旁边是穿着各式制服的警察仪仗队，有来自新罕布什尔州的、身穿绿灰色制服的警察，有来自加拿大的身穿红色制服的皇家骑警，有来自康涅狄格州、阿拉巴马州、宾夕法尼亚州和新泽西

州的身穿灰色制服的警察，以及来自马萨诸塞州、密歇根州和印第安纳州的身穿蓝色制服的警察（汉利［Hanley］，1994）。

教堂周围有无数身着统一蓝色制服的警官，他们神情忧郁。在这蓝色之海，戴着白手套的警察，齐刷刷地行军礼。出席的警官所佩戴的徽章上覆着黑丝带，在警察局，黑色花圈和胳膊上缠着的黑丝带象征着一位警察的殉职（费尔斯通，1994）。

教堂内，在褪色的玻璃窗下，穿着制服的警官围在灵柩前，听着牧师对殉职警官的称颂：他正直专注，作出了最后的牺牲。牧师选读了他任职期间获得的无数荣誉（摩根，1989）。

随后，隆隆作响的百名警察巡舰队和摩托车队护送灵柩到达墓地。远道而来的其他警察局开着带有各自标志的警车，以时速5公里的速度缓缓通过，车顶闪烁着蓝色、红色的闪光灯（里德和米勒，1995）。

部分首都环线和送葬队伍沿线上的其他道路临时封闭，以保障仪仗队通过（迈耶，1994）。

葬礼上，殉职警员的遗孀悲痛万分，拿着递上来的国旗，覆盖在丈夫的灵柩上。她被穿着庄严的蓝色制服形成的海洋包围着，他们金色的徽章在阳关下熠熠生辉。人们告诉她，这蓝色之海永远不会蒸发殆尽。警察用21发枪声纪念已故警察，执法直升机编队在空中盘旋。最后，在一名军鼓手24下鼓声中，殉职警官的棺材缓缓入土（马丁，1994）。

360

上面的描述融合了象征和仪式：编队的警察、演奏"天赐恩宠"的风笛、蒙着的鼓、齐刷刷的敬礼、遮住警察徽章的黑丝带、缠在胳膊上的黑丝带、警车上的花圈、警服构成的海洋、送行的警察巡舰队和摩托车队列、红蓝色的警车闪光灯、美国国旗、终极献身的挽歌、21枪的敬礼、风琴中演奏的哀歌、奏响安息号的喇叭手。这些象征向局外人传达出强大的意义，但公众绝非出发点。这些象征和仪式都针对警察，并在警察身上激发最强烈的感受。

以上出现在对警察葬礼的描述中的象征全都与警察和殉职警察有关。它们强调了这个职业所体现的同一性和警察所共有的特点。从整体上看，它们是对权力的宣示，警察文化中的团结也因此重焕生机并成为中心。所有赋予警察职业意义的文化涵义、传统和文化主题都在葬礼上得到强化。哀悼个体的象征是在为集体庆祝，这其中传达出来的就是成为一名警察意味着什么。死亡成为一件圣事：因其具有丰富的象征和复杂的仪式，警察与遇害同事血脉相通。警察个体的身份丢失了，但是一位英雄永远活着。他的死亡对警察文化是一个沉重的打击，但是他的葬礼却充满着仪式和骄傲的传统，使得文化得以复活。作为个体，他得到人们的哀悼，但是作为一名警察，他在繁多的警察象征中，因警察的正义性得到庆祝。葬礼仪式中的所有含义都是集体的：文化是富象征意义的有形实体。它存活着，充满生机。这就是警察。

26.2　一例普通的葬礼

2002 年，6 月 21 日，美国爱达荷州南帕市的阿兰·克里奇长官在一场飞机失事中死亡。对于事故来说，这再平常不过了。在锯齿峰、危险的高山区和深谷，风力变化和温度变化是极为典型的。谈论一起普通的警察死亡事件似乎很奇怪。这是一个没有感情色彩的短语，缺少纪念警察的激情，缺少对警察作为人的方面和文化载体的纪念。但是，对警察和其他市民来说，死亡的形式形形色色，或早或晚，有时可以预料，有时又出乎意料。

文化见于每天，而死亡也可能在任何一天抓住我们。不能因为警察是因嫌疑犯谋害，就说这是一种警察文化。大多数警察的死亡与陌生人暴力行为关联甚少。但是，他们选择的生活方式——警察、社区成员、文化工作者——为他们的死亡提供了背景。正是从文化生活到肉体死亡的过渡中，我们理解了作为一名警察的普通性，以及警察文化的特别之处。

2002 年，6 月 21 日，美国爱达荷州南帕市的艾伦·克里奇（Alan Creech）长官和预备警官马克·休普（Mark Hupe）在锯齿峰附近高耸的森林上空侦察教会营会。目击者称，他们驾驶的比奇飞机试图着陆，然后又试着爬高。但是飞机引擎突然起火，飞机刮着一些树，然后尾翼

361

掉落，随后飞机跌落燃烧。两位警察双双丧命。

克里奇的命运刚开始颇为坎坷。他在一所看护所长大，后来他确定了人生的中心主题：同情穷人和被害人的苦难。克里奇在工作上一级一级地晋升。在他年轻的时候，他就以"撞车大王克里奇"出名，因为他很容易将巡逻车弄坏。一名警官说，克里奇损坏车辆的频率加快了其侦查能力的提升速度——警察局都要付不起维修费了。

6月21日，人们为他们二人举办了一场纪念仪式。仪式举办前，来自警察局的警车仪仗队跟在灵柩车之后，穿过整个地区。整个仪式是一个传统的送别殉职警察的仪式，有风笛、鼓和旗帜。仪式在爱达荷州市政中心前举办，在市政中心前，摆放着很多花束和两位警察的大照片。护旗队来自周围的警察局。

人们在葬礼上的怀念演讲诉说着克里奇的人身点滴，作为一名文化制造者和文化承载者意味着什么——是对社区生活的积极参与，是在政治和种族领域的工作中获得认可。他曾经在南帕的男孩女孩俱乐部工作，担任第一公理教会的篮球队教练，是朝圣者湾营地委员会的共同主管，也曾在南帕雄狮俱乐部任职，并且他参加了许多使他融入社区道德生活的活动。

他在人们眼中是"丈夫、父亲、祖父、露营公司主管、警察、执事、法律顾问、玩笑家以及狂热的露营爱好者。"（福雷斯特［Forester］，2002年）他被人们当作拉丁美洲人的拥护者，正如一位参与葬礼的人说，他的逝世对拉美社区是一个打击。在克里奇去世前，他曾回到博伊西州立大学攻读刑事司法方面的博士学位。总结怀念者的言辞，我们可以理解为何警察文化会与当地市政文化如此完美地结合在一起，一个人在很多时候都是别人的镜子。

葬礼在警方无线电台最后播放的集合号声中结束，无线电台让音效效果得到加强，这样三千名出席葬礼的人都可以听到：

300班和382班在10－42轮班执勤期（警察通常的值班期）的警察列队完毕。300班和382班是最后的1－42轮班序列。

362

后　记

　　那位警官看了一眼前窗的镶板。他手里端着一杯给他力牌运动饮料，然后，从冷却器旁边转过去。他步行穿过离窗户最近的过道，朝商店的前面走了过来。我短暂地瞥了一眼他的眼睛。但是他没有与我的目光对视，或者与我打招呼。他知道我是安全的。我属于"其他人"，但不危险。他没有放过任何可疑的细节。当然，他知道我什么时候走进商店。毕竟这里是拉斯维加斯，我们都在一个危险的地方，这是一个满不在乎，甚至是胆大妄为的城市。我买了一杯果汁，付了钱后，我走进了明亮的拉斯维加斯的夜空里，希望永远不要发生将我们各自行经的道路连接在一起的不测事件。

　　　　约翰·克兰克（John P. Crank）　　365

参考文献

[1] Adams, Ronald J. (1980). *Street Survival: Tactics for Armed Encounters.* Northbrook, IL: Calibre Press.

[2] Ahern, James (1972). *Police in Trouble: Our Frightening Crisis in Law Enforcement.* New York, NY: Hawthorn Books.

[3] Allen, David N. and Michael G. Maxfield (1983). "Judging Police Performance: Views and Behavior of Patrol Officers." In Richard R. Bennett (ed.) *Police at Work: Policy Issues and Analysis*, pp. 65 – 86. Perspectives in Criminal justice 5. Beverly Hills, CA: Sage.

[4] Alpert, Geoffrey and John MacDonald (2001). "Police Use of Force: An Analysis of Organizational Characteristics." *Police Quarterly*, 18 (2): 393 – 410.

[5] Angell, John (1971). "Toward an Alternative to the Classic Police Organizational Arrangements: A Democratic Model." *Criminology*, 9: 185 – 206.

[6] Appadurai, A. (1988). "Putting Hierarchy in its Place." *Cultural Anthropology*, 3 – 1.

[7] Arrigo, Bruce and Karyn Garsky (1997). "Police Suicide: A Glimpse Behind the Badge." In R. Dunham and G. Alpert (eds.) *Critical Issues in Policing: Contemporary Readings*, Third Edition, pp. 609 – 925.

[8] Auten, James H. (1985). "The Paramilitary Model of Police and Police Professionalism." In A. Blumberg and E. Niederhoffer (eds.) *The Ambivalent Force*, Third Edition, pp. 122 – 132. NewYork, NY: Holt, Rinehart and Winston.

[9] Bahn, C. (1984). "Police Socialization in the Eighties: Strains in the Forging of an Occupational Identity." *Journal of Police Science and Administration*, 12 (4): 390 – 394.

[10] Baker, Mark (1985). *Cops: Their Lives in Their Own Words.* New York, NY:

Pocket Books.

[11] Balch, Robert (1977). "The Police Personality: Fact or Fiction?" In D. Kennedy (ed.) *The Dysfunctional Alliance: Emotion and Reason injustice Administration*, pp. 26 – 46 Cincinnati, OH: Anderson Publishing Co. 367.

367

[12] Barker, Joan (1999). Danger, Duty, and Disillusion: *The Worldview of the Los Angeles Police Officers*. Prospect Heights, IL: Waveland Press.

[13] Barker, Thomas (1978). "An Empirical Study of Police Deviance Other Than Corruption. " *Journal of Police Science and Administration*, 6 – 3: 264 – 272.

[14] Barker, Thomas and David Carter (1994). "Police Lies and Perjury: A Motivation – Based Taxonomy. " In T. Barker and D. Carter (eds.) *Police Deviance*, Third Edition, pp. 139 – 153. Cincinnati, OH: Anderson Publishing Co.

[15] Barker, Thomas, Rodney N. Friery, and David L. Carter (1994). "After L. A. , Would Your Local Police Lie?" In T. Barker and D. Carter (eds.) *Police Deviance*, Third Edition, pp. 155 – 168. Cincinnati, OH: Anderson Publishing Co.

[16] Barlow, David and Melissa Barlow (2000). *Police in a Multicultural Society: An American Story*. Prospect Heights, IL: Waveland Press.

[17] Bayley, David (1969). *The Police and Political Development in India*. Princeton, NJ: Princeton University Press.

[18] Bayley, D. and Egon Bittner (1989). "Learning the Skills of Policing. " *Law and Contemporary Problems*, 47: 35 – 59.

[19] Bell, Katherine, (1992). *Ritual Theory, Ritual Practice*. New York, NY: Oxford University Press.

[20] Bellah, Robert N. , Richard Madsen, William M. Sullivan, Ann Swidler, and Steven M. Tipton (1985). *Habits of the Heart*. Berkeley, CA: University of California Press.

[21] Berger, Peter and Thomas Luckmann (1966). *The Social Construction of Reality*. Garden City, NY. Doubleday.

[22] Berman, Jay S. (1987). *Police Administration and Progressive Reform: Theodore Roosevelt as Police Commissioner of New York City*. New York, NY. Greenwood Press.

[23] Betz, Joseph (1988). "Police Violence. " In EA. Elliston and M. Feldberg (eds.) *Moral Issues in Police Work*, pp. 177 – 196. Totowa, NJ: Rowman and Allanheld.

[24] Bittner, Egon (1990). *Aspects of Police Work.* Boston, MA: Northeastern University Press.

[25] Bittner, Egon (1970). *The Functions of Police in Modern Society.* Washington, DC: National Institute of Mental Health.

[26] Black, Donald (1980). *The Manners and Customs of the Police.* New York, NY: Academic Press.

[27] Black, Donald (1973). "The Mobilization of Law." *Journal of Legal Studies,* The University of Chicago Law School, Volume II: 125 – 144.

[28] Blumberg, Mark (1989). "Controlling Police Use of Deadly Force: Two Decades of Progress." In R. G. Dunham and G. Alpert (eds.) *Critical Issues in Policing: Contemporary Readings.* Prospect Heights, IL: Waveland Press.

[29] Bonifacio, Philip (1991). *The Psychological Effects of Police Work: A Psychodynamic Approach.* New York, NY: Plenum Press.

[30] Bordua, David J. and Albert J. Reiss (1986). "Command, Control, and Charisma: Reflections on Police Bureaucracy." In M. Pogrebin and R. Regoh (eds.) *Police Administrative Issues: Techniques and Functions.* Millwod, NY: Associated Faculty Press.

[31] Bourdieu, Pierre (1977). *Outline of a Theory of Practice.* London: Cambridge University Press.

[32] Bourdieu, E. and L. Wacquant (1992). *An Invitation to Reflexive Sociology.* Cambridge: Polity Press.

[33] Bouza, Anthony (1990). *The Police Mystique: An Insider's Look at Cops, Crime, and the Criminal justice System.* New York, NY: Plenum Press.

[34] Bracey, Dorothy (1976). *A Functional Approach to Police Corruption.* New York, NY: Criminal Justice Center, John Jay.

[35] Brewer, J. (1990). *Inside the URC.* Oxford: Clarendon.

[36] Brooks, Pierce (1975). "… Officer Down, Code Three." Schiller Park, IL: Motorola Teleprograms.

[37] Brown, Michael K. (1981). *Working the Street: Police Discretion and the Dilemmas of Reform.* New York, NY: Russell Sage Foundation.

[38] Bureau of Justice Fact Sheet (1995). "Public Safety Officers' Benefits Program." *National Criminal Justice Reference Services.* Washington, DC: U. S. Department of

368

Justice.

[39] Burke, Kenneth (1969). *A Grammar of Motives*. Berkeley, CA: University of California Press.

[40] Caldero, Michael (1997). "Value Consistency Within the Police: The Lack of a Gap." Paper presented at the Annual Meeting of the Academy of Criminal Justice Sciences, Louisville, Kentucky.

[41] Caldero, Michael (1995). "Community Oriented Policing Reform: An Evaluation and Theoretical Analysis." Doctoral Dissertation.

[42] Calson, Daniel (2002). *When Cultures Clash: The Divisive Nature of Police – Community Relations and Suggestions for Improvement.* Upper Sadde River, NJ: Prentice – Hall.

[43] Carter, David (1994). "A Taxonomy of Prejudice and Discrimination by Police Officers." In T. Barker and D. Carter (eds.) *Police Deviance*, Third Edition, pp. 247 – 264. Cincinnati, OH: Anderson Publishing Co.

[44] Chambliss, W and R. Siedman (1971). *Law, Order and Power. Reading*, MA: Addison – Wesley.

[45] Chapman, Samuel G. (1986). *Cops, Killers and Staying Alive.* Springfield, IL: Charles C. Thomas.

[46] Chan, Janet (1996). "Changing Police Culture." *British Journal of Sociology*, 36 (1): 109 – 134.

[47] Chan, Janet (1997). *Changing Police Culture: Police in a Multicultural Society.* Melbourne: Cambridge University Press.

[48] Chan, Janet (2001). "Negotiating the Field: New Observations on the Making of Police Officers." *The Australian and New Zealand journal of Criminology*, 34 (2): 114 – 133

[49] Chevigny, Paul (1995). *Edge of the Knife: Police Violence in the Americas.* NewYork, NY: The New Press.

[50] Chevigny, Paul (1969). *Police Power.* New York, NY: Pantheon Books.

[51] Christensen, Wendy and John Crank (2001). "Police Work and Culture in Non – Urban Setting: An Ethnographic Analysis." *Police Quarterly*, 4 (1): 69 – 98.

[52] Christie, N. (1994). *Crime Control as Industry: Toward Gulags, Western Style.* New York, NY: Routledge.

369

[53] Christopher, Warren and the Independent Commission on the Los Angeles Police Department (1991). *Report of the Independent Commission on the Los Angeles Police Department*.

[54] CNN (2000). "Report faults LAPD Culture for Corruption". September 11. www. cnn. copm/2000/US/09/11/lapd. report/.

[55] Corcoran, James (1990). *Bitter Harvest*. New York, NY: Viking Books.

[56] Coser, Lewis (1956). *The Functions of Social Conflict*. New York, NY: The Free Press.

[57] Costello, Augustine E. (1972). *Our Police Protectors*, Third Edition. Montclair, NJ: Patterson Smith.

[58] Cox, Terry C. and Mervin E White (1987) "Traffic Citations and Student Attitudes Toward the Police: An Examination of the Interaction Dynamics." *Journal of Criminal Justice*.

[59] Crank, John (2003). *Imagining Justice*. Cincinnati, OH: Anderson Publishing Co.

[60] Crank, John E (1997). "Celebrating Agency Culture: Engaging a Traditional Cop's Heart in Organizational Change." In Q. Thurman and E. McGarrell (eds.) *Community Policing in a Rural Setting*, pp. 49 – 57. Cincinnati, OH: Anderson Publishing Co.

[61] Crank, John P (1996). "The Construction of Meaning During Training for Parole and Probation." *Justice Quarterly*, 31 (2): 401 – 426.

[62] Crank, John (1995). "The Community Policing Movement of the 21st Century: What We Learned." In J. Klofas and S. Stojovic (eds.) *Crime and Justice in the Year* 2010, pp. 107 – 126. Albany, NY: Wadsworth Publishing.

[63] Crank, John P (1994). "Watchman and Community: A Study of Myth and Institutionalization in Policing." *Law and Society Review*, 28: 2.

[64] Crank, John P (1992). "Police Style and Legally Serious Crime: A Contextual Analysis of Eight Municipal Police Departments." *Journal of Criminal Justice*, 20 – 5: 401 – 412.

[65] Crank, John and Michael Caldero (2000). *Police Ethics: The Corruption of Noble Cause*. Cincinnati, OH: Anderson Publishing Co.

[66] Crank, John P and Michael Caldero (1991). "The Production of Occupational Stress Among Police Officers: A Survey of Eight Municipal Police Organizations in

Illinois." *Journal of Criminal Justice*, 19 – 4: 339 – 350.

[67] Crank, John P and Robert Langworthy (1996). "Fragmented Centralization and the Organization of the Police." *Policing and Society*, 6: 213 – 229.

[68] Crank, John R and Robert Langworthy (1992). "An Institutional Perspective of Policing." *The Journal of Criminal Law and Criminology*, 83: 338 – 363.

[69] Crank, John P, Betsy Payne, and Stanley Jackson (1993). "Police Belief – Systems and Attitudes Regarding Persistent Police Problems." *Criminal Justice and Behavior*, 202: 199 – 221.

[70] Crank, John P and Lee Rehm (1994). "Reciprocity Between Organizations and Institutional Environments: A Study of Operation Valkyrie." *Journal of Criminal Justice*, 225: 393 – 406.

[71] Crime Commission (see Presidents Commission on Law Enforcement and the Administration of Justice).

[72] Cullen, Francis, Bruce Link, Lawrence T. Travis, and Terrence Lemming (1983). "Paradox in Policing: A Note on Perceptions of Danger." *Journal of Police Science and Administration*, 11: 457 – 462.

[73] Cumming, Elaine, Ian Cumming, and Laura Edell (1985). "Policeman as Philosopher, Guide, and Friend." In A. Blumberg and E. Niederhoffer (eds.) *The Ambivalent Force*, Third Edition, pp. 212 – 220. New York, NY: Holt, Rinehart and Winston.

[74] David, Deborah and Robert Brannon (1976). *The Forty – Nine Percent Majority. The Male Sex Role*. Reading, MA: Addison – Wesley.

[75] Davies, Robertson (1994). *The Cunning Man.* New York, NY: Penguin Books.

[76] Davies, Robertson (1975). *World of Wonders.* New York, NY: Penguin Books.

[77] DeMichele, Matthew (2001). "Community Policing in Battle Garb: A Paradox or Coherent Strategy?" In E Kraska (ed.) *Militarizing the American Criminal justice System*, pp. 82 – 101. Boston, MA: Northeastern University Press.

[78] DiCristina, Bruce (1995). *Method in Criminology: A Philosophical Primer.* New York, NY: Harrow and Weston Publishers.

[79] DiMaggio, Paul (1991). "Interest and Agency in Institutional Theory." In W Powell and P. DiMaggio (eds.) *The New Institutionalism in Organizational Analysis*, pp. 3 – 19. Chicago, IL: University of Chicago Press.

370

[80] Dobash, R. E. and R. P Dobash (1992). *Violence, Women, and Social Change.* New York, NY: Routledge.

[81] Doerner, William G. (1985). "I'm Not the Man I Used to Be: Reflections on the Transition From Prof To Cop." In A. S. Blumberg and E. Niederhoffer (eds.) *The Ambivalent Force: Reflections on the Police, Third Edition*, pp. 394 – 399. New York, NY. Holt, Rinehart and Winston.

[82] Domanick, Joe (1994). *To Protect and Serve: The LAPD's Century of War in the City of Angels.* New York, NY: Pocket Books.

[83] Douglas, Mary (1986). *How Institutions Think. Syracuse*, NY. Syracuse University Press.

[84] Dunlap, Charles (2001). "The Thick Green Line: The Growing Involvement of Military Forces in Domestic Law Enforcement" In E. Kraska (ed.) *Militarizing the American Criminal Justice System*, pp. 29 – 42. Boston, MA: Northeastern University Press.

[85] Durkheim, Emile (1966). *The Division of Labor in Society.* Translated by George Simpson. New York, NY: The Free Press.

[86] Durkheim, Emile (1965). *The Elementary Forms of the Religious Life.* New York, NY: The Free Press. Originally published in 1915.

[87] Eck, J. E. and W Spelman (1987). Problem Solving: Problem – Oriented Policing In Newport News. Washington, DC: National Institute of Justice.

[88] Eco, U. (1984). *Semiotics and the Philosophy of Language.* Bloomington, IN: Indiana University Press.

[89] Edwards, S. (1990). "Violence Against Women: Feminism and the Law." In A. Morris and L. Gelsthorpe (eds.) *Feminism Perspectives in Criminology*, pp. 71 – 101. Philadelphia, PA: Open University Press.

[90] Eller, Jack (1999). *From Culture to Ethnicity to Conflict An Anthropological Perspective on International Ethnic Conflict.* Ann Arbor, MI: University of Michigan Press.

[91] Ericson, Richard V (1991). "Mass Media, Crime, Law, and Justice." *The British Journal of Sociology*, 40: 205 – 226.

[92] Ericson, Richard V (1989). "Patrolling the Facts: Secrecy and Publicity in Police Work." *The British Journal of Sociology*, 40. 205 – 226.

371

400

[93] Ericson, Richard V (1982). *Reproducing Order. A Study of Police Patrol Work.* Toronto, CN: University of Toronto Press.

[94] Feldberg, Michael (1988). "Gratuities, Corruption, and the Democratic Ethos of Policing: The Case of the Free Cup of Coffee." In E. Ellison and M. Feldberg (eds.) *Moral Issues in Police Work*, pp. 267–276. Totowa, NJ: Rowman and Littlefield Publishers, Inc.

[95] Felson, Marcus (1994). *Crime and Everyday Life.* Thousand Oaks, CA: Pine Forge Press.

[96] Fielden, Scott (1995). *Music City Blues.* Johnson City TN: Overmountain Press.

[97] Fine, Gary and Sherryl Kleinman (1979). "Rethinking Subculture: An Interactionist Analysis." *American Journal of Sociology*, 85: 1–20.

[98] Firestone, David (1994, December 7). "Saying a Painful Farewell to a 'Hero for Our Times.'" The *New York Times*, B: 3.

[99] Fletcher, Connie (1991). *Pure Cop.* NewYork, NY: Pocket Books.

[100] Fletcher, Connie (1990). *What Cops Know.* New York, NY: Pocket Books.

[101] Fogelson, Robert M. (1977). *Big-City Police.* Cambridge, MA: Harvard University Press.

[102] Forester, Sandra (2002). "Chief, Reservist Eulogized with Humor, Tears." *Idaho Statesman*, June 28: 1, 5.

[103] Foucault, Michel (1995). *Discipline and Punish: The Birth of the Prison*, Second Edition. Translated by Alan Sheridan. New York, NY. Vintage Books.

[104] Fridell, Lorie and Antony Pate (1997). "Death on Patrol: Killings of American Police Officers." In R. Dunham and G. Alpert (eds.) *Critical Issues in Policing*, Third Edition, pp. 580–608. Prospect Heights, IL: Waveland Press.

[105] Fussell, Paul (1989). Wartime: *Understanding and Behavior in the Second World War.* New York, NY: Oxford University Press.

[106] Fussell, Paul (1975). *The Great War and Modern Memory.* London: Oxford University Press.

[107] Fyfe, James J. (1978). "Shots Fired: A Typological Examination of New York City Police Firearms Discharges, 1971–1975." Unpublished Ph. D. Dissertation, School of Criminal Justice, SUNY Albany, New York.

[108] Garfinkle, Harold (1967). *Studies in Sociology.* Englewood Cliffs, NJ: Prentice–

Hall.

[109] Geertz, Clifford (1983). *Local Knowledge.* New York, NY: Basic Books.

[110] Geertz, Clifford (1980). *Negara: The Theatre State in Nineteenth Century Bali.* Princeton, NJ: Princeton University Press.

[111] Geertz, Clifford (1973). "Thick Description: Toward an Interpretive Theory of Culture." *In The Interpretation of Cultures*, pp. 4 – 30. NewYork, NY. Basic Books.

[112] Geller, William A. and Kevin J. Karales (1981). "Split – Second Decisions: Shootings of and by Chicago Police." Chicago Law Enforcement Study Group.

[113] Geller, William A., Kevin J. Karales, and Michael S. Scott (1991). "Deadly Force: What We Know." In C. Klockars and S. Mastrofski (eds.) *Thinking About Police*, Second Edition, pp. 446. 476. New York, NY: McGraw – Hill.

[114] Gibson, J. W (1994). *Warrior Dreams. Manhood in Post – Vietnam America.* New York, NY: Hill and Wang.

[115] Goffman, Irving (1962). *Behavior in Everyday Places.* Garden City, NY: Anchor Books.

[116] Goffman, Irving (1959). *The Presentation of Self in Everyday Life.* Garden City, NY: Anchor Books.

[117] Goldstein, Herman (1987). "Toward Community Oriented Policing: Potential, Basic Requirements, and Threshold Questions." *Crime & Delinquency*, 33 (1): 6 – 30.

[118] Goldstein, Herman (1979). "Improving Policing: A Problem – Oriented Approach." *Crime & Delinquency*, 25: 236 – 258.

[119] Goolkasian, G. A., R. W Geddes, and W Dejong (1989). "Coping with Police Stress." In R. Dunham and G. Alpert (eds.) *Critical Issues in Policing*, pp. 498 – 507. Prospect Heights, IL: Waveland Press.

[120] Gould, Stephen Jay (1989). *Wonderful Life.* The Burgess Shale and the Nature of History. New York, NY: WW Norton and Company.

[121] Greene, Jack R. and Carl Klockars (1991). "What Police Do." In C. Klockars and S. Mastrofski (eds.) *Thinking About Police. Contemporary Readings*, pp. 273 – 284. New York, NY: McGraw – Hill, Inc.

[122] Greene, Marcia Slacum (1991, October 16). "For Slain Police, 2 Walls of Honor." *The Washington Post*, D: 5.

372

［123］Greenfeld, Lawrence, Patrick Langan, and Steven Smith (1997). *Police Use of Force: Collection of Statistical Data.* Washington, DC: Bureau of Justice Statistics.

［124］Gregory, Kathleen L. (1983). "Native – View Paradigms: Multiple Cultures and Culture Conflicts in Organizations." *Administrative Science Quarterly*, 28 – 3: 359 – 376.

［125］Guyot, Dorothy (1979). "Bending Granite: Attempts to Change the Rank Structure of American Police Departments." *Journal of Police Science and Administration*, 7: 235 – 284.

［126］Haddix, Roger C. (1996). "Responding to Line – of – Duty Deaths." *FBI Law Enforcement Bulletin*.

［127］Hall, John (1999). *Cultures of Inquiry.* From Epistemology to Discourse in Sociocultural Research. Cambridge, UK: Cambridge University Press.

［128］Hall, John and Mary Jo Neitz (1993). *Culture: Sociological Perspectives.* Englewood Cliffs, NT: Prentice – Hall.

［129］Hall, Richard (1968). "Professionalization and Bureaucratization." *American Sociological Review*, 33: 92 – 104.

［130］Hanley, Robert (1990, March 10). "Police Mourn Death of One of Their Own." *The New York Times*, 29.

［131］Harmon, Michael M. (1995). *Responsibility as Paradox: A Critique of Rational Discourse of Government.* Thousand Oaks, CA: Sage.

［132］Harris, Richard (1973). *The Police Academy.* An Inside View. New York, NY: Wiley.

［133］Hartmann, Francis X. (1988). "Debating the Evolution of American Policing." *Perspectives of Policing* #5. Washington, DC: National Institute of Justice.

［134］Heidensohn, E (1992). *Women in Control? The Role of Women in Policing.* New York, NY. Oxford University Press.

［135］Herbert, Steve (1997). *Policing Space: Territoriality and the Los Angeles Police Department.* Minneapolis, MN: University of Minnesota Press.

［136］Herrington, Nancy (1997). "Female Cops – 1992." In R. Dunham and G. Alpert (eds.) *Critical Issues in Policing*, Third Edition, pp. 385 – 390. Prospect Heights, IL: Waveland Press.

373

[137] Hevesi, Dennis (1994, May 1). "Thousands in Brooklyn Mourn Fellow Officers Killed in Chase." *The New York Times*, 35.

[138] Hill, K. and M. Clawson (1988). "The Health Hazards of 'Street Level' Bureaucracy: Mortality Among the Police." *Journal of Police Science and Administration*, 16: 243 – 248.

[139] Hunt, J. (1990). "The Logic of Sexism Among Police." *Women and Criminal Justice*, 1: 3 – 30.

[140] Hunt, Raymond G. and John M. Magenau (1993). *Power and the Police Chief: An Institutional and Organizational Analysis*. Newbury Park, CA: Sage.

[141] Jennings, Veronica (1990, April 3). "3, 000 Salute Trooper." *The Washington Post*, E: 1.

[142] Johnson, Patricia (2000). *On Gadamer*. Wadsworth Philosophical Series. New York: Wadsworth.

[143] Kaplan, Robert (1998). "Travels into America's Future." *Atlantic Monthly*. August.

[144] Kappeler, Victor. E. (1993). *Critical Issues in Police Civil Liability*. Prospect Heights, IL: Waveland Press.

[145] Kappeler, Victor. E., M. Blumberg, and G. W Potter (1993). *The Mythology of Crime and Criminal Justice*, Second Edition. Prospect Heights, IL: Waveland Press.

[146] Kappeler, Victor. E., S. E. Kappeler, and R. V. del Carmen (1993). "A Content Analysis of Police Liability Cases: Decisions of the Federal District Courts, 1978 – 1990." *Journal of Criminal Justice*, 21: 325 – 337.

[147] Kappeler, Victor. E., Richard D. Sluder, and Geoffrey P. Alpert (1994). *Forces of Deviance. The Dark Side of Policing*. Prospect Heights, IL: Waveland Press.

[148] Katz, Jack (1988). *The Seductions of Crime: Moral and Sensual Attractions in Doing Evil*. New York, NY: Basic Books.

[149] Katz, Jesse (1994, November 29). "Nearly 4, 000 Officers Pay Tribute to Slain Deputy." *The Washington Post*, B: 3.

[150] Katz, Samuel M. (1995). NYPD. Osceola, WI: Motorola International Wholesalers and Retailers.

[151] Katz, Samuel M. and Mark H. Moore (1988). *The Evolving Strategy of Policing*.

National Institute of Justice, Perspectives on Policing 4. Washington, DC: U. S. Government Printing Service.

[152] Kerner, Otto and the National Advisory Commission on Civil Disorders (1968). *Report of the National Advisory Commission on Civil Disorders*. Washington, DC: U. S. Government Printing Office.

[153] Kertzer, David 1. (1988). *Ritual, Politics, and Power*. New Haven, CT: Yale University Press.

[154] Klein, Herbert T (1968). *The Police: Damned If They Do, Damned If They Don't*. New York, NY. Crown Publishers, Inc.

[155] Klockars, Carl B. (1991a). "The Rhetoric of Community Policing." In C. Klockars and S. Mastrofski (eds.) *Thinking about Policing*, Second Edition, pp. 530 – 542. New York, NY: McGraw – Hill.

[156] Klockars, Carl B. (1991b). "The Modern Sting." In C. Klockars and S. Mastrofski (eds.) *Thinking about Policing*, Second Edition, pp. 258 – 267. New York, NY: McGraw – Hill.

[157] Klockars, Carl B. (1986). "Street Justice: Some Micro – Moral Reservations." *Justice Quarterly*, 3 (4): 513 – 516.

[158] Klockars, Carl B. (1985). "The Idea of Police." *Law and Criminal Justice Studies*, vol. 3. Beverly Hills, CA: Sage.

[159] Klockars, Carl B. (1980). "The Dirty Harry Problem." *The Annals*, 452: 33 – 47.

[160] Knapp Commission (1986). "An Example of Police Corruption: Knapp Commission Report on Police Corruption in New York City." In T. Barker and D. Carter (eds.) *Police Deviance*, pp. 22 – 39. Cincinnati, OH: Anderson Publishing Co.

[161] Knowles, Jeffrey J. (1996). "The Ohio Police Behavior Study." Columbus, OH: Office of Criminal Justice Services.

[162] Kraska, Peter B. (2001). "Crime Control as Warfare: Language Matters." In P. Kraska (eds.) *Militarizing the American Criminal Justice System*, pp. 14 – 28. Boston, MA: Northeastern University Press.

[163] Kraska, Peter B. (1996). "Enjoying Militarism: Political/Personal Dilemmas in Studying U. S. Paramilitary Units." *Justice Quarterly*, 13 – 3: 405 – 429.

[164] Kraska, Peter B. (1994, January). "The Police and Military in the Post – Cold War Era: Streamlining the State's Use of Force Entities in the Drug War." *Police*

374

Forum, 1 – 8.

[165] Kraska, Peter B. (1993). "Militarizing the Drug War: A Sign of the Times." In P Kraska (ed.) *Altered States of Mind: Critical Observations of the Drug War*, pp. 159 – 204. New York, NY: Garland Publishing.

[166] Kraska, Peter B. and Victor E. Kappeler (1997). "Militarizing American Police: The Rise and Normalization of Paramilitary Units." *Social Problems*, 44 – 1: 101 – 117.

[167] Kraska, Peter B. and Victor E. Kappeler (1995). "To Serve and Pursue: Exploring Police Sexual Violence Against Women." *Justice Quarterly*, 12 – 1: 85 – 112.

[168] Kraska, Peter B. and D. Paulsen (1996). "Forging the Iron Fist Inside the Velvet Glove: A Case Study of the Rise of U. S. Military Units." Paper presented at the Annual Meeting of the Academy of Criminal Justice Sciences, Las Vegas, Nevada.

[169] Lakoff, George and Mark Johnson (1999). *Philosophy in the Flesh: The Embodied Mind and its Challenge to Western Thought*. New York: Basic Books.

[170] Lakoff, George and Mark Johnson (1980). *Metaphors We Live By*. Chicago, IL: University of Chicago Press.

[171] Lane, Roger (1992). "Urban Police and Crime m Nineteenth – Century America." In Michael Tonry and Norval Morris (eds.) *Modern Policing*, pp. 1 – 50. Chicago, IL: University of Chicago Press.

[172] Langer, E. (1975). "The Illusion of Control." *Journal of Personality and Social Psychology*, 32: 311 – 328.

[173] Langworthy, Robert (1989). "Do Stings Control Crime? An Evaluation of a Police Fencing Operation." *Justice Quarterly*, 6: 27 – 45.

[174] Langworthy, Robert (1987). "Police Cynicism: What We Know from the Niederhoffer Scale." *Journal of Criminal Justice*, 15: 17 – 35.

[175] Langworthy, Robert and James L. LeBeau (1992). "The Spacial Distribution of Sting Targets." *Journal of Criminal Justice*, 20: 541 – 551.

[176] Levi – Strauss, Claude (1966). *The Savage Mind*. Chicago, IL: University of Chicago Press.

[177] Los Angeles Times (2002). "Our Gangs, Our Terrorists." January 5. www. latimes. com/news/opinion/la – editorial – gangs010502. story.

[178] Lozano, Carlos (1994, January 4). "2, 500 Fellow Officers at Funeral for Ganz." *Los Angeles Times*, B: 1.

375

[179] Lukes, Steven (1975). "Political Ritual and Social Integration." *Sociology*: *Journal of the British Sociological Association*, 9 – 2: 289 – 308.

[180] Lyng, Stephen (1990). "Edgework: A Social Psychological Analysis of Voluntary Risk Taking." *American Journal of Sociology*, 95 – 4: 851 – 886.

[181] Lyng, Stephen and David Snow (1986). "Vocabularies of Motive and High Risk Behavior: The Case of Skydiving." In E. J. Lawler (ed.) *Advances in Group Processes*, vol. 3, pp. 157 – 179. Greenwich, CT: JAI.

[182] MacIntyre, A. (1984). *After Virtue: A Study in Moral Theory*, Second Edition. Notre Dame, IN: Notre Dame University Press.

[183] Maguire, Kathleen and Ann L. Pastore (1995). *Sourcebook of Criminal Justice Statistics*, 1994. Washington, DC: National Institute of Justice.

[184] Mannheim, Karl (1936). *Ideology and Utopia*. NewYork, NY: Harcourt, Brace and World.

[185] Manning, Peter (1997). *Police Work: The Social Organization of Policing*, Second Edition. Prospect Heights, IL: Waveland Press.

[186] Manning, Peter K. (1995). "Economic Rhetoric and Policing Reform." In V. Kappeler (ed.) *Police and Society: Touchstone Readings*, pp. 375 – 391. Prospect Heights, IL: Waveland Press.

[187] Manning, Peter K. (1993). "Violence and Symbolic Violence." *Police Forum*, 3 (1): 1 – 6.

[188] Manning, Peter K. (1989). "The Police Occupational Culture in Anglo – American Societies." In L. Hoover and J. Dowling (eds.) *Encyclopedia of Police Science*. New York, NY: Garland.

[189] Manning, Peter K. (1979). "Metaphors of the Field: Varieties of Organizational Discourse." *Administrative Science Quarterly*, 24: 660 – 671.

[190] Manning, Peter K. (1978a). "Lying, Secrecy, and Social Control." In P. K. Manning and J. Van Maanen (eds.) *Policing: A View from the Street*, pp. 238 – 254. Santa Monica, CA: Goodyear Publishing.

[191] Manning, Peter K. (1978b). "The Police: Mandate, Strategies, and Appearances." In PK. Manning and J. Van Maanen (eds.) *Policing: A View From the Street*, pp. 7 – 31. Santa Monica, CA: Goodyear Publishing.

[192] Manning, Peter K. (1978c). "Rules, Colleagues, and Situationally Justified

376

Actions. " In PK. Manning and J. Van Maanen (eds.) Policing: A View From the Street, pp. 71 – 89. Santa Monica, CA: Goodyear Publishing. Reprinted from R. Blankenship (ed.) (1976). *Colleagues in Organizations*, 263 – 289. New York, NY Wiley.

[193] Manning, Peter K. (1976). "Rules, Colleagues, and Situationally Justified Actions." In R. Blankenship (ed.) *Colleagues in Organizations*, pp. 263 – 289. New York, NY: Wiley.

[194] Manning, Peter K. and Lawrence Redlinger (1977). "Invitational Edges of Corruption: Some Consequences of Narcotic Law Enforcement." In Paul Rock (ed.) *Drugs and Politics*, pp. 279 – 310. Rutgers, NJ: Society/Transaction Books.

[195] Manning, Peter K. and Lawrence Redlinger (1970). *Police Work.* Cambridge, MA: The MIT Press.

[196] Martin, Christine (1994). "Illinois Municipal Officer's Perceptions of Police Ethics." Chicago, IL: Statistical Analysis Center, Illinois Criminal Justice Information Authority.

[197] Martin, Douglas (1994, March 20). "Good – bye in a Sea of Blue: Slain Officer Laid to Rest." *The New York Metro Times*, 35.

[198] Martin, Susan E. (1997). "Women Officers on the Move: An Update of Women in Policing." In R. Dunham and G. Alpert (eds.) *Critical Issues in Policing*, Third Edition, pp. 363 – 384. Prospect Heights, IL: Waveland Press.

[199] Martin, Susan E. (1990). *On the Move: The Status of Women in Policing.* Washington, DC: Police Foundation.

[200] Martin, Susan E. (1980). *Breaking and Entering: Policewomen on Patrol.* Berkeley, CA: University of California Press.

[201] Marx, Gary T (1988). "Who Really Gets Stung? Some Issues Raised by the New Police Undercover Work." In E. Ellison and M. Feldberg (eds.) *Moral Issues in Police Work*, pp. 99 – 128. Totowa, NJ: Rowman and Allanheld.

[202] Mastrofski, Stephen D. and Robert Worden (1994). "Community Policing and Police Organizational Structure." Paper presented at the Annual Meeting of the Law and Society Association.

[203] Mastrofski, Stephen D. and Robert Worden (1991). "Community Policing as Reform: A Cautionary Tale." In C. Klockars and S. Mastrofski (eds.) *Thinking About Police:*

Contemporary Readings, Second Edition, pp. 515 – 529. NewYork, NY. McGraw – Hill, Inc.

[204] McDonald, Brian (2002). *My Fathers Gun.* Docudrama. Arts and Entertainment: 43505.

[205] McDonald, Cherokee Paul (1991). *Blue Truth.* New York, NY: St. Martin's Paperbacks.

[206] McKeon (1957). "The Development and Significance of the Concept of Responsibility." *Revue Internationale de Philosophie*, 11: 3 – 32.

[207] McMurray, Harvey L. (1990). "Attitudes of Assaulted Police Officers and Their Police Implications." *Journal of Police Science and Administration*, 17 – 1: 44 – 48.

[208] McNulty Elizabeth W (1994). "Generating Common – Sense Knowledge Among Police Officers." *Symbolic Interaction*, 17: 281 – 294.

[209] Mead, G. H. (1950). *Mind, Self, and Society.* Edited by C. W. Morris. Chicago, IL: University of Chicago Press.

[210] Meyer, Eugene (1994). "Brutality Decried as Officer is Buried." The Washington Post, B: 1.

[211] Meyer, John W (1983). "Institutionalization and the Rationality of Formal Organizational Structure." In J. Meyer and R. Scott (eds.) *Organizational Environments: Ritual and Rationality*, pp. 261 – 282. Newbury Park, CA: Sage.

[212] Meyer, John W and Brian Rowan (1977). "Institutionalized Organizations: Formal Structure as Myth and Ceremony." *American Journal of Sociology*, 83: 430 – 463.

[213] Meyer, John W. and W. Richard Scott (1983). "Centralization and the Legitimacy Problems of Local Government." In J. Meyer and R. Scott (eds.) *Organizational Environments: Ritual and Rationality*, pp. 199 – 216. Newbury Park, CA: Sage.

[214] Miller, George I. (1987). "Observations on Police Undercover Work." *Criminology*, 25: 27 – 46.

[215] Miller, Mark R. (1995). *Police Patrol Operations.* Placerville, CA: Copperhouse Publishing Co.

[216] Monkkonen, Eric H. (1981). *Police in Urban America*, 1860 – 1920. New York, NY: Cambridge University Press.

[217] Moore, M., R. Trojanowicz, and G. Kelling (1988). *Crime and Policing.* Series

377

title: Perspectives on Policing. Washington, DC: U. S. Department of justice.

[218] Morgan, Thomas (1989, March 8). "Police Mourn Officer Slain in Brooklyn." *The New York Times*, C: 1.

[219] Muir, William K. (1977). *Police: Streetcorner Politicians*. Chicago, IL: University of Chicago Press.

[220] National Institute of Justice (1995). "Technology Transfer From Defense: Concealed Weapon Detection." *National Institute of justice journal*, 229: 1 – 6.

[221] New York Times (2002). "Bronx Street Named for Diallo." Associated Press. July 11.

[222] Niederhoffer, Arthur (1967). *Behind the Shield*. Garden City, NY: Doubleday.

[223] Nussbaum, Martha (2001). *Upheavals of Thought: The Intelligence of Emotions*. Cambridge, UK: Cambridge University Press.

[224] O' Conner, C. (1993, March). "Explosive Charges of Kids Who Rape." *Glamour*, 231: 274 – 278.

[225] Office of International Criminal Justice (1996). "National Law Enforcement Officers Memorial Fund." Chicago, IL: CJ the Americas, On – Line. Dec. Jan.

[226] Oliver, Melvin L. and Thomas M. Shapiro (1995), *Black Wealth, White Wealth: A New Perspective on Racial Inequality*. New York, NY: Routledge.

[227] Paoline, Eugene (2001). *Rethinking Police Culture: Officers Occupational Attitudes*. New York: LFB Scholarly Publishing LLC.

[228] Paoline, Eugene, Stephanie Myers, and Robert Worden (2000). "Police Culture, Individualism, and Community Policing: Evidence from Two Police Departments." *Justice Quarterly*, 17 (3): 575 – 606.

[229] Pepper, Steven C. (1942). *World Hypotheses*. Berkeley, CA: University of California Press.

[230] Perez, Douglas W (1994). *Common Sense about Police Review*. Philadelphia, PA: Temple University Press.

[231] Pogrebin, Mark R. and Eric D. Poole (1993). "Vice Isn't Nice: A Look at the Effects of Working Undercover." *Journal of Criminal Justice*, 21 – 4: 383 – 394.

[232] Pogrebin, Mark R. and Eric D. Poole (1991). "Police and Tragic Events: The Management of Emotions." *Journal of Criminal justice*, 19: 395 – 403.

[233] Pogrebin, Mark R. and Eric D. Poole (1988). "Humor in the Briefing Room."

378

Journal of Contemporary Ethnography, 17 – 2: 183 – 210.

[234] Poole, Eric D. and Robert M. Regoli (1980). "Examining the Impact of Professionalism on Cynicism, Role Conflict, and Work Alienation among Prison Guards." *Criminal Justice Review*, 5: 57 – 65.

[235] Poole, Eric D. and Robert M. Regoli (1979). "Police Professionalism and Cynicism: An Empirical Assessment." *Criminal Justice and Behavior*, 6. 2: 201 – 216.

[236] Powers, Mary D. (1995). "Civilian Oversight is Necessary to Prevent Police Brutality." In P. A. Winters (ed.) *Policing the Police*, pp. 56 – 60. San Diego, CA: Greenhaven Press.

[237] President's Commission on Law Enforcement and the Administration of Justice (1968). *The Challenge of Crime in a Free Society.* New York, NY. E. P. Dutton and Company.

[238] Priest, Dana and Kent Jenkins (1989, March 28). "Thousands Honor Officers Whose 'Cause was Good.'" *The Washington Post*, C: 1.

[239] Punch, Maurice (1999). *Policing the Inner City.* London: MacMillan.

[240] Ragonese, Paul (1991). *The Soul of a Cop.* NewYork, NY. St. Martin's Paperbacks.

[241] Rainer, Trish (1996). "Critical Incident Stress Management." Presentation at the Annual Meeting of the Criminal Justice Professionals, Boise, Idaho.

[242] Redfield, Robert (1940). "The Folk Society and Culture." *The American Journal of Sociology* 45: 731 – 742.

[243] Reed, Mack and Joanna Miller (1995, August 10). "2, 000 Mourners Bid Farewell to Slain Simi Valley Officer." *Los Angeles Times*, A: 1.

[244] Regoli, Robert (1979). "The Measurement of Police Cynicism: A Factor Scaling Approach." *Journal of Criminal Justice*, 7: 37 – 51.

[245] Regoli, Robert (1977). *Police in America.* Washington, DC: University Press of America.

[246] Regoli, Robert (1976). "An Empirical Assessment of Niederhoffer's Cynicism Scale." Journal of Criminal Justice, 4: 231 – 241.

[247] Regoli, Robert, John P Crank, Robert G. Culbertson, and Eric D. Poole (1987.) "Police Cynicism and Professionalism Reconsidered: An Assessment of Measurement Issues." *Justice Quarterly*, 4 – 2: 281 – 286.

[248] Regoli, Robert and Eric Poole (1979). "Measurement of Cynicism: A Factor Scaling Approach." *Journal of Criminal Justice*, 7: 37 – 51.

[249] Reiner, R. (1985). *Politics of the Police.* London: Wheatsheaf.

[250] Reiser, M. (1974). "Some Organizational Stresses on Policemen." *Journal of Police Science and Administration*, 2: 156. 169.

[251] Reiss, Albert J. (1971). *The Police and the Public.* New Haven, CT: Yale University Press.

[252] Reuss – Ianni, Elizabeth (1983). *Two Cultures of Policing: Street Cops and Management Cops.* New Brunswick, NJ: Transaction Books.

[253] Richardson, J. F. (1974). *Urban Police in the United States.* Port Washington, NY: National University Publications.

[254] Ritti, R. Richard and Stephen Mastrofski (2002). "The Institutionalization of Community Policing: A Study of the Presentation of the Concept in Two Law Enforcement Journals. Paper presented for National Institute of Justice Final Report. Grant # 2000 – IJ – CX – 0021. April.

[255] Ritti, R. Richard and Jonathan H. Silver (1986). "Early Processes of Institutionalization: The Dramaturgy of Exchange in Interorganizational Relationships." *Administrative Science Quarterly*, 31: 25 – 42.

[256] Roberg, Roy, John Crank, and Jack Kuykendall (2000). *Police and Society*, Second Edition. Los Angeles, CA: Roxbury Publishing Company.

[257] Rothwell, J. D. (1971). "Verbal Obscenity: Time for Second Thoughts." *Journal of Western Speech*, 35: 231 – 242.

[258] Rubinstein, Jonathan (1973). *City Police.* New York, NY: Farrar, Strauss, and Girox.

[259] Sack, Kevin (1989, November 15). "Perils for Police Stressed at First of 3 Funerals." *The New York Times*, B: 4.

[260] Sackmann, Sonja (1992). "Culture and Subcultures: An Analysis of Organizational Knowledge." *Administrative Science Quarterly*, 37: 140 – 161.

[261] Sacks, Harvey (1972). "Notes on Police Assessment of Moral Character." In David Sudnow (ed.) *Studies in Social Interaction.* New York, NY. The Free Press.

[262] Sapp, Allen D. (1994). "Sexual Misconduct by Police Officers." In T Barker

379

and D. Carter (eds.) *Police Deviance*, Third Edition, pp. 187 – 200. Cincinnati, OH: Anderson Publishing Co.

[263] Sawyer, Suzanne E (1993). *Support Services to Surviving Families of Line – of – Duty Deaths.* Camdenton, MO: Concerns of Police Survivors, Inc.

[264] Scharf, Peter and Arnold Binder (1983). *The Badge and the Bullet Police Use of Deadly Force.* New York, NY. Praeger.

[265] Schmitt, Eric (1989, November 17). "6, 000 Officers Mourn Death of a Detective." *The New York Times*, B: 1.

[266] Scott, Richard (1991). "Unpacking Institutional Arguments." In W. Powell and E. DiMaggio (eds.) *The New Institutionalism in Organizational Analysis*, pp. 164 – 182. Chicago, IL: University of Chicago Press.

[267] Scott, W Richard and John Meyer (1992). "The Organizational of Societal Sectors." In J. Meyer and WR. Scott (eds.) *Organizational Environments. Ritual and Rationality*, pp. 129 – 140. Newbury Park, CA: Sage Publications.

[268] Searle, John (1998). *Mind, Language, and Society: Philosophy in the Real World.* New York, NY: Basic Books.

[269] Shanahan, Peter (2000). "Police Culture and the Learning Organization: A Relationship?" Paper presented at the annual meetings of the Australian Vocational Education and Training Research Association.

[270] Shearing, Clifford and Richard V Ericson (1991). "Culture as Figurative Action." *British Journal of Sociology*, 42: 481 – 506.

[271] Sherman, Lawrence (1988). "Becoming Bent: Moral Careers of Corrupt Policemen." In E. Elliston and M. Feldberg (eds.) *Moral Issues in Police Work*, pp. 253 – 265. Totowa, NJ: Rowman and Littlefield Publishers, Inc.

[272] Sherman, Lawrence (1982). "Learning Police Ethics." *Criminal justice Ethics*, 1: 10 – 19.

[273] Shusta, Robert M., Deena R. Levine, Philip R. Harris, and Herbert Z. Long (1995). *Multi – cultural Law Enforcement: Strategies for Peacekeeping in a Diverse Society.* Englewood Cliffs, NJ: Prentice – Hall.

[274] Silver, Isidore (1988). "Ethics, Police Practices, and American Constitutional Law." In E. Elliston and M. Feldberg (eds.) *Moral Issues in Police Work*, pp. 163 – 172. Totowa, NJ: Rowman and Allanheld.

380

[275] Simmel, Georg (1919). *Conflict.* Translated by Kurt W Wolf. Glencoe, IL: The Free Press.

[276] Singleton, G. and J. Tehan (1978). "Effects of Job – Related Stress on the Physical and Psychological Adjustment of Police Officers." *Journal of Police Science and Administration*, 6: 355 – 361.

[277] Skolnick, Jerome (1994). "A Sketch of the Policeman's Working Personality." *In justice Without Trial: Law Enforcement in Democratic Society*, Third Edition, pp. 41 – 68. New York, NY: Wiley.

[278] Skolnick, Jerome (1982). "Deception by the Police." *Criminal Justice Ethics*, 1: 40 – 54.

[279] Skolnick, Jerome and James Fyfe (1993). *Above the Law: Police and the Excessive Use of Force.* New York, NY: The Free Press.

[280] Smith, Leef (1994). "Thousands Mourn FBI Agent Slain During Stakeout." *The Washington Post.*

[281] Sparger, Jerry R. and David J. Giacopassi (1983). "Copping Out: Why Police Leave the Force." In R. Bennett (ed.) *Police at Work: Policy Issues and Analysis*, pp. 107 – 124. Perspectives in Criminal justice 5. Beverly Hills, CA: Sage.

[282] Spradley, James P and David W McCurdy (1975). *Anthropology: The Cultural Perspective.* New York, NY. Wiley.

[283] Stoddard, Ellwyn (1968). "The Informal 'Code' of Police Deviancy." *Journal of Criminal Law, Criminology and Police Science*, 59: 201 – 213.

[284] Storms, Lowell H., Nolan E. Penn, and James H. Tenzell (1990). "Policemen's Perception of Real and Ideal Policemen." *Journal of Police Science and Administration*, 17: 40 – 43.

[285] Strecher, Victor (1995). "People Who Don't Even Know You." In Victor Kappeler (ed.) *The Police and Society: Touchstone Readings*, pp. 207 – 224. Prospect Heights, IL: Waveland Press.

[286] Sutton, L. Paul (1986). "The Fourth Amendment in Action: An Empirical Review of the Search Warrant Process." *Criminal Law Bulletin*, 22 – 5: 405 – 429.

[287] Swanton, B. (1981). "Social Isolation of the Police: Structural Determinants and Remedies." *Police Studies*, 3: 14 – 21.

[288] Swidler, Ann (1986). "Culture in Action: Symbols and Strategies." *American

Sociological Review, 51: 273 – 286.

[289] Sykes, Gary W (1996). "Police Misconduct: A Different Day and Different Challenges." *Subject to Debate: A Newsletter of the Police Executive Research Forum*, (March, April): 10 – 3: 1, 4 – 5.

[290] Sykes, GaryW (1989). "The Functional Nature of Police Reform: The Myth of Controlling the Police." In R. Dunham and G. Alpert (eds.) *Critical Issues in Policing: Contemporary Readings*, pp. 286 – 297. Prospect Heights, IL: Waveland Press.

[291] Sykes, Gary W (1986). "Street Justice: A MoralDefense of Order Maintenance Policing." *Justice Quarterly*, 3: 497 – 512.

[292] Terrill, William and Stephen Mastrofski (2002). "Situational and Officer – Based Determinants of Police Coercion." *Justice guarterly*, 19 (2): 215 – 248.

[293] Thompson, Hunter (1971). *Fear and Loathing in Las Vegas: A Savage Journey to the Heart of the American Dream.* New York, NY: Warner.

[294] Trice, Harrison M. and Janice M. Beyer (1984). "Studying Organizational Cultures Through Rites and Ceremonials." *Academy of Management Review*, 9 – 4: 653 – 669.

[295] Trojanowicz, R. C. (1980). *The Environment of the First – Line Supervisor.* Englewood Cliffs, NJ: Prentice – Hall.

[296] Turner, Victor (1974). *Dramas, Fields, and Metaphors: Symbolic Action Human Society.* Ithaca, NY: Cornell University Press.

[297] Turner, Victor (1969). *The Ritual Process: Structure and Anti – Structure.* Chicago, IL: Aldine.

[298] Turner, Victor (1967). *Forest of Symbols: Aspects of Ndembu Ritual.* Ithaca, NY: Cornell University Press.

[299] Uchida, Craig D. (1989). "The Development of the American Police: An Historical Overview." In R. Dunham and G. Alpert (eds.) *Critical Issues in Policing: Contemporary Readings*, pp. 14 – 30. Prospect Heights, IL: Waveland Press.

[300] Van Maanen, John (1978). "The Asshole." In PK. Manning and J. Van Maanen (eds.) *Policing: A View From the Street*, pp. 221 – 238. Santa Monica, CA: Goodyear Publishing.

[301] Van Maanen, John (1974). "Working the Street: A Developmental View of Police Behavior." In H. Jacob (ed.) *The Potential for Reform in Criminal Justice*,

381

vol. 3, pp. 83 – 84, 87, 100 – 110. Beverly Hills, CA: Sage.

[302] Van Maanen, John (1973). "Observations on the Making of Policemen." *Human Organization*, 32: 407 – 418.

[303] Van Maanen, John and Stephen Barley (1985). "Cultural Organization: Fragments of A Theory." In P. Frost, L. Moore, M. Louis, C. Lundberg, and J. Martin (eds.) *Organizational Culture*. Beverly Hills, CA: Sage.

[304] Van Maanen, John and Stephen R. Barley (1982). *Occupational Communities: Culture and Control in Organization*. TR – 10: Technical Report. Cambridge, MA: Sloan School of Management.

[305] Violanti, J. (1995). "The Mystery Within Understanding Police Suicide." *Law Enforcement Bulletin*, 64: 19 – 23.

[306] Waddington, P. (1999). "Police (Canteen) Culture: An Appreciation." *British Journal of Criminology*, 39 (2): 287 – 309.

[307] Walker, Samuel (1994). *Sense and Nonsense About Crime and Drugs: A Policy Guide*, Third Edition. New York, NY: McGraw – Hill.

[308] Walker, Samuel (1990). *The Police in America*, Second Edition. New York, NY. McGraw – Hill.

[309] Walker, Samuel (1984). "Broken Windows and Fractured History: The Use and Misuse of History in Recent Police Patrol Analysis." *Justice Quarterly*, 1 (1): 57 – 90.

[310] Walker, Samuel (1977). *A Critical History of Police Reform*. Lexington, MA: Lexington Books.

[311] Wambaugh, Joseph (1987). *The Choirboys*. New York, NY: Dell.

[312] Wambaugh, Joseph (1973). *The Blue Night*. Boston, MA: Little, Brown, and Co.

[313] Warnke, Georgia (1993). *Justice and Interpretation*. Cambridge, MA: The MIT Press.

[314] Weber, Max (1946). "Politics as a Vocation." In H. Gerth and C. Wright Mills (eds. and translators) *From Max Weber: Essays in Sociology*, pp. 77 – 128. New York, NY: Oxford University Press.

[315] Wesley, W. (1970). *Violence and the Police*. Cambridge, MA: The MIT Press.

[316] White, Mervin, Terry C. Cox, and Jack Basehart (1994). "Theoretical Considerations of Officer Profanity and Obscenity in Formal Contactswith Citizens." In

T. Barker and D. Carter (eds.) *Police Deviance*, Third Edition, pp. 223 – 245. Cincinnati, OH: Anderson Publishing Co.

[317] White, Mervin, Terry C. Cox, and Jack Basehart (1988). "Perceptions of Police Verbal Abuse as an Influence on RespondentAttitudes Toward the Police." Paper presented at the Annual Meeting of the Academy of Criminal Justice Sciences, San Francisco, California.

[318] White, R. and C. Alder (eds.) (1994). *The Police and Young People in Australia*. Cambridge: Cambridge University Press.

[319] White, Susan O. (1986). "A Perspective on Police Professionalism." In R. Regoli and E. Poole (eds.) *Police Administrative Issues*, pp. 221 – 232. New York, NY: Associated Faculty Press.

[320] Whitehead, Alfred North (1925). *Science in the Modern World*. New York, NY: Macmillan.

[321] Wilbanks, William (1987). *The Myth of the Racist Criminal justice System*. Monterey, CA: Brooks/Cole Publishing Co.

[322] Williams, Hubert and Patrick V. Murphy (1990). "The Evolving Strategy of the Police: A Minority View." *Perspectives on Policing*, 13. Washington, DC: National Institute of Justice.

[323] Willis, Paul (1990). *Common Culture: Symbolic Work at Play in the Everyday Cultures of the Young*. Boulder, CO: Westview Press.

[324] Wilgoren (1993, March 16). "4000 Attend Rites Honoring Policeman as 'Fallen Hero'." *Los Angeles Times*, B: 1.

[325] Wilson, James Q. (1993). *The Moral Sense*. New York, NY: The Free Press.

[326] Wilson, James Q. (1968). *Varieties of Police Behavior: The Management of Law and Order in Eight Communities*. Cambridge, MA: Harvard University Press.

[327] Wilson, James Q. and George Kelling (1982, March). "Broken Windows: The Police and Neighborhood Safety." *Atlantic Monthly*, 127: 29 – 38.

[328] Wilt, M. G. and J. D. Bannon (1976). "Cynicism or Realism: A Critique of Niederhoffer's Research into Police Attitudes." *Journal of Police Science and Administration*, 4: 38 – 46.

[329] Wood, B. (1984). *Slavery in Colonial Georgia*. Athens, GA: University of Georgia Press.

383

[330] Wolfe, Eric (1982). *Europe and the People Without History.* Berkeley, CA: University of California Press.

[331] Wuthnow, Robert, James Davidson Hunter, Albert Bergesen, and Edith Kurzweil (1984). *Cultural Analysis.* London: Routledge & Kegan Paul.

[332] Zhao, Jihong, Ni He, and Nicholas Lovrich (1998). "Individual Value Preferences among American Police Officers: The Rokeach Theory of Human Values Revisited." *Policing: An International Journal of Police Strategies and Management,* 21: 22 - 36.

[333] Znaniecki, Florian (1936). *The Method of Sociology.* New York, NY. Farrar and Rinehart.

[334] Zucker, Lynne G. (1991). "The Role of Institutionalization in Cultural Persistence." In W. Powell and P. DiMaggio (eds.) *The New Institutionalism in Organizational Analysis*, pp. 83 - 107. Chicago, IL: University of Chicago Press.

384

索　引